The Right to Be Human
A Biography of Abraham Maslow

大师传记馆
学术即人生

马斯洛传
人的权利的沉思

[美]爱德华·霍夫曼（Edward Hoffman）| 著
许金声 | 译

中国人民大学出版社
·北京·

修订版前言

心理学家亚伯拉罕·马斯洛（Abraham Maslow）是一位富有远见的学者。与他相比，大多数同时代的社会科学家都显得眼界狭隘。马斯洛在动机与人格方面的创见超越了学院派心理学的局限，跨入了管理和营销等主要企业领域。除此之外，马斯洛喜欢探索那些新生的、刚刚能够感觉到的社会新趋势，并对这些趋势的长期影响提出大胆的推测。尽管马斯洛已经去世，但按照对他的基本了解，今天这本关于他的权威性的传记修订后再版，料想他是很高兴的。

自从《马斯洛传——人的权利的沉思》第一版上市以来，已经过了十多年，马斯洛的研究越来越得到重视。他提出了许多重要的概念，例如人类需要层次、自我实现、高级动机、团队决策以及企业协同作用等等。因此，在他 1970 年逝世前，马斯洛已经获得了普遍的推崇，并被公认为开明的人本管理的创始者。

又过了这么多年，马斯洛的声誉与重要性并没有衰退，反而在日益增长。马斯洛的思想不仅继续塑造着美国的工作环境，其在国际上的影响力也不断增加。我所编辑的在他逝世后才出版的文集《洞察未来》，如今已有中文、日文和西班牙文的翻译本相继问世，马斯洛的影响因此可见一斑。

一般说来，从事企业研究的作家们大多数都很严谨，为什么他们会如此尊崇马洛斯，甚至称他为"传奇性的"心理学家呢？在当今这个组织与社会快速变化的时代，马斯洛的成果的地位为什么一直没有动摇？在众多的明星都已经在风云变幻中没落的时候，马斯洛这颗明星为什么仍然在熠熠发光？关于这些问题，我可以提出三点回应，它们各自独立，却又相互关联。

第一，马斯洛关于企业人文关怀的理论具有坚实的研究基础。他在对心理高度健康和具有高成就的人的需求、抱负、目标和动机进行探索性研究时，也一直尽量采用实证资料。如果没有足够的科学证据，马斯洛很少发表自己的意见，尤其在公开场合。另外，马斯洛的阅读范围跨越了许多学科，包括人类学、社会学、生物学，甚至内分泌学。马斯洛早年接受了严格的实验心理学训练，这一点也在他日后的学术风格中体现出来。马斯洛在引证他人的著作时，总是非常谨慎。所以，尽管马斯洛可称得上一个优秀的预言家，但他却一直以一种冷静和负责任的态度来发表自己的想法，他为此而感到自豪。

第二，假如"所有管理理论实际上都以心理学为依据，也就是以对人性的看法为依据"的说法是成立的，那么，马斯洛的学说能够强大有力就不足为奇了。马斯洛研究了所有的动机理论，包括精神分析理论、格式塔理论、行为理论，甚至生物（遗传）理论，他成功地整合了大量片面而矛盾的研究，并将它们融合成一套更完整的学说。时间过了五十多年，他在这方面的成就仍然没有被推翻，对此我们并不感到意外，因为还没有任何其他动机理论具有同样的理论广度和解释力。这种情况也许还将持续下去。

第三，从历史的角度来看，马斯洛在企业理论方面的学术遗产为什么会有越来越高的应用价值呢？1965年，他在最主要的企业著作《优心态管理》（*Eupsychian Management*）中就已富有洞察力地指出，当企业员工的自主性、自尊和教育程度提高之后，团体决策、个人实现、组织生产力等开明管理的原则将越来越重要。根据他的观察，这股潮流不仅正在美国兴起，而且终将席卷整个世界。除此之外，他当时也预测，在不久的将来——也就是现在——经济全球化程度的提高和"冷战"的结束将大大加速"新管理风格"的产生。想当年，在东西方世界敌对的紧张时期，他被某些人看成是无可救药的乐观主义者。但马斯洛却一直坚信，不仅在北美和西欧，哪里有人类工作，哪里的专制主义就终究会让位于人本主义精神。

马斯洛一向喜欢把他那勇敢的理论与自己的精彩人生联系起来。对他来说，个人和社会始终是相互连接、密不可分的。在本书的修订过程中，我也力图说明他的先见之明与当今企业界以及其他相关领域的关系。在这个瞬息万变的全球性的工作环境当中，如果这本书能够帮助人们理解马斯洛的精彩人生和丰富的精神遗产，我的目标便算达到了。

爱德华·霍夫曼

第一版前言

人本心理学的先锋亚伯拉罕·马斯洛（1908—1970）是一位富有远见卓识的人，他在自己的一生中，曾启发了许多人。作为一名勇敢的心理学思想家，他是一个天才，他的思想对整个社会科学、实业界以及广泛的文化领域都产生了巨大的影响，而这种影响还在继续扩大。且不谈马斯洛的著作是如何才华横溢、具有货真价实的独创性，单是他那热诚的富有磁性的人格力量就吸引了许多拥护者。由于他充满灵性的研究工作，那些原本看起来似乎只是浪漫的乌托邦似的希望有了实现的可能性。

虽然我从来没有和马斯洛见过面，但是我一直把他看成我的良师益友。20世纪60年代末，当我在康奈尔大学学习时，我从马斯洛的著作中感受到了智慧的刺激与挑战，这进一步激励我主攻心理学。同我读过的其他许多著作相比，马斯洛的著作与实际联系得更加紧密，更富有生命力。他关于人本主义科学，特别是关于人本心理学的洞见，作为一种追求真理和社会进步的强大力量充满了吸引力。当今世界上，有许多人都在叫嚷着改革，马斯洛也非常强调革新，但是，在我看来，马斯洛向我们表达的方式是独一无二的：它没有一种程式化的、先入为主的框架，而是启发我们意识到自身的潜能，并努力去实现它。我至今还记忆犹新：当我还在读书的时候，我和我的朋友、同学们关于马斯洛进行了多么热烈的讨论。我们为他提出的那些挑战性的问题唇枪舌剑，争论不休，经常持续到深夜。我们所感兴趣的是：自我实现的真正意义是什么？值得追求的生活所体现的价值是什么？我们能够找到什么样的人作为自我实现的范例？

1970年6月马斯洛因心脏病突然逝世。在逝世前，他正处于事业的顶峰，因此，这一消息使我十分震惊。然而，当我在密歇根大学攻读博士期间，通过阅读马斯洛的著作，感觉他仍然生气勃勃地与我们一起生活，我极少感觉到他已经离开了人世。我和我的研究生同学们仍然热衷于探讨马斯洛的思想，特别是他关于教育革新、关心残疾人以及其他重要问题的论述。在学校教书并担任心理健康课程的顾问期间，我努力在现实中印证他的观点，特别是关于我们都具有创造和自我实现需要的观点。

在马斯洛逝世后的十多年里，我同其他许多人一样，一直在期待一部马斯洛传记的问世。20世纪70年代，几本有影响的著作发表了，它们强调了在马斯洛巨大而深远的影响下，一些新发展起来的领域，包括存在主义心理学、商业管理和组织发展等。但是，对于有助于深入理解马斯洛及其思想的著作却一本也没有出现。于是，在1982年，我决定自己写这样一部传记。

最初，我只是想讲述马斯洛生活和心理学事业方面的故事，包括追溯他早年的兴趣和他所受的训练，他的导师们对他的影响，以及他在人格与动机的科学中富有发展潜力的成就。马斯洛在有生之年没有能够写一部自传，但是，他的广泛影响完全足以证明值得为他写一部详细的传记。我开始这项富有挑战性的工作已经有5年，现在，我发现自己的研究目标扩大了。

马斯洛在我心中一直是一位英雄，他的智慧、勇气和理想主义充满了人性的光辉。在写作《马斯洛传——人的权利的沉思》的过程中，我感觉我交上了一位比最初想象中的还令人着迷的朋友。在当时，他实际上了解每一位著名的心理学、社会学思想家。他的事业在美国现代社会科学的源头和当代思潮之间架起了一座桥梁。因此，从很多方面来看，我发现自己是在写一部关于20世纪精神分析学、人类学、教育学、管理理论，当然也包括心理学的历史书。事实上，在我研究的过程中，我有机会同那些与马斯洛同时代的著名人物见面或者通信。通过马斯洛，我已经习惯于用一种新的眼光来看待这些领域中诸多著名人物的学说了。另外，在写作本书的过程中，我还力求达到两个新的目标：一是纠正那些在普及马斯洛理论的过程中产生的错误；二是展示那些马斯洛尚未发表的激动人心的作品。

同马斯洛以前的许多伟大的思想家一样，马斯洛的思想在普及和介绍的过程中被歪曲了。但是，在当代，很少有其他思想家的思想被赞美者和攻击者歪曲到如此严重的程度。例如，马斯洛关于作为人生目标的自我实现的概念，就经常被弄得面目全非。马斯洛健在时，经常忧虑一个问题：他潜心提出的人本心理学理论被一些人用来替享乐主义以及自我放纵辩护。另一方面，一些文化评论家不断错误地描述马斯洛的生活和他对事物的看法，将这位文质彬彬的学者、科学家和哲学家说成是一个自恋的煽情者和理性的敌人，这是十分荒谬的。我希望自己在尊重马斯洛的前提下真实地写作，尽可能彻底地纠正那些仍然围绕在马斯洛思想遗产周围的误解。

我最后一个目标比较单纯，却雄心勃勃。马斯洛就其天性而言，是富于直觉的思想家而不是系统的思想家，他随时随地都可能产生新思想，这经常使他的家人感到惊讶。在他临去世时，他正潜心于多个有待完成的心理学和社会科学项目。许多项目是跨学科的，是同他关于政治理论、商业管理、组织发展、犯罪学和教育学的独特方法相结合的。他希望其中的一部分在他去世的那一年里完成,其余的有机会在以后的数十年中完成。1967年,在患了致命的心脏病后,马斯洛认为这些努力的尝试就像是他播下的种子一样,也许要到他的孙辈甚至重孙辈才能实现。他将把这些作品作为最珍贵的礼物送给这些还未出世的孩子们——包括他的和我们的孩子们。

  因此,我打算弄清楚马斯洛那些引人入胜的未完成的项目,这些项目与他那些最具有启发性的研究有关。或许,通过我的这些陈述,其中的一些种子将找到新的生长土壤。如果我能够在很小程度上达到这些目标,那么,我写这本书的目的也就实现了。

爱德华·霍夫曼

鸣　谢

撰写亚伯拉罕·马斯洛传记是一项艰难而且颇具挑战性的工作。在过去的5年中，如果没有众人的帮助，是根本无法完成的。在那些慷慨大方的人中，有些已经上了年纪，他们奉献出他们宝贵的时间，并提出了许多有益的建议。这对于任何一位传记作者来讲都是不敢奢望的。

马斯洛的夫人贝莎·马斯洛（Bertha Maslow）、两个女儿安·卡普兰（Ann Kaplan）和艾伦·马斯洛博士（Dr. Ellen Maslow）提供了许多材料。后者还对自己父亲的家庭生活发表了各自的看法，这对理解马斯洛来说都是相当重要的。尤其应该感谢的是贝莎·马斯洛，她对我的指导、友善和鼓励，其价值是不可衡量的。还要感谢哈罗德·马斯洛（Harold Maslow），他是年纪和亚伯拉罕·马斯洛最接近的兄弟，以及威尔·马斯洛（Will Maslow），他是亚伯拉罕·马斯洛的堂兄，也是他最亲密的少年伙伴和知心之交。

马斯洛有很多爱戴和推崇他的朋友、同事和学生。关于马斯洛，他们提供了许多生动的资料。他们对马斯洛的热情的追忆使我对马斯洛的精神有了更深刻的了解。通过与他们数百次的交流，我能够很幸运地勾勒出一个清晰而真实的马斯洛，而不仅仅把他看成是一位多产的作家、德高望重的教师和富有影响力的思想家。在此，我特别要感谢以下诸位：

马斯洛在心理学、心理咨询、商业管理、出版及相关科学领域各界的朋友和同事。他们包括：海因茨·安斯巴彻博士（Dr. Heinz Ansbacher）、沃伦·本尼斯博士（Dr. Warren Bennis）、詹姆斯·布杰恩特尔博士（Dr. James Bugental）、罗杰里欧·迪亚兹-格雷罗博士（Dr. Rogelio Diaz-Guerrero）、詹姆斯·法迪曼博士（Dr. James Fadiman）、A.D. 费希尔博士（Dr. A. D. Fisher）、维克多·E·弗兰克尔博士（Dr. Viktor E. Frankl）、贝蒂·弗里丹（Betty Friedan）、亨利·盖格（Henry Geiger）、玛格丽特·戈尔曼博士（Dr. Margaret Gorman）、托马斯·格瑞宁博士（Dr. Thomas Greening）、斯坦尼斯拉夫·格罗夫博士（Dr. Stanislav Grof）、理查德·

格罗斯曼（Richard Grossman）、杰拉尔德·黑格博士（Dr. Gerald Haigh）、克拉拉·米尔斯·哈洛（Clara Mears Harlow）、威利斯·哈曼博士（Dr. Willis Harman）、吉恩·豪斯顿博士（Dr. Jean Houston）、安迪·凯（Andy Kay）及其家人、斯坦利·克利普纳博士（Dr. Stanley Krippner）、蒂莫西·利里博士（Dr. Timothy Leary）、乔治·里奥纳多（George Leonard）、伊丽莎白·赛特拉基·里伯曼（Elisabeth Settlage Liberman）、罗洛·梅博士（Dr. Rollo May）、弗里克斯·默洛（Felix Morrow）、洛伊斯·B·墨菲博士（Dr. Lois B. Murphy）、迈克尔·墨菲（Michael Murphy）、简·理查德逊博士（Dr. Jane Richardson）、卡尔·罗杰斯博士（Dr. Carl Rogers）、内维特·桑福德博士（Dr. Nevitt Sanford）、B. F. 斯金纳博士（Dr. B. F. Skinner）、罗伯特·坦南鲍姆博士（Dr. Robert Tannenbaum）、迈尔斯·维克博士（Dr. Miles Vich）、沃尔特·韦斯科普夫博士（Dr. Walter Weisskopf）、迈克尔·韦特海默博士（Dr. Michael Wertheimer）、科林·威尔森（Colin Wilson）和勋爵索里·朱克曼博士（Lord Dr. Solly Zuckerman）。

马斯洛暮年时，萨加公司与他关系密切的人包括：威廉·克罗克特（William Crockett）、威廉·劳林（William Laughlin）、詹姆斯·莫雷尔（James Morrell）、凯·庞修斯（Kay Pontius）和厄尔·C·罗伊斯（Earl C. Royse）。

那些在20世纪五六十年代布兰代斯大学成立和发展时期和他共事的人，他们是：索尔·科恩博士（Dr. Saul Cohen）、刘易斯·科塞博士（Dr. Lewis Coser）、詹姆斯·克利博士（Dr. James Klee）、马克斯·勒纳博士（Dr. Max Lerner）、弗兰克·曼纽尔博士（Dr. Frank Manuel）、里卡多·莫兰特博士（Dr. Ricardo Morant）、乌尔里克·尼斯尔博士（Dr. Ulrich Neisser）、艾布拉姆·L·萨克尔博士（Dr. Abram L. Sachar）和里奥纳多·蔡恩（Leonard Zion）。

那些曾在布兰代斯大学向他虚心学习的博士生，他们是：乔尔·阿罗诺夫博士（Dr. Joel Aronoff）、约瑟夫·博瑟姆博士（Dr. Joseph Bossom）、唐纳德·B·吉登博士（Dr. Donald B. Giddon）、博尼·J·卡普兰博士（Dr. Bonnie J. Kaplan）、安·C·里查兹博士（Dr. Ann C. Richards）、德博拉·坦泽博士（Dr. Deborah Tanzer）、阿瑟·拉莫斯博士（Dr. Arthur Rarmoth）和冈瑟·韦尔博士（Dr. Gunther Weil）。

马斯洛在布兰代斯大学的学生，他们是：史蒂文·安德烈亚斯（Steven Andreas）、帕特里夏·巴巴内尔（Patricia Barbanell）、罗伯特·鲍勃莱（Robert Bobley）、简尼特·戴维博士（Dr. Janet David）、杰弗里·高兰德博士（Dr. Jeffrey Golland）、劳伦斯·格罗斯博士（Dr. Lawrence Gross）、阿比·霍夫曼（Abbie Hoffman）、尼尔·考夫曼（Neil Kauffman）、洛伊斯·林道尔（Lois Lindauer）、朱蒂

斯·罗伯兹（Judith Roberts）、戴安·罗斯基斯（Diane Roskies）、埃伦·谢尔（Ellen Sher）、阿夫罗姆·韦伯格博士（Dr. Avrom Weinberg）和洛伊斯·扎杰克（Lois Zajic）。

那些三四十年代他在布鲁克林大学时的密友，他们是：爱德华·格登博士（Dr. Edward Girden）、丹尼尔·卡茨博士（Dr. Daniel Katz）、大卫·拉伯博士（Dr. David Raab）和西莫尔·韦普纳博士（Dr. Seymour Wapner）。不幸的是，所罗门·阿希博士（Dr. Solomon Asch）在病中，不能提供帮助。

几位他在布鲁克林大学教过的学生，他们是：塞德尔·布鲁姆（Sydelle Bloom）、卢希·库柏（Lucille H. Copper）、纳奥米·德雷斯勒（Naomi Dressner）、比阿特利克·芬克（Beatric Fink）、埃斯特尔·吉尔森（Estell Gilson）、艾尔·格林（Al Green）、皮埃尔·格林（Pearl Green）、雪莉·拉芙（Shirley Love）和罗伯特·罗斯坦（Robert Rothstein）。

那些二三十年代马斯洛在威斯康星大学麦迪逊分校求学时与他相知的人，他们是：沃尔特·格瑞德博士（Dr. Walter Grether）、小卢西恩·汉克斯博士（Dr. Lucien Hanks Jr.）、理查德·赫斯本德博士（Dr. Richard W. Husband）、艾利斯·安布罗斯·拉佐罗韦兹博士（Dr. Alice Ambrose Lazerowitz）、伊曼纽尔·皮奥里博士（Dr. Emanuel Piore）、罗斯·斯塔格纳博士（Dr. Ross Stagner）和埃利斯欧·维瓦斯博士（Dr. Eliseo Vivas）。

在采访过程中，乔尔·阿罗诺夫博士、亨利·盖格、小卢西恩·汉克斯博士、蒂莫西·利里博士、弗兰克·曼纽尔博士、罗洛·梅博士、迈克尔·墨菲、简·理查德逊博士、B. F. 斯金纳博士、罗斯·斯塔格纳博士和罗伯特·坦南鲍姆博士，他们和他们的家人给了我殷勤款待。尤其让我感激的是沃尔特·韦斯科普夫博士，他给了我特殊的关怀。

同时，我也感谢罗杰里欧·迪亚兹-格雷罗博士、小卢西恩·汉克斯博士、马克斯·勒纳、贝莎·马斯洛、W·爱德华·曼恩博士（Dr. W. Edward Mann）、詹姆斯·莫雷尔夫妇、简·理查德逊博士、罗斯·斯塔格纳博士和迈克尔·韦特海默博士，他们审阅了初稿，并提出了宝贵意见。

我还十分感谢阿克昂大学美国心理学史档案馆的协助。馆长约翰·鲍布利斯通（Dr. John Popplestone）和副馆长马里恩·怀特博士（Dr. Marion White）及档案服务部主任约翰·V·米勒先生（John V. Miller）协助我搜索了大量马斯洛的档案。

以下各位以及他们的下属也提供了很多帮助和档案资料：

乔纳森·F·范特恩博士（Dr. Jonathan F. Fanton），社会研究学院院长。

3

伊夫林·E·汉德勒博士（Dr. Evelyn E. Handler），布兰代斯大学校长。

伯纳德·哈雷斯顿博士（Dr. Bernard W. Harelston），纽约市立大学城市学院院长。

罗伯特·L·赫斯博士（Dr. Robert L. Hess），布鲁克林大学校长。

比尔·莱西博士（Dr. Bill Lacy），美国桶业协会会长。

欧文·肖恩博士（Dr. Irving Shain），威斯康星大学麦迪逊分校校长。

大卫·西尔斯（David Sills），社会科学研究委员会委员。

大卫·特拉戈尔（David Trager），布鲁克林法学院院长。

以下各位也在档案方面提供了帮助：加利福尼亚大学圣塔芭芭拉分校的格拉齐阿诺博士（Dr. Engene Graziano）、国会图书馆稿件科科长詹姆斯·H·休斯顿（James H. Huston）、纽约大学出版社的柯林·琼斯（Kolin Jones）、布鲁克林公共图书馆的索尔·马利斯（Saul Mallis）和伊丽莎白·怀特（Elizabeth White）以及20世纪基金会的M. J. 罗森特（M. J. Rossant）。

给我的研究工作提供了建议和帮助的还有人本心理学协会的德博拉·布里德（Deborah Breed）。我还要感谢出色完成研究协助工作的斯蒂夫·恰平（Steve Chapin）、玛丽·康斯坦斯（Mary Constance）、简·霍华德（Jane Howard）、盖·曼纳斯特博士（Dr. Guy Manaster）、约翰·克洛普（John Krop）、朱蒂斯·莫德尔博士（Dr. Judith Modell）、K·迪恩·史丹顿（K. Dean Stanton）、保罗·E·斯蒂潘斯基博士（Dr. Paul E. Stepansky）、雷吉那·迪米阿诺（Regina Damiano）、哈维·吉特林（Harvey Gitlin）和纳塔利·里拉维奥斯（Nathalie Lilavois）。

同样感谢我的出版人吉里米·P·塔切尔（Jeremy P. Tarcher）以及编辑詹尼斯·格拉夫尔（Janice Gallagher），感谢他们对出版这本关于马斯洛生活和工作的传记所做出的不懈努力。

我要特别感谢阿伦·霍斯蒂克（Aaron Hostyk）和W·爱德华·曼恩博士（Dr. W. Edward Mann）对我的工作所做的概念方面的巨大帮助，以及我的父母和兄弟、吉尔特德·布瑞宁（Gertrude Brainin）和多罗西·史密斯（Dorothy Smith）在我的研究和写作过程中始终如一的热情。

最后，我还要感谢两个给予我无比耐心和激励的人。一个是我的儿子吉里米（Jeremy）。当我坐在电脑前的时候，他常常在我身边玩耍，或是坚持让我稍作休息，这使我始终保持着平和愉快的心境。另一个是我的妻子劳瑞尔（Laurel），她给了我比其他任何人都更多的思想上的启迪和感情上的支持，使我能够完成这本书，并且达到我的预想目的。

目 录

第1章　布鲁克林的童年生活　1
第2章　追求心智成长的奋斗　10
第3章　一位心理学家的诞生　29
第4章　喜欢与猴子打交道的男人　40
第5章　性行为和支配行为的探索者　55
第6章　在心理学世界的中心　68
第7章　与印第安人共度田园时光　87
第8章　布鲁克林大学的革新　101
第9章　自我实现之光　117
第10章　加利福尼亚的插曲　136
第11章　重返布鲁克林　143
第12章　布兰代斯大学的开拓　154
第13章　失望与新梦想　169
第14章　墨西哥的慢节奏　189
第15章　开明的管理者、神秘体验论者和企业家　202
第16章　艰难前行的反传统文化勇士　232
第17章　加利福尼亚的拯救——"死后"的生涯　254

附录　马斯洛心理学词汇表　269
马斯洛著作　277
参考文献　283
译后记　学习马斯洛　296

第 1 章　布鲁克林的童年生活

> 我是一个极不快乐的孩子，我的家庭是一个令人痛苦的家庭，我的母亲是一个可怕的人……我没有朋友，我是在图书馆和书籍中长大的。但是，奇怪的是，过着这样的童年生活，我居然没有得精神病。
>
> ——马斯洛

在 19 世纪末 20 世纪初，整个欧洲东部，历史上最大规模的社会迁移浪潮正在兴起。无数穷苦的犹太人为了经济上和政治上的自由，离开世代居住的地方，移居到美国。在俄国古老的国土上，封建制度一直存留到 19 世纪末，对犹太人的迫害仍然在各处进行，沙皇及其朝廷即使对此没有给予默许和鼓励，也至少是不闻不问。对于许多犹太人来讲，尽管对等待自己的新大陆所知甚少，他们仍然相信，到了那里之后，生活必将得到改善。

塞缪尔·马斯洛（Samuel Maslow）就是这些移民中的一位。他的家在俄国的基辅城，那里聚居着大量的犹太人。他在 14 岁时便离家出走，这有些违拗他那实行家长制的家庭的意愿。塞缪尔身无分文，独自漂洋过海，部分原因还在于反抗他那专横的父亲，例如，父亲压制了年轻儿子想要拉小提琴的愿望。

当塞缪尔到达希望之乡的海岸时，他与自己家族的人一样，只会讲俄语和希伯来语，而且对美国一无所知。他随身带着一个布条，上面写着他需要注意的事项。这个条子是带他来美国的亲戚为他准备的，亲戚把布条别在塞缪尔的衣领上。塞缪尔在费城待了几年，一面学习新的语言，一面打零工。后来他移居纽约，和另外的亲戚住在一起。

在纽约，塞缪尔做起了制桶生意，并很快同表妹罗斯结了婚。在他们双方家庭的先辈中，既没有杰出的学者，也没有富翁，只是罗斯的家庭比她丈夫的家庭要更虔诚地信奉宗教。

1908年4月1日，他们的第一个孩子在曼哈顿降生了。依照犹太人的习惯，给他取名为"亚伯拉罕"，这是他们一位已去世的亲戚的名字。在以后的几年里，罗斯先后生了3个男孩和3个女孩，其中有一个女孩在婴儿期就夭折了。亚伯拉罕是家中长子，被称为"亚伯"。他的弟弟妹妹按出生顺序分别是：哈罗德（Harold）、保罗（Paul）、鲁思（Ruth）、西尔维亚（Sylvia）和刘易斯（Lewis）。

关于学龄前的岁月，亚伯拉罕·马斯洛最早的记忆是关于他母亲的。他们之间相处得很不愉快。虽然家里没有什么要遵守的犹太人的宗教礼节，但她是一个迷信的女人，经常为一些小小的过失就冲着孩子们说："上帝将严厉惩罚你！"数十年后，马斯洛在回忆时，提到了她的这种威胁：

> 在我大约四五岁时，我开始检验她预言的各种事情，并且寻求关于这些事情的各种想法和观点。例如，她说，你如果做了这种或那种事情，上帝就要毁灭你。然而，我做了，上帝并没有毁灭我……我记得有一次她对我说，如果我从窗子里爬出去，就不会再长高了。但是，我爬出去了。后来，我量了自己的身高——当然，我一直在长，并且远远超过了原先刻下的记号。

正是在这种从幼年的心灵折磨到科学探索的发展中，年轻的马斯洛逐渐对宗教产生了一种强烈的怀疑和对无神论的尊重。他后来着重强调了他母亲在这方面不知不觉对他产生的影响。他说："作为一个孩子，迷信和宗教对我来讲是一回事。我从她那里所得到的，就是鄙视这些东西。"

多年以后，马斯洛才意识到反宗教迷信对一个犹太人的意义，但是，他年轻时的无神论倾向几乎与他在市区经常接触到的年轻人的反犹太主义没有什么关系。马斯洛成年以后，常在私下或公开场合谈到在他早年性格形成时期，他所经历过的普遍而强烈的反犹太人情绪，这对他最初世界观的形成产生了重要影响。他也偶尔提到在20世纪20年代到40年代所经历的反犹太主义。

马斯洛的家人和朋友们在回忆往事时都感到迷惑不解，马斯洛是在一个犹太人占多数的环境中成长起来的，而且上的是犹太人的学校。因此，他们得出的结论是，马斯洛肯定在感情上比他的同辈人对民族偏见更敏感。而且毫无疑问，他儿时羞怯的性格和瘦弱的体质，也使得他在反犹太人情绪方面比同辈人更容易受到伤害。

对于作为一个年轻的犹太人所遭遇到的敌意，马斯洛感到恐惧和愤怒，更感到困惑。他奇怪人们为什么要用这种方式对待彼此。

在马斯洛关于童年时代最清晰生动的回忆中，有一些是关于各种各样反犹太人帮伙的。这些帮伙在按种族划分的街区到处游荡。在布鲁克林，每个街区都有自己统一的种族特征，如爱尔兰人、意大利人，或者犹太人。随着父亲塞缪尔在修桶业上的成功发展，马斯洛一家人由下中产阶层的街区搬至中产阶级的街区。在这一过程中，由于当地的年轻人总是热衷于保持自己地盘的单纯性，反对外来人进入，马斯洛对此印象颇深。他后来回忆道："当我是个孩子的时候……反犹太人的情绪实际上是一种十分敏感的现实，如果你走错街道的左右边，你就会遇到麻烦。"

例如，到布鲁克林公共图书馆分馆，要通过好几个街区，风险就很大。马斯洛从5岁起就是一个读书迷，他经常到街区图书馆浏览书籍，一待就是几个小时，以此来躲避家中的紧张气氛。他后来回忆："那时，我经常比家里其他人起得更早，一出门就到图书馆去，站在门口等待开门。"他还补充说："在儿童阅览室里，我读了每一本书，当我读完这些书后，图书馆的人给了我一张成人阅览卡。"这些话听起来也许使人有几分难以相信。

为了到达这个对于他来说是"避难所"的图书馆，马斯洛必须离开安全的犹太街区，冒险穿越"敌人封锁线"，即通过偏僻的街巷和破木栅栏。这是一条必须仔细研究的路线，如果被那些反犹太人的帮伙发现，他们就会追赶他、咒骂他，并且往他头上扔石块。在那些日子里，虽然冲突很少会上升到更危险的暴力行为，但是作为一个瘦弱、胆怯，没有战斗力的孩子，他还是很害怕的。

为了保护自己，马斯洛10岁左右时，决定参加一个自我防御的犹太人帮伙。但是，如果要被这种组织接纳，他必须隐瞒自己读书的爱好。而且，他很快发现还有更难以克服的障碍：

> 我想要成为这个组织的成员，但是我却办不到。他们拒绝接受我，因为我无法下手杀死一只猫。每个想入伙的人，都必须将一只猫吊在晒衣绳上作靶子，然后退后若干步，用石头砸它，直到把它砸死。
>
> 另一件事是，他们要我在角落里朝女孩子扔石头。现在我知道有些女孩子喜欢这样。然而，当时我却不能向她们扔。我不能向女孩子扔石头，也不能杀死猫，于是，我被排斥于这个帮伙之外，我一直没有可能成为我想成为的那种帮伙成员。

在马斯洛就读的小学中,老师的反犹太人的情绪也很强烈。这些老师大多是爱尔兰籍妇女。她们公开表示出对犹太籍学生的敌意和偏见,包括直言不讳地挖苦犹太籍学生。马斯洛清楚地记得一个很有代表性的情节:有一天,班上的学生进行拼写比赛,他的拼写成绩超过了所有同学,赢得了比赛的胜利。然而,他的老师,一个名叫多伊尔(Doyle)的"可怕的坏女人",却叫他站起来,继续让他进行一连串的拼写,一直到他在"平行"这个词上出了错误。然后,她带着一种胜利的表情,当着全班同学的面,轻蔑地对他说:"我知道,你就是一个小滑头、冒牌货!"

有时,马斯洛在无意中听到其他老师也轻蔑地叫他"那个精明的犹太人"。但是,在福莱特布什第179公立学校时,有一位老师给他留下了美好的记忆。虽然格里芬小姐(Griffin)不是个非常温和的人,但是,她能用公平而且友好的态度对待他,这使马斯洛很快对她产生了好感。许多年以后,他回忆道:"当时,我想,我要去爱每一个人了。"

尽管一些老师有反犹太人情绪,马斯洛还是热爱所学到的知识以及令人兴奋的学校生活。读书是他最爱做的事,在他整个少年时代,他总是手不释卷:

> 在我最早的回忆中,有这样一个情景:我通常很早起床,到学校门口等老师来。她会把我带到一个空教室,给我一本书去读。那通常是一本一年级或者二年级的教科书。于是,我就坐在那里读一个小时左右,直到8点钟第一节课开始。
>
> 尽管有一个比我岁数大的男孩常常在那里"埋伏"等我,但我还是很早就去学校。一旦那个大男孩在什么时候追上我,就找出一些理由踢我、打我。我认为,这是由于我是这个学校首批犹太学生的缘故。

虽然马斯洛的父母并不是文化人,但他们还是很看重教育。他的父亲特别强调教育在生活中的重要性。他认为,教育可以使他的长子在犹太人文化中表现出优越性,亲戚们也鼓励马斯洛成为一个学者。

毫无疑问,他在学问上的兴趣,使他在烦恼的少年生活中能够做到情绪平衡。在他的家中,每隔几年就有一个弟妹降生。作为长子,他充分感受到了家中的忙乱,发现进行自我调整相当困难,妹妹艾迪丝的夭折更使他心烦意乱。在他早年生活中,他脆弱的自尊心还受到他的家庭常常搬迁的影响。这种情形使这个羞涩的年轻人在与他人建立和维持友谊方面具有更大的困难。

第1章　布鲁克林的童年生活

马斯洛的羞涩感，部分原因是一种根深蒂固的感觉，即他与别人不同，有些古怪而不可思议。尽管他的许多伙伴同样来自正在向较高的社会阶层流动的犹太移民家庭，但是，他却很少遇到对学问具有同样爱好的年轻人。由于在智力上的早熟，在他的整个小学期间，直到10岁时遇到堂兄威尔·马斯洛（Will Maslow）之前，他总是感到与其他同龄人格格不入，他把自己看作"一个长着两个脑袋的怪人"。

马斯洛对自己的外貌有强烈的自我意识。在童年和青春期的大部分时间里，他对自己瘦弱的身躯和过大的鼻子一直有一种痛苦的羞愧感。那时，青春期的火焰正在心中燃烧，他恨自己没有一副漂亮长相能吸引女孩子们的注意。他幻想自己拥有强壮的体魄，变成美男子阿多尼斯①，这样，身材发生了变化，社交生活也会同样发生变化。他说："我异样地感到，我是一个非常丑陋的年轻人。我天生有一种深刻的感觉，即不知怎么回事我有些不对劲。在我的记忆中，我从来没有任何优越感，只有一种强烈的、令人痛楚的自卑感。"

亚伯拉罕的这种心理状态因为父亲的玩笑而更加严重。他的父亲是一个感情粗糙但没有恶意的人。在一次大型的家庭聚会上，他用一种反问的口气说："难道亚伯不是你们见过的最丑的孩子吗？"言者无意，听者有心。父亲的话深深地伤害了亚伯拉罕心中的自我形象，以至于在很长时间内，在乘地铁时，为了躲避他人的目光，他总是尽量找空车厢，就好像自己被毁了容似的。

在马斯洛与他人的隔阂中，还掺和着一种对父母的疏远感。在孩提时代，他与父亲在感情上是很淡漠的。但是，在那个年代，这种情况在犹太移民家庭中并不少见。每天，塞缪尔一大早就离开家，乘车到曼哈顿下城格林威治的制桶工厂去。下班后通常与朋友们聚一聚。直到儿子快要上床睡觉时，他才回家。周末，他偶尔带亚伯拉罕到外面去吃烤苹果，或在附近的餐馆吃一些东西。除此之外，他很少关心大儿子的日常生活。为了维持这个人口逐渐增多的家庭，他整天忙于工作，几乎很少有精力，甚至没有想到要与儿子建立亲密的感情。

塞缪尔经常不在家还有一个隐秘的原因：他对自己的婚姻感到失望。他尽可能在外面消磨时间，以避免在孩子们面前与妻子发生冲突。有时候，他有意延长"商务旅行"时间，仅仅在他非常渴望见到孩子的时候才回家。在那个年代，尤其是在犹太人家庭中，彼此感到嫌恶的夫妻，"为了孩子的缘故"，常常感到有责任凑合着生活在一起。因此，直到他们的长子读大学时，塞缪尔与罗斯才离了婚。

作为一个年轻人，马斯洛对父亲的名存实亡感到相当痛苦。在他大约24岁时的

---

① 希腊神话中的维纳斯钟爱的英俊猎人。——译者注

一篇很有特点的日记中，他回忆道：

> 我的童年和少年时期是非常不幸的。在我的记忆中，它们似乎是黑暗和悲哀的时期，我奇怪当时自己竟然能够毫无问题地承受。搜寻我所有的记忆，找不到一丝欢乐的光芒……我的父亲误解我，认为我是一个白痴和傻瓜。也许，他对我很失望。

在后来的岁月里，亚伯拉罕·马斯洛与父亲的关系逐渐变得亲近了。20世纪30年代初，塞缪尔离婚后不久，他就与自己的儿子和儿媳住在一起了。由于经济大萧条，塞缪尔失业了，花光了积蓄。在这种情况下，他和大儿子之间有了真正的和解，直到他再婚，以及几年后逝世，他们一直都相处得很好。在马斯洛以后的生活里，他曾多次用善意的语气谈到父亲，总是说他的好话，称他是"一个很好的老家伙。一直到他去世，我们都是朋友"。

亚伯拉罕·马斯洛与母亲的关系则完全不同，直到成年，他都对她抱有一种难以释怀的恨意。他们之间从来没有取得过和解，当她去世时，他甚至拒绝出席她的葬礼。他形容她是一个冷酷的、愚昧无知的以及充满敌意的人。她没有爱心，逼得孩子们几乎发疯。在马斯洛所有对母亲的评论中，有些是在她还在世的时候公开发表的。在这些评论中，没有一句话表达了他的亲切或热爱之情。在这一方面，马斯洛与我们这个时代其他一些重要心理学家很不相同。例如，西格蒙德·弗洛伊德、卡尔·荣格等，与他们对待自己父亲的态度相比，他们更加深爱自己的母亲，用现代批评家的话讲，他们是"妈妈的孩子"。

从马斯洛自己的一些评论以及他最亲近的家人和朋友们的回忆中，可以看出他对母亲产生反感的一些原因。他的母亲对宗教有一种迷狂的态度，为了小孩子的一点过错，动辄就威胁说："上帝将惩罚你！"后来，马斯洛评价这种养育环境时，认为它从反面意义上，有助于促使他对科学研究的热爱。马斯洛认为，他对母亲的鄙视，更多的是由于她对家庭成员的吝啬。他苦涩地回忆道，她经常用锁锁住冰箱。虽然父亲有很好的收入，但只是当她有心思弄东西给自己吃时，才把锁打开，允许孩子们吃一点零食。无论什么时候马斯洛有朋友来家串门，她总是小心翼翼地把冰箱锁上。

马斯洛成年以后，在回忆他母亲时，总认为她是一个毫无可取之处和令人生厌的人。他还感到，与弟妹相比，母亲把更多的敌意指向他。他曾经耿耿于怀地回忆说，罗斯是怎样常常把最好的煮鸡块和瓶装奶油给弟妹吃，却从来不给他。虽然马斯洛从来不是一个恪守教规的犹太人，但从这种抱怨中可注意到很有趣的一点，他具有很强的把食物与爱意联系起来的观念。这是典型的犹太文化的影响。

无论什么时候，只要他对家庭事务发表自己的观点，罗斯总是用贬低或轻蔑的口吻反驳他。她在反驳时最喜欢说的话，恰恰是他作为一个孩子感到不能容忍的："亚伯，你根本就不知道什么是对的！"

后来，马斯洛同自己的孩子谈到他父母的性格时，曾回忆起几件具有代表性的事情。马斯洛一直非常喜欢音乐，一天下午，他在曼哈顿的旧货店中找到一些每分钟78转的旧唱片。他非常兴奋地发现，其中有几张正是他一直渴望听到的。回家后，他将这些唱片放在卧室的地板上。正当他满足地查看这些新的收藏品时，罗斯走了进来，警告他，要他立即把这些唱片收起来。由于正专注于自己新发现的宝贵财富，马斯洛心不在焉地忽略了她的警告。后来，他离开了房间几分钟。当他回来时，只见母亲正在使劲踏踩这些唱片。她一脸怒气，大声喊叫着："我告诉你什么了?! 我告诉你什么了?!"当时，他只能眼睁睁地看着，无能为力。罗斯用脚跟踏踩着每一张唱片，直到把它们全都踩碎。然后，她带着心满意足的表情，离开了房间。

还有一件事更能说明他母亲性格之残忍。一天，马斯洛独自在街上散步，发现两只被遗弃的可爱的小猫，决定收留喂养它们。他把它们带回了家，悄悄地放在地下室。那天晚上，罗斯回到家后，听到了小猫的叫声。她来到地下室，发现儿子正在用一个碟子给小猫喂奶。儿子把没人要的小猫带回了家，还居然用她的碟子给它们喂食！这使她勃然大怒，她把小猫一只一只地拎起来，当着吓坏了的儿子的面，把小猫的头向地下室的墙猛撞，直到把它们撞死。

如果考虑到这种事情在马斯洛的少年时代经常发生，我们也就容易理解他为什么始终对母亲抱有仇视心理，并把她描绘成"诱发性精神分裂症"了。马斯洛认为，幸好有罗斯的兄弟萨姆舅舅的慈爱和温暖，才使得他在孩提时没有陷入疯狂状态，尤其是在他的弟弟哈罗德出生后。马斯洛甚至认为，患了致命疾病的妹妹艾迪丝的死是由于母亲的疏忽。然而，无论是他还是他的弟妹们，都没有产生过明显的情感障碍。而且，他的弟妹们也不完全像他那样，把母亲看作一个残忍和可怕的人。当马斯洛在心理学领域获得国际声誉后，他偶尔在公开场所谈到自己的母亲，对她有不好的评论，他的几个弟妹为此曾感到苦恼。

尽管马斯洛在以后研究了多年精神分析学，并且多次接受精神分析治疗，他也从来没有缓和对罗斯的看法和态度。他没有原谅过她，甚至拒绝这样理解她：她是自己所处的成长环境以及不幸婚姻的牺牲品。从十几岁离开家后，在罗斯有生之年里，他只去探望过她几次。在中年的后期，他还带着一种明显的反感写道：

> 我对她的反应，以及所有的怨恨和反感不仅在于她的外在形象，而且在于她的价值观和世界观，她的吝啬，她对这个世上的人缺乏爱心——哪怕是自己的丈夫和孩子，她的自恋，她对黑人的偏见，她的损人利己。任何人如果与她看法不同，她都认为对方是错误的。她对她的父母和兄弟姐妹都缺乏亲人的关怀，她只有动物一样的自私的只顾自己的本能。
>
> 我常常感到困惑，我的理想主义倾向，我对伦理的关注，我对人道主义、善良、爱、友谊和所有其他美好事物的珍视是从哪里来的。我确知它们并不是我所得到的母爱的直接结果。但是，我的生活哲学、创立理论的整个取向以及所有的研究，却都可以从憎恶和反感她所喜欢的每件事情中找到根源。

这段话说得如此强硬而绝对，很难相信它是出自一位由于温和与仁慈而受到普遍敬佩的人的口中。由此可见，马斯洛对自己母亲的反感，已经到了什么程度。

尽管马斯洛关于童年的回忆是黯淡无光的，但他还是有一个亲密的朋友，这就是他的堂兄威尔·马斯洛。大约在1917年，当马斯洛一家搬到布鲁克林布朗斯维尔区杜蒙特大道961号时，威尔就住在附近。对于亚伯拉罕来讲，这无疑是一个极大的鼓舞，他终于找到一个在情感和智力上相当的伙伴了。两年以后，他家又一次搬迁，这次是搬到福莱特布什较富裕的中产阶级居住区。幸运的是，威尔家恰好也搬到了附近。与威尔在一起，亚伯拉罕开始有了他的第一次真正的友谊。尽管他在性格上还是偏于孤独，然而他还是和威尔一起参加街区的体育活动。他们练习拳击，打吊球，这是布鲁克林比较广泛的街头运动项目。由于他们的家都在一个网球场附近，这两个年轻人不久又成了劲头十足的网球运动爱好者。

1921年春天，马斯洛与他父母的犹太教教规发生了一次最后的冲突。虽然罗斯和塞缪尔并不是十分虔诚的犹太教教徒，但是从犹太人的传统和家族的压力出发，他们还是感到有责任为亚伯拉罕举行一个犹太教的成年礼仪式。犹太教规定，每个年满13岁的男性都必须在犹太教堂里，当着其他教徒的面，用希伯来语读《圣经》中的章节。从历史上看，这种仪式对于犹太家庭具有很重要的意义。作为第一代移居美国的犹太人，马斯洛的父母自然也感到应该遵守这一规矩。尤其对于亚伯拉罕，在犹太人的文化中，长子的角色是十分重要的。

关于犹太教，马斯洛把它与留胡须的异己的信奉老式东正教的移民联系在一起。在严厉的强迫下，他通过了成年礼仪式。在他13至14岁时，他把正统犹太教以及其他宗教都看成荒谬的学说。他母亲的恐吓和告诫向他表明了宗教到底是什么东西。他把遵守宗教礼仪看成是那些最无知者或者纯粹的伪君子才做的事。很久以后，他回忆道："直到进了大学，我才发现了真诚的教徒，这些人是正派的，而且很显然，他们既不虚伪，也不低能。"

马斯洛在童年时代没有接触过正规的犹太教育，因此，他几乎不可避免地会感到成年礼仪式非常空洞和无聊，特别是他被要求背诵那些根本不理解的话。对于像马斯洛这样一个聪明、爱寻根问底的孩子来讲，这种仪式尤其使他感到痛苦。更麻烦的是，他还被要求称赞父母无私地养育了他。当众说出那些与自己情感强烈抵触的话，对他来说是难以忍受的。在描述正规宗教对他早年生活意味着什么时，马斯洛回忆道：

> 我被要求死记硬背某些希伯来文的章节，但是，我对希伯来文没有一点兴趣，我根本就不想学习这种语言。我只是步伐艰难地完成这一强加给我的负担。然而，我却被要求当众讲一些话，这些话是他们从文具店买的书中摘录出来的。它们的开头常常是这样的："我亲爱的爸爸和妈妈……"我不得不说这些话，这真是太可怕了！
>
> 在讲话过程中，当我开始向母亲祝福时——我被要求转向她，并且说："我亲爱的妈妈，我的生命是你给我的，你养育了我……""我的一切都是你给我的……""为此，我是多么爱你啊……"——我的眼泪夺眶而出，赶紧逃走了，因为，所有这一切都是如此虚伪，我实在不能忍受了。

具有讽刺意味的是，尽管年轻的马斯洛十分厌恶这整个过程，他的态度却被母亲等人曲解了。当她的长子在犹太教堂的讲坛上流出泪水时，罗斯得意洋洋地向聚集在那里的亲戚们说："你们看，他如此爱我，他激动得话都说不出来啦！"她认为，或者，她想让其他人认为，马斯洛已为信仰的感情所折服。

第 2 章　追求心智成长的奋斗

> 对人道主义的关切是我从哲学转向心理学的主要原因，那些不着边际的空谈，使我逐渐对哲学感到不耐烦。
>
> 我记得，那时我还很年轻，刚刚上大学一年级，只要我到城里听演讲，我总是对讲台上的人怀有一种敬畏感。我觉得，他们离我是那样的遥远，我永远不可能像他们那样，成为神圣的人物。这种感觉一直持续到大学生活的中期。
>
> ——马斯洛

1922 年 1 月，马斯洛进入布鲁克林最好的中学之一——男子高中。这所学校吸引了这个熙熙攘攘市区所有的男孩子，在这里学习的大部分孩子都把上大学作为自己的目标。尽管学生们出身贫寒，但在后来的岁月中，这所男子高中却以培养了大批成功的毕业生而自豪。这些毕业生在商业、艺术以及其他方面出类拔萃。例如，小说家欧文·肖（Irwin Shaw）就是其中之一。这位作家曾风趣地说："这所学校教会了我走出布鲁克林在外面世界闯荡所需要的一切能力。"

从学校的名称就可以看出，它不招收女生。该校位于布鲁克林的贝德福德街区，离福莱特布什的中下阶层居住区有几英里[①]路。马斯洛每天乘有轨电车到这里，与堂兄威尔碰头。在天气好时，威尔经常骑自行车来上学。两个人的身高和容貌都差不

[①] 本书用的多为英制单位。1 英里约合 1 609.3 米，1 英尺约合 0.3 米，1 英寸约合 0.03 米，1 英亩约合 4 046.9 平方米，1 磅约合 453.6 克。——译者注

多，他们很快变得形影不离，在学校高年级年刊上，他们俩被称为"金粉双胞胎"。

威尔天生自信、开朗，甚至有些粗犷。他在帮助马斯洛克服羞怯和孤独的性格上产生了重要影响。除了在一起上课外，在星期日和暑假里，由威尔带头，他们常常合伙打工。他们最来钱的工作之一，是为曼哈顿一个最上流街区的一家商店送鲜花。虽然威尔打工是因为其家庭经济比较拮据，但马斯洛打工的原因却轻松随意得多。他的父亲在生意上非常顺利，因此鼓励自己的长子把全部精力都放在学习上。

男子高中的大多数学生，从血统上讲是第一代美籍犹太人，大多出生于靠体力劳动谋生的欧洲移民家庭。大多数家庭还没有达到中产阶级水平（但马斯洛一家已经达到）。这些家庭的父母有一个共同的愿望，希望自己的儿子将来能靠头脑，而不是靠体力去谋生。这些父母把受教育珍视为孩子们以后能够过好日子的关键因素，强调学术成就能够促进个人和社会进步。

年轻的马斯洛发现男子高中是一个催人奋进的地方，他的周围全是被灌输了上述思想的聪明的同学。他在各种学术组织里担任干部，并且是学校拉丁文杂志和物理学报刊《原理》（*Principia*）的编辑。在马斯洛十几岁的时候，他对体育有相当的兴趣。在那些日子里，他经常和同学一起锻炼。虽然他身高近6英尺，但体重只有130磅。他常常羡慕那些健壮的同学。他曾经在二十多岁的时候回忆道："我试图通过强迫自己多参加体育活动，来弥补我一直感到苦恼的体质上的缺陷……有一次我差一点就报名参加了一门在体育杂志上刊登广告的训练课程。我对体育产生了兴趣，在一些队里打球，其他运动也沾点儿边。"

在那些年，马斯洛是一个劲头十足的网球爱好者。只要天气许可，他就同威尔以及其他朋友们一起打网球。他还打垒球、手球和吊球，参加中距离跑步。另外，他还是男子高中棒球队的场外队长。

在一篇日期为1924年4月24日的日记里，马斯洛记录了在高一过复活节时的一些经历，从这些情况可以了解他当时的精神状态：

> 我感到厌烦、虚弱、无聊、恶心、疲劳不堪，我已经混过了5天的假期，可是，在这5天中，除了星期五以外，一事无成。那天，我去纽约曼哈顿干活，在倾盆大雨中直干到下午4点。我全身湿透，狼狈不堪，不得不停止了工作。威尔的感觉和我一样，也不想干了。星期六我去看了有我的朋友曼纽尔参加的一场球赛，那真是令人兴奋，可惜最终还是以五比六输掉了，因此，我一直闷闷不乐。星期天我去了"景象"剧院，看了一场悲剧，回家后，情绪更加低落。

> 昨天（星期一）和今天，我继续浪费时间，茫然不知所措。我打算去青年犹太人联盟看一看。但是，波普对我谈起了他的花销问题，让我知道他现在是多么拮据，所以我又决定不去那里了，这样能够节省一点钱。和他谈话以后，我的情绪更加沮丧。今天，更加感到无聊，一开始是想去电影院，后来又改变了主意，去逛街了。之后，又去随便打了一会儿球。

在高中的这几年里，马斯洛成了一个博览群书的人。他喜欢科学，尤其是物理学。在1923年或者1924年，他为《原理》报写了一篇文章，预言了原子能在潜艇和轮船上运用的可能性。在图书馆里，他偶然发现了一本尼尔斯·博尔（Niels Bohr）的《原子入门》（*ABC of Atoms*），他马上被这本书迷住了，并且为此激动不已。

马斯洛还读了大量的小说。他喜欢读汤姆·斯威夫特（Tom Swift）和弗兰克·梅丽威尔（Frank Merriwell），以及霍雷肖·阿尔杰（Horatio Alger）这些作家的小说。其他流行的适合青少年阅读的小说，他也爱看。在刚上高中的时候，马斯洛经历了一次真正的思想上的启蒙。他的物理老师塞巴斯蒂安·利特尔（Sebastian Littauer）向全班推荐说，如果他们真正想读点有用的书籍，厄普顿·辛克莱（Upton Sinclair）的书是必不可少的。这个偶然的建议触发了马斯洛对社会问题和道德问题的潜在的兴趣。八年后，在1932年1月31日的日记中，他回忆道：

> 我记得我是怎样开始思考研究的，它是从读男子高中时开始的。当时，塞巴斯蒂安·利特尔先生在物理实验室里提到厄普顿·辛克莱写的《拜金主义》（*Mammonart*，此书揭露了艺术行业的内幕）。他大声地为我和威尔朗读书中有关陀思妥耶夫斯基和妓女的部分。我感到吃惊，甚至有些震动，因为那时我在这方面的思想还非常拘谨，而一个老师谈这样的事是很不寻常的……我记不清是为了什么，但我和威尔把《拜金主义》从图书馆里借了出来，也许是由于对妓女的描写吸引了我，或者是因为利特尔对该书的好评……从那以后，我开始读辛克莱写的每一本书，此外，我还看一些有关冒险、棒球和大学生活的书籍。

通过阅读辛克莱揭露社会阴暗面的小说，马斯洛在政治观点方面成了一个民主社会主义者。辛克莱的书对他树立为一个美好的社会而奋斗的理想主义信念，产生了明显的影响。过了40年，即在60年代中期，马斯洛曾写信给辛克莱，对他曾经给予自己的鼓舞和影响表示感谢。

在马斯洛阅读辛克莱著作后不久，他发现了他父亲的簿记员订阅的《国家》

(*The Nation*）杂志。这是当时一种著名的左翼民主主义者的期刊。在他父亲的办公室里经常有这些小册子，马斯洛成了这些书的热心读者。尤金·德布斯（Eugene Debs）、诺曼·托马斯（Norman Thomas）和其他美国社会主义领袖成了他心目中的英雄。在这个办公室里，还有每册售价25美分的"社会主义经典著作"丛书。查尔斯·狄更斯（Charles Dickens）的《艰难时世》（*Hard Times*）对于19世纪英国工人阶级悲惨生活的生动描写给他留下了深刻的印象。

此外，在男子高中，马斯洛最喜欢的课外读物也许是历史课指定的书籍。当他在低年级学习美国历史时，托马斯·杰斐逊（Thomas Jefferson）和亚伯拉罕·林肯（Abraham Lincoln）就成了他心中的英雄。几十年以后，当他开始发展自我实现理论时，这些人则成了他所研究的自我实现者的基本范例。像许多出身于经历过大屠杀和遭受过迫害的移民家庭的孩子那样，马斯洛对美国革命的奠基人，以及他们的梦想怀有深深的敬意。虽然他对美国社会也感到不满，但他仍然信奉尤金·德布斯和诺曼·托马斯的民主主义观点。他从十几岁时就相信，美国的重大变革对保持和推进这个国家的最初理想是必要的。多年以后，他还将早期的社会主义观点中关于法律和社会正义的要求，看成是与犹太人传统中古老而振聋发聩的预言相类似的东西。它们是对现实的一种解释。

马斯洛在读高中期间，遇到了他的表妹贝莎·古德曼（Bertha Goodman）。她于1922年3月从苏俄来到纽约，那时她13岁，比马斯洛小一岁。她的父母早在1912年就移居到了美国，打算在她来之前先有一个安顿之处。当时正值第一次世界大战爆发，国际旅行变得很危险和极度困难，因此，贝莎只能在俄国（后来是苏俄）同亲戚一起生活，在童年的后期一直远离父母。现在，她同父母舒适地住在布朗尼克斯优越的中产阶级居住区内，离福莱特布什大约有一小时的地铁路程。

通过书信和谈话，马斯洛早已听说了很多关于表妹的事。他十分尊敬贝莎的母亲，认为她是一个温和、富于幽默感的人，善于安排好家里的生活。她还有一种天生的艺术鉴赏力，这是马斯洛非常欣赏的一点。她的丈夫在一家室内装修公司工作。几乎是贝莎刚回到古德曼家时，马斯洛就被她的美貌所吸引。由于贝莎几乎不会讲英语，他就主动去做她的老师。从那时起，马斯洛几乎每周都要去拜访贝莎家，同她聊天。在青少年时期，马斯洛从来不和其他同龄的女孩交往，贝莎是唯一的例外。尽管马斯洛十分聪明，并且喜欢读书，但他仍保留着羞怯腼腆的性格，尤其是在女孩子面前。

1925年冬天，马斯洛和高年级的同学到了申请读大学的时候。他们的第一志愿是颇有名望的康奈尔大学。这是唯一的一所接受（而不是象征性地）犹太人的名牌大学。为了进入该校,大部分男子高中的学生需要获得全额奖学金。这意味着要参加康奈尔大学特殊的奖学金考试。威尔希望自己被康奈尔大学录取,并敦促他的堂弟也参加考试。马斯洛坚决地拒绝了,对他而言,这似乎是一个不可能实现的梦想。几十年后,他回忆道:"这是不可想象的,我甚至没有认真考虑过此事。"

马斯洛不愿申请康奈尔大学,其原因也许是他在男子高中的成绩并不突出。在毕业班625名学生中,他的名次仅仅排在中间偏上。他的成绩中等,其中经济学69分,化学72分,生物75分。他也许对通过康奈尔大学的入学考试没有信心。但是威尔认为,男子高中在全国范围内有很高的名声,再加上马斯洛的课外阅读和其他成果,他肯定有被接受的可能。威尔自己的成绩仅比马斯洛好一点。

几个月以后,正如马斯洛所希望的,他与其他有足够分数的同学被纽约市立大学录取了。一天,威尔兴奋地告诉他,有12个男子高中的同学通过了康奈尔大学的考试,他是其中之一。马斯洛起初为威尔的成功感到激动,后来,意识到自己最好的朋友将离去,自己将再次陷入孤独,又很快变得抑郁起来。

在9月份入大学前,马斯洛到卡茨基尔山的一家避暑旅馆打工。这里离纽约北部大约有两小时路程。这家避暑旅馆几乎是唯一向纽约市的犹太人提供服务的旅馆。纽约的犹太人在夏日里暂时离开自己酷热的住所,到此呼吸一下新鲜空气,并享受旅馆丰富的饭菜和便宜的招待。这个乡村地区,二十多年来一直很兴旺,它有几十个旅馆和带阳台的平房聚居区。许多最著名的好莱坞喜剧演员,包括杰克·本尼(Jack Benny)、乔治·伯恩斯(George Burns)和格鲁乔·马克斯(Groucho Marx)都是在这里起家的。但是,正如马斯洛在那年夏天发现的,卡茨基尔山旅馆并不是下层打工者的乐园。大约在40年以后,在写有关开明与专制的管理问题时,马斯洛清晰地回忆起自己年轻时,在旧式的管理方式下作为一个非技术性工人的经历:

> 我签合同到避暑旅馆当服务员。然而,我自费到了旅馆后,得到的却是一份餐厅服务员助手的工作。这个工作工资很低,根本拿不到任何小费。很明显,我上当了。我没有返程路费,而且,在这个夏天,再找其他工作已太晚了。老板答应很快让我当正式的服务员,我把他的话当了真。但是,两个星期以后,一切都没有变化。很清楚,老板实际上欺骗了大家,他想以此多捞几个额外的美元。

> 后来,到了美国独立纪念日,旅馆里住了三四百名客人。老板要求我们几乎通宵地准备花式点心。这种点心很精美,做起来相当花费时间。所有职工都被召到了一起。刚开始,大家似乎没有怨言,同意这样做。但是,等到节日那

天端上第一道菜后,所有职工都罢工不干了。

当然,对于工人们来讲,这样做在经济上要蒙受很大损失。因为这时要再找较好的工作,甚至任何工作都为时太晚了。然而,我们的愤恨和报复的愿望是如此强烈,以至这样做了以后,其心满意足的感觉至今还记忆犹新……这就是我所说的真正糟糕的工作条件,以及工人与管理者之间的矛盾。

在经历了夏季打工之后,学校生活自然显得很有吸引力,马斯洛喜欢市立大学的大部分课程。虽然拿的是全额助学金,但他还是去打工,在"意大利第一构架公司"当兼职看门人。他对这项工作感到很满意,因为这样,他可以每天晚上有时间安静地读书、写作和思考。过去与父母和五个弟妹住在一起,那种嘈杂和有些紧张的生活是那样令人心烦,因此他开始幻想生活在幽闭的地方,与书籍和稿纸为伴。那年秋天,在一篇没有注明时间的日记中,马斯洛清楚地表明,在他17岁时,他已经计划在人文科学方面开始自己的学术生涯了。(但是,当时他还未发现心理学领域。)

尽管高中成绩平庸,在这篇日记里,马斯洛仍然表达了对自己的理性思维能力和优势的一种强烈的意识。也许出于某种较深的不安全感,他的这种意识又总是与能够得到最优秀的学者认可的愿望联系在一起。这两个方面似乎已经成了马斯洛的个性特征,在他的一生中,一直都伴随着他。他写道:

我成了纽约市立大学的学生。我在高中的收获是显著的。现在在大学里,我的前途一片光明。在我最喜爱的哲学方面,我很有希望获得某些进展。我的写作受到英语教授的高度赞扬。我自以为我所受的大学教育很有用处。我感到自己非常喜欢同那些资深的学者们热烈地讨论问题。我认为,我已经赢得了他们的尊重,至少很快就能赢得他们的尊重。

对于世界文学作品的研究引发了我强烈而深沉的美感意识。此后,我感到对音乐的强烈的爱和渴望在我心中逐渐孕育发展起来。我的批判意识同时也迅速地成长起来。

很久以来,那些难以言喻的、扰乱人心的思绪一直使我渴望获得表达的内心备受煎熬。一些在我看来很重要的思想都堆积在我脑海里,仿佛是一支排列混乱、令人眼花缭乱的队伍。我常常试图把这些含混的东西整理清楚,并把它们写出来。但我总是失败,因为它们太宽泛了,我很难把握它们。当然也有这样的情况:通过一些伟大的作家,我有时能够捕捉住自己模糊的思绪,把它们变得清晰明白。我还尝试用音乐来表达自己的思维，并成功地改编了一首类似瓦格纳歌剧风格的作品。而在此之前，我还从来没有听说过瓦格纳。然而，我用音乐来表达思想的想法基本上是失败了。

但是，一个美妙的前景在我面前展现。因为，我感到自己的头脑正逐渐形成敏锐的洞察力和深刻的分析能力，使我能很从容地捕捉住各种思绪。而在过去，当我企图把这些思想联系起来并表达出来时，常常把自己搞得筋疲力尽，结果却枉费心机。我确信我的思考很清楚，我能够做到，我具有潜在的能力。

在最后一年中，我已经乐于进行思想活动，我也许能够在哲学方面获得一份研究员经费，并且花上几年的时间来进行研究。同时，我还应该研究逻辑学和数学，这二者能帮助我理顺头脑中的模糊思想，使我的表达更为流畅。

在大学的第一个学期，马斯洛有一门难以对付的学科——三角学。它是所有要获得学士学位的理科学生的必修课。马斯洛"不喜欢、瞧不起，甚至讨厌"这门课。他以一种对待自己不喜欢事物的特有态度来对付它，干脆不去上课。在期末最后考试前，他靠的是最后一个晚上拼命地死记硬背来应付考试。他曾用这种办法闯过了在男子高中里的各种难关。

马斯洛通过了三角学的考试，但由于经常缺课，任课老师最终还是给了他一个"不及格"。后来，他用一种无可奈何的勉强的赞扬口吻回忆道："我所有的恳求、哄骗、哀求等小伎俩都无济于事，他就是不给我'及格'。"

由于三角学不及格，以及艺术、化学和西班牙语等必修课程仅得"中"，马斯洛在第二个学期被留班察看。但以后，他的成绩开始稳步提高，到了夏季学期，有一点已很清楚——英语和社会科学渐渐突出，成了他的强项。

马斯洛为自己具有强烈的理性主义观点而自豪，他蔑视任何带有宗教感情色彩的东西。对他来讲，任何宗教或关于灵魂的事都意味着迷信的狭隘心理。这一点，他在少年时代就从母亲那里体会到了。在1926年7月31日的日记中，针对他的哲学老师对新英格兰超验主义运动[①]的主要哲学家拉尔夫·沃尔多·爱默生的赞扬，马斯洛讥讽地反驳道：

一个人提出一种理论，这种理论是由他自己创造的。他知道，如果相信它，他的生活将会变得更安宁。他的理由是这样的："我不能相信它，我明白它是没

---

① 超验主义是强调精神和直觉的东西与物质和经验的东西相比具有第一性的哲学，尤指19世纪的新英格兰运动，该运动强调神性作为真理的源泉和行动的指导者存在于人类之中。——译者注

有根基的，这实在是很遗憾。但是，如果我对于其中的谬误视而不见，并且把它看成是一种真理，我就会过一种幸福的生活。要是我能够全心全意地相信它就好了。"

他也是这样，他盲目地相信了它。对我来讲，这就和信仰宗教一样，因为宗教不过就是一种盲目的、非理性的信仰而已。

在大学二年级时，马斯洛对音乐着了迷。在回顾中，他将高级音乐欣赏课程看成是一种催化剂。他是从1926年秋天开始上这门课的。虽然马斯洛有很强的审美倾向，除了音乐，也常常被诗歌打动，但他还是很自信地把自己看成一个意志坚定的理性主义者。他对自己受到音乐魅力的强烈吸引感到困惑。几个月来，马斯洛的内心一直矛盾着，因为他感到需要为自己这个出乎意料的爱好辩护，甚至证明其存在的合理性。在一篇没有署明日期的日记中，他坚持认为：

音乐，假如可以被理解，它本身是一个目的，而不是达到目的的手段。我听到200种嗓音和100种乐器的欢唱声直冲云霄，那是贝多芬的音乐！我听到德彪西为我们谱写的一首美妙、温柔、细腻的乐曲，我听到一首莫扎特的小步舞曲，在我的脑海里浮现出了一个美好、纯真和优雅的世界。

那么，我还需要用什么理由来为自己聆听音乐时令人激动不已、心醉神迷的快乐作辩解吗？难道说我欣赏音乐只是为了忘记生活中的烦恼吗？不！音乐唤起我们对生活中的至善和生存价值的认识，并使我们能更容易地忍受那些同样属于生活的痛苦和琐碎平庸。它应该使生活更轻松……每次听10分钟以上德彪西的音乐，难道不足以抵消乘一个星期的地铁上班带来的不良情绪吗？

在同年的另一篇日记里，马斯洛再次试图在哲学上证明，他被一些像音乐这样的感性事物所吸引是对的。有趣的是，这一篇日记似乎预示了在三十多年以后，尤其是50年代和60年代中，他作为一个人本心理学开创者所持有的有影响力的观点——我们的动机是由那些在纯粹的理性认知之外的超越性价值引起的：

大自然为我们的生活呈现出各种各样的刺激和诱因，我们把它们叫做生活的目的。如果没有它们，我们就没有理由继续存在。这些各种各样的刺激和诱因包括爱、为人父母、心智的拓展、艺术以及其他一些东西。这些生活的终极目的是最基本的，我们无法清楚地解释它们，我们只能接受它们的存在。

这些目的的含义是什么？它们是从哪里来的？是谁把这些目的给予我们的？——这些都是我们无法回答的问题。

音乐，在我内心深处是毫不犹豫地接受的。因为对我来讲，它是最高的艺术，是我生存的缘由之一。它甚至能同生命中最重要的目的——爱——相提并论。

因此，我没有必要解释为什么这样热爱音乐。只要回答"音乐对我意味着什么？"，一切问题就都迎刃而解了。在音乐中，我找到了最基本的根基……音乐充满了我的生活，它是我生存的缘由之一。在人生旅途中，我们努力拼搏，而它是大自然赐予我们的最重要的一份礼物。由于大自然是超越理性的，所以音乐也是超越理性的，它不受人类逻辑规则的制约。

在1925年至1926年期间，马斯洛对社会主义的理想主义兴趣仍在增长。他在布鲁克林的家离曼哈顿只有很短的一段地铁路程。曼哈顿常常举办一些重要的公共学术论坛。马斯洛很积极地参加由库柏联合大学举办的很受欢迎的星期日公开演讲会。演讲者中包括在人文和社会科学方面有名望的人物，例如，赖因霍尔德·尼布尔(Reinhold Niebuhr)和伯特兰·罗素（Bertrand Russell）。他还参加在劳工协会和兰德学校举办的讲习班。这二者是社会学思想的中心。到这里任教的有威尔·杜兰特(Will Durant)和诺曼·托马斯。马斯洛心目中的英雄，是那些敢于彻底谴责世俗作风和经济低效现象的作家和社会学者。受这些人（如诺曼·托马斯）的影响，马斯洛在20年代中期的一篇日记中措词激烈地写道：

这样的经济社会体制简直是愚蠢到家，它这样倡导有经济能力的成员：花费，花费！这是你神圣的责任！食物、衣服、劳务！尽你所能去浪费吧！承蒙社会的厚爱，去浪费、毁弃、滥用、挥霍和破坏吧！

有一件事很能说明问题。柯立芝总统是一个节俭的人，他不愿意把只用了一年的帽子扔掉，而是决定用两年。通过舆论界，他的观点传到了全国制帽协会。立刻，制造商们发出了愤怒的呐喊，认为总统为全国公民树立了坏榜样，制帽业会因此遭殃。如果有更多的人在戴帽上节约，他们就会减少赢利。在这种情况下，他们会被迫裁员，失业大军又将增加。

结果，总统妥协了，公开宣布，他将购买一顶新帽子。这一声明马上被广泛传播。事情就是如此，那些想为自己声色犬马的生活找借口的浪荡公子们，为了尽情挥霍，又何愁没有借口呢？

尽管马斯洛有这些犀利的"宣言",但是他的社会主义倾向还几乎只是一种纯粹的思维状态,而不是一个行动者的姿态。那个时期,他对自己的信念非常忠诚,但是与堂兄威尔不同。威尔总是积极参与诺曼·托马斯的活动,并与他和其他社会主义政党领导人交往很深。马斯洛的性格太孤僻,因此他没有兴趣参加那些喧闹尖锐的辩论、政党的秘密会议和挨门逐户的竞选,而这些活动在20年代是政党搞政治的主要方式。

1926年9月28日,马斯洛开始在布鲁克林法学院选修晚上的法律课程。这个坐落在商业区的学校没有学术上的名望,但其入学规则允许马斯洛作为一个非全日制学生注册,他白天仍然在市立大学攻读本科学业。这所学校主要吸引像马斯洛这样背景的学生,纽约市一些新移民家庭中勤奋的孩子,还有一些对审判员职位或类似职位感兴趣的地方官员也到这里上课。实际上,这恰恰就是这所学校这些年来渐渐有了些地方声誉的主要缘由。

马斯洛是在他父亲的坚持下才去这所学校的。他的父亲年轻时一直梦想当律师,现在,他希望通过自己聪明的孩子来实现自己的夙愿。他的理由是,亚伯具有善于分析的头脑、非凡的语言能力和技巧,能在法律事业上发挥自己的特长。"我的儿子,哲学家!"他在一次家庭喜庆聚会时,这样介绍18岁的亚伯拉罕·马斯洛。但是,他是一个靠奋斗白手起家的商人,他不能赞同亚伯去做一个经济收入不稳定的学者。

为了有时间学习法律课,马斯洛在市立大学仅选修了两门全学分的课程,即英语和音乐欣赏。但从一开始,马斯洛就不喜欢布鲁克林法学院的课程内容。他发现入门课程的教材非常枯燥乏味,但这也是他早就预料到的。更令人沮丧的是,在法律案例讨论课中,几乎一点也不涉及对道德方面的考虑。这些案例"似乎仅仅是与邪恶的人以及人类的罪恶打交道"。

这一年的11月29日晚上,马斯洛所在班正在讨论恶意防卫。这个概念伤害了他关于人们应怎样相互交往的理想主义感情。于是,他放下书走出教室,回到家宣布:"我要从法学院退学!"他的父亲大吃一惊,然后失望地问:"那好,你想要学习什么呢?"马斯洛的回答是:"随便什么!"

他的父亲揣摩不透这样的回答,不过,他还是允许亚伯转学至康奈尔大学。这一转学,对这个家庭来讲,意味着将付出加倍的费用。但是,他的父亲认为:在康奈尔大学,受堂兄威尔的影响,亚伯也许会发现他究竟想做什么。

1927年冬天,马斯洛转学到了康奈尔大学,他希望在康奈尔大学能发现他所期待的学术气氛。在刻板的、两点一线式的市立大学的生活中,他在智力上几乎没有感受到什么刺激。

他离开纽约市立大学的另一个原因，是想与表妹贝莎在感情上拉开一段距离，他已爱上了她。"我想离开贝莎，因为我们太年轻，无论如何，我不能与她太亲密，这样的关系带给我们的一半是快乐，一半是痛苦。"他的父母已开始阻止这个刚开始的罗曼史，马斯洛认为，俩人的距离远一些，可以减少自己对她的迷恋。

当然，马斯洛转学的另一个原因是威尔的影响。威尔非常喜欢康奈尔大学。由于马斯洛没有申请奖学金，他付不起康奈尔大学文理学院昂贵的学费，作为另一个选择，他向由州政府赞助的康奈尔大学农学院提出了申请，通过这个办法，几乎没有缴什么学费，他就进了康奈尔大学。现在，他能和威尔在一起相处，而且还能够选修一些无须付额外费用的文科课程。

从布鲁克林到地处乡村的伊萨卡，对马斯洛来讲，是一个里程碑式的转变。除了在卡茨基尔短暂的夏季打工外，他还从没有真正离开过父母的监督，现在他终于独立了。长期以来，马斯洛一直与母亲对抗，并且同父亲在感情上疏远，这次转学是对于家庭束缚的令人高兴的解脱。康奈尔大学坐落在芬格湖畔的景色宜人的小山群中，比纽约市立大学更加吸引人。马斯洛在后来的生活中愉快地回忆道："它非常美丽。这是我第一次离开家，离开纽约的人行道。通过威尔，我结识了一些朋友，我置身于以前在电影中才能看到的浪漫的大学生活，我愉快地感到自己成了一个大学生。"

这对堂兄弟一起住在康奈尔大学校园附近的一个小公寓里。那座3层楼房位于大学路319号，对面是一家名为"红白"的杂货店。这一带密集地居住着许多学生，因此，被称为"大学城"。这里绿树成荫，显得很安静。学生住的地方原来是一些冷清的店铺以及一些木房子，后来被改成公寓出租。在康奈尔大学内，近一半的学生住在学生联谊会或者女生联谊会的房子里。而在"大学城"，住的是一些波西米亚艺术家以及那些对学生联谊会不感兴趣，也难以被其接受的学生。

因此，"大学城"一带被认为是那些地位较低的"自由人士"居住的。这些人对高雅的社团组织没有兴趣，这些社团组织也不可能接受他们。从马斯洛的住处到康奈尔大学大约要走15分钟的坡路，那里几十年来几乎没有什么变化。

兄弟俩与同公寓的其他同学相处很融洽，大家共同使用一个卫生间。在他们中间逐渐产生了一种温暖的情谊。他们经常在一起谈论他们的班级、功课以及所有感兴趣的事情。

在这个圈子里，马斯洛为人友善而温和。虽然他比较拘谨，但并不是一个固执己见的书呆子。不过，经济负担沉重地压在他的肩上。尽管康奈尔大学农学院的学费极少，但住在这里的生活费用却远超过了家里所能负担的。于是，马斯洛和威尔一样，到学校的学生联谊会去当招待员，以解决部分生活费用。这工作很容易，可以免费用餐，并能够得到一份微薄的薪水。不过，面对在学生联谊会的那些服务对象，马斯洛对自己的出身十分敏感，对于服侍这些他认为在智力上比他低的人，他感到有失尊严。许多年后，马斯洛仍以有点愤愤不平的口吻回忆道："在我当招待员的期间，我认为没有任何人同我认真讲过一次话……在自己生活的小圈子外，我感到非常孤立。"

马斯洛在康奈尔大学的孤独感，部分原因是学校的反犹太人情绪，这种气氛笼罩着校园。学生联谊会和女生联谊会都以微妙的理由拒绝犹太人和其他少数族群的同学入会。康奈尔大学官方学生报《康奈尔的太阳》（*Cornell Sun*）也照例不吸收犹太学生参加工作。

尽管马斯洛在努力挣钱，但他的父亲还是认为他花钱很随便。这个问题成了他们之间一个难堪的话题。一天，当塞缪尔驱车来看望亚伯和威尔时，他们又在这个问题上发生了冲突。正当他严厉指责儿子用钱随便的时候，突然，亚伯从口袋里抓出一把硬币，愤怒地把它们扔到窗外，喊道："为什么人们总是谈钱！钱！"威尔和塞缪尔都惊呆了，默默无言地相互看着，过了一会儿，做父亲的出去把这些钱拣了回来。

在康奈尔的一个学期里，马斯洛的成绩既不够突出，也不算太差。心理学、经济学和物理学等是"良"，地理学和气象学是"中"，必修的后备军官训练只得了一个"及格"。尽管这所大学有名牌大学的声誉，马斯洛还是没有发现能使他在学术上感到有兴趣的课程。即使在基础心理学课程方面，他的期望也破灭了。他后来回忆：这一课程的题目"令人生畏而又苍白无力，对人们也没什么用处，我感到索然无味，于是放弃了这门课程"。

心理学课的教师是爱德华·B·铁钦纳（Edward B. Titchener）。他是美国心理学的奠基者之一，是与弗洛伊德和威廉·詹姆斯（William James）同时代的人。他是一个很自负的、受过牛津大学训练的学者。他在给低年级学生上课时，总是身穿一套学者制服，对此他曾经说过，他"喜欢一本正经"。上课时，他的研究生助手们坐在第一排，实验仪器整齐地排放在讲台上。

铁钦纳的结构学派曾经在美国心理学界占支配地位。在19世纪90年代，他和威廉·詹姆斯发生了一场言辞激烈的辩论。到1927年马斯洛听铁钦纳讲课时，结构主义在心理学界早已失去了优势。这位教授的性格变得非常孤僻，与人疏远。他在收集古代硬币上的兴趣超过了跟踪心理学领域最新发展的兴趣，而这个领域也逐渐抛弃了他。到20世纪20年代中期，他的大多数同事都把他看作一个难以相处的、过时落伍的思想家，仍然对一场早已被人遗忘的科学论战耿耿于怀。在上课时，铁钦纳几乎不让他的学生知道，在美国心理学界，除了结构主义外还有其他学派的存在。因此，尽管心理学是马斯洛后来选择的毕生事业，但当时他却对心理学没有什么兴趣，这也是不难理解的。

回想起来，铁钦纳研究心理学的方法与马斯洛那充满激情的社会目标完全是南辕北辙，毫无关系。马斯洛发现，结构主义"与人无关"，正是因为其中没有什么可以被应用的，铁钦纳强调，心理学纯粹是对意识的实证性的研究——尤其是研究我们的感觉、映象和知觉的经验。他接受的唯一研究方法是"科学的内省法"。这种方法就是请一些受过训练的助手在实验室的设备中内省，当各种各样颜色的环状物旋转时，或者听到各种音调时，他们被要求大声报告他们所感知的是什么。更武断的是，铁钦纳把某些内省确定为是正确的，而另一些是错误的，并以他的观点作为最终的权威意见。他还傲慢地轻视像教育心理学、变态心理学和工业心理学这些新发展起来的、很有用的心理学分支领域，认为它们并不是真正的科学或者"纯粹的"科学。

然而，铁钦纳的课程也有使马斯洛感到很有兴趣的部分，例如，关于超感官知觉的讨论。一天下课回来，他很兴奋地向威尔叙述那枯燥乏味的心理学课程有了一些什么新内容。在他们的谈话中，亚伯搞不清超感官知觉是否存在，如果存在，他是否具有这方面的能力。威尔建议他们自己搞个实验。那天晚上，在这个小公寓里，威尔和其他同学每人藏起一样东西，然后请马斯洛进来，让他猜他们藏的是什么。他准确地猜了一次、两次、三次，猜出了每一样东西。实验结束后，亚伯非常兴奋，以至差点没有耐心等到第二天，想马上就去告诉铁钦纳。第二天早晨，威尔把马斯洛拉到一边，告诉他，那些人和他开了一个玩笑，在实验之前，他们事先约好，亚伯每次猜测，都告诉他猜对了。正像威尔所想的那样，他的堂弟对他们开的这个玩笑一笑了之。

总的来讲，马斯洛对铁钦纳讲授的心理学还是很反感。他后来评论道，由于学习这门心理学课程，他暂时对心理学的整个领域都失去了兴趣。不仅如此，在康奈尔大学，对于其他课程，他也没有多少学习热情。

在康奈尔大学的一个学期，马斯洛不只是在学习上感到失望，在感情上，他也感到苦闷。他发现，他越来越思念贝莎。有时在夜里，他甚至点燃蜡烛，久久凝视她的相片。马斯洛在康奈尔大学没有和任何异性有过约会。当时，马斯洛与同年纪的女性打交道还十分胆怯，他的犹太人背景也限制了他的约会机会。另外，校园里两性的比例也极不协调，四分之三以上的学生都是男性。

马斯洛对自己在康奈尔大学的经历评价道，仅有一件事给他留下了很深而且持久的印象，这就是康奈尔大学在考试管理上的无监考制度。几乎是在40年以后，在关于雇员应该在车间中享有多少自由的演讲中，他追忆道：

> 我记得，当我在康奈尔大学读本科时，该校在考试管理上实行无监考制度的方法……它着实叫人感到诧异。我估计，大约有95%或更多的学生是诚实的，而且非常欢迎这种考试制度，这套制度对他们非常适宜。但也有1%、2%，或者3%的学生，这套办法对他们不适宜。他们利用这种制度，在考试中抄袭、搞小动作，以种种方法作弊。

在马斯洛的生活中，这段相对较早的大学经历，有助于形成他的这种观点，即任何一种心理学理论、教育体系或商业管理体系如果不能够将那些他称为"骗子"和"恶棍"的人也考虑在内，是不完整和不全面的。

1927年6月，怀着低落的情绪，马斯洛回到了父母家中。然而，当他再次到市立大学去注册时，他一点都不感到沮丧。在离开父母和弟弟妹妹，同威尔在一起的那几个月里，他已变得成熟起来，康奈尔大学的优美风景和环境向他展示了一个与布鲁克林混凝土道路完全不同的世界。现在这个瘦长身材的19岁的小伙子，经历了在名牌大学的生活之后，发现自己更加自信和有独立见解了。

马斯洛感到贝莎对他有巨大的吸引力，下定决心和她进一步发展感情。但是，与女性在一起时他仍然感到羞涩，不敢大胆表白自己的感情。几个星期后，马斯洛频繁地拜访贝莎和她的全家。马斯洛的姑母和其他亲戚都很清楚，尽管马斯洛和他们很亲近，但其实他之所以流连忘返只为了一个目的：尽可能多地和贝莎在一起。马斯洛十分害羞，不敢随便地邀请她出去约会。

有一天，马斯洛像往常一样去她家串门。刚开始，他犹豫地坐在贝莎的身旁，他们交换着脉脉含情的目光。随着这种沉默的延续，她娴静而温柔地凝视着他，并向他靠近了一些。马斯洛既渴望接触她又十分腼腆，这使他坐在那里踌躇不安。这时，富有恋爱经验的贝莎的姐姐安娜打破了沉默，加速了这段缓慢的罗曼史。她一边把马斯洛推向贝莎，一边说："看在老天的分儿上，吻她吧！吻！"马斯洛先是大吃一惊，然后，几乎是在安娜的胁迫下，吻了贝莎。他后来回忆道："贝莎不仅没有反抗或拒绝，她还回吻了我，于是，我的人生真正地开始了。"

马斯洛一直认为，第一次浪漫的亲吻是他生活中最重大的时刻之一，这是一次真正的高峰体验。这对他的自我形象产生了巨大影响，在这时，他感到自己已经是成人，体验到了宝贵的性爱和友谊。"我被一个异性接受了，和她在一起，我感到极度幸福和愉快。"

9月份，马斯洛在市立大学重新开始了他的学业。除完成大部分必修课外，他自由地选择那些对他真正有吸引力的课程：人文科学和社会科学。有趣的是，对马斯洛最有影响的课程是文化哲学，但他没有修完这门课。授课教授指定他们读威廉·格雷厄姆·萨姆纳（William Graham Sumner）的《社会风俗》（Folkways）。这是一本被马斯洛看成是"珠穆朗玛峰式"的著作。它影响了马斯洛的一生。[①] 他后来回忆："这就是我们的教授在这个学期第一节课里就告诫我们的：'如果你们读了这本书，你就不会再像从前那样了，你不会再是一个头脑简单的人。'他说得没错。"

萨姆纳是美国社会学的一位奠基人，是19世纪以社会达尔文主义（Social Darwinism）著称的知识分子运动的热心倡导者。他一直在耶鲁大学执教，直到1910年去世。他写《社会风俗》只是作为一个更为雄心勃勃的著作《社会的科学》（The Science of Society）的附带项目。后者在他死后以4卷本发表了。

《社会风俗》一书于1906年发表，产生了极大的反响，使作者名声大振。这本书有长达700页丰富的民族史详细资料。它们精选于大量的学者、探险家、传教士和旅行家的文章以及报告。尽管《社会风俗》后来在学术上的意义逐渐减少，但是，当马斯洛在20年代读它的时候，它在说明社会文化的变迁方面，仍然是权威性的著作。它用科学而通俗的语言介绍了这样一些概念：社会风俗、道德惯例和种族中心主义等。

萨姆纳写这本书的目的，部分是为了阐述这样一种观点：在世界历史与文明的发展进程中，人类在信仰和习俗上都发生了巨大的变化，形成了很大差别。每一种文化体系中的成员都认为自己的道德观点是正确的、合适的，甚至是神圣不可侵犯的，而把不同的观点看作错误的、疯狂的，甚至是邪恶的。萨姆纳为了使自己的著作更加生动，特意描写现代人感到厌恶的一些习俗，如杀害婴儿、儿童祭品、乱伦、食人肉、奴隶制、血仇和巫术等，每一种习俗都被当时这种文化的成员看成正常的和符合道德的。

虽然萨姆纳很少对上述观点进行详细解释，但读者还是可以明白，他肯定地认为：只是在受到理性启迪的今天，我们才告别了那些并不遥远的兽性的充满血腥味

[①] 马斯洛在去世前4天，也就是1970年6月4日的一篇文章里回忆了读这本书时的情景。他当时在一家家具厂打工做看门人。这本书使他产生了高峰体验，他发誓要在哲学、心理学和人类学领域做出和萨姆纳一样的贡献。——译者注

的社会习俗。他详细批判了一些特别的宗教组织是怎样促进了这个世界某些最严酷的暴行的。他用了大量的篇幅来描写"在世俗和宗教法庭审判中的酷刑",并指出:"在这一过程中,宗教法庭使用了酷刑,用来对基督教徒进行处罚,以保证道德习俗的执行。"

但是,究竟是什么具体地改变了这些习俗,使得酷刑等的实行在西方法律制度中再也得不到官方的许可了呢?我们的公民自由究竟是从何而来的?在这里,萨姆纳强调了一个社会达尔文主义的论点:在每一代人中,都是少数卓越的人影响着这一代的整个文化。这些人是领袖和启蒙者——在今天,这些人是科学家和思想家。至于其他人,萨姆纳则轻蔑地称呼他们为"群众"。关于这些人,他写道:

> 每一个文明社会都不得不背负着社会底层群众的无知、贫困、犯罪和疾病的沉重包袱。总的来看,每一个这样的社会都有这样一大群人,他们依靠惯例和传统生活。这个大群体中的人虽然并不野蛮,但却浅薄、心胸狭窄并且存有偏见……他们也可能有所改变,他们主要是受到道德习俗的影响,而在他们上面的阶层可以影响其道德习俗。

《社会风俗》一书充满了对宗教戒律,公众的狂热、幻觉、错觉,以及贯穿于整个历史的残酷迫害的生动描写,它不是一本支撑人们对人性的信仰的书。在对"野性"、"巫术"等尖锐而清晰的描述中,萨姆纳自然而然地把他的结论告诉了读者。他认为,如果没有理性和科学,我们甚至就像一群在垃圾堆里抢夺残羹剩饭的狗。以往的文明既有鼎盛之日,也有灰飞烟灭之时,如果我们不加思考地让过去的道德习俗支配,那我们现在的文明也就在劫难逃了。

《社会风俗》是一本很有震撼力的著作,不难看出为什么它能使马斯洛如此激动。那年秋天的一个晚上,在意大利第一构架公司上班时,他开始读萨姆纳的这本书。此书使马斯洛豁然开朗:萨姆纳的书不仅描写了已成为过去的历史,也描写了马斯洛自己的生活!因为他也深受迷信和狭隘心理之苦,这些痛苦主要来自他的母亲和那些向他抛掷石头的孩子。马斯洛由此推论,他应该将自己的一生投入到与非理性的斗争中去,并且运用自己的理智和知识去创造一个更完美的世界。他发誓,他要把这项任务作为自己毕生的使命。他写道:

> 我有一种强烈的奉献感觉,这就是我所需要的事业,我想要完成的任务。我发誓,我要这样去做,就像在宗教典礼上许愿和把自己奉献于祭坛上一样,

> 我将全心全意地投身于这项事业……

1927年到1928年学年中,马斯洛经常和贝莎在一起,他们共度了一段美好时光。迄今为止,贝莎是他第一次也是唯一约会过的女性。贝莎住在骑车大约一小时路程的布朗克斯,她常常在中途的曼哈顿与马斯洛约会,尤其是在纽约第42大街图书馆附近,这是马斯洛喜欢去的地方。马斯洛爱好音乐,他们常常一起去听周末音乐会。马斯洛在卡耐基大厅餐饮部找到了一份工作。这样,他们就可以一星期两次免费在那里听音乐,其中包括由瓦尔特·达莫若思科(Walter Damrosch)指挥的纽约交响乐团的演出。

尽管马斯洛热烈地爱着贝莎,但几乎每一个认识马斯洛的人都反对他向贝莎求婚。他唯一真正的朋友威尔远在康奈尔,还不知道这段罗曼史正遭遇巨大的障碍。马斯洛的父母特别反对他们的大学生儿子去与正在读高中的新移民女儿约会。用他们自己的话来讲,贝莎是一个新来的移民,一个没有经验的、新到美国来的人,社会地位比自己的长子低。他们训斥马斯洛:难道在大学里就没有其他可以约会的女孩子?为什么一定要选择自己的表妹?尽管马斯洛的父母也是表兄妹结婚,但他们还是指出,如果马斯洛要与贝莎结婚,有可能出现遗传缺陷。

顶着父母反对的压力,马斯洛继续与贝莎约会。他甚至研读有关表兄妹结婚的后代问题的医书。他高兴地告诉父母,如果父母是健康的,这种遗传危险比一般情况要小。马斯洛还辩解说,如果父母的遗传基因都很优良,他们的结合实际上会使自己的孩子受益。但是,他说的这些理由对他的父母起不了什么作用,对贝莎的父母也一样。

1928年春季,马斯洛决定转学到威斯康星州立大学。他感到,这个距离可能暂时会冷却他同贝莎的关系。毕竟,他俩还不到21岁。这次转学将使他再次摆脱父母的压力和支配。马斯洛做出这个决定的另一个动机更多的是出于学习上的考虑。他已听说了很多有关威斯康星大学的教学创新和学术自由的情况。他认为,那里将是他继续研究哲学的好地方。这里有三位马斯洛特别希望求教的教师,他们分别是生物学教师汉斯·德莱希、心理学教师库尔特·考夫卡、哲学教师亚历山大·米克尔约翰。最后,由于它是一所州立大学,甚至对一个外州的人来讲,也能付得起学费。

那年夏天,马斯洛与他在市立大学的哲学老师约翰·P·特纳(John P. Turner)谈了关于他的职业选择计划,特纳向他推荐了一批心理学的书籍。其中只有一本书给了马斯洛很大的影响,它深深地打动了马斯洛的心。这本书名为《1925年的心理学》(The Psychologies of 1925),是一本当时主要心理学家的论文集。其中,特别使马斯洛感到震动的是美国行为主义心理学创始人约翰·B·华生（John B. Watson）[①]写的三篇文章。从此以后，马斯洛把对行为主义心理学的这次发现看成一个转折点，对他选择心理学作为职业起了决定性作用。他永远不会忘记那个理性欢跃的时刻，当时他正坐在第42大街图书馆的阅览室里。他回忆道：

> 真正使我感到兴奋的是华生的文章……在令人激动的时刻里，我突然看到了在我面前展现的一种科学心理学的前景，一种能够带来真正进步和真正解决问题的规划。我们所要做的只是勤奋工作和全力以赴。

当贝莎在图书馆外面遇到他时，马斯洛正为自己找到了愿意为之奋斗终生的事业而欣喜若狂。他陶醉在华生所描绘的世界中。他后来回忆道："由于高度兴奋和激动，我在第五大道上跳起舞来，我跳啊喊啊，并挥舞着双手，我竭力向贝莎解释这个发现对我意味着什么。"

现在看来，有一点十分奇怪，这就是当马斯洛成为著名的存在主义和人本主义心理学的奠基人后，他还是那样迷恋早期行为主义心理学。存在主义和人本主义心理学浪潮兴起于20世纪50年代和60年代。它对人性和存在发出了不同的呼声。但是，从时代的背景来看，早期华生的行为主义给了像马斯洛这样既有理想主义，又有科学头脑的人很大影响。

举个例子来讲，对铁钦纳的科学研究方法中的道德真空，华生提供了一个明确的替代方法。行为主义起源于对动物的研究，特别是俄国人伊凡·巴甫洛夫（Ivan Pavlov）关于狗对人为刺激分泌唾液的条件反射实验。1919年，华生发现这种技术可以用来研究人类。他将自己的注意力转到实验室之外，希望心理学能够为社会的改善做出贡献。在《1925年的心理学》的三篇文章中，华生认定种族偏见、种族歧视以及对孩子使用肉体惩罚是行为主义者改革的主要目标。他坚持认为，所有这些行为都产生于迷信或非理性的信念。不偏不倚的科学以及条件作用的工具可以扫除这些错误的观点。在引证了萨姆纳的话以后，华生赞许地评论道："在某种程度上，文明已经去除了人们对客观外界的某些多余的反应，但是，也有许多这种反应被保留下来了，尤其是在宗教领域。"

这个看法强烈地吸引了马斯洛，他和华生有着共同的信念，即认为理性是能够使社会不断完善的工具和手段。华生乐观地认为，人性几乎完全可以塑造，对此，

[①] 约翰·B·华生（1878—1958），1903年以论文《动物的教育》获芝加哥大学博士学位。后长期任约翰·霍普金斯大学教授。1915年当选美国心理学会主席。——译者注

马斯洛也感到特别着迷。华生还认为，除了出身和社会地位的偶然巧合外，我们大家都是生来平等和相似的，仅仅是塑造我们的环境使我们相互有别。因此，改变这种环境，就可能改变人性。在马斯洛那天所读的书的前言里，华生有一段著名的论断：

> 给我一打健康的婴儿，让他们在我规定的环境中成长。我将保证，随机从中挑选一个孩子，不管他的天赋、爱好、倾向、能力以及他祖先的职业和种族如何，我都能把他培养成任何一种类型的专家，如医生、律师、艺术家、商人等，甚至是乞丐和小偷。

这样一种哲学完全与马斯洛主张的进步立场相吻合。实质上，华生的行为主义似乎代表了马斯洛在约20岁时最强烈的一些信念：理性、社会改良，以及通过纯粹科学精神来消除非理性和迷信。他抱着一种兴奋感，准备离开布鲁克林熟悉的街道，到未知的中西部去。他后来回忆："我自信，那里有一条真正的道路可走，我要去解决一个又一个问题，并改变这个世界。这也是我要去威斯康星的原因。"

第 3 章　一位心理学家的诞生

> 我想成为一位优秀的心理学家，我做了一个热切的、有抱负的年轻人能做的一切，包括参加各种活动。但是我认为，这些与做贡献相比，还是非常次要的，做贡献才是真正要紧的事情。如果当初不是因为我感到自己能够做出贡献，我就不会留在这个领域了。成为大亨之类的诱惑也不能动摇我的决心。我上了我不喜欢的课，去做了每一件需要做的事，不管它们是否符合我的胃口。我所关心的只有一个问题：这样做我会成为一个更加出色的心理学家吗？
>
> ——马斯洛

1928年9月，马斯洛来到威斯康星大学麦迪逊分校，继续他的大学学业。从纽约出发驱车行驶几个小时对他来说还是头一回，但是，他将在麦迪逊的生活，才是他第一次真正冒险的开始。中西部广袤的开阔空间，在他面前呈现出一个新天地。但是，他并非这个学校唯一的纽约人或东部人。20世纪初，在威斯康星州州长罗伯特·拉·弗莱特（Robert La Follette）的进步思想的影响下，这个学校因杰出的教育水平和自由的学术气氛而闻名遐迩。马斯洛是在这里学习的几百名纽约学生之一。

马斯洛在靠近校园的一个公寓里租到了一间有家具的单人房间。其住宿条件，类似于他和威尔在康奈尔大学时的情况。虽然现在他一个人单独居住，但他有很多机会与其他人交往。很快，他就和一个来自纽约的同学伊曼纽尔·皮奥里（Emanuel Piore）交上了朋友，他们在纽约时就有点头之交，住在同一栋公寓里之后，共同的背景使他们的友谊得到了进一步发展。皮奥里是学物理的，后来成了IBM（国际商业机器公司）的科研部门主管，他对马斯洛迷恋羽翼未丰的尚在成长中的心理学很不以为然。

他们经常为各自专业的优点而争论不休，直到深夜。但这种分歧并没有影响他们之间的友好感情。多年以后，马斯洛回顾这段生活时，认为正是这些谈话促使他撰写文章，论述心理学在科学中的地位，以及心理学与其他各学科之间的紧密关系。通过他们不时十分激烈的辩论，马斯洛也许认识到，在皮奥里的批评中，有不少合理的成分。在那些时候，心理学正在努力摆脱与哲学在学术上的瓜葛，获得独立的资格，像生物学和医学那样，成为一门过硬的科学。从某种角度来看，这种努力现在还在继续。

马斯洛一个人住在比布鲁克林要偏僻许多的威斯康星，他发现那里的很多事情都很新鲜。例如，他回忆说："在我20岁来到威斯康星以前，我一直把供应热水看成是理所当然的事，直到那时我才明白，热水并不是一打开水龙头就有的，它是需要付钱的。我记得，当时我感到很吃惊。"

马斯洛对他的教授们的看法特别天真。对于他们的理性思维的才华，他所抱的期望是不切合实际的。正如他后来所回忆："我一直在寻找苏格拉底和柏拉图。"虽然他为没有在麦迪逊校园里找到这种思想家而感到失望，但他仍然怀着敬畏的感情，把他的老师看成是不食人间烟火的特别人物。他永远忘不了使他的这种信仰幻灭的一件事：有一次在男厕所里，他偶然发现那位了不起的哲学老师正在小便池解手，他当时对此十分好奇，觉得不可思议。后来，他幽默地回忆道："那时我是怎么搞的，居然会以为教授们都没有膀胱或肾脏？"

当威斯康星的秋天逐渐转凉的时候，马斯洛发现自己对贝莎的思念越来越强烈。他不能忍受与她的分离，他想要结婚。但是，父母反对他的这个打算。他也不能够改变这个现实，即他们是表兄妹。而且，作为一个全日制学生，他也无法打工挣钱来建立和维持一个家庭。他对他的朋友和老师们讲了自己的困境，得到的却是众口一词的回答："别犯傻了……你太年轻……你甚至连自己都不能养活，如何去维持一个家庭呢？"没有任何人鼓励他结婚。也许，害怕得到同样的答复，他没有征求堂兄威尔的意见。

然而，正如马斯洛可以不顾父亲的反对下决心离开法学院一样，他按自己的意愿给贝莎发了一份电报，通知她，圣诞节假期期间他们在纽约结婚。对于这个决定他是如此有把握，根本不用事先征求贝莎的意见。好在贝莎也同样深爱着他，立刻就欣然同意了。1928年12月31日，在他们的直系亲属面前，这对表兄妹举行了结婚仪式。威尔用在康奈尔省下的几个钱，给他俩买了两套配对的睡衣。

第3章 一位心理学家的诞生

当假满重返麦迪逊校园后,这对新婚夫妇搬进了一个靠近校园的舒适的公寓。虽然贝莎在沃尔顿高中还没有毕业,但威斯康星大学还是接受她作为一名特殊学生。现在,双方父母已充满希望地接受了这桩婚姻。在他们的慷慨帮助下,小两口终于生活在一起了。

然而,这年9月,马斯洛在第一学期注册时,在学业上却受到了一种打击。三位他希望能够求教的教授,德莱希、考夫卡和米克尔约翰走了。他们是访问教授,而学校的人事一览表中并未详细说明这一点。马斯洛感到很沮丧。然而,华生的著作已振奋了他,他为自己的想象所鼓舞,最后,他还是选了全部的心理学和哲学课程。

从一开始,马斯洛就为置身于令人兴奋的学术气氛中而感到高兴。在校园里,有一种他非常喜爱的中西部小城镇式的家庭般的友好关系。教授们很喜欢和他聊天,倾听他的想法,他为此感到十分惬意。这里与纽约市立大学很不相同,在那种市立大学,每一节课结束后,教师和学生都各自乘坐交通工具离校,学术上闲聊式的争论几乎是不可能的。至于康奈尔大学,它那紧随私立名牌大学地位而来的激烈竞争和势利行为使马斯洛很不愉快。

在这一时期,威斯康星大学的心理学系虽然较小,但气氛却生动活泼。它有四名全日制教员,每年大约有三名博士生毕业。在每周一次的系讨论会上,教师和学生们面对面地热烈讨论最新的研究成果。甚至在与贝莎结婚前,马斯洛就发现有几个教授对他特别关照。他与哲学老师埃利斯欧·维瓦斯(Eliseo Vivas)和心理学导师威廉·H·谢尔登(William H. Sheldon)的关系非常密切。后来,美国文学家欧内斯特·马切德(Ernest Marchand)和心理学老师诺曼·卡梅伦(Norman Cameron)、哈里·哈洛(Harry Harlow),以及理查德·W·赫斯本德(Richard W. Husband)等都将他视为很有前途的学生。关于马切德,马斯洛回忆道:"他热心款待我们,带我们到他家里……一点没有教授的架子。"心理学教授谢尔登,后来因提出人的体型与人格联系的理论而成名,他甚至教马斯洛怎样购买合适的服装。在这里,马斯洛和其他人一起到爱达荷和怀俄明野营旅行。这种气氛与纽约市立大学公事公办、缺乏私交的气氛截然不同。马斯洛充满眷恋之情地回忆道:"这里有午餐和晚会,大家还一起驱车去参加大小各种会议。在某种意义上,我已被这里的知识分子圈子接纳了。"

经历了几年因学术上的特殊才能而感到孤掌难鸣的寂寞生活之后,马斯洛在麦迪逊校园的氛围中开始活跃起来。从第一学期起,他的功课成绩全部是优秀。他被提名为"国家学术成就荣誉协会"成员。从1928年秋天到1930年春天期间他获得学士学位，他已经完成了要继续深造必须通过的几乎每一门课程。因此他能够在他"愉快的研究生期间，没有任何必修课，仅做些研究和阅读"。

结婚使马斯洛在感情上具有了高度的安全感。他第一次真正感到自己被周围聪明的同学圈子所欢迎。在他的心理学同学之中，有他最好的朋友罗德·门奇斯（Rod Menzies）和保罗·塞特莱吉（Paul Settlage），他们去世都很早。他最好的朋友还有小卢西恩·汉克斯（Lucien Hanks, Jr.）和罗斯·斯塔格纳（Ross Stagner），他们后来都有杰出的学术成就。马斯洛夫妇的大部分社交活动时间，都是与其他已婚的年轻夫妇们在一起。由于作为研究生助教的薪水不高，特别是正遇上第一次大萧条，偶尔走访朋友就成了他们负担得起的唯一的休闲活动。若干年后，马斯洛曾经这样描述他们在大萧条时期举行的学生宴会：

> 我喝过几回意大利红葡萄酒，喝完之后顿时觉得充满了跃跃欲试的冒险精神。我因为怕酒精中毒，从不买也不喝度数高的酒。我们的确从化学实验室偷过纯酒精。我记得山姆（一位朋友）曾经把它带到聚会上，然后与各种饮料掺和在一起，这样喝就没有危险了。我们还自己做啤酒。

马斯洛在威斯康星大学所受的心理学训练，无疑是强调实验的行为主义心理学。由于坚信稳步科学研究能够带来人类的进步，马斯洛对行为主义的研究方法感到满意。他的大部分本科课程，除了他最初选择的哲学课程外，基本上都是解剖学、生理学和动物行为学这样一些学科。他把大量的时间花在实验室里，学习用灵巧的方法进行动物解剖。为了增强自己的科学训练，他还选修了化学、动物学和物理学课程。

心理学的这种研究方法当时在美国心理学界占主导地位，并且一直持续了很多年。马斯洛后来回忆："我的所有教授都是研究者，在他们当中，有一些人，如克拉克·赫尔（Clark Hull）、诺曼·卡梅伦和威廉·H·谢尔登等，对行为主义学说的前景几乎都十分乐观，他们抱着福音传教士一样的热衷态度。"马斯洛特别喜欢赫尔讲授的行为心理学课程，但不喜欢他的实验课。赫尔于1929年离开威斯康星大学到耶鲁大学任教，在30年代，他成了美国第一流的行为主义理论家。赫尔对马斯洛与谢尔登一起搞研究的兴趣泼冷水。也许赫尔认为谢尔登是一位不够格的行为主义者。不论怎样，马斯洛还是注意到了这种劝告，后来，他就不同谢尔登而是同哈里·哈洛一起工作了。

在理查德·W·赫斯本德教授的指导下，马斯洛选修了另一门令其饶有兴味的课程——现代心理学思想。它的内容包括了心理学中的结构主义、功能主义、格式塔、精神分析以及其他心理学理论。按照赫斯本德的说法，马斯洛废寝忘食地攻读这门课程，在内在禀性上"他真是半个哲学家"。

马斯洛认为统计学繁琐而且没有必要，因此并不喜欢这门课程。他在市立大学学习时，三角学不及格，数学也一直是他难以应付的课程。然而，1931年秋天，当他和朋友斯塔格纳选修由W. J. 米克（W. J. Meek）教授讲授的生理医学课时，他终于认识到，在实验研究中，统计学非常重要。在实验室里，这两位有抱负的心理学家不断抱怨，米克教授没有从统计学上设计出适合医学研究的问题。在另一个相当不必要的教育心理学课程中，这两个朋友决定联合起来把事情搞活：一个人先"天真"地提出一个很深奥的问题，而另一个人就做出一个有力的回答。然后，在他们多少有些被难倒的老师和同学们面前，两人再交换一下角色。

对于那些仅仅知道标志马斯洛学术生涯的人本主义著作的人们来说，他们也许很难相信，马斯洛当初是把实验室里的实验主义方法当成掌握心理学知识的唯一途径的。但是，如果把他早期所受的实验主义训练，看成与他后来关于需求层次、自我实现和高峰体验等富有创新性的研究毫不相干，这也是一个严重的误解。他多次反对这种关于他毕生专业的片面解释。他说："我的人本主义心理学著作听起来可能很独特，但是我仍然对客观主义的研究怀有同样的热爱和钦佩。我没有否定它，而且就它本身讲，我亦不会攻击它。问题只不过是：我被迫认清它的局限性，它不能产生一种真正有用的人类自身的形象。"虽然在威斯康星大学主修的是心理学，但马斯洛对哲学抱着强烈的爱好。然而他特别反感德国哲学家黑格尔。当他被要求交一篇阅读黑格尔著作的心得时，他发现自己竟然一页也写不出来，因此只好避免去上课。他最尊重的哲学家之一是斯宾诺莎。对于他来说，斯宾诺莎一直是理性的楷模，并且是以后他所研究的自我实现的人的一个典型。

与此形成鲜明对比，马斯洛却相当貌视同时代广泛受尊敬的一些人，像威廉·詹姆斯等。他认为，詹姆斯的《信仰的意志》（*Will to Believe*）是一个先前的信仰上帝者所做的最后绝望的合理化的解释。在1928年的一篇本科论文中，马斯洛用讽刺的笔调刻薄地论证：

> 住宅是由建筑师为人建造的，但与此不同，地球似乎并不是为我们而建造的。如果有这样一位建筑师或设计师，那么他无疑是做了一件草率的工作，将来再也不应被任用了。从适合我们的需要的角度来说，这个行星类似于一个破烂的茅舍，而不是我们这些地球上的生物所选定的应得的大厦。

在另一篇也许更具有批判性的哲学论文中，马斯洛批评了拉尔夫·沃尔多·爱默生在其著作中表达的一种灵性观。爱默生是一位新英格兰超验论学派的学者。这样一种拒斥倾向是与马斯洛强烈的人文主义的理性主义相符合的，而且这种观点也为当时许多思想家所持有，如那些与纽约伦理文化协会（New York's Ethical Culture Society）有联系的人。但是，马斯洛做了一个精彩的交代，除了有些幼稚自大的调子之外，它实际上是涉及与先验体验冲突的很少有的一份自我表白。它还预示了马斯洛在将近30年后对神秘主义的探索所持的立场。在这篇论文中，马斯洛坚持认为，"来世的"事件不需要先验的方法或相信一种神的意志。确切地讲，神秘体验，无论怎样使人入迷，都能够在人的本性和潜能范围内得到完全的解释：

> 就爱默生根据神秘体验而得出的关于超灵的存在的证据而言，我对此有些看法。我曾经有过这种神秘的体验……那是我感到自己在黑暗中盲目地摸索着什么，有一种未被满足的强烈愿望，一种孤立无助之感。它们是那样的强烈，以至于使我流下了眼泪。我从来没有把这些归于超灵或任何其他类似的东西。这样做是一种懦弱……在这些神秘体验的时刻，我们看见了人类具有的许多奇妙的可能性和不可测知的深度……为什么不能将这种奇异的体验归于人本身？不应该从这些神秘体验推断出人类是孤立无助的，在本质上是渺小的。相反，为什么我们不能提出一个更加精彩的、能够表达人类自身的伟大以及发展进步的前景的概念呢？

在威斯康星大学学习期间，马斯洛提交了几篇论文给《哲学杂志》（Joural of Philosophy），但一篇也没有被采纳发表。其中包括1929年写的一篇关于科学家应当准确地对一些技术性词语下定义的文章，例如，对"意识"这个有着很多含义的词。另外，还有1931年写的文章《心理科学》（The Science of Psychology），它对那种认为心理学不是一门真正科学的见解提出了反驳，部分原因也是对当年与物理学系的皮奥里的争论做出回答。马斯洛指出，心理学是在程度上而非性质上与物理学不同，它拥有其他科学之所以能称为科学的所有特征。在他学术生涯的晚期，马斯洛对这个问题提出了一个更有独创性的观点。他强调，不能像科学家研究化学反应或测量星系距离那样，用非价值判断的方法来对人类自身进行研究。

在这段时间，马斯洛涉猎了人类学著作。自从读了萨姆纳《社会风俗》一书后，他就被跨文化差异的概念所吸引，然而，他没有进一步去阅读这方面的书籍。在威斯康星大学，在这个领域里给他以直接影响的是贝莎的教授拉尔夫·林顿（Ralph

Linton），他对学生相当友善。1928 年，在做了 16 年的田野和博物馆人类学学者之后，林顿作为副教授在威斯康星大学开始了他的学术生涯。后来，他又被提升为教授。不过这时，林顿还没有写出他的重要著作《人类研究》（The Study of Man）。《人类研究》的发表给林顿带来了国际声誉，那时，他已在哥伦比亚大学人类学系任系主任。在这个名望很高的部门里，拥有露丝·本尼迪克特（Ruth Benedict）和玛格丽特·米德（Margaret Mead）等著名的学者。但是，在麦迪逊的校园里，林顿已经是一个很有鼓动性的演说者和老师，他具有使非人类学专业的学生对该学科产生兴趣的不寻常能力。马斯洛对此曾写道：

> 大约在 1932 年……我第一次读马林诺斯基（Malinowski）、米德、本尼迪克特和林顿的书。对我来讲，这是一次极大的新发现。我到处去听有关心理学这个新领域的各个导师的课程。我认识到心理学已经民族中心化了。我决定使自己成为一个业余的人类学家，因为这是成为一个好的心理学家绝对必要的条件。否则你只是一个目标狭隘的本地人，难免夜郎自大。我记得，我曾对其他人也讲过这样的话。

马斯洛欣然接受了人类学的跨文化的观点。1932 年 3 月，他雄心勃勃地写了一篇论文，准备提交给威斯康星艺术和科学学院。这篇论文的题目为《发展心理卫生和精神分析的社会哲学的必要性》（The Necessity of a Social Philosophy of Mental Hygiene and Psychoanalysis）。但是，在上台宣读论文前，他产生了一种强烈的怯场感，因而从会场上溜走了。对于马斯洛来说，这件事情是具有代表性的。马斯洛的论文基本上是针对当时的心理卫生和精神分析运动的一种批评。这种批评主要有三方面：其一，它是建立在未经检验的文化偏见上的；其二，它没有能力对西方文化提出疑问；其三，它在情感痛苦的具体表现形式上所起的作用。这篇文章立意新颖，论证有力。马斯洛写道：

> 精神分析学……依据的是这样的假设：个人总是错的，而且必须尽力去调节自身以适应环境。它通常忽略了调节环境以适应自身的可能和必要性。关于这件事，道理很简单，扭曲一个人，远比改变社会结构更加容易，何况人们还缺少这种勇气。

马斯洛接着又举了一个例子，设想有一个性冲动非常强烈的男性，"在我们的社会里，如果他的冲动战胜了他的压抑，那么他一定会陷入麻烦。然而几乎没有人会了解，这些同样的冲动可能是另一个社会的一笔很大的社会财富……"总之，马斯洛谴责这个在文化上目光短浅的、仍正在发展的心理治疗流派。

同一年，在德国，弗洛伊德的前门徒威尔海姆·赖希（Wilhelm Reich）在学术上发动了一个针对精神分析学的隐蔽偏见的批判。赖希是一个坚定的马克思主义活动家，他反对社会和政治的保守主义。他认为，这种保守主义与弗洛伊德关于人类进步的悲观论调如出一辙。

马斯洛另一篇写于1932年没有发表的论文，也显示出了他的跨文化批评的倾向。虽然他直到后来才接触到赖希的著作，但是他很赞成赖希派的观点，即政府无权通过控制两个两厢情愿的成年人之间的性行为的法律。他坚信的另一观点是，这样一些价值观念，如一夫一妻制神圣不可侵犯，并没有可论证的科学效力，而仅仅是反映文化的社会习俗。在整个20世纪30年代早期，马斯洛持有强烈的文化上的相对主义观点，即确信从我们自己的文化观点出发，去判断和估价另一种文化的价值，在科学上是不可能的。后来，马斯洛的这个立场又发生了根本的转变。

※　　※　　※

在这段令人兴奋的智力发展时期，马斯洛还必须做确定硕士论文选题这类较为现实的工作。就在这时，他开始认识到他的教授们强烈地强调实验行为主义观点的局限性。1930年，马斯洛最初决定写有关美学，特别是关于音乐欣赏的论文。但他的教授们否定了这个题目，认为对于调查研究来讲，这个题目太"杂乱"。接着，马斯洛又提出研究有关影响词语学习的一些词汇的意义，但这个题目也被认为是太"愚笨"。最后，卡森（Hulsey Cason）教授指定他研究一些与此相关的领域：词汇素材的学习、保持和繁衍再造。对于完全是外行的马斯洛的双亲和弟妹们来讲，"繁衍再造"[①]这一术语可以使人联想到放荡的性行为。但他的论文实际上却与他们的臆测风马牛不相及，与这方面的问题完全无关。

仅仅是作为当时主流学院式的心理学家所认为的好的研究范例而言，马斯洛的硕士论文是令人感兴趣的。简言之，他把像"跑"（run）这样3个字母构成的单词排列成表，每一张卡片上有9个单词，共有100张卡片，把这些卡片呈现在选修"心理学导论"的大学生们面前。他的目的是确定在各种实验条件下，学生们对在面前一闪而过的单词的记忆效果。

[①] 原文是"reproduction"，该词既有"再生产"之意，又有"繁殖"之意。——译者注

接受实验的学生分为两组，其中一组被要求每 10 秒钟看一次卡片（实验的学习阶段），然后用 5 秒钟看一张空白卡片（保持阶段），最后在 15 秒钟内背出他们刚刚读过的 9 个单词（再造阶段）。每一学习、保持和再造阶段的序列构成一次"实验"。一次实验后，有一段休息时间。另外一组学生也同样用 10 秒钟读一张卡片，但是用 15 秒钟看一张空白卡片，然后仅用 5 秒钟逐字再造出这些单词。马斯洛在每个实验阶段打一次铃，以便确定这些刺激对学生们记忆的影响。最后，在两个完整实验之间，马斯洛变动了在整个实验中呈现卡片的间隔时间，从 5 秒钟到 40 秒钟不等。他的实验结果表明，变动的学习条件比始终如一的学习条件更容易使记忆力出错。他还发现铃声可以干扰学习进程。在卡片刚开始展示的阶段，铃声尤其容易分散学生的注意力。

尽管马斯洛认为这项研究琐碎而且麻烦，但他还是硬着头皮在 1931 年夏天完成了他的论文，并在同年 10 月被授予了心理学硕士学位。后来，他对这篇论文感到羞愧难当，以至于将它从心理学图书馆拿走，并撕去了有关的目录卡片。令人感到荒诞的是，卡森教授却十分赞赏这一研究，并敦促马斯洛将它公开发表。让马斯洛吃惊的是，1934 年，这篇论文被分为两篇文章发表了。

在威斯康星大学期间，马斯洛先后做了谢尔登教授和赫斯本德教授的助教。每周大约要为 500 名学生上两堂普通心理学课。这个大班级每星期两次被分成 20 个小组。赫斯本德教授回忆道："马斯洛做了大量的工作，很多学生在他的激励下，又进一步学习了其他心理学课程。"他的朋友斯塔格纳同样回忆道，那时的马斯洛个子高高，容貌憨厚，有一种富有感染力的幽默感，特别受女学生们青睐。哈里·哈洛也这样回忆马斯洛，并把他看成是心理学系最受欢迎的教师之一。他说：

> 马斯洛在同他的学生，尤其是聪明漂亮的女学生接触的时候非常得体。这种纯精神的接触使他能够沿着他的研究方向进行比当时早 20 年的实验……他花了很多课时来与学生一起进行可以称为"半分析"的讨论。看来，他这样做至少没有让学生讨厌心理学，因为，一位最美丽聪明的女生后来嫁给了一位有名的心理学家。

在经济大萧条时期，麦迪逊校园成了左翼激进主义的温床。马斯洛的一些朋友趋向于激进主义。使他敬佩的是，斯塔格纳和他的同事们在 1933 年支持社会主义者为候选人，让市政厅也大为关注。贝莎虽然没有什么政治倾向，但也时常参加一些社会主义政党的会议，并因在那里所发现的理想主义和友谊感到愉快。几十年来，威斯康星州一直是农民、手工业者和当地知识分子的人民党的运动大本营。长期以来，密尔沃基一直因为其市长和政府官员是社会主义者而著名。然而，马斯洛并不是政治活动家，严格地讲，他对美国生活方式所做的文化批判是纯理性的批判，而不是政治活动式的批判。

然而，在另一方面，他还是吸收了当时的某些社会主义精神。他和贝莎，以及几个学生参加了一个合作生活团体，它设在离校园不远的阿丹姆斯大街上一所"破旧的老房子"里。他们共同分担做饭和做家务，和睦相处。在那个时候，马斯洛一直在政治上抱中庸态度，与这个运动保持一段距离。但有一天，在一次关于资本主义罪恶的闲谈中，马斯洛的言词还是让他那些更加激进的朋友们吃了一惊。他激烈地断言："你们要知道，在资本家中，还是有一些好的！"或许，他当时想到了自己的父亲。

1931年，当威斯康星州议会宣布为了节省资金，计划取消州立大学助教的薪水时，校园里的激进主义运动进一步高涨，这也直接影响到了马斯洛。一些学生组织者，包括斯塔格纳，组织请愿并要求与校方对话。马斯洛在请愿书上签了名，不过，他的活动仅此而已。学生们的积极行动成功说服校方修订了方案，根据资历和职务来调减教师薪水。

虽然一般来讲，马斯洛在威斯康星是快乐的，但是，有时候在老师和同事们中间，他还是感到没有得到赏识，在情感上觉得孤独。这种情绪在他的一生中断断续续地出现。每当被这种情绪所困扰时，他总是在日记中对自己的思想进行反省，以求得到解脱。在一篇大约写于1930年秋天的日记里，他反省了自己对专业的选择。那时，他还没有开始他非常感兴趣的对猴子的研究。他写道：

> 我已经正式认为，我不是实验研究型的人，我只是一个"半瓶子醋"式的涉猎者。我对知识的追求无所不及，无法局限在某一特定的门类。
>
> 我不知道我该从事哪种工作，教书对我可能是合适的，但是我认为，在缺乏思想自由时，我总是具有逆反心理。对我来讲，可能的选择是行医或经商。如果不看它们对我是否合适，这两种职业都比教书更自由一些。但如果那样，我就没有时间去学习和阅读了，而对我来讲，它们是不可能少的。

在对自己的前途进行了深思之后，马斯洛终于意识到了自己作为一个犹太人的不利之处。在研究生即将毕业时，在大萧条时期学术界盛行的反犹太人的气氛中，他为谋求一个大学教书职位而感到困难重重。

第3章 一位心理学家的诞生

那些与马斯洛有着同样处境的朋友和老师们敦促马斯洛改变名字,把"亚伯拉罕"改成其他民族味道更淡薄的名字,如"阿克斯罗德"之类。马斯洛的弟弟们已使自己的名字英国化了。马斯洛在那时也许还不知道,他的教授哈里·哈洛在几年前,由于职业上的原因,而将其名字从原来的哈里·伊斯雷尔(Harry Israel)改成现在这个名字。哈洛不是犹太人,但连他都已经认识到古老的艾奥瓦州农村的名字将不适宜于学术生涯。

※　※　※

纽约人向麦迪逊的涌入已引起了一些微妙的反犹太人的情绪。马斯洛比他的犹太同伴更明显、更敏锐地感到这种歧视的存在。实际上,他在研究生毕业以后拒绝参加学校的校友联谊会,就是因为他在学生和教师中间,感受到反犹太人的情绪倾向。在一篇他学生时代的日记中,他评论道:

> 他们都是如此谨慎。没有人因为我是犹太人而在意,然而,如果考虑到工作问题,就没有人愿意雇用我了。他们对这里的社会风俗,以及对犹太人的一般感觉非常敏感和在意。其实雇用了我,也没有人会反对,但是他们不这样做,因为他们是那样害怕做错什么。
>
> 当然,如果我不是犹太人,就会很容易地找到一份工作。但事实上,我几乎确信我找不到工作,我将怎么办呢?这有赖于这种希望,即我会遇到一个勇敢的人,他愿意雇用一个好人,即使是一个犹太人。
>
> 这个犹太人的问题怎么办?我总是决心回避这个问题。我可以改变自己的名字——做一个"白种犹太人",一个"好犹太人"。但是,在这时,我读了路德维格·刘易逊(Ludwig Lewisohn)的《内在之岛》(*Island Within*),他让我改变了主意,我现在不再梦想改变自己是犹太人的事实。既然我生来是一个犹太人,我就做一个犹太人。如果你们不喜欢它,我就把它塞进你们的喉咙里去。

即使在22岁,马斯洛也不是一个让偏见能够阻止他达到目标的人。在麦迪逊校园的两年中,他在思想上获得了长足进步,他决心成为一个心理学大家,由此改造这个不完善的世界。他的决心是强烈而认真的。

第4章　喜欢与猴子打交道的男人

> 我对灵长类动物的研究是其他研究工作的基础。我相信，在某种意义上，如果我不那么喜欢猴子①，我的研究就不会像现在这样"真实"、"精确"和"客观"。事实上，我被它们迷住了，我宠爱这些独特的猴子，而对那些老鼠，是不可能的。
>
> ——马斯洛
>
> 亚伯从来没有忘记猴子对他的情义，或许也可以说是他对猴子的情义。
>
> ——哈里·哈洛

在威斯康星最初的心理学训练中，马斯洛发现了不少令人激动的东西，但直至获得硕士学位，他还没有开辟自己的研究领域，因而，在计划写博士论文时，他觉得有些沮丧。教授们的研究兴趣不能使他兴奋，他自己又找不到可以奉献自己热忱的主题。然而，在1931年冬天，当他选修哈里·哈洛的研究实习课后，情况发生了戏剧性的变化。

长久以来，哈洛的名字就与灵长类动物的高级机能、社会行为和学习过程等研究联系在一起，他在这方面取得了里程碑式的成就。四十多年里，他一直是猴群中伙伴关系发展和母婴纽带（爱的学习）研究领域的先驱。很多人仍可回忆起在心理学教科书中描述这些研究的照片：表情可爱的幼猴依恋地拥抱着它们的母亲；或者强迫它们与母亲分开时，它们那种茫然而悲惨的眼神。在证明猿猴具有探索周围环

---

① 本章为了叙述方便，有时猴子、猿猴混用。——译者注

境的内在好奇心上,哈洛的工作也起了决定性的作用。

1930年秋天,外貌带有孩子气的哈洛来到了麦迪逊。当时,他已经24岁,刚从斯坦福大学取得博士学位。在当助教的头一天,他在错综复杂的威斯康星校园问路,被人错当成是迷路的一年级新生。他到达办公室后,还没有从这段令人难堪的经历中恢复过来,就发现亚伯拉罕·马斯洛坐在他的桌前。马斯洛问道:"您好,您知道哈洛博士在哪儿吗?"哈洛瞪了他一会儿,然后回答:"知道。"

哈洛是艾奥瓦州人,他的博士论文是关于老鼠喂养行为的研究。这对于马斯洛来说,是一个枯燥而没什么意义的题目。哈洛在威斯康星的工作是讲授心理学导论课,同时负责动物实验室。他授课很认真,由于风趣机敏而受到学生的欢迎。他很快就发现,自己另外一部分工作已遭遇挑战:当他请求参观一下动物实验室时,有人告诉他:"去年夏天我们就把它拆掉了。"

在麦迪逊,哈洛的第一个研究兴趣是人类高级心理功能的大脑皮层位置。确切地说,他想知道大脑中"思维"的功能是在哪儿实现的。在斯坦福大学的学习为他打下了坚实的生理学和神经解剖学基础,使他有能力从事这一研究。猴子由于有明显的认识能力,似乎是合适的研究动物,而维拉斯动物园正好有大量的猴子。有了这两个条件,他就可以开始工作了。但是,在能绘出猴子大脑的区域图之前,他需要建立一套测量其视觉感知力和学习能力的标准。他计划切除猴子大脑中的某个确定部位,然后进行各种各样的测试,看看这种切除对它们在测试中的反应有什么影响。有趣的是,哈洛很快变得不是对测绘猴子的中枢神经系统,而是对它们的学习过程更感兴趣了。

马斯洛成了哈洛的研究助手,后来又成了他的第一个博士生。最初的任务很难说能激起马斯洛的兴趣,哈洛让他对猴子做"成百上千乏味的延时反应实验",实验者供给笼中饥饿的猴子一点食物,然后在猴子注视下,把食物放在两个杯子中的一个下面。经过特定的几秒钟后,鼓励猴子找到放食物的杯子。实验的目的是测定猴子的成功率怎样随时间延迟、种类、年龄和其他因素而变化。

使马斯洛惊奇的是,他开始喜欢这一研究了。原因之一还在于他与哈洛相处非常融洽。哈洛还是单身,年纪仅比他大3岁,他更像一个同事而非上司。马斯洛回忆说:"他是一个才华横溢的人……我常常在他家吃饭、聊天,谈论各种事情。"马斯洛特别喜欢这位教授妙趣横生的谈吐,关于这一点,从哈洛关于他们早期研究一个名叫"吉各斯"的长臂猿的回忆中可见一斑:

……它是动物园15年来生活过的最温和、最可爱的猿猴。我们给它两块橡木板，其中一块有方孔，一块有圆孔；再给它一个方塞子，一个圆塞子。它学会了把圆塞子插进圆孔中，把方塞子插进方孔中。但是，它总是学不会把方塞子插进圆孔中。它就这个难解的问题不停地工作了6个星期后，死于溃疡穿孔。但是，这至少已表明了它具有比许多威斯康星学生都强烈的智力上的好奇。

马斯洛很愿意和哈洛一起工作。猴子也开始吸引他了，他发现它们很有趣，可爱得使人动感情。他变得像哈洛一样，喜欢上了猴子。"事实上，我被它们迷住了。我宠爱这些独特的猴子，而对那些老鼠，是不可能的。"

在1931年7月19日的《威斯康星州杂志》(Wisconsin State Journal)上登有一幅照片，马斯洛和助手哈里·约丁（Harry Yudin）正站在维拉斯动物园的猴笼前面。标题宣称："灵长类动物正确地拾取了豌豆。"照片的说明写着："亚伯拉罕·马斯洛，威斯康星大学心理学系助教，正用延时反应测试西非狒狒'帕特'。哈里·哈洛教授据此可以确定猴子是否具有类似人类的意象方式。"照片上的约丁正在用食物吸引狒狒的注意。而马斯洛外貌年轻，身着衬衫，个子瘦高，头微微翘起，正在仔细地进行观察。

那之后不久，哈洛的小组完成了这个研究，论文发表在1932年的《比较心理学杂志》(Journal of Comparative Psychology) 第13期上，题为《从狐猴到长臂猿：灵长类动物的延时反应测试》(Delayed Reaction Tests on Primates from the Lemur to the Orangutan)。哈洛慷慨地把马斯洛列为作者之一，尽管他并没有参与论文的撰写。在这篇文章中，哈洛首先回顾了用延时反应测试人类和灵长类动物智力的研究成果，然后描述了他的具体测试步骤与结论。研究表明，实质上，就解答这些问题而言，与存在特定个体或种内差异一样，存在着跨种类的差异。另有证据表明，如果猿猴不能用直觉立刻解决问题，那么通常它将通过试错法坚持尝试，直到最终找到答案。

虽然不过是对这个灵长类动物心理学的研究有一点贡献，但看到自己的名字出现在正式出版的科学文献上，马斯洛还是感到很兴奋。那个夏天的晚些时候，他来到纽约，在贝莎父母家附近的布朗克斯公园动物园里，独立地、小规模地重复了这个实验。实验结果验证了早期的发现，同时提示存在着这样一种可能性：年幼的猿猴比它们的长辈更缺乏认识能力。马斯洛这次完全独立撰写科研论文，为回报上次哈洛的好意，他把哈洛也列为作者。这篇文章发表在1932年的《比较心理学杂志》的第14期上。

到1931年秋天，马斯洛对一年来取得的成就很满意。他相信他已经发现了属于自己的研究领域，显露了自己的科研热情，决定以科学研究为职业。他期望通过科学实现自己的梦想：增进人类知识，最终改善这个世界。他明确地选定猿猴为自己的主要研究领域。

多年以后，马斯洛常充满感情地回忆在哈洛和其他人指导下所做的实验。想起这样的时光一去不复返，不禁有些伤感。实际上，当时在威斯康星大学的心理学教职员和学生中，缺乏内容广泛的智力活动，马斯洛经常对此感到失望。他爱好哲学，尤其是斯宾诺莎和苏格拉底的学说，他对各种各样的思想也很感兴趣。但是，他的大多数同事对这些似乎并不关心。在早期的研究生学习中，马斯洛已被构造严密的理论和体系宏伟的老式欧洲传统所吸引。他开始独自偷偷编写一本心理学理论的教科书，希望这本教科书能够用统一的概念框架来囊括所有现存的心理学。马斯洛一直到中年都怀着这一愿望。20世纪50年代中期，心理学领域变得越来越宽广，分支越来越多，他终于发现不可能实现这个目标，因而不得不放弃。

他也不喜欢威斯康星的高压力环境，以及科学界对科学发现要么发表、要么丢弃的职业态度。当然，事实上不仅是在威斯康星，在全国的每所重点大学，这种研究倾向在当时和以后相当长的时间内都占据统治地位。也许有些天真，马斯洛当时在日记中抱怨道：

> 这里所强调的就是领先。领先意味着做一个又一个无聊的实验，然后发表一篇又一篇无聊的文章……一篇文章好，两篇文章双倍地好。这里有显而易见的数学关系，你发表的文章篇数与作为一个心理学家的"优秀素质"直接相关。

接着，马斯洛对其同行和心理学教授所谓的理智上的怯懦表露了蔑视。就此而言，他从未放弃这种富有朝气的理想主义态度。他一生都在谴责许多同辈社会科学家的胆怯，他们不敢越过学科最安全的潮流进行探索。在同一篇日记中，他评论道：

> 他们总是让我联想到，一帮商人和政治家正用鼻子迎风嗅着，渴望知道正在发生什么，什么是美国心理学家中的流行时俗。现在蔑视格式塔心理学很时髦，于是他们都蔑视它。如果时俗是赞颂，他们就赞颂它。他们的实验仅仅针对当时正热门的问题……他们像一群在精神上被阉割的人……去他的吧，我宁死也要保持自己心智的强健。让他们的那一套见鬼去吧！

由于抱有这种看法，也由于威斯康星灵长类动物研究机构的混乱现状，马斯洛打算在其他地方完成他的博士学业。到 1932 年冬天，他该确定下学年的计划了。马斯洛打算投师于耶鲁大学的罗伯特·耶基斯（Robert Yerkes），他是国际上灵长类动物行为研究的顶尖学者。在自己感兴趣的领域，马斯洛对于结识权威人物从来就不会感到羞怯。耶基斯于 20 世纪 20 年代后期作为心理学界杰出的猿猴研究者而一举成名。他的著作《类人猿》（*The Great Apes*）出版于 1928 年，已被世界各地公认为关于灵长类动物的权威著作。

在耶鲁大学的赞助下，耶基斯当时刚刚在佛罗里达柑橘公园建立起一个独特的研究机构，他把它称作"类人猿实验基地"。他选定那儿是因为当地气候对猴子很适宜。"类人猿实验基地"位于距杰克逊维尔 15 公里的柑橘林中。它包括一栋有办公室和实验室的实验楼，一栋服务楼，一栋有 8 间房的动物饲养楼。每年冬天，耶基斯都带着家人从纽黑文来到这里住一段时间，从事他的研究工作。

在一封日期标明 1932 年 2 月 11 日的信中，马斯洛向耶基斯表达了渴望去耶鲁大学跟随他研究的愿望。他写道："我未来的计划还没有完全确定，关于灵长类动物，我在感知能力研究（错误感知等）和社会行为研究之间摇摆不定。在这方面，我期待得到您的指点。"

马斯洛还列举了他在过去 4 年中的心理学导师，包括赫尔、谢尔登、卡梅伦、赫斯本德，当然还有哈洛，以作为他的学术经历的参考。在列举了所学的心理学课程以及相关课程后，马斯洛最后写道："坦率地说，我非常、非常渴望能在您的指导下学习和研究，正是您的著作《类人猿》，最早使我的思考转向灵长类动物心理学。目前，对我来说，在您的指导下完成我的学业，将是唯一使之圆满的途径。"

正在佛罗里达实验基地工作的耶基斯很快就给马斯洛回了一封信："我刚刚收到你 2 月 11 日的来信，信中提到你愿意来我们实验室工作，并且介绍了你的个人情况。如果你感兴趣的话，我们将很高兴地考虑接受你做助教，年度研究助学金是 600 美元。"

事情看来对马斯洛十分有利，但是，耶基斯在 3 月 10 日又写了一封信。耶基斯告诉马斯洛，他的一部分申请材料被错送到耶鲁大学研究生院管理处，另一部分被送到耶基斯在纽黑文的办公室，还有一部分已送到柑橘公园的实验基地。这样，如果要等到收齐这些材料，时间就会太晚了，已不可能接受马斯洛作为当年秋季入学的博士生。耶基斯的信中流露着诚恳。他向马斯洛建议："由于你在威斯康星离获得学位只差一步之遥，再等一年完成论文，拿到学位，然后，如果你觉得可取的话，通过由国家研究委员会或社会科学研究委员会资助，或通过其他研究院奖学金以及助教奖学金来我们这儿工作一两年，这样是不是更好？"

马斯洛感到非常失望，但他还是同样诚恳地回信说："如果我的申请被拒绝，我会在威斯康星继续完成还剩下一年多的学业。到那时候，如果您同意的话，我仍然非常愿意同您一起工作。"他接受了耶基斯的建议。

同月，他开始着手动物研究的一个新领域，即动物对食物的偏好。对于那些不经意的旁观者来说，这比研究灵长类动物的学习行为还无趣。但是，直到晚年，马斯洛仍然十分珍视这一研究工作，认为它对于理解动物，甚至人类天生的"躯体智慧"是一个贡献。在1932到1935年之间，马斯洛共发表了4篇文章，探讨这个课题的理论和实用意义。他在开始时以狗为实验对象，其后是猴子。

关于马斯洛的发现，可这样来概括：在种类的级别上，动物的种类越高级，它的食物爱好就越多样化。就是说，在选择食物方面，鸽子比白鼠更加显露出多样性，而灵长类动物则比鸽子更甚。可以推测，人类对食物的选择是最多样化的。马斯洛从这个发现还推测出一个重要结论，他把这一结论写进了1935年发表的《动物动机中的饥饿与口味》(Appetites and Hungers in Animal Motivation)：

> 当我们沿着种系的级别由低到高选择被试动物时，如果我们是对比较心理学而不是对动物心理学感兴趣，那么把白鼠作为动机实验的对象看来不如猿猴合适。如果研究动物是为了更好地理解人，那么用老鼠来与人做比较是不合适的，因为，很明显，与猿猴和人类相比，食物嗜好在老鼠身上只起了很小的作用。

马斯洛的第二个结论预示了他后来影响广泛的人类动机理论。考虑到这一结论在他的理论体系中的重要性，他非常清晰透彻地作了表述。他确信，即使像动物饥饿这种简单的生理冲动也包含超出纯粹求生的性质。他指出，猿猴表现出了他所谓的食物偏好，也就是说，在饥饿冲动已经消失的情况下，它们仍然会进食某些食物。马斯洛用实验表明，当猿猴不再饥饿时，它们拒绝接受日常食谱中的普通食物，但是会急切地寻求花生或巧克力之类的佳肴。

至于人类，马斯洛注意到这种行为更普遍：

> 只要提供的食物特别诱人，就可以使几乎任何人继续进食，即使他已经吃饱了。例如，当一次大宴快结束时，尽管初始的饥饿感已消失，但是，人们仍很乐意吃冰淇淋等，而面包、汤或土豆等则被完全拒绝接受。

马斯洛的观点是，饥饿和口味是不同的，在设计对动物的进一步实验时，研究者应该考虑到这种区分。尽管还没有超越这种讨论而达到更全面的动机理论（后者出现于20世纪40年代早期），但马斯洛的见解无疑已经表现了他在实验的基础上对当时占优势的行为主义心理学的背弃。他十分肯定，动物行为不能仅仅理解为受生存动机的支配。如果不能依此解释猿猴的行为，当然也不能依此解释人类的行为。

马斯洛观察到，即使在并不饥饿的情况下，猴子也会长时间地努力解决困难。他还观察到，猪也有类似的行为，健康、强壮的猪比瘦弱的猪更多地探查周围的环境。还有一个关于小鸡的实验也引起了他的注意：如果能够自由地选择食物，有一些小鸡会选择有利于健康的食物，有一些则不会；那些善于选择的小鸡长得更加健壮。应该说，马斯洛的这些发现，与他后来提出需要层次和自我实现的理论有一定的关系。

在这一时期，马斯洛还参与了哈洛与斯塔格纳关于狗的研究，其目的是验证一个被广泛接受的行为主义的观点，即学习活动的发生部位在动物的感觉运动系统中。他们的方法是，用一种叫马钱子的麻醉药将狗麻醉，然后，在它们不能移动、对它们进行人工辅助呼吸的情况下，测试它们的学习能力。哈洛已经做过这个实验，但他两位不知疲倦的助手仍继续工作，并修改实验，使它更加符合研究目的。与马斯洛以往对动物进行的自然观察不同，这是他参加的为数不多的实验室工作。

1932年至1933年间，马斯洛对弗洛伊德心理学的兴趣被唤醒了。威斯康星大学的社会心理学教授金布尔·杨（Kimball Young）对此起了促进作用。当时，弗洛伊德在维也纳的研究正处于巅峰时期。尽管杨在讨论弗洛伊德时总是贬损大于褒扬，但正由于他的建议，马斯洛阅读了弗洛伊德里程碑式的著作《梦的解析》（*The Interpreation of Dreams*）。马斯洛觉得这本书非常具有启发性："它之所以给我如此深的印象，是因为它与我的经验相符合，而以前我读过的任何一本书都做不到这一点。同时，我能用新的方式看到以前看不见的东西。"

马斯洛对弗洛伊德的发现很快把他引向阿尔弗雷德·阿德勒（Alfred Adler）的著作，对此他同样感到兴奋。两位思想家对人类行为的基本动机都提出了有说服力的论据。弗洛伊德坚持潜意识的性冲动是我们行为的基点，阿德勒则强调我们潜在的对统治和权力的渴求。哪种观念体系更正确？作为一个心理学家，应该采纳哪一种呢？

1932年初到1933年初，马斯洛在两种具有同等吸引力但表面上对立的理论之间考虑再三。他产生了检验它们的模糊愿望，但怎样去做？他的导师哈洛不允许他做任何与动物研究无关的心理学课题。把弗洛伊德的俄狄浦斯理论类推到狗的情形，或把阿德勒的同族相争概念套用到猿猴的情况，看起来又过于牵强附会，前景暗淡。

一天，当马斯洛查阅对维拉斯动物园猿猴的观察笔记时，他突然灵光一闪，有了一个创造性的发现。他醒悟到几个月来自己已经积累了详细资料，既包括性行为，又包括支配行为，并且它们之间似乎有联系。

1933年3月，马斯洛根据耶基斯的建议，向国家研究委员会提交了正式申请，希望得到生物科学研究员的职位。他希望在麦迪逊花一年时间完成博士论文之后，能够继续从事以猿猴为对象的心理学研究。在给国家研究委员会的长达7页的申请中，马斯洛描述了自己正在进行的博士论文："其目标是探索猿猴中社会和性行为之间存在的精确的定量关系。"他宣称，对猿猴的研究已开始表明，灵长类动物的性行为，与它们的支配行为是强烈相关的。这种情况，也可以推论到人类。"我认为我的工作的主要价值之一在于提供一种途径，由此可对许多涉及人类性关系和社会关系的麻烦问题提出新的研究方法，尤其是那些涉及婚姻状态的问题，它也涉及支配行为和性状况的微妙平衡。"

马斯洛概述了他打算研究的6个领域，它们的焦点集中于猿猴中支配和服从的总课题。其中之一是研究很年轻的动物是怎样获得支配地位的；另一领域是探索成年雌猿猴的性周期对其社会生活的影响。马斯洛的初步研究资料表明，处于支配地位的雌猿猴进入发情期时会暂时失去支配权。

马斯洛对在耶鲁的权威机构中继续他的开创性研究抱有很高的期望。他确信自己有资格承担这个工作。然而，几个月之后，国家研究委员会客气地通知马斯洛，他的申请被否决了。在研究申请信的私人复印件上，马斯洛写道："几年以后我了解到，是那些反犹主义的倾向使我得不到批准或赞助。"

1933年夏天，贝莎回纽约度夏去了，马斯洛一个人度过了几周。他暂停了对猿猴的研究，与理查德·W·赫斯本德教授一起去野营。赫斯本德那时还是个单身汉，刚刚完成了第一本著作《应用心理学》（*Applied Psychology*）。他们相信这次旅游可以缓解紧张的科研工作对他们造成的压力。他们艰难地漫游了科罗拉多州、爱达荷州、南达科他州、犹他州和怀俄明州。赫斯本德后来回忆说："我负担了几乎所有的费用，像车费什么的，马斯洛则只负责自己的食物开销。我们在汽油炉上做饭，每天只花费60美分。我可以真诚地说，经过几星期的漫游，我们成了更亲密的朋友。在这种很差的条件下，我们患难与共，24小时都待在一起，这真是一种考验。亚伯身体不强壮，所以，我很自然地干了四分之三的重活儿。"

这种友谊也扩展到他们之间的学术氛围中。通过赫斯本德，马斯洛认识了哥伦比亚大学的心理学家加德纳·墨菲（Gardner Murphy），他很快就在马斯洛刚刚起步的事业中起了重要的指导作用。

回到麦迪逊后,有一天,赫斯本德决定在他的普通心理学课上放一部关于动物心理的影片。他想起马斯洛正做关于猿猴的社会行为的博士论文,于是就向马斯洛借一部关于猿猴的电影胶片给一年级新生看。马斯洛点点头,指给他一堆电影胶片。赫斯本德随手拿起一盒就直奔教室。后来他回忆了当时的情景:

> 电影开始是笼中的两个猿猴,几秒钟后,它们开始成为"夫妇"并进行交配。接着又有十来个这样的镜头。要知道,那是50年前,当时班上的男女学生都惊呆了。但我无能为力,只好等电影结束,然后,为没有在课前察看一遍影片无力地表示道歉。这些是亚伯论文研究的一部分,即关于灵长类动物支配行为,包括性支配行为的研究。

在对猿猴的支配权和性行为的研究中,马斯洛闯入了一个几乎完全未知的领域。麦迪逊的教授们对此知之甚少,这对具有独立精神的马斯洛是再合适不过了。事实上,国际上仅有很少几位研究者曾涉足这个领域,年轻的伦敦生物学家索里·朱克曼(Solly Zuckerman)就是其中之一。正当马斯洛致力于研究猴子性行为与支配行为的关系时,朱克曼发表了他关于猴子在群居中统治的重要性的观察。科学就是这样一刻不停地向前进。

朱克曼于1932年发表了专著《猿和猴的社会生活》(*The Social Life of Monkeys and Apes*)。该著作是对这些种群中支配行为的首次科学观察,得到了广泛的好评。马斯洛对这本书很感兴趣,但他认为,由于受到过更多的生物学训练,朱克曼在描述支配行为在猴子的社会关系中,尤其是性关系中所起的重要作用方面还没能走得足够远。马斯洛确信,大量的猴子跨骑性行为,如雌、雄猴子之间无休止的同性或者异性的跨骑和交配,实际上就是"支配—服从"关系的一种形式。他觉得,在实验的基础上证明这一假设,可以构思出一篇更令人兴奋、目标更远的博士论文。

几乎在没有人直接指导的情况下,马斯洛分两阶段开展了他的博士论文研究。首先是对维拉斯动物园中的猿猴做自然观察。从1932年2月至1933年5月,马斯洛每天花数小时在不惊扰动物的情况下对不同种类的35个灵长类动物悄悄地进行观察,做笔记。这些动物的年龄从刚出生到老年不等。他的目的是尽可能精确地确定并记录每一例支配行为和性行为事件。他发现猿猴中的支配行为包括抢先占有食物、威吓、跨骑以及挑起争斗。服从行为包括畏缩、被跨骑、容忍攻击以及遇到攻击时逃跑。性行为似乎无休无止,正如他所描述:"无论何时去观察,总有性行为发生。"其中既包括采取各种体位的异性行为，也包括雄性或者雌性中的同性性行为。

1933年中期到1934年初，马斯洛的工作进入了第二阶段，即实验研究阶段，这也是他博士论文工作的核心部分。他用胶木板做了一个体积约6立方英尺的观察箱。然后，他把20个猿猴按相同的性别分成10对，尽可能使每两个在大小和体重上都相差不多。因为有证据表明，猿猴的个头越大就越有支配力。

在整天停止对猿猴供食后，每对猿猴被从各自的笼子里移到观察箱里，然后投进食物。在接下来的20分钟内，马斯洛和助手仔细地观察和记录。这段时间就构成了一个实验段。此后猿猴被送回各自的笼子，再供给一顿丰盛的食物。

马斯洛和他的助手进行了12次这种分对测试，平均每次大约要分20个左右的实验段。正如他所预期的那样，马斯洛在每对猿猴中都发现了支配行为，如抢占食物及性骚扰等。虽然关在笼子里比生活在野外的猴子要受到更多的限制，却不能以此来否定他研究的总体设计。后来，威斯康星猿猴研究室进行的对猿猴自然状况下的研究，都反复地证实了他的发现。

在1936年发表的3篇论文中，马斯洛陈述了他的观察结果和结论。前两篇论文密切对应两个实验阶段，第三篇则是对猿猴中性行为和支配等级体系之间联系的理论解释。

基本上可以说，马斯洛证实了他的初始假设。猿猴中许多看起来是性动机引起的接触，尤其是它们不停地跨骑，实际上是一种权力的表达方式，反映了每只猿猴在支配等级体系中的地位。一只猿猴的地位越高，就越有可能跨骑其他地位较低的猿猴。反之，地位越低越可能被跨骑。支配力通常与个头联系在一起，但有时个头较小的猿猴也可能通过其行为获得统治权。最高统治者或头领既可能是雄性也可能是雌性。马斯洛观察到，如果雌猿猴是首领，就没有哪只雄猿猴敢跨骑它。马斯洛发现，由性动机导致和由支配导致的跨骑之间有明显的区别。他还注意到"猴子经常用性行为来进行攻击，用以取代威吓和争斗，而用威吓和争斗这些行为展现权力的行为反而较少"。

从这些观察出发，马斯洛提出了开创性的关于灵长类动物性行为的理论。他认为，在猿猴的社会秩序中，存在着两种不同但又相关的动机，它们集中体现在个体之间的性联系中。这就是源于内分泌激素的交媾冲动，以及相对于头领和下属建立自己支配权的需要。由此看来，一个似乎不可避免的结论是，猿猴的支配权和地位决定了其性行为的表达方式，而不是相反。简而言之，如果将这种情况类推到人类生活，阿德勒比弗洛伊德看来更正确。

然而，马斯洛理智地未对人类性关系作任何推论。他相信这种比较在科学意义上还是不成熟的，关于这个研究是否可应用于人类，他宁愿让其他人做出自己的判断。尽管如此，他仍兴奋地计划进一步研究灵长类动物，以获取更多的资料和数据，从而使自己能用新的视角看待人类的性行为，包括婚姻关系。在论文末尾，他提议也许可以用关于灵长类动物研究的成果来重新评价阿德勒关于性与权力的看法。

几十年后，哈洛已成为美国灵长类动物研究的主导研究者。他评论道，马斯洛博士期间的研究是近30年来这个领域中具有重大意义的研究，他尤其重要的贡献是，猿猴中的支配权是通过迅速的注视以及相互打量而建立的，而不是诉诸直接的武力。"说马斯洛超越了他的时代，对他的杰出工作的重要性而言，这丝毫也不过分。"

即使在对猿猴和狗的深入研究期间，马斯洛仍然对人格研究怀有浓厚的兴趣。从他的私下观察及对阿德勒著作的仔细研读中，他对人类的支配权问题尤其着迷。他相信他已经发现了一种在社会关系中极为重要但没有被认识到的力量。从某种意义上讲，他后来对于自我实现者的研究可以追溯到他早先对社会秩序中"最强壮的"个人的注意。马斯洛对有支配力的妇女的个性最感兴趣。他和朋友小卢西恩·汉克斯一起，花了不少时间试图确定她们的特征。在其一生中，马斯洛都被富有智慧、能言善辩的女性深深吸引。

在对有支配力的妇女进行鉴别方面，汉克斯鼓励马斯洛把她们的穿着看作自我表现的一种方式。某个妇女的支配力越强，其衣着就越引人注目。为了验证他们的假设，他们徘徊在麦迪逊的前湖区，观察在大学里认识的有支配力的漂亮女性怎样通过泳装来表现自己。毫无疑问，在温暖的春日里，有很多威斯康星大学的毛头小伙子同时也在扫视这些女生，但大概只有马斯洛和汉克斯是从科学的角度这样做的。

在马斯洛对动物的研究进入高潮时，他对催眠术产生了强烈兴趣，认为这是"通往知识的绝佳途径以及研究的必要手段"。1933年秋天，他和朋友罗德·门奇斯对一个在马斯洛的日记中称为"阿黛尔"的女生做了几次实验，对她的被催眠程度做了仅限一般的测试。尽管如此，由于当时美国学术界对催眠法的严禁状态，马斯洛不得不对此项工作守口如瓶。"按照大学的规则，催眠术是禁止的。在我看来，这是因为他们认为催眠状态是不存在的。但我完全肯定它存在（因为我正在做），并且我如此确信它的重要性，以至于为它说谎、欺骗、隐匿都不在乎。"直至进入20世纪70年代，正统的心理学仍把催眠法作为魔术师、骗子和信仰疗法信奉者的伪科学的东西而不予理睬。只是在最近，科学界才认为值得对催眠法进行科学研究，并且把它当做正当的治疗方法。

在整个30年代，马斯洛对催眠术保持着一种浓厚的兴趣，虽然他没有对这方面做过正规深入的研究，但他却是当时在美国能够以严肃而科学的态度对待催眠术的为数不多的学院派心理学家之一。马斯洛非常关注米尔顿·埃里克森（Milton Erickson）的学术发展。埃里克森是一位独立的研究人员，他在死后几乎成了一位传奇人物，被誉为"现代催眠之父"。据说，他的治疗具有神奇的效果。

1934年春，马斯洛完成了在威斯康星大学的心理学博士学业。尽管关于猿猴的研究结果以及未来计划都很令人振奋，但是他还有更加迫切需要关注的事情，那就是在大萧条的低谷期找到一份合适的工作。他的朋友斯塔格纳于1932年就获得了博士学位，并且有非常优秀的科研经历，但也只得到一份为期一年的博士后特别研究员工作，之后，便失业达一年多。学校没有钱来为教学和研究工作提供新职位，更不会有人放弃已有的工作而留下空缺。

在当时，"老同学"关系网在聘任研究职务时起着决定作用。主要是通过口传，甲教授会知道乙教授的系里有一个空缺。他们也许会通信或者一起喝上一杯，这期间，可能会提及一些名字。然后，甲教授的某个研究生就会被非正式地会见。如果他还可以被接受的话，他就会因此找到一个职位。由于这种情况，30年代的许多心理学系都在经历一种"近亲繁殖"的阶段。一个心理学家往往最终任教于他毕业的学校，然后，再雇用和他同样学历的毕业生。

威斯康星大学的心理学研究生教育享有极高的声誉，而马斯洛在杂志上频频发表文章，其研究富有创见，已经初露锋芒，马斯洛也很开朗而友善，但由于他的犹太背景，"老同学"关系网对他是决定性的障碍。当时，如果犹太人在其他方面都格外突出的话，还是有极少数的大学部门愿意聘用他们的。但有很多大学部门，甚至是绝大多数大学部门，宁愿让职位空着，也不长期聘用犹太人。

马斯洛的教授们一再建议他改姓，以便使求职更容易些，但他坚决地拒绝了。贝莎曾经相当认真地警告他，如果他再一意孤行就和他离婚。

马斯洛知道，他们帮他找到一个大学教书的职位确实尽了最大努力。但是，他申请了全国几乎一打空缺职位，却都遭到了拒绝。

马斯洛仍专心于作为学院派心理学家的进一步研究，但他和贝莎不能喝西北风过活。看到别无选择，他决定再进入医学院学习。因为他已读完有关课程，并在相邻领域得到了博士学位，所以在1934年9月24日，他进入了威斯康星大学医学院，开始了学制两年的学习。他对开业当外科医生并无真正的兴趣，但希望再得到一个医学博士学位，通过自己双博士学位的资历来获得研究职位。同时，他继续作为教员讲授心理学导论课程。

这一年事情的变化使他感到压抑。这是他到威斯康星6年来第一次真正体验到失败的滋味。他对医学训练的态度仅是应付而已。从乐观的一面看，他只需要选修两门必修课。由于他已经学过生理学和生理化学，他还得再学两门解剖学。

他很快发现自己无心学医。与心理学研究相比，学医需要在体力上和情绪上，而非在智力上投入更多。马斯洛一生有个特点，如果某件事情使他厌烦或"感觉不适"，他就会立即放弃它，而不是在自我矛盾状态中勉强为之。他在医学院的学习经历就是一个例子。几十年后，他在日记中回忆了那段往事："被迫待在医学院的日子真是太无聊了，简直使人受不了，尽管有一些内容也能够吸引我。我必须离开那里，部分是因为解剖学讨厌极了，全是死记硬背，花了我大量的时间。"

马斯洛在医学院的成绩单表明，他的一门解剖学课程得了"良"，另一门还没正式上课就放弃了，因此没有通过。他没兴趣再去注册参加1935年2月开始的冬季学期的学习。

马斯洛对看护病人的反应是他对医学院不满的原因之一。作为训练的一部分，有几个星期，他在医学院的一个附属诊所工作。由于天性敏感而且易于动情，马斯洛发现自己很难超脱于病人的痛苦和烦恼之外。一天，他去给一个哭叫不停的女孩输血，她极度的痛苦使他难以忍受。从那时起，他就意识到自己不可能成为外科医生。

马斯洛在医学院的这一学期，给他留下了一个长期思考的问题，为什么治疗护理系统在医治对待痛苦的病人时，总是试图排斥敏感和同情心？这段经历甚至使他提出一个更大的问题：为什么在我们的文化中感情的脆弱是个禁忌？为什么它们很少得到承认，也很少有机会表达？

大约在这段经历的30年后，1965年3月，在一次非正式的演讲中，马斯洛生动地描述了那个时候的医学训练，题目是《感情脆弱成为禁忌：价值观念丧失的通病》。

30年前我在医学院，事情和现在不一样。当时正是大萧条，生活是现实的，毫无浪漫可言，必须认真去对待。那完全是一个异常的氛围，只在医学院才有下面一些亵渎神圣的做法。

那时我没真正意识到这一点，现在回首往事就很清楚了。当时，教授们是故意想使我们的心肠硬起来。他们"调教我们"，有意让我们"尝尝血腥味"，教我们用冷漠、客观、不带感情的态度对待痛苦、疾病和死亡。当然，他们这

第4章 喜欢与猴子打交道的男人

样做是有道理的,这对外科医生也许有意义,但我却并不以为然。

我亲眼目睹的第一个外科手术是怎样抹杀神圣的,对此我现在仍然记忆犹新。手术会使你在神圣和禁忌面前产生的敬畏、恐惧、羞怯、谦卑以及对隐私的需要,全都一扫而空。

有一次,一名患乳腺癌的妇女需要动手术,为防止癌细胞扩散,必须用燃烧切割法切除乳房。手术用的是电动解剖刀,动手术时,有一半的学生都想呕吐。但是,那位主刀外科医生用随便而又冷静的口吻谈论切割方式,对那些因难受而逃出手术室的新生毫不在意。最后,他割下了乳房,把那团东西往大理石桌面一扔。

当时那"扑通"的一声,过了30年我还记忆犹新。那乳房从美好而神圣的事物变成了一团脂肪和一堆垃圾,最后被扔进了废物桶。这里没有任何礼仪,也没有什么祈祷,连最不开化的社会都不如,这里只有纯粹的技术,专家显得镇静、冷漠无情,甚至还有一点故弄玄虚。

当别人把一个死者介绍给我作为解剖对象时,情况也一样。也许我不能说是介绍,因为我不得不自己去打听他的名字。他曾是个伐木工人,在一次殴斗中丧生,是个年轻人。到了后来,我也学会了像别人那样看待他:他不是人,不过是一具将被解剖的尸体。

医学院的新生试图使内心感情变得易于驾驭。他们需要控制自己的恐惧、同情及外表下面的脆弱感情,甚至抑制自己的眼泪。很多时候,当我们和病人充分沟通,对他们的疾病以及他们对死亡的畏惧有所理解时,我们真想大哭一场。

实习医生们既然都是一些年轻人,他们就常常独出心裁,以年轻人特有的方式来训练自己。例如,他们坐在死尸上吃汉堡包,还特意照相留念。这是最典型的方式和程序,学生们几乎都这样干过,但是我没有。在饭桌上用餐时,有的人会突然从手提箱里拿出一只人手,放在饭桌上,或者对于身体的私处开一开流行的玩笑。

当然,我们不得不对女孩做身体检查。这很容易,因为有套标准程序。但如果你不得不对某位父亲做直肠检查或者对某位母亲做阴道检查——就像是对你的父亲,或对你的母亲或祖母做检查,事情就有点棘手了……

如果你读过弗洛伊德的著作,就会明白这种过程会引起多么丰富的情感,但每个人都试图对此开开玩笑,掩饰这种情感。我不记得有谁承认自己有过任何这种情感……漫不经心、漠然处之——它们完全掩盖了其真实的对立面,但是，人们认为这是绝对必需的，因为脆弱的感情会影响外科医生的客观和胆量。我却不相信这是必需的。

很明显，马斯洛感情上不能适应医学训练。他的心思仍在实验研究上。他已在心理学训练上花了 6 年时间，在工作中已崭露头角。但是，怎样才能找到合适的职位？如果万事皆不如意，他又该怎么办呢？

第 5 章　性行为和支配行为的探索者

> 我认为，对性的研究是有益于改善人类的捷径。如果我能发现一种方法，哪怕只能百分之一地改善性生活，那么，我就能改善整个人种。
>
> ——马斯洛

从医学院退学后，马斯洛的生活掉进了几年来的最低谷。作为心理学讲师，他继续在威斯康星大学授课。但是，那只是临时性工作，收入十分微薄。同时，马斯洛还在继续学医，想成为一名内科医生。他知道，在大萧条时期，一个实验心理学家，尤其还是个犹太人，几乎没有什么工作机会。在这种境况下，他与贝莎的关系也变得紧张起来。关于他们的争吵，他在日记中写道："我们今年一点钱也没有，情况比以往任何时候都更凄惨。"

1935 年 3 月，马斯洛几乎花了所有可能的时间，为深入阐述博士论文的主要论点做准备。当年秋天，美国心理学会年会将要在密歇根大学举行，届时，全国第一流的心理学家们将共聚一堂。马斯洛早已顺利提交了申请，预定参加年会的动物心理学研讨会部分。该研讨会将由著名的哥伦比亚大学教授爱德华·L·桑代克（Edward L. Thorndike）博士主持。

马斯洛的论文题为《支配驱力在类人猿灵长类动物社会行为中的决定作用》(Dominance-drive as a Determiner of Social Behavior in Infra-human Primates)。该论文的写作，是他当时最值得骄傲、最具有潜在重要意义的工作。他正在积累有关数据，用来证明不仅在猿猴，而且在其他哺乳动物及鸟类的社会行为和组织中，支配驱力都是一个关键的决定因素。在某种意义上，他正在构思一个建立在支配驱力之上的初步理论，用来解释高级动物中的许多社会行为。他希望，借助这篇重要论文可能产生的广泛影响，能够找到一份工作。

不久，马斯洛意外地收到了桑代克从哥伦比亚大学的来信。他对马斯洛的研究技巧及其在灵长类动物支配行为方面的成果印象极深。尽管他并不同意其中的有些论点，他还是提供给马斯洛一份博士后奖学金。这个职位要求马斯洛在教育研究学院协助桑代克进行他的新研究课题，即"人性和社会秩序"。

马斯洛对获得这个在纽约的研究职位欣喜若狂。在这件事上，他还得感谢哥伦比亚大学的心理学家加德纳·墨菲为他四处游说，做了不少努力。几年后马斯洛才知道，由于坚持聘用一名犹太人，墨菲差点丢了职位。马斯洛在 4 月 23 日的日记中写道："第一次，我感到前途有了希望——未来几乎是一片光明。"

马斯洛关于灵长类动物的研究也逐渐得到了普遍的认可与赞誉。《密尔沃基前哨报》（*Milwaukee Sentinel*）的记者就这一课题的前一阶段进展对马斯洛进行了采访。采访结果发表在 1935 年 5 月 9 日的报纸头版，引人注目。这篇文章所配的照片是马斯洛正在深情地凝视着臂弯中熟睡的小猴。照片下面的说明写道："州立大学的心理学博士 A. H. 马斯洛，被誉为研究灵长类的社会结构这一课题的开路先锋。这是他在实验室中进行科学研究的情景。"

这年 7 月，马斯洛收到了一封由教育研究学院教务长签名的信。这是一封正式的信函：马斯洛被任命为桑代克所在的教育研究学院的教育部科学助理，任期从 1935 年 8 月 1 日至 1936 年 6 月 30 日。年薪 1 650 美元，即每月 150 美元。

在经济大萧条时期，这笔薪水可算是相当优厚。当时，纽约的科研人员每星期只能得到 35 美元，而且工作条件远远没有这样好。桑代克告诉马斯洛，如果他们相处得不错，那么马斯洛可以在位于布朗克斯维尔的萨拉·劳伦斯学院得到一个永久的教书职位。7 月 31 日，在离开居住了 7 年的中西部前夕，马斯洛在日记中写道：

> 事情的变化看来多么快啊！我现在有了哥伦比亚大学丰厚的奖学金，并且很可能就要得到一份工作，全系都很看重我，当然还有朋友们的厚爱。明年我又将见到一些优秀人物。在这种和谐、轻松的环境中工作，我的论文进展也十分顺利。

马斯洛和贝莎搬进了哥伦比亚大学附近的曼哈顿第 110 大街的一所舒适的住宅，开始了新的生活和工作。他知道这些都是桑代克为他争取到的，因此桑代克成了他生命中的福星。

第 5 章　性行为和支配行为的探索者

为桑代克工作不久，马斯洛通过了一系列关于智力和学术能力的测验。桑代克开创了这种测验，并且仍在这个领域有巨大影响。他的两位同事，欧文·劳杰（Irving Lorge）和埃拉·伍德亚德（Ella Woodyard）对马斯洛进行了各种测验。其中包括他们协助设计的 CAVD 测验。这个测验由 4 部分组成，分别是填字游戏、计算题、单词量、方向辨别。马斯洛回忆道："他们对我进行测验，直测得我脸色发青。测试一直进行了几个星期。"完成测验后，他们只告诉马斯洛，结果相当不错。

"人性和社会秩序"是从 1933 年开始的一项 5 年研究计划。这个研究计划从卡耐基基金会（Carnegie Foundation）获得了 10 万美元赞助。在当时，这可是社会科学研究计划所能够得到的最大一笔研究经费了。它标志着桑代克声誉显赫的事业达到了顶峰。其中有一个项目是探索"人们在工作中的基本心理动力的性质及其控制"。它来源于桑代克以下的想法：现代心理学能给民众领袖提供有价值的信息，使他们在教育、福利及预防犯罪等社会事务中制定出更有效、更"科学"的政策。

桑代克在政治上是温和的。他相信，科学能用一种合理的、纯智力的方式解决大萧条中的严重问题。他还相信，真正理解像群居性、母性行为、男人的狩猎天性，甚至定义更为模糊的支配和屈服行为这些社会本能，就能够为理智地做决定奠定基础，从而消除文盲、贫穷、犯罪和战争。由于有富兰克林·D·罗斯福（Franklin D. Roosevelt）的新经济政策的刺激，"社会规划"以及"社会工程"等概念都有许多热心的支持者和实践者。

由于桑代克的研究经费较充裕，他聘用了几个研究助手，马斯洛是其中之一。他的任务是确定遗传和环境因素对不同人类社会行为的影响程度。但是，仅仅过了几个星期，马斯洛就对此项研究感到乏味和不耐烦，开始拖延自己要做的数据处理。他的性情决定了他不能坚持做任何不喜欢的工作。他认为，"人性和社会秩序"对他来说没什么意义，事实上，所有人类活动中都是基因和文化因素的混合体。

不过在他的抵触行为中，也包含有明显的感情色彩，就是他仍然沉迷于自己对灵长类动物支配行为和性行为的开创性研究。在他事业的早期，除了该领域的导师外，马斯洛不满足于当任何人的助手。看来，通过学术方式反对桑代克的计划是最安全的途径。在充分考虑了后果之后，马斯洛给他的恩人兼导师写了一份备忘录，对"人性和社会行为"的整个观念进行了尖锐的辩驳。

马斯洛在备忘录上注上了标题：《关于本能问题的说明——呈交 E. L. 桑代克博士》。这篇简短的备忘录显示了他当时的智力水平和知识状况。在备忘录的开头，他相当坚决地宣称："我觉得，为了使下面关于本能的论述易于理解，对自己的观点做概括性的表述是很有必要的，因为，任何关于人类内在天性的表述都与作者的观点紧密相关。"接着，他坦率地补充道："我觉得事实就是如此，尽管我关于这个问题的观点仍有变化。"

马斯洛的论点基于范围很广的几个研究领域，包括生物学、心理学和人类学。他认为，像"人性和社会秩序"这类研究项目的主要目标，不是去确定某种人类行为（例如，群居）是源于环境还是遗传，而是应该研究在什么程度上能调节这种行为。"如果某种刺激与反应之间的联系很容易破裂，那么对我来说，这是天生如此，还是环境使然，并没什么区别。"

接着，马斯洛阐述了他对"天性与教养因素"之争的立场，这是桑代克很感兴趣的问题。马斯洛认为："人性不能任意加以改变，人产生某种冲动，不管当时的社会、经济和政府有什么禁忌，都将通过这种或那种方式加以满足。"

关于上述观点的形成，也许马斯洛从他的犹太父母那里受到的影响要大于从自己专业学术研究中得到的体会。不过，他的表达相当清楚和明确。他接着论述了在研究动物食物偏好时产生的一个看法。关于任何种类动物的行为都有内在动机这一点，他坚信，在种类的谱系上，某种动物的种类越高级，其种类共同的驱力或本能的作用就越不重要，同时，种类内不同个体间冲动的差别就越突出。他写道：

> 这不是说内驱力不存在原始的"刺激—反应"过程，而是说这些过程在很大程度上能够调节。它们可能被淡化，被掩盖，或者被其他的"刺激—反应"完全替代。换言之，一种文化必须能够处理内驱力，当然可以通过很多方式进行，没有哪一种方式是原始天性所指定的，尽管其必要程度随着内驱力的不同而有所变化。例如，与满足性驱力相比，有更多对象可以用来满足饥饿驱力。
>
> 与人类相比较，动物对冲动的"刺激—反应"的可调节性则不那么明显……我发现，就食物偏好这类简单功能而言，从鸡、老鼠、猿猴直至人类，其选择越来越具有多样性。沿着进化的轨迹，对内驱力的"刺激—反应"过程变得越来越易于调节。

马斯洛用下面的评论结束了备忘录："这个观点与您1913年关于本能的表述不同，其区别主要在于着重点不一样，另外，它具有更强的重实效的性质。"

马斯洛知道，提交这篇备忘录会使自己显得很自负。他后来概括这篇备忘录的语气特点是"烦躁而傲慢"。一个胆小的下属可能会毕恭毕敬地请求一次会面来讨论自己的工作，但那绝不是马斯洛的方式。实际上，由于未经允许便已开始研究人类性行为和支配行为，马斯洛的职位已受到威胁。他回忆道："由于事先没有告知桑代克，我已经开始在他的办公室约见女性，做访谈，结果闹得满城风雨。"

很快，桑代克把他叫进办公室。马斯洛非常担心自己会被解雇。他很明白，如果丢掉这个职位，在大萧条时期是很难再找到工作的。

然而，桑代克是个不寻常的人。他告诉马斯洛，CAVD心理测验表明，马斯洛的智商高达195，其他测验也取得了有史以来第二高分。在会见中，他向惊呆的马斯洛表示，如果他找不到一个永久性职位，他愿意资助他一辈子。

然后，他坦率地告诉马斯洛："我不喜欢你对支配和性行为的研究，我希望你别再干了。但是，如果连我都不相信智力测验的结果，那么谁还相信呢？所以我想，还是应该让你自己独立思考。这样，对你，对我，甚至对世界都将是最合适的。"

基于这个评价，桑代克把他的办公室和书桌都交给马斯洛使用，并让他以后放手去干。最后，桑代克跟马斯洛说，今后每个月都到他这儿来领薪水。谈话就这样结束了。

当马斯洛最初得知自己具有天才的智商水平时，感到有些疑惑不安，他从没想到自己会那么聪明。数十年后，他回忆当时的情况：

> 我晕晕乎乎地走出来……长久地在曼哈顿大街上散步，试图消化这个事实……桑代克使我觉得自己成了"重要人物"。从那以后，如果我在学术上遭到谁的反对而打退堂鼓，我会在半夜醒来，叫道："老天爷，我比他聪明！干吗要认为自己是错的，而他才是正确的呢？"

从此，他把自己的智商看作自己成就的一个标志。在晚会和社交聚会上，当交谈开始时，他常常故作随意地问起别人的智商，然后主动说出自己的分数。一次，马斯洛问他的同事、著名的政治分析家马克斯·勒纳（Max Lerner）："你知道你的智商是多少吗？"马克斯·勒纳回答："我不知道。""别担心，肯定会和我一样高！"马斯洛向他保证说。在马斯洛的熟人圈子中，很少有人没听说过他的智商数。也许是由于自己对心理学传统观念的反叛和背弃，尤其是作为"脆弱感情"或人性问题的表述者，他在感情上有一种不安全感，这迫使他用智商测试结果为自己的智慧辩护。

桑代克不同寻常的安排给马斯洛带来了精神上的自由。他决定发展自己对灵长类动物的实验性心理学研究。这年秋天，马斯洛去信给国家研究委员会重申他的要求。希望他申请的基金能够批准下来，以便进一步开展他对性行为和支配行为的实验研究。等到11月11日，他终于得到了委员会的答复："你于1934年呈交的科研基金的申请，现在仍然保留在案，现在仍需考虑、研究。"如果他希望来年被列入考察的对象，就必须明年重新申请。于是，马斯洛打算离开桑代克的研究所，到当地的儿科诊所或者妇产医院谋职。在桑代克的强烈反对下，马斯洛放弃了这个想法。由于没有其他的选择余地，马斯洛决定留下来，继续进行人类性行为和支配行为的研究。

按当时的标准，马斯洛的这种心理学研究是前卫的、不符合常规的，他的动机源自在对猿猴的开创性研究中产生的科学兴趣。他觉察到许多人类性行为都从属于支配冲动，并准备验证这个预感。另外，他还有更加个人化的、更具有人道主义色彩的目的。在20世纪30年代初期一篇未发表的论文中，他对控制美国的社会性习俗主流的重重禁忌进行了激烈的批评。在他看来，对大多数年轻人或成年人来说，性被隐藏在沉默和神秘中，这种情形导致大众对它的忧虑、羞怯和窘迫感。正如他后来所说："我认为，对性的研究是有益于改善人类的捷径。如果我能发现一种方法，哪怕只能百分之一地改善性生活，那么，我就能改善整个人种。"

1935年年末，在开始着手性行为研究之前，马斯洛回顾了这个领域以前的科学成果。也许是因为意识到自己正进入心理学中大量未知的领域，他的研究热情被激发起来了。弗洛伊德和哈福洛克·霭理士是现代性学研究的开创者，但是，他们的方法截然不同。弗洛伊德的思想成型于19世纪90年代和20世纪初期，几乎完全来源于维也纳为数有限的几个富有的女精神病患者的病例分析。与弗洛伊德不同，霭理士极为害羞，甚至不能面对面地谈论性的问题，他几乎完全通过与受到过良好教育的英国人通信来进行研究。其他的主要研究者，如威尔海姆·斯代克（Wilhelm Stekel）等，他们关于性的研究方式在20世纪前半叶曾经风行一时，但他们当中没有一个是美国人。

在美国，直到1915年，一位名为J. M. 艾克斯纳（J. M. Exner）的外科医生才大胆地通过信件调查了大约1 000名大学生的性生活。艾克斯纳仅问了8个问题，靠这些问题来了解性行为的详细情形是远远不够的，但是，他的调查标志着美国性学研究的开端。这种探索一直徘徊不前，到1935年为止，公开发表的关于性学研究的报告仅有12份左右，而且它们几乎全部来源于被调查者的书面回答。在性行为这个禁区中，用这种书面回答的粗浅方法很难得到可靠的数据。

马斯洛发现了一个重要的例外，这就是G. V. 汉密尔顿（G. V. Hamilton）在1929年发表的研究报告。汉密尔顿是一位精神分析学家，他的研究经历与马斯洛有些相似，都是以研究灵长类动物为开端。最开始，他设计的题目是"婚姻状况调查"。后来，这个题目演变成风行一时的"你的婚姻出了什么问题？"。他的方法是把问题写在卡片上，然后进行面对面的直接访谈。他和已婚男女（各100名）进行了面谈，这些人都来自纽约。其中有21％的人接受过精神分析，不论从社会阶层来看还是从心理健康程度来看，很难说这些人代表了美国人的状况。汉密尔顿所做的工作是需要勇气的。在20世纪30年代初期，美国至少有两个心理学研究部门解雇了性行为的研究者，因为当权者还不准备客观地看待性问题。

马斯洛勇敢地开始了他的访谈，他准备迎接挑战，为这片心理学领域开辟道路。由于他在哥伦比亚大学没有教学职位，甚至连低级的部门助理都不是，所以要找到访谈对象相当困难。最初，他请研究生中的朋友帮忙，通过口头邀请找到一些人。因此，马斯洛的访谈对象大部分都是来自中产阶级的大学生。他们的一般情况是：二十来岁，已婚，白种人，新教徒。虽然他认识到这种取样在统计学上不具有广泛的代表性，但是，他觉得在探索性阶段，这一点并不重要。在某种意义上，他是正确的。

刚开始，马斯洛的访谈是尝试性的。除了问一些问题，使他能比较人类和猿猴中的性行为和支配行为之外，他几乎不知道再问些什么。为了评价人类行为，马斯洛仅有为数不多而且瑕疵不少的早期研究依据。确认和衡量人类与猿猴对应的支配和服从行为，迄今还没有前人的工作可用来作参考。马斯洛在得到了关于支配行为的清晰概念之后，逐渐缩小了研究的范围，如把重点放在研究姿势和步态等方面。

同时，马斯洛意识到，研究的主要障碍是他的访谈方式。在动物园里，他能够客观而直接地观察猿猴的性行为和社会行为，而现在，他只能依靠访谈对象的高度主观的自我表述来进行研究。由于这个原因，他决定将研究定位于确认访谈对象关于支配行为的态度或情绪倾向。这种倾向也就是他说的支配情绪。马斯洛把这种特性比作自信，它在访谈中比在实际的日常活动中更容易被确认。

这个决定并不能完全解决问题。对于如何精确测定调查对象的性行为，马斯洛仍感到困难重重。大多数女性一旦决定向他披露自己的私生活，就表现得诚实而坦率。但是，男子则显得躲躲闪闪，并且容易撒谎，常常夸张或歪曲他们的性体验。在对大约15名男子做了访谈后，马斯洛决定以后只用女性作研究对象。他的动机并非完全出自科学研究。很多年之后，他坦率地承认："当时我还很年轻，会见女性能给我一种新鲜而刺激的感觉。"

对于每一位访谈对象，马斯洛先试图建立一种友好关系。如果她显得极度紧张或疑心重重，他就中止访谈。但如果他们的关系有所进展，他就对访谈的主要目的做个简短的解释，并提醒她，许多问题将是令人窘迫的，有些问题尤其使人感到难堪，整个过程可能引起情绪上的不愉快。事实证明，马斯洛并没有夸张。关于支配行为的询问是相当平和的，例如，"在约会时，你是否表现得比男人更洒脱？""你是否觉得比自己所认识的大多数妇女更优秀？"但在访谈中所涉及的性的问题，即使用今天的标准来说也显得相当唐突。这些问题包括："你发现什么样的男人最有性吸引力？""你经常手淫吗？""你在手淫时有什么奇异的幻想？""你在做爱的方式上有什么嗜好？"

在得到了关于她们个人的爱好、习惯和生活方式的大量信息后，马斯洛的问题慢慢转向与性密切相关的问题，例如，对性的态度、要求、幻想以及体验等。由于他发现猿猴的交媾姿势与支配状况有显著的联系，他也常询问妇女做爱时偏爱哪种身体位置。利用这种革新的、半临床性质的研究技巧，他对每个访谈对象一般要在几天内会见近15个小时。

并不是每个研究对象都愿意向他吐露自己最隐秘的私生活。1935年底到1936年初，马斯洛在研究中注意到一种令人失望的现象。如果妇女有较强或适度的支配情绪，她们往往在令人窘迫的会见中愿意配合，有些人甚至在听说他的工作后志愿来当研究对象，而在那些支配情绪较弱的妇女中，几乎没有人志愿参加访谈或完成面谈过程。即使经过几小时的耐心劝说，她们通常也不愿继续面谈。马斯洛常常恳求她们"为了科学的目的"而合作，但通常是白费力气。

马斯洛明白，为了使研究更有价值，他必须找到一些支配情绪较弱的妇女来合作。寻找愿意接受访谈者成了他在哥伦比亚大学的首要任务。他设计了一个初步的测验，能用纸和笔在几分钟内测定很多人的支配情绪（或自信程度）。用这种方法，他很容易发现合适的访谈对象。马斯洛把它称作"女大学生社交性格量表"。这些问题包括："你经常觉得自己备受赞美吗？""对于初次会面的人，你通常觉得他们会喜欢你吗？""你觉得自己健谈吗？"在随后的几年里，他不断改进这种测验。

在进行这种有趣访谈的同时，由桑代克提议，马斯洛还进行了另一种较为常规的研究，这是他们两人仅有的一次合作，题为"熟悉程度对偏好的影响"。相对来说，无论在构思还是结论上，它都是一种小规模的研究。1936年秋天，马斯洛把它交付发表。马斯洛在序言中写道："这个实验是在桑代克博士的指导下进行的，在整个实验的完成过程中，他提出了不少有益的意见。但需要说明的一点是，他虽然对实验的完成有帮助，但实验的形式和结论与他并没有直接的关系。"

实际上，该研究的目标是探讨重复行为如何影响我们对特定对象或活动的爱好程度。在一段时期内，他让一群女大学生接受一些简单刺激，或者进行一些活动，例如，注视某幅画，抄写某些特定的句子，读某些外文单词。这些活动一共有17种。结果，他发现一些能够令人一目了然的普通工作似乎更令人喜爱而易于接受，另一些则不行。

这是 1930 年以来马斯洛首次以人而不是狗或猿猴为对象的研究。15 名班纳德学院的学生志愿者参加了实验，配合研究。与桑代克一起工作，使马斯洛在学术实践中更理解了精确及注意细节的重要性。

多年之后，马斯洛深情地回忆起桑代克的教导：

> 他敦促我，对我进行训练，让我事先做好全盘计划，在开始工作之前就拟订一个以分钟为单位的时间表。我现在才明白，如果我用其他方式去干，就会什么也干不成。就那个特殊实验的研究方法而言，他是正确的，而我犯了错误。

桑代克对于自己教会了马斯洛不少关于实验研究的东西很满意，于是不再进一步分派给他任务。他们俩相处得很好，在教育研究学院桑代克的学生们眼里，他对待马斯洛就像父亲对待儿子一样。桑代克常常邀请马斯洛到自己的家里参加宴会。他习惯穿着老式服装，或者家居服和拖鞋在家中招待客人。桑代克不喜欢开太大的宴会，每次他只邀请一小部分朋友到家里来。他喜欢和客人玩各种智商测定游戏，例如，填字游戏、数字游戏等。

桑代克相信，当人们有时间和机会用自己的生活节奏探索自己感兴趣的事物时，他们真正的科学创造力才能表现出来。因此，他偏爱的管理方法是：发现有前途的年轻学者，然后通过开明的不干涉政策帮助他们发展。所以，尽管桑代克不能和马斯洛讨论那些关于支配行为和性行为的研究，但他仍然坚持马斯洛有权按自己的方向前进。

桑代克除了远见卓识外，还有深受马斯洛喜爱的绅士风度。他写道："他教给我平易近人和高尚的举止，这在他的著作中是看不到的。"

马斯洛在教育研究学院任职期间，还与同事沃尔特·格瑞德（Walter Grether）合作，共同进行了以实验为基础的心理学研究。这是马斯洛最后一次以动物为对象做研究。沃尔特·格瑞德请他的一个毕业于威斯康星大学的同学来帮忙。这位同学上次也参加过马斯洛的实验活动，那次，他负责记录实验动物们的变化情况。这一次，实验的大部分内容由马斯洛负责设计，由格瑞德和他的同学把设计变成现实。他们的实验在新建的灵长类动物的研究实验室中进行。良好的环境，使得他们的实验异常顺利。这次实验只在 11 只猴子中进行。实验的目的是研究猴子们在处理非工具性问题时将两种不同情况综合起来的能力。研究表明，猴子们解决问题的能力大小各不相同。换句话说就是，其中一些比另一些要聪明得多。

同时，马斯洛还继续进行他关于人类性行为和支配行为的访谈。到1937年1月，他已和大约100名妇女和15名男子进行了面谈。当月，他交付发表了一篇文章，这是有关他的研究发现的论文中的第一篇。在《支配情绪、支配行为和支配地位》(Dominance-feeling, Behavior, and Status) 这篇论文中，他首次定义和强调了人类社会行为中的这3个方面。在简短概括了他得到的结果后，马斯洛讨论了在精确研究人类支配行为中的实际科学问题。最有趣的是，他也探讨了支配情绪的强弱程度怎样影响我们的日常生活，例如，工作和婚姻。他强调社会准则在男女关系形成过程中的影响。他注意到："在我们的文明社会中，大多数妇女都受过要'温柔贤淑'（非支配性）的训练，而且毕生都会受影响。"

在文章结尾，马斯洛定义了几种社会行为，它们似乎是人类和猿猴的共通之处。尽管他强调文化对我们社会行为的影响，他也注意到：

> 有些很有趣的迹象表明，存在着一些表达支配和服从的普遍方式。例如，迄今就我们研究所见，在世界上还没有哪个民族把下跪、鞠躬或俯伏在某人前面作为支配意义的表达。如果这些动作有任何社会或个人的含义的话，就是它们和其他类似行为都毫无例外地表达了服从的意义。在猿猴中也存在类似的倾向，支配总是处于服从之上，这意味着这种趋势在其表面之下还有更深的含义。

马斯洛在这段话中暗示，人性中具有某种生物学上的内核，它受文化和历史因素的影响和调节，但不会被完全清除。从那以后，马斯洛开始强调人类固有的情感和精神能力。但他最初接受的是社会科学中很流行的文化相对主义。

在随后几年里，马斯洛发表了几篇论文，它们都是以对女性的面对面的访谈为基础的。第一篇论文题为《妇女的支配情绪、个性和社会行为》(Dominance-feeling, Personality, and Social Behavior in Women)，完成于1938年1月，在第二年公开发表。这篇论文的中心思想是确认支配情绪在人类个性中的作用和在人际关系中的重要性。在这篇文章中，马斯洛还定义了相关的品性，包括害羞、胆怯、抑郁、端庄和保守等。就这些社会品性而言，妇女支配情绪的强弱程度对她们的日常生活影响极大。

支配情绪强的妇女倾向于具有较强的社会独立性和自信，她们很少在别人面前感到窘迫。马斯洛感兴趣的是，她们的一些见解往往也不落俗套，尤其是那些涉及性的问题。她们偏爱和具有特色的人交朋友，对那些"淑女"在家庭和工作场合应该如何的陈规旧习不屑一顾。相反，支配情绪弱的妇女则比较害羞、被动、压抑。

她们对性的看法和态度，以及其他方面也显得更为传统。

1940年，马斯洛发表了关于"社交性格量表"的报告，它用来客观地测定女大学生的支配情绪（现在他称作"自尊"）。两年以后，斯坦福大学大量印发了这个测验量表，后来，它在心理学研究中得到了广泛应用。在他最初的140位女性访谈对象中，能够顺利回答全部测验问题的仅有18位，在总数中所占的比例极小，这说明实验开始并不顺利。

马斯洛于1942年发表了《妇女的自尊和性行为》[Self-esteem (Dominance-feeling) and Sexuality in Women]，这是马斯洛关于妇女个性问题的最后一篇公开发表的研究论文。在结束访谈研究工作后，又过了将近3年的时间，他才发表了这篇论文。人们一直不清楚他拖了这么长的时间才将研究成果公之于世的原因。后来，人们猜测，可能是他的新工作和他的家庭拖了他的后腿，使他不能更早地完成这一研究。

在这篇推理严密的文章中，马斯洛卓越的研究能力显露无遗。他用了几种方法来评论妇女的性观念和性行为，例如她们的乱交程度。尽管从30年代以来，美国人的社会准则已有不少变化，但马斯洛的观点今天看来基本上仍是正确的。实际上，在60年代初，作家贝蒂·弗里丹（Betty Friedan）就曾引用他的性研究成果来增进女权主义者对心理学的好感，因为马斯洛的理论与弗洛伊德的学说有显著区别。

简而言之，马斯洛发现，妇女对性行为的体验和看法因支配情绪的差异而有很大不同。支配情绪强的妇女更随意、更就事论事地把性看成一种使人愉快的身体体验。不管是已婚还是单身，她们更可能承认性欲的重要，并通过手淫或用各种"探险"方法做爱来满足性欲。支配情绪强的妇女更易于尝试同性恋以及其他方式的性体验，对裸体也更易于接受。相反，支配情绪中等的妇女在对性的看法以及性行为上相当传统。如果是已婚，她们会快乐地通过性爱向其丈夫表达自己的性欲，否则，就对性没什么兴趣。对支配情绪弱的妇女，婚姻中的性行为被看成是一种不愉快的义务。如果是未婚女性，她们则用虚幻、浪漫，"从此幸福"的目光来看待性，对身体裸露及性行为的现实感到嫌恶。因而，在马斯洛看来，"实际上，所有谈论性和爱的技巧的书都犯了一个愚蠢的错误，它们假设所有妇女对爱的需求都是雷同的。更荒谬的是，它们把性行为仅仅看成一个技巧问题，看成纯粹的身体活动而不是感情活动。"

马斯洛断定，他的研究对婚姻幸福具有重要意义。在理想情况下，丈夫和妻子在支配情绪的强弱程度上应该接近，这样他们才会对彼此间的性活动感到满足。否则，配偶双方对婚姻中性活动的看法和体验就可能有很大差别，由此可导致更加严重的问题。

马斯洛也注意到,妇女的支配情绪越强,她们就越愿意甚至渴望披露自己对性的看法、需求以及体验。因此,任何在志愿基础上所做的性行为研究,其样本"都将偏重于支配情绪强的人,从而不贞、手淫、乱交、同性恋等行为将会表现出虚假的高比例"。即使在匿名情况下做的调查,其真实性也大有疑问,"因为很可能有占比例极高的支配情绪弱的人不愿意回答问题"。

20世纪40年代中期,马斯洛与性学家阿尔弗雷德·金西(Alfred Kinsey)展开了针锋相对的辩论。由于他们对人类性行为持不同的观点,他们的交锋十分激烈。阿尔弗雷德·金西的性行为理论影响极大,他的理论几乎完全依赖于被调查者的报告(详见本书第9章)。

在马斯洛对性行为的研究兴趣达到高峰时,他构思了几个主要研究方案。一个是会见妓女,通过她们的详细叙述来了解这种年代久远但他对其知之甚少的社会性性活动。另一个计划是调查男人的性行为及它与支配情绪和支配行为特性的关系。马斯洛猜想这种关系对男性和女性是一样的:支配情绪越强,性行为方面就越混乱。他突然注意到,"性是一种支配或服从行为,至少是表达'支配—服从'关系的一个途径"。然而,他没能开展这种探讨。在第二次世界大战中,美国参战后不久,他就放弃了对性行为的研究,转向对全球性的问题,尤其是人类动机和自我实现的本质问题的研究。

同时,他在针对个人所做实验的过程中,有了突破性的发现。这使他从不同的角度去研究性行为。后来,他回忆道:

> 有一天,我突然意识到,我已经熟知人类性行为的一切知识,包括发表在杂志上的和记载在书中的。我还能进一步发现更加有趣的东西。当我发现这一点时,我不由地笑出声来。啊,我是多么伟大的性行为学家啊!但是,遗憾的是,除了看到我自己的阴茎勃起以外,我还没有看见过别人的阴茎勃起的情况。

马斯洛在教育研究学院工作的后一段时间,桑代克一直在接受心脏病治疗。他的医生告诉他,要多休息,不能过于操劳。但是,桑代克却从不听从医生的劝告。一个星期天下午,天阴沉沉的,下着蒙蒙细雨。马斯洛去教育研究学院做一些实验,当他走上空无一人的楼道时,突然看到了桑代克。桑代克发现马斯洛以后,显得非常尴尬。他前言不搭后语地向马斯洛解释,他到这里来,只是为了把一组数据加起来,看看结果,此外,什么也不会多做。他进一步解释说,他喜欢这种工作。现在,他干的行政工作没有和数字打交道的机会,非常枯燥无味。趁星期天,到这里来过过瘾。由于电梯工休息，他只好爬楼去办公室。在马斯洛的眼中，桑代克那种局促不安、偷偷摸摸的神态，活像是小男孩偷糖吃，被妈妈当场抓获一样，十分有趣。

1937年，为了给他天才的助手找个长期工作，桑代克为马斯洛向附近一个大学交涉，希望得到该校心理学系中的一个职位。当得知该校由于马斯洛有犹太背景无论如何也不考虑之时，桑代克感到震惊而愤怒。在平时，像他这样宽容大度的人是根本不会这样的。他的雇主哥伦比亚大学定期地解雇大批犹太人教授，只保留几个作为"样品"放在"橱窗"，有些系，如英语系，则根本不要犹太人。

但是，马斯洛很幸运，他不必关心桑代克是否有诚意兑现供养他余生的许诺了。由于所罗门·阿希的帮助，布鲁克林大学雇用了他。尽管工资不高，职称也是比讲师还要低的助教，但这毕竟是个稳定的专职工作。作为纽约市立大学系统的一部分，布鲁克林大学是当时全国少数几个不限数目雇用犹太人的机构之一。虽然这个学校没什么名气，但在这儿，马斯洛至少能够继续进行科研工作，能够接触到各种知识信息。当时，马斯洛甚至觉得自己只是个十几岁的小伙子，精力充沛，有使不完的劲儿。在纽约市立大学这样的环境中，他可以在知识的海洋里尽情吸取自己所需要的一切。此时，他和桑代克一起在哥伦比亚大学工作。他在学校附近租了一间公寓，同贝莎住在一起。到了这个新环境后，马斯洛急于开阔视野，接受新知识、新信息。他和贝莎搬到了布鲁克林的一处住宅，新工作将在1937年2月开始。

在马斯洛与桑代克相处的一年半中，桑代克并没有对他在学术上产生多大影响。尽管如此，马斯洛在教育研究学院的职位是他事业发展的一个里程碑。作为没有正式职务的高级研究助教，他有时间探索许多有趣的新领域，并撰写了多篇专题论文。同时，他与权威的哥伦比亚大学的密切关系，使他有机会结识那些资深的、功成名就的心理学同行。如果再换个时间认识桑代克，马斯洛的情绪也许会变得更易于沟通，但在1935年，他正开始形成自己独立的专业特征，他渴望提出自己的研究和学术方案。从性格上来说，马斯洛不可能长期做任何人的下属。只有觉得每件事都是按自己的想法做的时候，他才会心安理得。

马斯洛后来评论道，桑代克的"人性和社会秩序"的研究计划缺乏一种清楚连贯的社会哲学，尽管用意良好，但却没有什么效果。对此，他感到非常遗憾。在大萧条的岁月里，桑代克的亲切与善良是马斯洛在教育研究学院得到的最好鼓励与报酬。正因为如此，马斯洛才感慨地说："我觉得他简直就像一个天使。"

第6章　在心理学世界的中心

> 回到纽约就像是从黑暗走进光明，又好像是乡下孩子来到了雅典。即使是我这样一个普通的年轻学生，也有这么多欧洲和美国的伟大人物可以求教。我向他们中的很多人致谢，谢谢他们的善意和耐心。没有哪个年轻人像我这样幸运，能够遇到这么好的老师和朋友。
>
> ——马斯洛

1935年夏天，在威斯康星待了7年之后，马斯洛极度兴奋地回到了纽约。早在十几岁时，他就已经善于利用纽约这个智慧的宝库。他在哥伦比亚大学得到了一个职位，是和桑代克一起做一些研究工作。他和贝莎租了一套方便而舒适的公寓，现在，他最急于做的事就是开阔自己的眼界了。尽管他珍视自己在实验心理学方面所受的训练，但他发现，它也会使人的思维变得局限。他感到，中西部的教授们眼界狭隘，有时甚至排外。马斯洛对于弗洛伊德、阿德勒等当代欧洲思想家和格式塔心理学家颇有兴趣。但是，这些教授却贬损他的这些兴趣。回到纽约后，他可以自由地探索自己感兴趣的东西，而不受所在部门的羁绊。

在他离开纽约的这段时间里，作为演讲论坛的中心，纽约比以前更加激动人心了。自从1933年希特勒在德国掌权后，大批学者持续不断地从中欧移民来到美国，其中不乏世界一流的社会科学家和精神分析学家。到1935年中期，纽约已成了外国知名学者的充满生气的大本营。

马斯洛知道，这种景象是历史上前所未有的。几乎刚刚安顿好，他就急切地向这些学术界的人物求教。其中有的当时已经相当有名，如阿德勒。有的还不太有名，如埃里希·弗洛姆（Erich Fromm）。马斯洛凭着自己过人的直觉，择良师而从之，为此受益匪浅。

从 1935 年到 1940 年期间，他在纽约结识了不少著名学者。在精神分析领域，他认识了阿德勒、弗洛姆和卡伦·霍妮（Karen Horney）。在格式塔心理学和神经精神病学（neuropsychiatry）方面，他认识了库尔特·戈尔茨坦（Kurt Goldstein）、马克斯·韦特海默（Max Wertheimer）和库尔特·考夫卡。同时，他还结识了其他一些流亡的社会科学家和精神分析学家。这些学者对待他的方式和态度各有不同，但是，大多数学者都对他正在发展的事业以及思想体系产生了影响。当马斯洛回顾那段难忘的时光时，他总是怀着深深的感激之情。他把那时候的纽约贴切地称为"心理学世界的中心"。

> 我没遇上弗洛伊德和荣格，但我结识了阿德勒。每逢星期五晚上，他通常要在家里主持研讨会，我曾经和他多次交谈……我还认识了弗洛姆、卡伦·霍妮和马克斯·韦特海默。同时，我觉得，完全可以这样说，与任何其他人相比，我拥有世界上最好的老师，既有正式的也有非正式的。我之所以如此幸运，完全是由于历史的巧合：大量的欧洲知识分子精英为逃避纳粹迫害而云集于此，我也正好在纽约。在那些日子里，纽约真是奇妙极了。大概自希腊雅典时期以来还没有出现过这样的景象。在这些人中，我几乎与他们每一位都多多少少有些认识。很难说，他们之中谁更重要，我只是向每个能够教我的人学习，我从不参加任何狭隘的派别，拒绝关闭任何门户。

如果说 30 年代中后期的纽约就像雅典的话，那么它的帕特农神殿①也许就是社会研究新学院。从马斯洛的回忆看来，似乎他花在那里的时间，与在家里和贝莎在一起时间一样多。在马斯洛经常光顾新学院的那些年里，它是令人神往的地方，教职员队伍质量很高，知识分子群体中也有良好的学术气氛。颇具讽刺意味的是，欧洲伟大的社会思想家们在美国聚集的中心并不是那些历史悠久的哈佛、普林斯顿或者哥伦比亚大学等名牌大学，而是这个新成立的既缺少研究设施，又没有研究生培养机构的成人学院。也许，这是因为前者拥有的知名教授学者太多了，所以再多一些或少一些也无所谓。可是，这些新成立的成人学院就不同了。它们缺少的就是知名教授和任课老师。因而，它们极为欢迎这些流亡学者。

---

① 古希腊雅典祭祀雅典娜女神的地方。——译者注

新学院创建于1919年，从外观上看并不起眼，它只是坐落在百老汇以西、第23大街以南的一组褐色的石头建筑。从一开始，学院就力图给激进的思想家们创造一个自由的天堂，并且以拥有知名的学者而自豪，其中包括历史学家查尔斯·伯特（Charles Beard）和社会学家托尔斯坦·凡勃伦（Thorstein Veblen）。在这个时期，学校几乎所有的课程设置都集中在社会科学、公共事务、社会福利工作等方面。在校生绝大多数都是大学毕业生，他们为了找到称心如意的工作而求取格外的与职业有关的学科的学分。在新学院创办初期，它面临着许多棘手问题。除了师资力量不足外，还面临着严重的经费不足问题，经费上的捉襟见肘，迫使它砍掉了许多教学活动。这种局面直到1922年重新制定了办校方针和对学校机构进行调整后才得以改观。

1922年，艾尔温·约翰森（Alvin Johnson）成了校董事会成员，全面接收了学校的大小事务，他是个十分有远见的青年学者。当时，他是《新共和国》（*New Republic*）杂志的撰稿人，并在好几所著名大学任教。在他的管理下，学院的发展走上了正轨，其规模、名气蒸蒸日上。到了1927年，他决定进行扩建，再盖一栋新楼。1931年，设在格林威治村边缘地带的新学院建成了。学院周围的书店、艺术家工作室、物美价廉的小饭馆和酒吧，使新学院充满了一种自由的波西米亚风情。学院为艺术家们设计了课程，以吸引他们入学。通过这一措施，学校很快在老于世故的纽约人心目中树立起了新形象，赢得了真正学术中心的名声。人们认为，它的学术气息远远超过了邻近的纽约市立大学和库柏联合会。

到了1933年春天，新学院还只是专门从事成人教育和现代艺术教育的实验性机构，只有四五名专职教员。经过几年的改革，学院有了信誉和经济偿付能力。在社会科学、哲学和艺术等领域中逐渐获得了学术界的认同。学校还力图从外观上吸引人，把托马斯·哈特·本顿（Thomas Hart Benton）等人的画挂在门厅，以吸引众人的目光。

1933年4月，德国纳粹在德国大学里驱逐犹太学者和信奉社会主义的学者。约翰森看准了这一机会，大批地接收德国学者以充实学院的研究实力。6个月内，他筹集了大笔资金接收了12位知名的学者（后来达到了20位）。为了接纳他们，约翰森特意建立了一个独立研究机构，大家称之为"流亡者大学"。约翰森把大批德国社会科学家接到美国，终于实现了他上任时的誓言：要在几年内让新学院成为世界著名的社会科学教学机构。

在接下来的10年中，新学院成了世界上最优秀的学术中心之一，来自欧洲和美国各地的哲学家、社会学家、艺术家抓住20世纪所面临的各种重大问题，展开自由的研究，取得了许多卓越的成就。与美国多数大学对流亡学者的冷淡形成对照，新学院是真正的避风港和乐园。

12位流亡学者的加入，形成了新学院一道独特的风景，使其成为公众瞩目的对象。他们是1933年至1934年间来到这里的。几乎所有到这里避难的学者（其中有一位女性）都有犹太血统。在学术上，他们更注重实验方法，而不是纯粹的哲学思辨。在政治上，他们都是坚定的反法西斯主义者和左派，但他们左的程度各有不同。这些科学家都是某一研究领域的精英和权威。他们的加盟一下子使新学院成了培养高级社会科学人才和政治学家的摇篮。在这些学者中，唯一的心理学家是马克斯·韦特海默。他和他的朋友霍怀斯·柯林（Horace Kallen）在新学院组建了心理学系和哲学系。在他们的领导下，新学院培养了许多优秀的学生，其中大部分都在心理学和哲学领域有所建树。

约翰森力图使他手下的欧洲学者们相信，他们并没有生活在一块遗世独立的土地上。因此，他倡导成立了一个跨学科的综合研讨会。该研讨会每星期开展一次，全体教员都参加。在每个阶段，研讨会都要集中讨论大家关心的议题。研讨的题目由所有成员共同拟定，例如，德国和意大利的法西斯主义的本质等。

综合研讨会受到了广大学者的关注和喜爱。受此鼓舞，约翰森又集资创办了一份学术期刊，名为《社会调查》（Social Research）。该研讨会的成功举办激发了不少学者的热情，他们又组织了第二个定期讨论会，集中探讨他们感兴趣的社会科学的方法论问题。这个讨论会在1933年到1934年由韦特海默主持。这个方法论的讨论会弥补了综合研讨会的一些不足，它的议题更加广泛，也更具有哲学性，例如，关于价值问题和认识论等方面的问题。新学院的全体学术人员都加入韦特海默主持的讨论会，他们一致认为，韦特海默是一位有创造力的老师，同时也是一位睿智的学者。

在马斯洛结识的那些流亡学者中，他最爱戴的当数韦特海默（1880—1943）。马斯洛之所以特别敬重他，不仅因为他具有敏锐的才智，还因为他具有热情、亲切和谦逊的风度，马斯洛把他看成自我实现者的一个典范。由于马斯洛把他看成影响自己事业的关键人物，因此值得稍微详细地回顾一下韦特海默的工作和生活。

韦特海默生于布拉格的一个中产阶级犹太家庭。起初，韦特海默对法律很有兴趣，可是当他在柏林和布拉格求学时，兴趣却很快就转移到心理学和精神分析学上去了。他很快有了研究成果。1904年，韦特海默得到博士学位后，他在欧洲的几个研究院从事研究工作。1910年，他成为著名的法兰克福大学的教员。法兰克福大学集聚了许多著名的学者，包括社会哲学家卡尔·曼海姆（Karl Mannheim）和保罗·蒂利希（Paul Tillich）。这所大学的社会研究所的中坚力量也是一些极为有名的学者。

包括西奥多·阿多诺（Theodore Adorno）和马克斯·霍克海默（Max Horkheimer）以及后来加入的弗洛姆等。由于只是一个地方大学，法兰克福大学不受中央政府重点管辖，在这里，犹太学者们可以自由地发表自己的言论。在20世纪20年代后期的德国，在保守势力对魏玛政权大同主义的攻击中，法兰克福大学对于犹太学者们来说，简直是天堂。

在法兰克福大学，韦特海默是性情平和、学问渊博的学者。在这期间，他完成了大量的论文，内容从伦理学、逻辑学到实验主义心理学，甚至包括原始文化的音乐和语言。不过，他的主要的成就，还是对于格式塔心理学的贡献。他是格式塔心理学主要的奠基人。格式塔心理学这一重要的心理学流派起源于1912年的一篇重要论文，其主题是关于人对可见运动知觉的实验研究。在这之后，他和同事库尔特·考夫卡以及沃尔夫冈·科勒（Wolfgang Köhler）一起设计了许多实验，来证明他们关于人们处理图像和声音的理论。考夫卡和科勒（他们后来也成了格式塔心理学重要发言人）提供的实验结论数据，帮助韦特海默发展、创新、完善了他关于人类通过知觉认识事物的理论。由于强调在思维和知觉中"整体"或者"格式塔"的重要性，他把这种研究称为格式塔心理学。

韦特海默认为，人们是通过顿悟，即"啊哈"体验来进行学习的，而不是像巴甫洛夫和华生等行为主义者所坚持的那样通过试错方法。"啊哈"体验就是对某个经验整体，即对一个有意义的整体和模式的突然感知。这些实验包括：给被试看"老妇或者美女"，"花瓶或者人面"的两可变化头像。然后，通过询问总结出人们获得认识的手段、方法和规律。另一个实验要求被试辨认并补充歌曲片段。韦特海默认为，我们中的大部分人凭自己听到的几个小节就能准确地说出那些广为流传的歌曲名称，而且可以马上把整首曲子哼出来，这是由于我们能够自动形成整体的听觉认知。

1917年，考夫卡用黑猩猩做实验，验证了他的格式塔理论：黑猩猩也是通过直觉、"顿悟"体验来领悟。格式塔思维方式是增进知识的工具，是认识的有效途径。他的实验过程是：挂一只香蕉在黑猩猩笼子上面，高度恰好让它够不着。然后，给黑猩猩一根小棍。一开始，黑猩猩伸手拼命够了几次，怎么也抓不到。安静了一会儿后，它突然领悟到了什么，抓起小棍子一下子把香蕉打了下来。这个有趣的实验极有说服力，大大地推动了格式塔心理学有关学习知识是通过顿悟而不是积累的思想的发展。多年以后，无论是行为主义理论家还是格式塔理论家对于人类认知过程的研究，其成果都被心理学界吸收。

20世纪20年代中期，韦特海默开始对"整体几乎总与其部分之和有区别"这条格式塔原理作哲学的概述。"总存在这样或那样的自然环境，其中整体发生的事情并不为其部分的性质或其结合方式所左右；实际情况恰巧相反，整体中任何部分发生的事都由这个整体内在结构上的规则所决定。"这是韦特海默在一次讲演中对听众所说的，整个格式塔心理学都建立在这个框架上。

同一时期，他提出了一种新方法，用它来理解人类知觉及其对外部现实的体验。他认为，演绎式逻辑并不是唯一的，甚至也不是最重要的增进人类知识的工具。用格式塔方式思维是认识的最有效的方式，因为它包括了内部"集中化"的过程。他以欣赏交响乐为例来说明这个问题。如果你只听个别乐器，如小提琴、定音鼓的演奏，你将无法领略贝多芬交响乐的伟大魅力。但是，你倾听完整的交响乐时，你会发现每一样乐器的效果都是那样清楚、明朗。韦特海默向大家解释：由于格式塔思维方式有内部集中化的过程。即你可以自动地把事物的几个部分结合在一起来整体研究了解事物，所以格式塔思维方式是最为有效的认识方法。

1933年，希特勒就任德国总理，这年4月在大学里进行了大清洗。韦特海默在广播里听到了希特勒的一次演说。在仔细听了几分钟以后，他和妻子决定第二天就离开德国。他们不愿意让年幼的孩子在希特勒能成为总理的国家里成长，他们已经洞察了希特勒的"整体"。他们举家搬到捷克，几个月后，新学院的官员们与韦特海默进行了接触。当年9月，韦特海默就成了新学院的教员。

从这个时候开始，直到他去世的10年期间，韦特海默在新学院从事各种班级的心理学和哲学的教学，包括"心理学基本问题"、"艺术和音乐心理学"、"教学的格式塔心理学"、"逻辑和科学方法"和"有效的思考"等。他也主持过好些学术讨论会。其中一次是和卡伦·霍妮共同主持的"动力、支配行为和自由"。有趣的是，由于他的英语讲得不太好，他在演讲时有时用钢琴作为辅助工具，对一些思想进行强调。

从1935年马斯洛第一次与韦特海默接触时起，他就发现韦特海默是一位独特而令人振奋的老师。而韦特海默知道马斯洛对自己很感兴趣之后，则马上做出了热情的回应。他们之间逐渐发展了一种父子般亲密的关系。韦特海默不像那些僵化呆板的德国同事。他在讲演时会变得非常激动，为了强调他的论点，有时他甚至会跳上桌子。课堂之外，他非常轻松随便，有时候，当马斯洛和其他同事去拜访他时，发现他满不在乎地和孩子们在地板上玩耍。他有一种奇妙的幽默与风趣，能用一种乐天的方式自嘲或者嘲笑他周围的环境。

马斯洛把韦特海默看成是一个天才的心理学思想家，所以，他甚至一连上了好几年韦特海默的心理学导论课程。与马斯洛认识的那些威斯康星的心理学教授们不同，韦特海默具有欧洲传统中广博的历史、哲学和艺术的知识，他尤其善于把哲学问题——例如，"人们的行为举止为什么不能更加合乎伦理？"——与现代心理学实际问题联系起来，例如，动机与认知的特性。

通过韦特海默，马斯洛也开始了解东方思想。1942年，韦特海默作了一次题为"存在和行为"的演讲，这一演讲对马斯洛正在形成中的人格理论产生了深远的影响。韦特海默论证说，西方心理学的偏见在于太看重"目标寻求"行为，需要学习东方思想家对人类经验中诸如游戏、好奇心、畏惧、审美乐趣以及神秘状态等"无动机的"和"无目标的"性质的重视。另外，一位中国妇女给了他一篇关于老子与道家哲学的论文。就这样，马斯洛开始阅读论述东方哲学的书籍，尤其是关于中国道家学说的书籍。[①]

对于马斯洛研究支配情绪、安全感和性行为的计划，韦特海默也给予了指导。韦特海默强调价值观以及它在人类生活中所起的重要作用。这种观点影响了马斯洛，使价值观在马斯洛的思想体系中占据了关键性的位置。除此之外，韦特海默还唤起了马斯洛对艺术心理学和音乐心理学的兴趣。后来，马斯洛在这个争议极大、少为人知的领域做了一些研究，发表了一些论文。

在美国其他心理学家中，很少有人像马斯洛那样深受韦特海默的影响。其原因之一在于新学院是在韦特海默去世之后才开始招收这方面博士生的。由于学校缺乏实验设备，他完全不能够对自己感兴趣的一些想法进行实验。另一个原因是韦特海默的研讨会的参加者大多知识丰富，研讨会的话题十分广泛，包括许多政治问题，例如，欧洲的法西斯主义和民主的未来等。这对于普通的心理学家来说，范围也太广泛了。

另外，韦特海默不是一个非常有系统的研究者，也并不多产。他没有发表过一本正正经经的格式塔心理学的专著。实际上，他仅仅写了一本书，名为《论生产性的思维》（*On Productive Thinking*），它于1945年韦特海默去世后才出版。但根据马斯洛的评价，韦特海默对自己思想的阐述极为有力，他在人类的心理方面的研究，可以与弗洛伊德相提并论。

韦特海默影响马斯洛的方式主要不是通过其著作，而是通过讲课和无数次非正式的交谈。马斯洛在30年代和40年代写的文章中，常常引用韦特海默尚未发表的在新学院的演说以及私人的谈话，因此很难确定韦特海默是怎样具体影响马斯洛的。然而，韦特海默在这个时期发表了几篇文章，这些也许能提供一些线索，使我们了

---

① 注意这个时间，老子以及道家哲学对马斯洛形成自己的心理学思想影响很深，以后，马斯洛在他的著作中，经常引证或者提到道家。——译者注

解马斯洛为什么把他看成是对自己最重要的影响者。

韦特海默的《伦理学理论的一些问题》(Some Problems in the Theory of Ethics) 发表于1935年，它猛烈抨击了当时在社会科学界占上风的文化相对主义。韦特海默相信，文化相对主义在社会科学发展中曾经是有用的观念，但现在已经过时了。他论述了相关思想发展的3个相关阶段：第一阶段，人类学错误地假定现代欧洲价值观（例如，私有财产和一夫一妻制）具有文化上的普遍性；第二阶段，文化的多样性似乎要求接受伦理相对主义；第三阶段，即目前的情况，可以断言，确实存在普遍而又微妙的伦理价值观。韦特海默认识到，界定这些价值观的本质是很困难的，但他坚持科学有责任也有能力"澄清这个领域"。这正是马斯洛日后所主张的观点。

在这篇极为有趣的文章中，韦特海默还简短地描述了一个概念，这就是马斯洛25年后所称的"高峰体验"。韦特海默观察到，在我们生活中的某些时刻，我们会感到被唤醒，并突然意识到自身最好、最有价值的品质，就好像它们已经失落了或者被长期忘却了。他还表达了一种对人的乐观态度，认为在大多数人的外表下隐含着正直高尚的品行，但它们很少被表达出来。这与马斯洛的看法是一致的。韦特海默写道："人性似乎有好几层，内核究竟是什么，这是一个实际问题。"马斯洛对此很赞同。

在1940年发表的题为《三天的故事》(A Story of Three Days) 的一篇寓言性的文章中，韦特海默描绘了心理学探索的一些新领域，这也正是马斯洛在随后几年的探索中所涉及的。当时在心理学界占上风的研究是强调病态而不是健康。针对这种现象，韦特海默大声疾呼："难道在成人和儿童中就没有仁慈、诚实相处和公正待人的倾向吗？难道这些品行都来源于强迫和恐惧吗？"他用诗一样的语言赞美了许多年轻人所表现的同情心和利他主义行为，认为社会科学的一项迫切任务就是研究"儿童、成人和社会动力"中的这些行为倾向及其发展。

1938年9月，马斯洛在新学院实现了他的另一个梦想：从师格式塔心理学的另一位巨人库尔特·考夫卡（1886—1941）。考夫卡出生于德国，毕业于柏林大学。与10年前的马斯洛一样，他原来也对哲学非常感兴趣，后来考夫卡放弃了对哲学的研究，转而致力于实验心理学。不久，他在这一领域取得了极大的成绩，被大家誉为治学严谨的天才研究者。考夫卡关于人类知觉的创新研究，为格式塔心理学这一新学派的拓展做了非常大的贡献。他于1921年发表的著作《心智的成长》(Growth of the Mind)，给他带来了世界性的声誉。这本书3年后被译成英文。

考夫卡于1924年移民美国。他来美国主要出于职业原因，与政治无关。与韦特海默以及其他许多移民教授不同，他从未受过被迫背井离乡之苦。最初他是康奈尔大学的客座教授，并在威斯康星大学短期讲学，然后，又来到了马萨诸塞的史密斯学院。在那儿，他的身份比较特殊，不是正式的教授，而是不属于任何部门的特别研究员。学校的行政管理部门之所以这样安排，是因为认为5年后就会有知名大学聘任他。但是，过了12年，并没有什么重要的好机会。于是，考夫卡就理所当然地在史密斯学院留下，并在心理学系占据了一个稳固的位置。

马斯洛在新学院时选修了考夫卡的课程，并被它深深吸引。3年前，考夫卡在自己数十年来在德国和美国所做的实验和理论研究的基础上，发表了重要著作《格式塔心理学原理》（*Principles of Gestalt Psychology*）。这本书在当时是最具有代表性的格式塔心理学著作。考夫卡的课程从这本书出发，发展了一种强烈的经验主义观点以及一种系统的思维方法，这些都是马斯洛所赞同的。像韦特海默一样，考夫卡也是一个兴趣广泛的思想家，他的兴趣包括哲学、伦理学、绘画心理学和音乐心理学，以及对于价值观的科学研究等。考夫卡认为，"价值体验"是人类生活中最有意义的方面之一，现代科学需要彻底理解这类内容。通过他在新学院的课程，马斯洛进一步认识到了这些课题在全面探讨人类心智问题中的重要意义。

然而，令马斯洛感到沮丧的是，在他的美国籍心理学同事中，只有很少人有兴趣上这些外国学者的课。后来，马斯洛辛酸地回忆起要吸引其他人参加这类思想活跃的讨论课是多么困难。他在日记中回忆道："韦特海默也许是全市仅有的一流心理学家，那些不去听课的人真是有眼不识泰山。"

马斯洛气愤地回想起一件事，可以说明这种情形。有一次，他苦口婆心地邀请布鲁克林的一位同事和他一起坐地铁到新学院听韦特海默的课，她好不容易答应了，但到时却没有露面。几天以后，马斯洛得知，她改变了主意，去听她自己的教授关于韦特海默的格式塔心理学的二手课了，这真使他觉得难以置信。

马斯洛在新学院所从师的学者中，另一位重要人物是卡伦·霍妮（1885—1952）。卡伦·霍妮与大多数生于国外、住在纽约的同事不同，她既不是犹太人，也不是避难者，她来美国是为了个人和职业原因。霍妮出生于德国，她的父亲是一位挪威籍船长，母亲是位温柔的荷兰妇女。霍妮于1909年结婚，之后她一共养育了3个女儿。在第一次世界大战期间，她在柏林接受过精神病学方面的训练，师从弗兰茨·亚历山大（Franz Alexander）和汉斯·萨克斯（Hanns Sachs），他们在一战期间是弗洛伊德的两个重要助手。1919年，霍妮开始作为精神分析医师开业，同时也成为柏林精神分析学会的会员。

在接下来的13年里，霍妮从精神分析运动的行列中脱颖而出，成为第一个热情的女权主义思想家和弗洛伊德的批评者。早在1924年，她就直率地批评了弗洛伊德露骨的男性偏见。在那之后不久,她开始建立一种革新的女性心理精神分析理论。通过《女性观念的飞跃》(The Flight from Womanhood)和《受压抑的女性》(Inhibted Womanhood)等引起争论的文章,她在欧洲和世界范围内赢得了日益增长的声誉。

1932年,霍妮移居美国,在新成立的芝加哥精神分析研究所获得了一个高级职位。这里的领导是亚历山大,他是霍妮以前在柏林的精神分析教师。霍妮不是个犹太人,所以也没有受到那么多的政治威胁。可是,霍妮意识到德国纳粹已经几乎完全控制了政权,纳粹们认为精神分析是"犹太心理学",等到他们完全掌权后,绝不会允许精神分析实验继续进行。因此,霍妮感到危机四伏。而且她此时刚离婚,很想换个环境过一段安静、舒心的日子。于是,她来到亚历山大这儿工作。遗憾的是他们相处得并不融洽。1934年,她移居纽约。在那儿,她开了一家诊所,成为专业的精神分析医师。

与其他的避难者不同,霍妮为人热心,乐意和美国社会科学家来往。1935年秋天,在纽约精神分析学会将她接纳为会员后不久,纽约新学院教务长克拉拉·迈耶(Clara Mayer)博士邀请她在新学院讲课,讲授女性心理学以及其他课程。霍妮愉快地接受了邀请。这是她第一次公开讲课,也是以后一系列课程的开端。她第一次所开的课程名为"文化和神经官能症"。

在这门颇受欢迎的课程中,霍妮着重强调了社会力,也就是文化在形成妇女人生观中所起的作用。霍妮激烈地反对弗洛伊德严格的生物决定论。她争辩道,妇女之所以倾向于表现得温顺被动,是因为我们的文化使她们变得那样,而不是因为她们不可改变的生理构造。与她在哥伦比亚大学的朋友、人类学专家露丝·本尼迪克特、玛格丽特·米德、拉尔夫·林顿以及后来的精神病学同行阿布拉姆·卡迪纳(Abram Kardiner)一起,霍妮进一步批评了弗洛伊德关于男人和女人在性和其他行为方面未被证明的理论。由于米德等人的传播,20世纪30年代成为文化相对主义观念的全盛期,霍妮也成了它在精神分析学方面的代表人物。

1937年,霍妮在新学院的这些讲演的基础上发表了她的第一部著作《我们时代的神经症人格》(*The Neurotic Personality of Our Time*)。在此书中,她不仅拓展了上面提到的观点,而且进一步指出,各种不同的文化会产生相应的某种确定的神经疾病或感情失调。她认为现代资本主义,尤其是美国的现状是产生一种特殊精神疾病的温床,其特征在于无力接受和表达爱。由于过分强调个人奋斗而轻视对爱和友谊的需求,美国文化正在导致一种广为流行的神经疾病,这在非工业化或原始文化中是没有的。

1939年，霍妮发表了她的第二部著作《精神分析中的新方法》（*New Ways in Psychoanalysis*），对弗洛伊德生物学的、悲观主义的立场做了全面的批评。然而，霍妮一方面攻击正统的弗洛伊德理论，尤其批判它缺乏跨文化的思考力，批判它以性为理论支柱、对妇女的歧视，以及对"解剖构造决定性"的过分强调；另一方面，她也赞同不少基本的精神分析概念。她并不把自己看作反弗洛伊德主义者，而是希望把弗洛伊德许多智慧的见解融合到更新更中肯的思想体系中去。

在另一篇文章里，霍妮对弗洛伊德的关于婴幼儿期的性特征理论提出了批评。她认为弗洛伊德用性来曲解儿童对于消除恐惧和疑虑的正常生理需求的理论是错误的。由于以上言论，霍妮遭到了纽约的大部分正统的精神分析学家的敌视和反对。后来，反对的呼声越来越大，传统的精神分析学家强烈要求警告霍妮，限制她的行动。因为她明确表示，绝不承认弗洛伊德的理论在这一领域的奠基作用。到了1941年，霍妮开始提倡"自我分析"理论，这使得纽约精神分析学会取消了她的会员资格。于是，在一些志同道合的心理学同仁和社会科学家的支持下，霍妮成立了自己的精神分析学会和培训机构。

当霍妮在新学院兼职讲课的时候，马斯洛听了她最早的一些讲演后就认识了她。在马斯洛与人交往的热情和开朗方式中，带有一些他所尊敬的老学者的特征。他正是以这种独特的风格，与霍妮渐渐熟悉起来的。通过自己作为桑代克的博士后研究助手的身份，马斯洛也友好地结识了霍妮的哥伦比亚大学的人类学学者小圈子，尤其是本尼迪克特和米德。无论何时，只要霍妮在新学院演讲，特别是关于跨学科问题，马斯洛准会在那儿勤奋地记着笔记，讨论时，他总爱问一些颇有深度的问题，并从自己实验心理学家的背景出发提出一些有趣的论点。在他30年代末和40年代初的研究论文中，马斯洛频繁地提到霍妮的著作《我们时代的神经症人格》，尤其在关于美国特有的文化价值怎样妨碍稳固的自尊及情绪安全感部分。他发现，这些思想在理解他关于妇女支配情绪、支配行为和性行为方面的发现特别有用。

后来，霍妮与传统的精神分析学家决裂，创立了自己的学会后，马斯洛成了她每月科学讨论会的常客。他也接受邀请讲述自己的心理学工作。出席者中还有本尼迪克特、弗洛姆和精神病学家哈里·斯塔克·苏理文（Harry Stack Sullivan）。马斯洛发现这样的聚会令人兴奋，有时能激发新思想，参加者常常被一种难以表述的热情所感染。这些参加者中有心理治疗师、社会研究者、接受精神分析的人，还有对此感兴趣的一般人。

例如，在由本尼迪克特主持的一次著名的会议上，弗洛姆是演讲者。在他演讲之前，苏理文没作任何解释，突然在讲演之前登上讲台。他开口的第一句话是"我是个精神分裂症患者"，这使全场屏息了片刻，然后，响起了热烈的掌声。其中，霍妮鼓掌特别用力。当后来问她何以如此时，她回答说，她钦佩苏理文自我暴露的勇气，不管他说得是否正确。

也许，霍妮对马斯洛的最大影响在于：她把精神分析和跨文化观点综合起来，并由此发展了一种人格理论和治疗方法。马斯洛正处在自己事业的重要阶段，他从霍妮那里领悟到，可以在保留许多基本的弗洛伊德观点的同时，进一步探索理解人性和潜能的新途径。

埃里希·弗洛姆（1900—1980）是马斯洛在这个时期中的另一位关键的欧洲籍老师。作为社会评论家，他成功地在美国获得了大量热心的读者，在这一方面，他超过了当时任何一位精神分析学家。他在精神病学、心理学以及其他一些领域内也产生了重要的影响。然而，在马斯洛第一次见到他时，他还是个毫无名气的流亡精神分析师。

弗洛姆出生于德国一个中产阶级犹太人家庭，祖辈中有不少人是犹太教牧师。与大学里其他同仁不同，他是在十分严格的宗教正统信仰的培养下长大的。他在年轻时曾经热烈追随犹太教的神秘主义学者和社会主义者学习，其中包括犹太教神秘主义学者格什姆·斯科姆。在这种影响下，他当时决定成为一名犹太教牧师。弗洛姆后来在法兰克福大学和海德堡大学继续学习，在那里，他广泛地涉猎了宗教以外的知识，转而为哲学、心理学和社会学所吸引，并且以当代犹太人的宗教倾向为论文题目。尽管弗洛姆在即将步入而立之年时彻底放弃了犹太教教规，可是《旧约全书》和犹太教法典，对他仍有很深的影响，一直都是他精神生活的动力。

弗洛姆22岁时在海德堡大学获得了社会学博士学位。在获得博士学位之后，他决定做一名精神分析学家。当时，这与弗洛伊德的想法是一致的，训练非专业（非医学）精神分析学家是很常见的做法。弗洛姆于1923年到1924年间在慕尼黑大学，后来又在柏林精神分析学会接受了精神分析训练。在那里，他爱上了一位名为弗丽坦的姑娘，后来这位姑娘成了他的第一任妻子。弗洛姆夫妇完成学业后，都留在了法兰克福大学，一起参加精神分析学会的创建和管理工作。

在那之后不久，弗洛姆成了法兰克福大学社会研究院的教员。在马克斯·霍克海默的领导下，这个学院倡导一种非正统的马克思主义。尽管弗洛姆不是政治上的积极分子，但他也开始相信：现代资本主义是第一次世界大战后许多社会问题以及个人问题的根源。他并不看重托洛茨基主义，但终生都坚持对民主理想的追求。在这段时期，他开始积极探索一种方法，想把弗洛伊德学说和马克思主义综合起来研究人类现实。他和W.赖希属于最早从事这方面研究的精神分析学家。

希特勒上台后，弗洛姆意识到他在德国的前途没有保障。1933年，他接受了美国芝加哥精神分析研究所的访问讲学邀请，来到美国。霍妮当时也在这所研究所讲课。1934年，他决定长期离开德国并定居于纽约，成为一名美国公民。在那儿，他以一名业余精神分析学家身份开业，事业很成功。同时，他继续在社会研究学院授课，当时这所学院附属于哥伦比亚大学。弗洛姆在此工作到1941年，此后他成为佛蒙特州本灵顿大学的教授。

20世纪30年代中后期，在流亡精神分析学家和纽约地区社会科学家的圈子之外，弗洛姆并没有什么名声。后来他和霍妮成了亲密的朋友，彼此对对方的工作都产生了强烈影响。正像他的同事们开玩笑所说的那样，霍妮从弗洛姆那儿学会了政治理论和社会学，而弗洛姆则从霍妮那儿学会了精神分析。最初正是在霍妮的激励下，弗洛姆写出了自己的第一本书《逃避自由》（*Escape from Freedom*）。此书发表于1940年。在这本书中，他创造性地综合了精神分析学和历史—社会批判主义，并以此解释了法西斯主义为何会在现代工业社会中蔓延。这部著作提高了弗洛姆的国际声誉，并为他赢得了大批读者。

1936年左右，马斯洛认识了弗洛姆。弗洛姆中等身材，戴着无框眼镜。他富有才华但为人谨慎。一天晚上，在听了一次引起争论的讲演之后，马斯洛上前作了自我介绍，不久他们就建立了友好、愉快的关系。

尽管他们在性格上差别很大，但在智力上倒是不相上下。除了出席弗洛姆的讲演之外，马斯洛偶尔也参加他在家里举办的社交活动。开始时，马斯洛多以恭敬的态度对待这位比他年长而严肃的同事。后来，他在学术上取得了与弗洛姆平等的地位，并开始就一些问题向他提出挑战，他们之间的关系就渐渐冷淡下来了。弗洛姆离开纽约去本灵顿任教之后的许多年里，他们除了参加正式会议之外很少见面。

弗洛姆特别吸引马斯洛的地方，是他对社会正义和世界进步的热心关注。他的关心程度超过了其他流亡到美国的精神分析学家。弗洛姆强烈地信奉一种人本主义观点。他坚持认为，通过社会和经济变革，能永远地摆脱普遍存在于大众的精神性疾病。对于同样关注社会正义的马斯洛来说，弗洛姆不仅是一位猛烈抨击美国资本主义不平等性质的德国马克思主义者，而且他在心理学和人性理论方面也有着富有说服力的新颖观点。

在20世纪30年代，弗洛姆思想的核心是社会人格的观念，它是以赖希和柏林的一些精神分析学家的理论为基础的。弗洛姆认为，个体的人格类型是受我们生活中的社会和经济秩序所控制的，我们不可能不受周围强大的社会结构的影响。实际上，从幼年时起，社会潜在的价值观就通过千丝万缕的方式影响着我们。弗洛姆还认为，现代资本主义社会产生了特殊的人格类型，例如，积蓄性人格、权力主义人格等。弗洛姆综合了弗洛伊德和马克思的思想，宣称只有通过剧烈的社会变革才能大规模、有效地根治失调的人格类型。

在《逃避自由》这本书中，弗洛姆更广泛地论述道，现代人对自由的追求，即不受阻碍地自由思考和表达，必然会导致焦虑甚至恐惧，因为它使人不得不面对一种自身存在的绝对的孤独感。这种焦虑使许多人放弃了自由，而通过盲目追随独裁的宗教权威或政治权威来逃避孤独感。当然，这些权威人物允诺给予追随者安全和幸福，但却要求他们以放弃独立性、批判性的思考和判断为代价。弗洛姆认为，不幸的是20世纪有许多人并没有多加思考就接受了这笔交易。

马斯洛认为这些推理很有说服力。他在20世纪40年代所写的关于人格和政治态度的文章中反复援引了弗洛姆的著作。弗洛姆也相信霍妮的自我分析观念是切实有效的，他每天都花一些时间来做这样的实践，并认为这对个人成长很有意义。同样，马斯洛也每天对自己的感情发展做些自我分析。

也许，在马斯洛的老师中，在当时最重要也最著名的一位是阿尔弗雷德·阿德勒（1870—1937）。尽管由于阿德勒的逝世，他们的亲密关系很快就结束了，但它在马斯洛的事业上已留下不可磨灭的印记。可以毫不夸张地说，在美国心理学界，马斯洛是最先认识到阿德勒学说的重要性，并且加以发展的学者之一。

阿德勒生于维也纳郊区的一个犹太中产阶级家庭。1895年，他在维也纳大学获得了医学博士学位。他最初专攻眼科学，后来改为神经学。后来，他听了克拉夫特·埃宾的学术演讲和看了弗洛伊德的著作后，深受启发，转向了心理治疗。阿德勒最初发表的文章都是探讨器质障碍在人格形成中的作用的。这些器质障碍通常是天生的身体缺陷。他论述的重点在于个人对待缺陷的态度，而不是缺陷本身。在他所谓的"过度补偿"的情况下，人们把自己的不利条件变成对自身发展和能力的挑战。由于幼年时期曾受过佝偻病之苦，他很了解这种心理状态。

1902年，阿德勒参加了弗洛伊德初期的精神分析运动，并成为弗洛伊德家每周三举办的讨论会上的常客。开始时，他们两人在很多问题上看法一致，但是，在人格形成和精神病学理论方面，阿德勒不赞同弗洛伊德的性决定论观点。1911年，他断然与弗洛伊德分道扬镳，开始传播他自己的"个体心理学"。他认为，人格形成的基础不是生理需要的满足，而是儿童对势力和能力的追求。每个孩子都会卷入追求家庭权力的竞争，这不是出于弗洛伊德所谓的俄狄浦斯情结，而是因为儿童期的人们需要克服自卑感，他们的周围是更强大、更有优势的成人世界。

阿德勒和弗洛伊德不一样，他是一个热心于政治的人，是热情的社会主义者。

他认为，社会上的许多问题都源于社会的不平等、分配不公。这些导致了青少年自卑感的上升，促使青少年违法，犯罪率大幅度上升。与其说阿德勒是革命家，不如说他是位改革者。阿德勒呼吁，为了促进社会整体的健康，必须改变青少年的生活环境以及对他们的教育方法。

在第一次世界大战期间，阿德勒在奥地利陆军医疗团服役了4年。通过这种战时服务，他发展了这样一种观念，即从根本上来看，人类是与人为善的，愿意为社会利益而努力。换句话说，他认为我们是天生的社会动物，我们热心于建立伙伴关系并且从事有益公众的活动。尽管他一开始就强调社会情感是健康儿童成长以及成人人格的一个重要方面，但他从来没有讲清楚这种品质是先天的还是后天习得的。

战争结束后，阿德勒和同事们在柏林、慕尼黑和维也纳开设了一系列儿童心理诊所。他还兼任过一段时间的维也纳州立儿童教育研究所所长。但是，在以后的职业生涯中，他的大部分时间都从事私人诊所业务。

从1926年开始，阿德勒频繁地出访美国。为了广泛宣传他的理论，并为他的儿童心理诊所筹款，阿德勒定期穿梭于欧洲和美国，忙于在医学院、大学、宗教协会以及教师与家长联合会作报告、演讲或授课。1929年至1930年，他曾经任教于哥伦比亚大学，此后在1932年受聘为纽约长岛医学院教授。在这段时间，他平均半年在维也纳，半年在美国。在美国时，他觉得不被人理解，感到有些孤单。1932年，他出版了《自卑与超越》一书，此书原名为《生活对你应该有的意义》。希特勒上台后的第二年，政府命令所有附属于州立学校的儿童心理诊所关闭，阿德勒有一种不祥之感，觉得生活中危机四伏。于是，他于1935年作为永久移民到了美国，并定居在纽约。

也是在1935年，刚从威斯康星大学毕业的27岁的马斯洛开始拜阿德勒为师。读研究生以来，他一直就对阿德勒的人格理论感兴趣。在某种意义上，他的整个关于猿猴中支配行为和性行为的研究都是对阿德勒理论的一种验证。阿德勒的理论认为，对权力的追求是许多人类社会行为的原动力。由于马斯洛计划进行各种关于猿猴和人类的后续研究，他比其他任何时候都更加相信阿德勒理论的重要，所以他渴望从阿德勒那里得到进一步的启发。

阿德勒在他居住的关梅舍公园宾馆有一个套间，从1935年开始，他每星期五晚上都在那里举行公开讨论会。对马斯洛来说，在这种非正式环境中与阿德勒会面并研讨似乎是个很理想的机会。他惊奇地发现，定期参加会议的人不多，这使他有机会更接近地了解阿德勒。马斯洛对阿德勒的博学和智慧产生了很深的印象，他经常邀请朋友和同事们和他一起去聆听阿德勒的谈话。经常和他们在一起的心理学家有海因茨·安斯巴彻。他把阿德勒的著作翻译成英文，传播到英语国家，使广大读者看到了他的文章，了解了阿德勒的思想。

马斯洛也经常与阿德勒一起吃饭。他们在一起时，通常是阿德勒说话，阐述自己的理论，回忆自己过去的成就，并像父亲那样勉励马斯洛。阿德勒得知马斯洛对猿猴的研究证实了自己的观点时，感到非常高兴。那时，马斯洛还只有二十多岁，阿德勒比他要年长约四十岁。他由衷地佩服阿德勒，并为弗洛伊德的这个著名的同事所折服，认为他是世界上最伟大的学者之一。

在与阿德勒的交往中，有一件事马斯洛印象极深。一天，他和阿德勒一起在关梅舍公园宾馆的餐厅吃饭，他偶然问起一个问题，牵涉到阿德勒以前曾经是弗洛伊德的门徒。阿德勒当时勃然大怒，面孔涨得通红，并且说话嗓门很大，引得人们纷纷侧目。他宣称，自己从来就不是弗洛伊德的学生、追随者或门徒，而一直是一个独立的医生和研究者。他几乎是在暴跳如雷地叫喊：那种他曾是弗洛伊德门徒的说法，是很久以前，在他们决裂后，弗洛伊德捏造出来的"一个谎言"！马斯洛以前从未听阿德勒谈起过弗洛伊德，因而被他的这次突然的爆发弄得不知所措。

在马斯洛和阿德勒交往的 18 个月中，他们大部分时间都相处得很好。但正像后来马斯洛在他的许多其他老师那里所遭遇的一样，一旦他的做法开始像个平等的同事而不是门徒时，阿德勒就变得越来越易发怒。

他们最后一次会面是在 1937 年初。在关梅舍公园的一次聚会中，阿德勒作了报告，随后一群人展开了激烈争论。之后，阿德勒把马斯洛推到一个角落，紧紧地盯着他问："你到底是赞同还是反对我？"马斯洛被这句话的含义所震撼，觉得自己受了伤害，他决定不再参加不久后将举行的另一个聚会。同年 5 月，他意外地得知，阿德勒在苏格兰的演讲旅行中死于心脏病。在以后的很多年里，马斯洛都为他们之间的口角而感到遗憾，他希望他们之间那种令人兴奋的关系能够有一种更和谐的结尾。

尽管他们的个人交往仅持续了很短一段时间，阿德勒还是对马斯洛产生了强烈影响。在关于灵长类动物研究的书面报告以及正在进行的女性支配和性行为的研究方面，阿德勒都给了他年轻的同行特殊的鼓励。阿德勒还把马斯洛的注意力引向这样一种观念，即把社会兴趣当作人类的一种基本品质。从此以后，在马斯洛的整个事业中，他开始认为利他主义、同情心、爱和友谊是基本的以及天生的人类倾向，尽管它们可能在早期被有害的经验所掩盖甚至毁掉。阿德勒强调体质构造对人格形成的重要影响，这个观点也对马斯洛后来的研究产生了重要影响。

最重要的是，阿德勒用乐观主义和改良主义的观点影响了马斯洛。与弗洛伊德对人类状况的悲观消沉形成强烈对比,阿德勒热情地宣称,可以通过革新社会结构来达到改善个人的目的。出于这个原因,阿德勒热心从事的活动之一,是接受那些由于低智商或智力退化而被学校开除的孩子,通过治疗建立他们的自尊心,从而使他们在学业上有显著的改善。这种对环境因素影响心智功能的强调正与马斯洛当时的观点相吻合。在一篇未发表的文章中,他甚至觉得阿德勒在人性理论中对文化因素没有足够的重视。确实,尽管马斯洛从来不是阿德勒的门徒,他仍深深感激阿德勒在学术上对他的极大帮助。

马斯洛的最后一位流亡者导师是库尔特·戈尔茨坦(1878—1965)。他是现代神经精神病学的一位显要人物,他的名字常常与格式塔观点连在一起。像马斯洛在纽约的大多数精神病学研究引路人一样,戈尔茨坦生于一个德国犹太家庭。年轻的时候,他学习过大提琴,这对他的生活有很大影响。在以后漫长的研究生活中,他一直保持着对音乐的热爱。他在布雷斯劳大学和海德堡上学期间,学的是哲学和文学,但他一直想转学。由于他对精神病的起源问题越来越感兴趣,所以他决定改学医学专业。后来,他对医学的兴趣越来越浓厚,从精神生理学到精神分析学都有涉猎。(弗洛伊德在早期也曾经研究过美洲鳗的神经系统。)戈尔茨坦发觉自己很喜欢在病理学实验室的工作。在那儿,他开始进行一项创新的研究项目,即分析精神病的各种症状。例如,病人的各种幻觉与稀奇古怪的行为等,然后通过解剖尸体,找出精神系统的病变情况。

1903年,他完成了博士论文《人类脊髓的神经结构研究》,从布瑞斯兰大学获得了医学博士学位。接下来的几年里,他在德国的几个诊所和研究机构供职。作为一个成果卓著的研究人员,戈尔茨坦撰写并发表了数十篇精神病学和神经学论文,其范围非常广泛,包括酒精中毒、精神分裂、感觉运动神经失控与失调等。1906年,戈尔茨坦进行了一项创新的研究计划,该计划与由神经系统和精神系统的疾病引起的记忆力衰退的问题有关。这些工作成了以后相关疾病的治疗学发展的奠基石。

1914年,戈尔茨坦进入了法兰克福大学神经病研究院,在那里完成了他最重要的医学发现。当时,从第一次世界大战战壕中运下来大量伤病员,为他提供了一个史无前例的机会,能够研究许多原来是健康的成人的脑损伤病例。几乎一夜之间,该研究院变成了重要的诊断和康复中心。和一些富有才干的同事们一起,戈尔茨坦致力于探索脑损伤怎样影响思维、判断和行为。与他共同研究的还有弗洛姆的妻子等人,他们根据研究形成了一些人类心智功能的更广泛的原则,并且为格式塔心理学的许多基本观点提供了病理学证据。

在神经病研究院的19年里,戈尔茨坦的事业稳步前进,最后他成了研究院院长。在他的领导下，研究院成为研究和治疗脑损伤的重要国际中心。另外，戈尔茨坦富有人道主义和同情心，因而战地医院具有家庭的温暖。

后来，他又从神经学的角度对心理治疗产生了兴趣。在这一兴趣的驱动下，他帮助发起成立了国际心理治疗协会。1930年，戈尔茨坦获得了一个新职位，这个职位在德国同一行业中也许是最有声望的：在与柏林大学有合作关系的一个医疗机构的神经学研究部门主持工作。当时，他已经52岁，他期望自己的余生能在这个令人满意的职位上取得一些新的成果。

然而，当希特勒掌权以后，戈尔茨坦成了嫌疑分子。1933年1月，纳粹当局拘禁了他，认为他是威胁国家安全的危险人物。他后来虽然获得释放，但又被驱逐出境。幸运的是，洛克菲勒基金会答应资助他在荷兰进行一年的研究。于是，他孤身一人住在阿姆斯特丹的公寓里，潜心写作，完成了他的主要著作《有机体》(The Organism)。这本书用德文写成，1934年在荷兰出版。5年后，在美国出版了英译本，书名改为《有机体：从人类病理资料看生物学整体研究方法》(The Organism: A Holistic Approach to Biology Derived from Pathological Data in Man)。

在这部里程碑式的论著中，戈尔茨坦整合了数十年来他在神经精神病学方面的应用及理论研究成果。这本书由于有深刻的哲学见解和广泛的科学意义而引起热烈反响。像他的朋友阿尔伯特·爱因斯坦一样，戈尔茨坦总是寻求在更博大的哲学和伦理框架中开展他的科学工作。

1935年，戈尔茨坦离开欧洲来到纽约，他只会说一点英语，而且他原本也不想过了天命之年后还开始新的起步。可他已经无路可走，只能到美国来碰碰运气。他试图在神经病和精神病方面创办自负盈亏的诊所，然而，和他的德国老乡弗洛姆与霍妮不一样，他不是流亡心理精神学家团体的成员。他发现，在美国要自立很困难。在随后几年里，他仅仅在纽约地区得到过一些临时性的研究职位，他试图重新开始关于大脑损伤的研究和治疗。然而，令人不解的是，所有美国名牌大学都拒绝聘用他，他为此颇感苦恼。1940年，他终于在波士顿附近的托夫兹医学院获得了第一个正式的研究职位。

不清楚马斯洛是何时遇到戈尔茨坦的。他们似乎是在1940年左右，通过两人共同的朋友韦特海默认识的。1941年，马斯洛在《变态心理学原理》(Principles of Abnormal Psychology)中首次涉及了戈尔茨坦的《有机体》。从此以后，几乎在马斯洛发表的每篇论文中，他都要提及戈尔茨坦的某部论著。

马斯洛与戈尔茨坦的关系没有像他与霍妮以及韦特海默的关系那样亲密，部分原因也许是当时马斯洛家中有两个年幼的女儿，他没多少时间和同行们更多地交往。

尽管如此，在晚年，马斯洛认为这位年长自己30岁的戈尔茨坦对自己的人性理论的形成产生了重大影响。在20世纪50年代，马斯洛任布兰代斯大学心理系主任时，他聘用了戈尔茨坦为兼职教授，以此来表达对他的感激之情。

引起马斯洛兴趣的不只是戈尔茨坦那些特殊的研究发现，还有他在牢固的生物学基础上所阐述的具有更大涵盖面的哲学见解。在《有机体》一书中，戈尔茨坦不仅对30年来神经病学研究做了明晰的总结，还从自己对脑损伤的实验性研究工作出发，试图尽可能对人类活动做全面的描述。实际上，当时再没有别的理论家从这条途径来理解人体（戈尔茨坦称为有机体）的解剖和器官功能。马斯洛作为一个心理学家，对文化和社会问题抱有极大的兴趣，但由于他同时也是一个训练有素的实验研究者，他从没有动摇过自己对于严密的实验研究的高度敏感。

马斯洛觉得，戈尔茨坦最重要的观点之一即整体论方法是理解人类活动的唯一途径。所谓整体论方法，就是把每个人看做综合的生物学整体，而不仅仅是身体器官、反射作用和心智功能的结合。戈尔茨坦反对那种占统治地位的心理治疗手段，即给人们贴上例如"神经病"、"精神分裂症"等的标签。他认为，每个人都作为一个整体而生存，并且整体总是大于其部分之和。例如，当某人的大脑的一个重要部分受到损伤，而这个部位控制抽象推理或语言能力，那么他的整个人格就会发生改变。在对该病人的诊断、治疗以及康复过程中，应把他看做遭受了损伤但仍然努力生存的生物学整体。

戈尔茨坦的"自我实现"概念，也许是影响马斯洛最深的概念之一。戈尔茨坦用"自我实现"这一术语来描述每个有机体（包括人类）实现自己潜能的内在需求。例如，他对脑损伤病人的研究表明，当大脑某一部分受伤后，另一部分可能接替它发生作用，从而维持理想的整体功能水平。

戈尔茨坦认为，我们每个人都具有实现自己特定生物学潜能的天生的冲动。对于这个命题的确切含义，他并没有详细解释。不过，他曾经以美术家和音乐家为例，说他们在创作过程中经历的那种强烈的甚至是痛苦的冲动就是自我实现的冲动。马斯洛后来在构造他自己的人类动机和人格理论时，采用了"自我实现"的说法，但其含义有所改变。戈尔茨坦对于这一点极不赞成。

马斯洛的自我实现理论的出现还是几年以后的事。在马斯洛的事业到达那一步之前，他还有许多东西需要吸收，有许多事情要体验。

第7章　与印第安人共度田园时光

  我在1933—1937年间学习人类学时，人们都认为每种文化都具有独一无二的特性。没有什么科学方法可以把握它们，也无法对它们进行概括与归纳。

——马斯洛

  我从一次实地考察里学到的第一堂课，也是最重要的一堂课就是，黑脚印第安人首先是一群人，是人类中一个个活生生的人，是人类的成员，然后才是所谓的黑脚印第安人。他们与我们的确存在着差别，但与人类的共同性相比较，差别不过是表面的。

——马斯洛

  事情似乎是这样的：每一个人出生时并不是社会可以任意塑造的一团陶土，而是已经具备了一种结构，社会可以扭曲它，压制它或对它进行建设……在他们的社会中，我发现了几乎与我们这个社会中同样多的人格类型，然而，其分布曲线却截然不同。

——马斯洛

  1935年，马斯洛在哥伦比亚大学当桑代克的研究助手，他当时对人类学产生了强烈兴趣，并希望在这方面有所发展。他打算继续进行灵长类动物支配和性行为的研究，但他发现，自己正面临一个机会，可以不拘形式地求教于国内第一流的人类学学者。马斯洛是不会放过任何增长学识的机会的。凭着友好而自信的态度，他很快和哥伦比亚大学人类学教员和研究生们熟悉起来，成了人类学系讨论会的常客。他与出席会议的玛格丽特·米德等人也相处得很好。讨论会的程序一般是这样的：首先由来访的发言者对自己的专业或者感兴趣的理论进行陈述，接着听众积极提出问题，或者就其中一些话题热烈地交换意见。当然，这里的听众大多数都是人类学家。

马斯洛发现，哥伦比亚大学人类学系是令人激奋的地方。1937年秋天，拉尔夫·林顿，即贝莎在威斯康星大学读书时的一位教授，来到哥伦比亚大学做客座教授。第二年，他被任命为该校久负盛名的人类学系的系主任。林顿是一位相当和蔼可亲的学者，马斯洛与他的关系很融洽。不过，马斯洛和教员露丝·本尼迪克特的关系还要更亲密一些。这位娴静、漂亮的女性有很多方面强烈吸引着马斯洛。对马斯洛来说，她简直像一个天使，她和新学院的韦特海默被马斯洛看成是自我实现者的典范。他崇敬她的风趣、热情、睿智和善良。

本尼迪克特进入人类学领域相当晚。马斯洛遇到她时，她已经年近50岁了。她生于美国一个农民家庭，是在纽约诺维其地区的一个农场长大的。在她两岁时，父亲就去世了，留下她母亲独自一人艰辛地抚养3个孩子。1923年，经过10年不尽如人意的婚姻生活之后，35岁的本尼迪克特开始在哥伦比亚大学人类学系攻读博士学位，当时她还没有孩子。从幼年时期起，她的听力就一直不好，因此，从事实地调查工作对她来说很不容易。在采访中，她主要依赖说英语的信息提供者。

在弗朗茨·博厄斯（Franz Boas）的指导下，本尼迪克特发现人类学中有关宗教的部分非常有趣。她发表了一篇题为《平原文化的梦想》的文章。她的博士论文则是《有关北美洲守护神的概念的探讨》。1923年《美国民俗杂志》创刊时，她担任了该杂志的编辑。1934年，她发表了里程碑式的著作《文化的类型》（*Patterns of Culture*）。后来，这本书被译成多种文字，成为流传最广泛的人类学著作之一，它使许多人更深刻地理解了纷繁复杂的人类文化。

当马斯洛认识她时，本尼迪克特正致力于加强多种社会科学，包括心理学、社会学、心理治疗学和人类学之间的相互融合和促进。在20世纪30年代，哥伦比亚大学是这类活动的温床。在当时的学术圈中，米德、林顿等学者撰写的人类学方面的著作，由于其思想新颖而富有洞察力，直到50年后世人还在阅读。在精神治疗学领域，纽约大学的阿布拉姆·卡迪纳是这一运动的另外一位重要人物，他给社会科学的基本课题打上了跨文化研究的印记。马斯洛后来和他成为了好朋友。正如米德所回忆："本尼迪克特讲学的那些年，正是'文化'成为社会科学界常用词的时候，也是心理学、精神病学和人类学之间的相互联系迅速发展的年月。"

第 7 章 与印第安人共度田园时光

奇怪的是,马斯洛作为实验心理学家,其主要研究对象一直是狗和猴子,他居然这么容易就被哥伦比亚的人类学者们接纳了。到 30 年代中期,他已成为美国精通跨文化问题的少数心理学家之一。他的朋友罗斯·斯塔格纳当时正在编辑论文集《人格心理学》(*The Psychology of Personality*),在他的请求下,马斯洛写了其中一篇文章,论述关于人格问题的人类学观点。当时,他已积累了大量关于人类行为的跨文化研究的资料,尤其是关于反常或越轨行为的跨文化研究结果。这本书出版于 1937 年,它确定了马斯洛在这个领域的地位。

在 30 年代中期,马斯洛接受了文化相对主义观点。文化相对主义认为,每种文化都是独特的,所有价值观和道德习俗都是相对的,不能说哪种文化的价值观更好,更谈不上把它们强加于其他文化了。马斯洛很快就放弃了这种观念,但在当时,这种看法在人类学家中很盛行,并常常与反种族歧视和进步思想联系在一起。在大多数社会科学家看来,如果持相反的看法,似乎就要退回到过时的"白种人的责任"观念,这种观念曾为 19 世纪西方殖民主义制造了道德借口。文化相对主义强调,所有宗教最终都是种族中心主义的载体,马斯洛当然支持这种看法。

在为斯塔格纳写的题为《人格与文化类型》(Personality and Patterns of Culture) 的文章中,马斯洛写道:

> 我们可以从人类学家那里学到很多东西,但有一课是我们必须重视的,那就是文化的相对性。对于某个人,我们首先应该把他看做某个特定文化圈的成员,然后,才把他看做整个人类种族的成员。任何对行为的道德评判都是对某个文化圈的评判……
>
> 当然,我们完全可以赞同或反对某种行为,但不能也不必拿它与好或坏的普遍的、绝对的标准做比较,原因很简单:不存在这样的评判依据。

在这篇文章中,马斯洛还表达了这样一种信念:科学可以提供一套新的价值观,以此来代替各种宗教,增进人类的幸福。从这个观点出发,在否认存在普遍的"道德"标准的同时,他宣称科学有潜力发现普遍的人类"健康"标准:

> 生物学家可以说,对来源最丰富的食物的禁忌从生物生存的角度来讲是不利的。心理学家也许会说,文化对一种基本人类冲动[①]的抑制将比没有这类抑制

[①] 马斯洛在更早的论文中已讲明为性冲动。

产生更多的不幸和冲突。在同一文化圈中，各种阶级或阶层之间的差别极大的行为准则产生了众多的摩擦、失调和冲突，应该把它们全部消除干净。也许有一天，各个领域的科学家们将共同努力来寻求一条最佳途径，使我们能在更纯粹的科学判断的指导下来发展文化。

自从马斯洛写出这些话以来，已经有大半个世纪过去了。在此期间，世界上发生的许多事件表明，科学家们在处理有关价值观的社会问题上，在处理有关健康的问题上，并不具有更特殊的智慧。尤其是从德国的医生和学者们那么轻易地追随希特勒这点来看，马斯洛关于科学家能为我们提供发展文化的最佳方案的观点是相当天真的。但是，我们应该在一定的历史背景中看待马斯洛的见解。20世纪30年代，在许多为改善世界而努力的知识分子们的眼里，科学似乎就是人类的指路明灯。

在马斯洛与本尼迪克特的友好交往中，本尼迪克特鼓励他参加真正的实地调查，去直接体验另一种文化。她坚持说，如果他不这样做，他就无法摆脱自己的文化偏见。她告诉马斯洛，加拿大艾伯塔的北方黑脚印第安人部落是开展实地调查的好地方。尽管马斯洛在威斯康星大学时曾经与林顿一起做过一些非正式的实地考察，但对本尼迪克特的这一建议，他仍然犹豫了相当长一段时间，直到1938年春天，他终于同意了。

在本尼迪克特的帮助下，他向社会科学研究委员会提交了1938年夏天的资助申请。这一申请不久就获得了批准。因为他在这个时间外出考察，不会耽误在布鲁克林大学的教学任务。马斯洛后来回忆："我对于黑脚印第安人的考察，既出于兴趣，也出于责任感，同时还有一点点畏惧。"他打算采用自己新设计的态度问卷进行调查，用以研究黑脚印第安人部落成员的支配情绪和安全感。本尼迪克特赞同他的研究计划，但主要是想让他在这个领域"入门"。

马斯洛在这次旅行中有两位同伴，一位是简·理查德逊（Jane Richardson），她是哥伦比亚大学人类学系刚毕业的博士生。1935年，她曾经研究过俄克拉何马州的印第安人，发表过有关这些平原印第安人的学术论文。当马斯洛还在教育研究学院当桑代克的研究助手时，理查德逊就认识他了。她曾经花了近6个小时，为马斯洛关于女性支配情绪和性行为的研究提供个人的情况。作为加州大学伯克利分校教授的女儿，她的背景使马斯洛感兴趣，她也愿意详细叙述自己的成长过程和价值观。然而，当马斯洛的问题开始涉及性时，理查德逊彬彬有礼地终止了谈话。

另一位成员是小卢西恩·汉克斯，他和马斯洛在麦迪逊时期就成为朋友了。汉克斯刚被任命为伊利诺伊大学讲师。在哥伦比亚大学攻读心理学博士学位时，和马斯洛一样，汉克斯对人类学充满兴趣，并且也结识了本尼迪克特。他曾计划去南美洲进行人类学探索，但由于父母反对没有去成。当汉克斯的哥哥突然去世时，他曾经向父母保证自己不去丛林冒险，但是，去黑脚印第安人的保留地显然是安全的。

对马斯洛来说，这次旅行的时间定得糟透了。他的第一个孩子安一月份刚出生。他们夫妇俩觉得，让贝莎留在布鲁克林照看孩子更明智，因为印第安人保留地的卫生条件相当差劲。

当时北美洲有4个不同的黑脚印第安人保留地：蒙大拿的南方派岗族人，北方派岗族人，布拉得族印第安人，以及加拿大的北方黑脚印第安人。马斯洛小组调查了最后一个，也是最北面的一个。近800名北方黑脚印第安人居住在这个约40英里长、5英里宽的区域内。这个保留地位于加拿大太平洋铁路与弯弓河之间，毗邻两座白人村落：格莱钦和克鲁尼。每个村落都只有几百个人。在60英里之外有一个大一点的城市卡格内。黑脚印第安人保留地的大本营在格莱钦附近，他们多在那里买东西。那儿有部落办公室、医院和社交场所。

北方黑脚印第安人在经济上享有独特的地位。大约在1910年，在加拿大政府的强大压力下，这个部落让出了保留地中约一半的土地，交给印第安人事务管理部门。按照复杂的协议规定，政府官员在地价最高时把土地卖给了白人居民。结果是，印第安人事务管理部门管理着一大笔资金，在政府代理人的同意下，它们由自治的黑脚印第安人部落委员会自由支配。到1938年，经过近30年的利息增值，这笔基金每年可以提供12万美元给黑脚印第安人。按协议条款，这笔钱可用于任何一项有益于整个部落的建设性计划，但不对个人发放现金。

当马斯洛、理查德逊和汉克斯开始研究黑脚印第安人时，这笔基金已经使该部落成为加拿大仅有的一个能够自己维持生计，并且具有经济和社会安全保障的印第安人部落。靠着这笔基金，所有人在每周都可得到定量的食物，老人可获得特殊的份额，那些开始务农的人可以得到资助。这笔基金还用来修建保留地上的新村庄和维修1923年建立的新式医院。

马斯洛和理查德逊分别乘车去威斯康星的麦迪逊，汉克斯在那里看望父母。他的智齿刚刚做手术拔掉了，正处于休息阶段。他把汽车借给他们，让他们先走一步，后来，他们3人在格莱钦会合了。

放眼望去，展现在他们面前的是一片平缓起伏的大草原，一直延伸到遥远的洛基山脉边缘。保留地分为许多农场，每个农场有一套3间的房子。三四个农场集聚在一起，共同使用一个水泵。在这里，大多数印第安人种植小麦和燕麦。如果风调雨顺，收成也还不错。在过去的几年里，严酷的干旱损坏了大部分土壤，整片土地上呈现出荒凉的景象。

到达的第一天，马斯洛和同事们会见了黑脚印第安人保留地的加拿大事务官，得知当地政府已经批准了他们的计划，但是，还必须征得黑脚印第安人部落委员会的同意。如果头领们反对这次实地调查，马斯洛等人就没有理由再待在这里了。

当加拿大事务官做了正式介绍后，他们与部落委员会的会谈就开始了。汉克斯后来回忆说："委员会的一些头领有响当当的名字，如'冲锋的公牛'之类，而其他一些人则没有。"

头领们默默地注视着这3个陌生的白种人，等待他们陈述来此的目的。他们3人谁也没有料到会出现如此郑重其事的场合，而马斯洛似乎有生以来第一次找不着话题。最后，还是理查德逊先开始说话。作为熟知大草原印第安人风俗习惯的人类学者，她知道在男人开口之前妇女先向头领说话是不适当的。但是她想，如果他们一直呆坐在那儿，只会使事情更糟糕。

然后，马斯洛开始讲话了。他尽可能用谦卑的语调解释说，他不过是个普通的、无知的白人，一点也不了解黑脚印第安人的习俗。他希望，如果他无意中犯了愚蠢的错误，从而冒犯了他们的习俗的话，请部落委员会给予谅解。但是他强调，他的用意是好的，真心希望了解他们伟大的人民。马斯洛无疑想通过自我贬低的发言消除头领们的疑虑。然而，他却犯了另一个大错误。正像后来理查德逊所说，"那绝不是与头领们打交道的方式。你以为他们会乐意接待一个无名小卒吗？他们要与有地位的人打交道。"

尽管如此，部落委员会还是同意了这3位实地调查者的请求，于是，他们开始安顿住处。马斯洛和汉克斯合住在一顶帐篷里，理查德逊独自住在另一顶帐篷。生活条件是很原始的，甚至连一个屋外厕所也没有，仅有一些代用的阴沟。理查德逊和汉克斯都有过宿营的经历，所以马斯洛在3人中最难适应这种简陋的生活方式。汉克斯回忆道，很多个晚上，当他们两人饥肠辘辘地回到帐篷时，发现狗和牧羊犬已经把他们的食物吃得精光。尽管马斯洛和汉克斯认为自己对美洲民间习俗文化很内行，但很明显，他们的跨文化视野有一定的局限性。理查德逊还记得，每次都是由她做饭，"因为她是女人，也只有她才做得好一些"。

在保留地安顿好以后，理查德逊、汉克斯和马斯洛通常白天分头去各处，黄昏再会合。由于他们只有汉克斯的一部车可供使用，所以每天他们都起得很早，在用早餐时计划好一天的日程，决定车接送的时间和地点。

理查德逊所采用的是她在哥伦比亚大学学到的人类学研究方法，她选择了部落中的长者进行采访，聆听他们回忆全盛时期黑脚印第安人的生活。老人们喜欢用几个小时讲述战争，讲述宗教仪式上所用的神圣的物品以及巫术袋等的令人沮丧的没落过程。

汉克斯是位心理学家，他想研究黑脚印第安人中患有心理疾病的成员的社会地位，以及印第安人怎样看待和治疗他们的神经错乱。最初，他发现这个任务相当艰巨，因为黑脚印第安人不愿意与陌生人谈论这类问题。后来，汉克斯渐渐取得了一些印第安人的信任，工作有了进展。他了解到，这块保留地中的确有神经错乱的人。例如，有人认为自己是海狸。对于家庭来说，这种人是一种耻辱，家庭因为他们而感到不光彩。

与此同时，马斯洛在小镇格莱钦花了很多时间。他的研究计划是通过调查问卷进行调查，研究印第安人中的支配情绪和感情安全感。马斯洛发现，年轻的印第安人比上了年纪的印第安人更容易接近，老人们很少说英语，说起话来也缓慢冗长。因此，马斯洛常常到弹子房去会见年轻的印第安人。

马斯洛也与小镇经营商业的白人店主打交道，并为所了解到的情况感到非常震惊。这是那个夏天他经历的几个意外事件的第一件：他的先入之见被完全否定了。数十年后，他回忆道：

> 我是带着成见到保留地去的。我原来认为，那儿的印第安人就像收集的蝴蝶标本或者类似的东西一样静静地摆放在架子上无人问津。后来，我慢慢地改变了原先的看法。保留地的那些印第安人都是正直的人，相反，我在小镇认识的那些白人却是我有生以来所遇到的最卑劣的一帮小人和恶棍。这种情形遇到得越多，事情就越让人迷惑。哪里才是受保护之地？谁应该是看管人？谁又应该是被看管人？所有的事情都乱套了。

幸运的是，那个夏天，马斯洛找到了一位非常得力的印第安人通讯员特迪·叶洛·弗莱（Teddy Yellow Fly）。他大约50岁，父亲是中国人，母亲是黑脚印第安人。特迪在保留地边缘长大，他的父亲最初是一名铁路工人，后来来到这个地区，在镇上开了个商店。特迪曾进过一所加拿大农业学院，在委员会头领中，他受教育程度最高，讲英语最流利。他很好学，读过不少书。在他们第一次见面时，特迪曾随意地拿出一本本尼迪克特的《文化的类型》，评论道："这本书很有趣。"这使得马斯洛和他的同事们大为吃惊。

在保留地里，特迪·叶洛·弗莱特别受那些思想进步的年轻印第安人尊敬。他非常清楚地意识到加拿大政府正控制着这个区域，于是坚持不懈地为更多的区域自治权利而努力。他去过加拿大首都渥太华，表达自己的人民在政治上的要求。用黑脚印第安人的标准看来，特迪也相当富有，他是部落中唯一拥有汽车的人。但是，使马斯洛印象最深的还是他的慷慨大方和好心肠：

> 如果有人走过来说："特迪，把车钥匙给我怎么样？"他就会把车钥匙交给他。在我看来，拥有汽车对他意味着买汽油、换轮胎，或者去保留地中部援救那些面对出了故障的汽车而束手无策的人，如此等等。很明显，拥有部落里唯一的汽车给他带来了自豪、愉快和满足，可是并没有引起别人的妒意、怨恨和敌意。其他人为他有汽车而高兴。如果不是一个人而是五个人有汽车，其他人也会高兴。

就这样，马斯洛逐渐了解了黑脚印第安人的经济和社会价值观。不久他发现，尽管有大量部落基金，成员们仍然需要工作来获得现金。有些人卖牛和马，收入颇丰。但大多数人靠出卖农产品，过着俭朴的生活。这些农产品是在他们自己的（更确切地说是租用的）农场中出产的。在大多数情况下，印第安人在种植业上不如白人。由于干农活只有微薄的收入，所以不少印第安人在保留地的煤矿干活，或当雇工晒干草、修路，或者做其他临时性工作，如狩猎。

非常明显，黑脚印第安人所拥有的财富是有差异的。为了准确地确定财富和感情安全感的关系，马斯洛开始按黑脚印第安人的标准调查谁是富有的人。在调查中他又有了意外的发现：

> 我询问保留地的白人书记官："谁是最富有的人？"他提到了吉姆·麦克休，一个在登记册上财产最多、牛马最多的人，但是，从没有一个印第安人向我提起过这个人。我回去后，向我的印第安人通讯员们问起吉姆·麦克休，以及他的财产和牲口，他们轻蔑地耸耸肩说："他是有那么多。"但事实上，他们甚至从未想过他富有。
>
> 相反，有一位白头发的头领，虽然他一贫如洗，却被认为是富有的人。那么，美德体现在哪儿？那些表现得宽宏大量的人在部落中是最受赞美、最受尊敬、最受爱戴的人。他们有益于部落，使大家感到温暖，其他人都为他们而

第7章 与印第安人共度田园时光

自豪。

正像马斯洛所发现的，黑脚印第安人把慷慨大方看成最高的美德，整个大草原的印第安人都是如此。在大多数黑脚印第安人看来，在积累财富和资产的意义上，"富有"是不重要的，重要的是把这些财产散发出去，只有这样做，才能为他在部落中带来真正的威信和安全感。在黑脚印第安人眼里，最富有的是那些给予别人最多的人——不仅是某一次慷慨的表现，而且是持续不断的行为。印第安人几乎都是文盲，他们看待财富的这种高尚的、利他主义的态度使具有强烈社会主义倾向的马斯洛震惊不已。

这种对待财富和分配的态度在每年一次的太阳舞典礼中得到生动的体现，尤其是在被称作"赠送"的仪式中。在那里，每年6月底都要举行这种仪式。马斯洛在后来的著述中反复提到它。在关于黑脚印第安人的文化的见闻中，他感受最深刻最强烈的也许就是这次隆重的典礼：

> 在典礼上，部落的所有圆锥形帐篷围成了一个巨大的圆圈。富人们，也就是那些勤奋工作并有大量积累的人，把毛毯、食物、各种各样的包袱堆得像小山一样……在过去一年里他们所能积累的所有财产都被堆起来了。
>
> 我想起了我看见的一个人。在典礼的高潮，按照大草原印第安人的传统习惯，他得意洋洋地走上来开始谈论自己。他夸耀自己的成就：你们都知道，我干了这个、那个，你们都知道我做了这些、那些，你们也都了解我有多聪明，我是多么好的牧人，多么好的农夫，因为，我积累了这么多财富。
>
> 接着，他用一种派头十足的态度——非常自豪但没有任何羞辱他人的意味，把自己的那堆财富分给寡妇、孤儿、盲人和病人。在太阳舞典礼结束时，他散发完了所有的财产，除了自身衣服以外，已经一无所有。

马斯洛发现，黑脚印第安人中还有另一种观念非常吸引人："财富是知识、能力和勤奋工作的最好标志。"作为贫穷的犹太移民的儿子，在大萧条岁月中，马斯洛强烈感觉到，一个人经济上成功与否，更多的是由反复无常的外界因素，而不是由他自己的能力决定的。但是，黑脚印第安人的文化向他展示了一种"理想的经济秩序"。在这种秩序中，一个人在物质上的成功是他个人动机的产物。

也许，正是因为慷慨大方在黑脚印第安人的文化中被习惯化和仪式化了，马斯洛期望发现黑脚印第安人在感情上有相当高的安全感。他用自己友好而开朗的举止，很快就得到了黑脚印第安人的合作。另外，他赠送烟草的做法也吸引了不少志愿参加者。最初，马斯洛对自己仔细构思的个人支配情绪测验抱有很高期望。但是，他不久就发现，这张表充满了美国文化所特有的道德行为准则，以至于在印第安人那里毫无价值。他说，可笑的是，对于那些有安全感的人，这个测验毫无用处。很多问题对他们来说无法理解，有的则显得滑稽。

例如，涉及支配情绪的一个问题是："你怎样看待谈吐直率的人？"由于所有黑脚印第安人说起话来都直来直去，所以这个问题毫无意义。另一个问题是："你怎样对待害羞胆小、腼腆的男人？"这同样也没什么意义，因为黑脚印第安人中没有这样的人。马斯洛对妇女的一个问题是："你对毕生当一名家庭主妇和母亲有什么看法？"这对她们来说，简直不可理解，因为根本不存在其他选择。给我们的感觉就像一个外星人问我们："你生活在三维空间有什么感觉？"

这个支配情绪测验的最不成功之处还在于，它"一点也不能够真实地反映被测验者的支配情绪"。由于黑脚印第安人的文化价值观，他们的一些行为方式在我们看来似乎是支配性的或是武断行为，而对他们来说，仅仅是因为所有部落成员都那样做。打个比方说，马斯洛所提的问题就像一个人类学家来到我们中间，想通过调查我们在公共场合是否穿衣服来测试我们的支配情绪或者武断行为。不管我们个人有多么傲慢或胆怯，总是会穿衣服的，因为这是我们固有的文化习惯。

马斯洛意识到，他必须修正自己关于人类支配情绪的整个理论观念。几个月后，他说："我认识到，我的支配情绪测验是对无安全感的社会（也就是我们的社会）的支配情绪的测验，它的假设条件是，普遍存在一种追求权力的相当强烈的冲动。而黑脚印第安人不存在这种冲动。"

然而，马斯洛的第二个研究工具"安全感—不安全感"测验，对印第安人是有效的。它似乎对各种文化都有效。马斯洛惊讶地发现，在感情上，黑脚印第安人极具安全感："其中 80%～90% 的人都属于最有自我安全感的人。而同样类型的人在我们自己的社会中最多只占 5%～10%。"

马斯洛删除或修改了几个具有文化偏见的问题，但他确信，"印第安人的回答清楚地表明了被测试者具有很高的安全感"。他从这种跨文化的人格研究中断定："一个无安全感的人，不管其文化根源是什么，易于显露出不安全感的共同特征，例如对权力的渴望以及对周围人们的不确定情绪。"

当然，作为严谨的科学家，马斯洛并不满足于把结论仅仅建立在测验结果的基础上。许多观察也证实了调查问卷的结果。在这些观察中，马斯洛同样发现印第安人在日常生活中具有很强的安全感。用今天的术语来说，部落成员似乎很少为自我怀疑和自卑而烦恼。而我们生活在竞争激烈的、非人格化的社会中，却常常为此苦恼。"举例来说，在最隆重的太阳舞典礼上，一位表演者犯了几个错误，引起旁观者哄然大笑，但这一点也没有羞辱那个人的意思，因为他自己也在笑，和其他人一样，他为此也感到轻松愉快。"

马斯洛还观察到一个例子，这使他对黑脚印第安人的安全感更加难忘。在将部落名字赠与马斯洛、汉克斯和理查德逊的仪式开始之前，部落中最受尊敬的人之一要发表赞美演说。他先承认自己曾是个酒鬼，但慢慢地不再嗜酒了。然而，马斯洛观察到：

> 他出来讲话时已经醉了，不得不依靠着东西站在讲台上。开始讲话前，他告诉我，他已经喝醉了，然后就开始演说，一点也不觉得窘迫或难堪。他的演说凌乱而没有条理，然而却是铿锵有力的。结束时掌声雷动，好像演说者根本没醉一样。
>
> 只有一个人就此发表了评论，他是这次演说的候补人选。他其实是想讨好我，因为他知道演讲者是我在部落中关系最密切的朋友。讲完后，演讲者问我觉得怎么样，我老实地回答说："演讲给人的印象非常深刻。他显得很满意，并且说如果我没有喝醉，我会讲得更好。"

为了把黑脚印第安人比美国社会中的成人更有安全感的发现继续进行下去，马斯洛把注意力转向保留地中的儿童抚养过程。这是玛格丽特·米德开拓的人类学研究领域。尽管马斯洛没有受过跨文化儿童研究的正规训练，但他既是一个观察细致而清楚的人，又刚刚做了父亲，因此他在黑脚印第安人父母对待孩子的方式中发现了很多迷人的东西。

一般而言，黑脚印第安人非常喜爱他们的孩子，按北美人的标准看来几乎显得反常。他们不停地用食物喂养孩子，并做出其他慈爱的举动。可是非常奇怪，黑脚印第安人的孩子很少有不良行为，也不需要经常惩罚他们。一个孩子很少两次被吩咐去做或者不做同一件事情，否则别人就会给他起个特殊的名字，按字面意义翻译为"硬耳朵"。

马斯洛觉得，黑脚印第安人孩子的良好举止是父母强调个人责任感的直接结果。父母们甚至鼓励最小的孩子去做力所能及的事，而不要事事依赖大人。在马斯洛的一生中，他都赞同黑脚印第安人这种严厉而又慈爱的培养方式。在将近 30 年后，马斯洛在一篇文章中赞美道：

黑脚印第安人是性格坚强的人，自尊的人，他们是最勇敢的战士……如果你想搞清楚这种坚强的性格是怎样形成的，我想，可能是他们更尊重孩子。我可以举几个例子。

我记得……一个蹒跚学步的孩子试图打开一扇门进屋去，但他做不到。那扇门很大、很重，他推呀推呀……这时，如果旁观者是美国人，他大概会站起来，帮助他推。而黑脚印第安人只是坐在那儿，看着孩子使劲。半个小时后，他自己把门打开了，又喘气又冒汗，这时人人都夸他，因为他能自己把事干成了。所以我要说，黑脚印第安人比美国人更尊重孩子。

马斯洛还举了另一个例子以说明黑脚印第安人怎样促使他们的孩子成熟：

有一个小男孩我非常喜欢，他大约七岁。经过仔细调查我发现，按照黑脚印第安人的标准，他是那种富有的孩子。他名下有几匹马、几头牛，还有个特别宝贵的巫术袋。

一个成年人来了，想买那个巫术袋。那是孩子最值钱的东西。我从他父亲那儿了解到他当时是如何处理这桩买卖的。小男孩独自一人去野外冥思苦想。他当时还只有7岁。

他出去了两三个昼夜，在外面宿营，独自苦苦思考这件事。他没有向父母征求意见，他们也什么都没跟他说。回来后他宣布了自己的决定。我从中懂得了我们应该怎样对待一个7岁的孩子。

马斯洛所列举的这两个例子都是男孩而不是女孩，注意到这点是很有趣的。马斯洛可能没考虑到这种情况：黑脚印第安人对培养儿童责任感的重视，可能主要是为了促使男孩社会化。

马斯洛也注意到印第安人之间友谊的奥妙。他看到，黑脚印第安人具有温暖而亲密的社会联系，他相信，这是可以解释他们为什么比我们这个社会中的人更有感情安全感的另一个原因。尽管我们有更多的物质财富，但是安全感却很低。在布鲁克林长大的马斯洛一直都很喜欢亲戚们住在一起的大家庭氛围。成年的马斯洛把这点与黑脚印第安人的生活很好地联系起来：

每个人都有很多亲戚和朋友，他们散居在保留地的各处以及其他黑脚印第安人的保留地上，他可以向他们求助。他们很频繁地探亲访友，经常随便在亲戚或朋友家过夜。

任何年龄组的男孩或女孩都远比我们社会中的孩子们亲密。他们干同样的事，同时步入社会，并且总是在一起。同龄伙伴被叫做"尼塔卡"，意思是"和我年龄相同的朋友"。这种方式的友谊纽带比其他方式更亲密。因此，每个男孩和女孩都有10个或13个"尼塔卡"，他们被看成亲密的朋友。

一个人在他的那帮朋友中，会选择一个人（有时是两个，但极少有3个）作特别亲密的朋友……这种朋友叫做"尼塔卡米玛"，意思是"钟爱的朋友"，可以把这些亲密朋友比作亲兄弟。但在北方黑脚印第安人中，他们的关系远比我们这个社会中的兄弟关系亲密。在白种人看来，这种友谊几乎完全是田园诗式的。他们关系亲密，彼此之间互相信任、忠诚。

在其他方面，马斯洛也发现，黑脚印第安人的生活方式中有很多值得赞美的地方。没有犯罪和暴力（除了偶尔有两个喝醉的小伙子打架），当在部落成员间有冲突的时候，他们常常用幽默来缓解紧张气氛，他们对金钱毫不贪婪，也不嫉妒他人有钱。这些都给了马斯洛很深的印象。

最重要的是，通过与黑脚印第安人接触，马斯洛彻底放弃了文化相对主义观念。从此，他认为这种概念是错误的，是理解人性的障碍。在结束实地调查几星期后，他向社会科学研究委员会提交了总结报告，其中表述了自己看法的转变：

看来，每个人出生时并不是社会可以任意塑造的一团陶土，而是已经具备了一种结构，社会可以扭曲它，压制它，也可以在这种结构上进行建设……我之所以有这种感觉，是因为我的调查表明：印第安人首先是人，其次才是黑脚印第安人。在他们的社会中，我发现了几乎与我们这个社会中同样多的人格类型，然而，其分布曲线却截然不同。

我现在正在苦苦思索这样一个概念，即"基本的"或者"天然的"人格结构或者框架。

夏天将要过去，马斯洛也越来越想家。他想念贝莎，更想念孩子。在保留地，他经常长时间一动不动地凝视小女儿安的相片。后来他回忆："我非常想念她，所以常常盯着照片看，我渴望全身心去爱她。"他频繁地给贝莎写信，每当从她的回信中得到家里的消息，他就精神焕发。马斯洛觉得孤独还有另一个原因，部分是由于马斯洛的鼓励，汉克斯开始向理查德逊献殷勤，不久，他们两个就相爱了。两个人都是快 30 岁了，还是单身，他们有着共同的兴趣。每天晚上，他们都喜欢在一起。对于他们刚刚萌发的、希望能够白头偕老的爱情，马斯洛的出现越来越不受欢迎。

马斯洛在实地调查中的收获超过了他的期望。夏天快要结束时，马斯洛离开了两位伙伴，回到了纽约。

第8章 布鲁克林大学的革新

> 在我作为实验心理学家在实验室工作期间，我对自己所受的正统科学训练感到相当满意和得心应手。但是，我逐渐发现，当我进行心理治疗、接受精神分析、为人父、为人师以及研究人格时，也就是说，当面对完整的人时，所谓"科学的"心理学就显得越来越没用处了。
>
> 在20世纪30年代，我开始对一些心理学问题产生兴趣，但我发现，它们用当时的经典科学理论是无法解释的。我提出了一些合情合理的问题，为了解释它们，我不得不另起炉灶，去探索新的方法。这种研究方法慢慢地变成了心理学、宗教学、工作学、管理学乃至现在的生物学的哲学，或一般意义上的科学。
>
> ——马斯洛

布鲁克林大学创建于1930年，是纽约市立大学系统中的最新成员。最初，它只是位于布鲁克林中心区的5栋租来的旧大楼，地方狭小，周围挤满了行政办公大楼、画室、文具店等。马斯洛成为这里的教员后不久，学校创办者的梦想终于成为现实，他们拥有了自己的校园。离马斯洛度过童年的地方不远，在相对宁静的一片住宅区里，布鲁克林大学的新校园于1937年10月18日正式开始使用了。

那一天，有大约7 000人聚集在教学大楼前参加典礼。致辞者包括市长菲奥雷洛·拉·戈迪亚（Fiorello La Guardia）、布鲁克林区区长雷蒙德·V·英格索尔（Raymond V. Ingersoll）以及校长威廉·博依兰（William Boylan）。校园的建筑属于18世纪的英国风格，尽管校园的景观还有待进一步美化，但已经有了一定的规模。

马斯洛在刚开始做专职心理学助教时就发现，布鲁克林大学的学生与他所了解的哥伦比亚或威斯康星大学的学生差别极大。那两所大学都很有声望，研究经费很充足，面积广阔，设备齐全，并且有浓厚的学术传统氛围。它们的学生有各种各样的家庭背景，其中有些是当地的豪门精英。相反，布鲁克林大学的学生更像马斯洛和他20年代中期在纽约市立大学的伙伴们，他们大多是移民们的子女。

在超过一半的学生的家庭里，英语并不是唯一使用的语言。在学生中，仅有很少人的父亲从事专业工作，其他大部分是服装工人、售货员、手艺人或小店主。母亲们大多在曼哈顿贫民区的服装工厂干活，或做小职员。有80％以上的家庭是犹太人，他们都喜欢把意第绪语作为他们的传统语言，在阅读和交谈中使用。没多少家庭虔诚地信教，但很多家庭通过犹太教教堂或犹太兄弟会组织松散地连接在一起，他们对自己的种族背景都相当敏感。

不管是从社会阶层还是种族背景来看，这些学生都大体相同。由于他们在布鲁克林公立学校里学业优秀，他们进大学时要比全国平均入学年龄小一些。好些人跳过级，因此在大一时只有16岁，有的人甚至只有15岁。他们大多与父母一起住在狭小的公寓里，没见过什么世面，对城市之外的世界没有多少直接的了解。对他们当中的很多人来说，能够走两小时路程，到卡茨基尔山游玩，是与大自然和广阔天空接触的唯一机会。他们没有什么社会阅历，但求知欲很强。马斯洛很快就和他们搞好了关系。

这些学生那种有点莽撞和口头上爱逞强的样子，不由使马斯洛回想起年轻时的自己。回顾自己的经历，他很清楚地记得坐地铁或电车去大学上课时的那种毫无浪漫可言的现实。他也很了解在家里没有私人秘密可言以及由此而来的沮丧。实际上，马斯洛意识到，他的学生比当时更艰苦：大萧条带来了大得多的压力，形势比物价飞涨的20年代还要严峻，近三分之一学生的父亲失业了。对大多数学生来说，只有两条道路可选：要么进市立大学，要么就此辍学。

布鲁克林大学的学生们在学业上很有天赋。在标准入学考试中，他们的平均分都在全国分数最高的6％以内。他们雄心勃勃地勤奋学习，对自己的智力天赋非常自信。

幸运的是，马斯洛和他的学生很是意气相投，这使他在繁重的教学之中也感到宽慰。校方很明确地认为，教员的科研工作或取得的学术成就不如对本科生的教学工作重要。实际上，和所有教员一样，马斯洛每学期要给5个班教两门或更多课程，这样的教学负担也使他没多少时间和精力从事创造性的学术活动。相比较而言，在研究气氛浓厚的大学，如哥伦比亚大学，标准的教学任务是一个学期教两个普通班或者一个讨论班，教学要轻松得多。

最初，马斯洛讲授变态心理学，1940年又加了一门他称之为"正常人格"的课程。这在当时是一个革新。大学的心理学在论述有关人类情感问题时，几乎毫无例外地限于反常和变态的部分。也许主要是受了韦特海默的影响，马斯洛开始试图研究正常甚至理想的心理功能，这与弗洛伊德把精神疾病和严重失调作为重点正好相反。

一年后，马斯洛被提升为心理学讲师，尽管他成绩卓著，可还是又等了8年才被提升为副教授。这种蜗牛似的晋升速度反映了布鲁克林大学典型的管理政策，它依赖于纽约市的年度经费预算。

除了对教学的过度强调外，马斯洛发现其管理制度也相当死板，碍手碍脚。心理学系仅仅是哲学系的一个分支，教员很少，教员中最初有所罗门·阿希（Solomon Asch）、爱德华·格登（Edward Girden）、吉拉尔德·劳勒（Gerald Lawlor）、查尔斯·温斯洛（Charles Winslow）和奥斯汀·B·伍德（Austin B. Wood）等心理学学者。其中，有4位已获得哥伦比亚大学博士学位。不久，海伦·布洛克·刘易斯（Helen Block Lewis）和海莫·威特金（Herman Witkin）等也加入进来。作为一个孤立的小单位的成员，马斯洛和同事们在哲学系备感压抑。他们提出的所有学术革新，都必须提交全系讨论并投票表决，这其实是烦琐的政治化程序。更糟糕的是，他的为数不多的同事也并不团结，分成了几个小圈子。马斯洛发现有3个主要派别：哲学派、心理学派和政治派。他与大多数心理学学者相处和睦，但唯一的密友是所罗门·阿希。

有一件事是马斯洛和同事们一致赞同的，那就是建立他们自己的系。有好几个人把韦特海默看成系主任的最佳人选——他家住纽约，拥有国际声誉，而且又在专门从事社会研究的新学院任教。马斯洛几乎把韦特海默当做崇拜的偶像，自然也很想请他来任职。在马斯洛等人要求下，1939年初，学院向韦特海默发出了担任心理学系系主任的邀请，年薪相当可观，高达7 500美元。然而，使马斯洛极度失望的是，韦特海默声称自己有约在先，谢绝了邀请。于是，直到1943年丹尼尔·卡茨上任之前，心理学系一直没有系主任。

为了增加一些额外的收入，马斯洛也常常在晚上教课。晚班学生在背景和学习动机上与白班学生相差无几，但他们的年龄要稍大几岁，并且大部分是男生。他们对学习特别认真，也更加辛苦，往往在上课之前已经工作了一整天。因此，马斯洛尽量让晚上的课程活泼有趣。在讲课时，他最喜欢用这样的开场白："现在，我告诉你们，我正在读一篇有趣的文章……"然后，他就把这篇文章与他要讲的课程联系起来，如动机问题、儿童发展等。他还经常在暑期教课，目的也是为了多挣钱。

在20世纪40年代初期，马斯洛已赢得了学生们的普遍赞扬，被誉为布鲁克林大学的"弗兰克·辛纳特"。弗兰克·辛纳特（Frank Sinatra）在学术领域中是一个成就卓著的人，也是移民的后代。马斯洛热情而风趣，总是渴望倾听学生的观点，很受学生的欢迎。他讲课的方式轻松自在，喜欢鼓励学生提问题，表述自己的看法。马斯洛胡子浓密，又高又瘦，抽着烟斗，给大多数学生都留下了难忘的印象。在30年代末，他只不过三十多岁，但对那些和移民父母生活在一起的十八九岁的大学生来说，他显得那么老练成熟。马斯洛的许多女学生都似乎对他怀有浪漫情感。开学时，总是有很多学生报名选修他的课，名额很快就满了，那些由于报得太迟而没能选上的学生为此遗憾不已。

由于马斯洛在学生中非常受欢迎，他甚至对学生有异乎寻常的影响力，在市立大学这样的背景中，这种影响力是其他教授所不具有的。有一天，他的新同事、威斯康星大学时的好友保罗·塞特莱吉（Paul Settlage）碰到了棘手的麻烦，跑来向他求助。塞特莱吉是中西部的新教徒，举止彬彬有礼。他对马斯洛诉苦，讲课时，他感到越来越烦恼。在课堂上，他从未遇到过如此健谈、喧闹和不守常规的学生。即使采用非常友好的方式，他也不能使这些在布鲁克林地区土生土长的大学生安静下来，让他顺利地讲课。

马斯洛对好友伸出了援助之手。他来到塞特莱吉授课的每一个班上，严肃地告诉学生，作为一个犹太人同胞，他有义务让他们知道，他们在无意中给他的同事带来了麻烦。他又和气地解释说，他们那活泼、好动的举止按布鲁克林的标准是可以接受的，但对塞特莱吉这些外地人则不行。马斯洛建议他们表现得懂礼貌一些，他还亲自做了几个正规课堂礼节的示范。从那以后，塞特莱吉发现他的学生变得安静而易于交流了。

马斯洛还善于革新教学方法。几年中，他邀请感兴趣的学生到他家里，在轻松愉快的气氛中讨论心理学问题。马斯洛的家在海洋大街，离学校只有一两个街区。每学期都大约有十几个对心理学最感兴趣的学生参加这种生动活泼的讨论。马斯洛这样做的目标不在治疗而在教育。他相信，使心理学理论活跃起来的最佳方法，是把它与我们自己的生活经历紧密地联系起来。他经常引用当前理论家的观点作为讨论的学术背景，例如，卡伦·霍妮关于自尊等人类基本需求、焦虑与神经症的性质的论述。为了使每周一次的小组讨论更有内容，他鼓励每个学生预先写些自传性的小东西，以及关于自己做的梦或性经历的文章，并带到小组中与大家分享。

对许多参加者来说，讨论的开放程度令人吃惊。许多人从未经历过这种发人深

第8章 布鲁克林大学的革新

省的谈话，其主题涉及人类情感的各个方面。即使和父母与朋友们在一起，也很少有人如此严肃地谈论内心深处的价值观、目标和抱负。坐在老师家里，谈论自己对这些事情的看法，并能得到大家真诚的帮助，这种情形令人陶醉。马斯洛与这些学生们有着共同的种族背景，因此和他们的交往也极为随便。但是，作为教授，他一直注意与学生保持一定的距离。

有时候，学生们会提出一些他们当前最关心的问题，例如，他们自己的学业前途等。有一次，他们谈到在研究生院招生过程中出现的反犹太人倾向。他们问马斯洛，在填写研究院申请表时，遇到"宗教"一栏该怎么办？马斯洛自己对种族歧视并不陌生，于是，他很实际地建议："你们就写上自己是唯一神教派教徒，这是离犹太人最近的身份。"

讨论的主题还经常涉及性行为。布鲁克林大学的大多数学生还是处男处女，没什么性体验。和父母住在一起，使他们很少有机会进行性活动。在犹太人家庭里，性实际上是个被禁忌的话题。很多人发现，即使和亲密的朋友在一起，要谈论这类事情也相当困难。因此，可敬的马斯洛老师邀请他们谈论性问题，并且是男女生一起讨论，这对许多人来说都是相当重要的经历。他鼓励他们尽可能坦率地谈自己对性的看法和性经历。他相信，诚实的自我披露有助于消除对性的焦虑和烦恼。出于这个目的，他还要求学生写性自传。

马斯洛对性行为总是抱着开明和宽容的态度。但作为一个在20岁就和唯一交往过的女孩结婚的人，他绝不是个"革命者"。他常常在人类学研究中指出：对于性道德和性习俗，世界上不同的人类文化显示了巨大的差异。在某种文化中看来是邪恶的行为，但在另一种文化中也许很平常。他告诉学生们，所有的人都有性情感，这完全正常，一点也不必为此感到困窘。马斯洛强调，手淫是消除性紧张的健康途径。他蔑视趣味低级的小说和猥亵的好莱坞电影对性的渲染，他批评那种关于仅靠直接的肉体吸引就能导致狂热做爱的想象。他用亲切的长者语气对学生说："当你第一次体验性时，你会感到失望。它和小说上写的完全是两回事。"

※　※　※

在马斯洛自己的思考中，他对主流社会关于性和肉体的道德标准持批评态度。在1939年一篇未发表的文章中，他写道：

> 关于裸体主义，我有一种感觉，即它的流行将是朝着男女之间轻松和平等相处的方向迈进的一步。其原因有很多。首先，这使男女之间彼此不再感到陌

生，减少了仅仅由于好奇心导致的性探险。另一个原因是，在我看来，爱情由此将更多出于社会和感情因素，而不纯粹出于肉体因素。

马斯洛一生都支持裸体主义者，赞成他们为两性之间能够自由自在地相处和发展友谊而做出的努力。他自己有时也付诸实践，参加类似的活动。马斯洛相信，为了寻求更大的幸福，有必要对我们社会的性观念进行很多变革。除了强调早期教育以消除或减轻儿童的性焦虑之外，他还强调对公众政策进行广泛变更的重要性。他写道："消除两性之间在经济、社会和法律上的不平等是社会变革的必由之路，妇女的经济地位必须首先有显著改变，这才能保证变革的最终效果。"

在美国，大约过了半个世纪以后，才完全按照马斯洛所预想的那样，通过立法来扩大妇女在经济和就业方面的权利。至于马斯洛所提倡的关于性教育和裸体主义的转变，还只是缓慢地为更多的人接受和认同。

用当今的标准看来，马斯洛在某一方面又可以说是很传统的。他认为，不管大众媒介宣传随意的性行为如何令人兴奋和满足，在这个充满各种缺陷的世界里，婚姻中的一夫一妻制（既指某段时期也指毕生的关系），最终还是会提供最令人满意的性生活。在承认婚前性行为的合法性的同时，马斯洛通常建议他的学生控制自己的强烈冲动，直到找到合适的对象。马斯洛劝告道，坦然接受性欲这一自然现象并不意味着可以随意付诸实施，感情的成熟中也包含了自我控制能力。对那些性欲强烈的男女，马斯洛建议，手淫为过度紧张提供了一种自然的释放方式。

为了使他关于性问题的讲座更加完善，马斯洛多年以来一直把大卫·利维（David Levy）和露丝·芒罗（Ruth Munroe）编著的《幸福家庭》（*The Happy Family*）作为教材。这本书 1938 年初版，并在 40 年代多次再版。两位作者清楚地表达了对于时代的一种独到的卓越的见解，对于性、婚姻、家庭和养育孩子持一种积极乐观的温和态度。他们表述了在当时具有启发性的理论，批判了那种掩盖当代美国社会生活的问题并美化它们的做法，批评了浪漫主义。在关于性、爱情的传奇故事的重重包围中，他们仍然保持着平和的心境，过着愉快的生活。他们坚信，只有现实一些，尤其要有必要的妥协心理，才可能生活得健康满意。他们也和马斯洛一样，认为在这个很不完善的社会中，巩固的婚姻和家庭生活最有可能带来满足感。他们后来成了马斯洛的好朋友。

与任何对性问题的具体劝告相比，马斯洛对性的态度和处理方式给学生们的影响更大。不像父母、伙伴们以及其他任何人，他用开放、坦诚和实事求是的方式来对待这类事情，既不装傻，也不过分。在他的家庭讨论会以及在学院的讲课中，他对性问题的评论给了学生们这样的启示：学会深入观察，努力发展你的潜能，独立地思考问题。他的一位学生回忆道："他总是告诉我们：'在生活中尽其所能，这就是通向幸福的最佳途径。'"

马斯洛在布鲁克林大学的最初几年里，教书消耗了他很多精力。他的研究成果明显减少了，但他一直在积极地思考问题。他开始越来越注意理解"正常人格"的实质，尤其关注动机问题：我们到底需要什么？更重要的是，为了生活得幸福和满足，我们真正需要的是什么？

对马斯洛来说，1938 年是关键的一年，因为他的心理学新观点就在这一年产生了。其中，引发他产生新思想的原因之一，是他在暑期对黑脚印第安人的实地调查。在考察之前，他已经把握了文化相对主义的精髓，并准备接受它。但考察结束后，他开始对文化相对主义产生了怀疑。出乎他的预料，他发现自己又回想起当初研究猿猴得出的推断：我们的生物构造比跨文化研究所揭示的还要复杂。马斯洛猜想，以前的实地调查一定过于依赖个人的肤浅感受，而没有进行深入客观的心理调查。1938 年圣诞节，美国人类学年会在纽约举行，马斯洛在年会上做了报告：

> 现在对一个心理学家来说，似乎知道某人的人格类型比知道他是个黑脚印第安人更重要……如果的确如此，我们就不会再坚持极端的文化相对主义了，因为它把人看成能被文化压力塑造成任何形状的一团陶土。因此，我们也许有必要承认，每个人来到这个社会时，都不是白纸一张，而是带有基本的或自然的"某种固定的人格倾向"，并在此基础上，进一步发展，或者改造、重塑，社会也应该承认这一基本事实。

马斯洛表明自己的意见后，又过了 50 年，文化相对主义的地位在美国社会科学界一直没有动摇。但是，近年来，所谓的社会生物学已经逐渐在学术界占有一席之地。哈佛大学的爱德华·威尔逊等思想家认为，我们的方向应该转到研究人的生物天性对于社会关系以及犯罪等社会问题的影响。

几年来，马斯洛一直在考虑回到黑脚印第安人或者其他部落中去，深入研究跨文化心理学问题。他想通过对成人进行罗夏墨迹测试、对儿童进行玩布娃娃量表测试等方法来进行人格测量，以此验证他对黑脚印第安人的印象。在 20 世纪 40 年代，这种客观的跨文化人格研究刚刚起步，如果马斯洛能够实施他的计划，他可能在新的重要的领域有所建树。

但是，马斯洛渐渐改变了主意，认为这个计划不切实际而放弃了它。特别是他的第二个女儿艾伦出生了，这使他感到自己无法离开家人，即使一个夏天也无法想象。即使如此，在20世纪40年代早期，马斯洛对跨文化研究仍保持很高的兴趣。例如，他常与玛格丽特·米德就彼此共同关心的问题通信。然而，他再没有像以前那样参与其中。1941年，露丝·本尼迪克特离开哥伦比亚大学，去华盛顿为政府的战争研究计划工作，这也许是促使马斯洛退出人类学研究活动的一个因素。

影响马斯洛思想发展的另一关键因素，是他的第一个孩子安的出生。安出生于1938年，这时，马斯洛关于黑脚印第安人的研究刚刚使他产生对文化相对主义的怀疑。观察安的成长和发育过程，使他更加怀疑行为主义的"我们仅仅是教育或文化的产物"观念。马斯洛注意到，安从小就能够强烈地表达她的需求和厌恶。通过这种方式，她对周围的人也产生了很大影响。这使马斯洛抛弃了华生的行为主义，而在早年，他曾对之深信不疑。华生宣称，他能把任何一个刚出生的孩子训导成任何类型的人，这种论点现在看来是站不住脚的，甚至有点荒谬。马斯洛和贝莎当年也观察到，事情并不像华生说的那么简单。而戈尔茨坦的有机构造学说，即强调我们生来就有一部分不可缺少的生物构成的看法，显得越来越合理了。马斯洛回忆道："成为父亲以后，我的整个生活发生了改变。就像得到了意外的天启一样，我从中学到了很多东西。我发现，自己曾经热情拥抱的行为主义，现在看起来是如此愚蠢。我再也不会对它感兴趣，这种理论不可能是正确的。"

1940年，艾伦的出生进一步加强了他在这方面日益滋长的信念。从出生起，他的两个女儿在性格和行为上就有显著的区别。甚至在出生前她们就显露出不同了。安在子宫中总是安静而温和，而艾伦则很活跃，动个不停。出生后，她们性格特征的差异也同样明显。对于马斯洛来说，事情似乎越来越清楚，任何关于人性的理论必须考虑我们自身的特点、个性和内在品性。因此，到20世纪40年代早期，他开始把机体论与行为主义心理学、弗洛伊德心理学和格式塔学说综合为一种他认为有用的新的学术观点。

马斯洛和纽约的几位精神分析学家都有很好的关系（参阅本书第6章）。除了结识阿德勒、弗洛姆和霍妮这些著名欧洲学者外，他还和匈牙利心理治疗家贝拉·米特曼（Bela Mittelmann）建立了友谊。米特曼在得知马斯洛很喜欢学术交流后，就邀请马斯洛定期参加他的曼哈顿沙龙。在这种欢快的气氛中，马斯洛认识了一些纽约最活跃的精神分析开业医生和理论家，包括埃米尔·奥伯菏泽（Emil Oberholzer）、阿布拉姆·卡迪纳（Abram Kardiner）、大卫·利维等。

奥伯菏泽（1873—1958）于1938年由瑞士移民到美国，他在纽约精神分析学院授课，同时还开了一个私人的精神分析诊所。马斯洛曾请他为自己做过精神分析治疗，但是，治疗并没有最后完成。马斯洛之所以接受精神分析治疗，部分原因是他对自己的母亲罗斯仍怀有不可缓解的敌意，尽管她就住在布鲁克林附近，他却拒绝与她接触，这使亲属们大为失望。偶尔，他的弟兄们会带安和艾伦去拜访罗斯，但他和贝莎从来不去。另外，马斯洛也很想知道，从病人的角度来看，精神分析治疗到底是怎么回事。从以上两方面考虑，他觉得进行精神分析治疗很有益处，尽管他在做了精神分析治疗后还是拒绝见他的母亲。后来，不清楚是什么原因导致这个精神分析疗程中止了。

阿布拉姆·卡迪纳（1891—1981）是另一位对马斯洛有重要影响的心理治疗家，他也许是三四十年代人类学界最重要的心理治疗学者。和马斯洛一样，他也出生在美国，是犹太移民的儿子，同样毕业于纽约市立大学。他后来专攻心理治疗，并且在维也纳接受过弗洛伊德的精神分析指导。后来，卡迪纳回到纽约。他于1930年成立了美国第一家心理治疗研究所，即纽约心理治疗研究所，卡迪纳从露丝·本尼迪克特那里知道了马斯洛。由于有共同的兴趣，他们走到了一起。

1939年，卡迪纳出版了《个人及其社会》（*The Individual and His Society*）一书，这本著作从对性行为、依赖和侵略的控制以及儿童抚养等基本制度的角度，对几种文化做出了解释。尽管卡迪纳的性格有些傲慢，但马斯洛仍然敬佩他的才智，他不时到卡迪纳在康涅狄格的家中聚会。

大卫·M·利维（1892—1977）是那些年里马斯洛最亲密的学术伙伴之一。利维生于宾夕法尼亚州的斯卡罗顿，在哈佛大学和芝加哥大学接受过教育。他是儿童精神治疗学的创始者之一。在30年代后期遇到马斯洛之前，利维已经在纽约儿童培养研究所担任了好几年的所长。当时，利维已经把罗夏墨迹测试从瑞士引进到美国，并开始了关于儿童精神健康的最初理论工作。他使"同类竞争"的说法得以普及，并协助发展了"积极游戏"疗法，鼓励儿童通过玩玩具来表露情感。利维很现实，不摆架子，他很喜欢和马斯洛一起去纽约那些具有异国风味的地方吃饭，从普通的犹太牛奶店直至高档法国餐馆。作为一名有丰富实验经验的研究者，马斯洛很欣赏利维强调应以实验为基础的方法来理解儿童感情失调的态度。

马斯洛开始考虑撰写他的第一本书。尽管他宁愿写些简短的研究论文，但他意识到，布鲁克林大学管理机构把发表一本书看作专业成就的重要标志，并据此判断某人是否有资格继续任职和晋级。因此，在1940年前后，马斯洛决定编写一本变态心理学的教科书。这门课他已经教了几年，积累了大量笔记，对整个理论和研究情况也非常熟悉。他邀请米特曼作这本书的合作者。马斯洛编写了纲要并且积极寻找出版商。1941年5月9日，他收到了哈珀兄弟公司的合同书和300美元的预付金。

这本书于当年晚些时候出版。

马斯洛对心理疗法的兴趣并不纯粹是学术上的。1937年，在任教于布鲁克林大学后不久，他发现自己担当起了半专业心理治疗师的角色。学生们在学术上很有天赋，但也受到普遍的青春期问题的困扰。他们也许比国内其他地方的大学生有更多的感情苦恼，因为他们一般都和父母住在一起，基本上无法拥有自己的私生活。每天晚上，父母都要过问他们的学业以及社交活动情况，很多学生都觉得要发展独立的成人意识很困难。尤其是问题涉及宗教、道德及价值观的时候，与父母的冲突几乎是不可避免的。对于有些学生，来自家里的压力，与父母连续不断的争吵，使他们感到极为痛苦。

在早期，布鲁克林大学并不提供很多学术方面的咨询，更别说帮助解决个人问题了。其学生也缺乏其他大学的大多数学生所具有的归属感。由于马斯洛热情、开朗，是训练有素的心理学家，当时也是布鲁克林大学唯一对人格和社会行为等问题感兴趣的教员，结果，有些学生来找马斯洛，向他寻求关于个人问题的忠告。

马斯洛在这种感情援助中变得足智多谋并且富有创新精神。他没受过正规的精神分析训练，不能提供深入的心理治疗。但是，即使他具备了这方面的专业知识，成为像埃里希·弗洛姆或者西奥多·瑞克（Theodore Reik）等一样的非医学的心理治疗家，仍然不可能对他的学生们做地道的精神分析。原因在于，他没有时间和精力进行深入的一对一的治疗工作。除此之外，一次成功的精神分析治疗所需要的长期努力是大部分学生无暇付出的。但是，在20世纪30年代后期，除精神分析之外，还没有其他被实践证明有效、可供选择的治疗方法。又过了好几年，这种情况才有所改变。卡尔·罗杰斯（Carl Rogers）在发展非指导性咨询这种开创性的工作之后，于1942年出版了《心理咨询和心理治疗》（*Counseling and Psychotherapy*）。因此，马斯洛主要依靠自己的直觉、阅读以及与搞精神分析治疗的朋友们的交谈来积累经验，为学生们提供非正式的心理治疗服务。

在大多数情况下，他们的心理问题并不严重，马斯洛自己有信心应付。正如马斯洛在一篇日期为1941年7月21日的未发表的文章中所言：

> 我遇到的大多数情况都是业余的心理医生也能够处理的案例。我并不处理严重的神经症和精神病。在咨询活动中，我充其量只是一个观察者和朋友而不是医生。我只经手那些我有信心处理好的个案。然而，不管怎样，案例多得做不完，我实在太忙了。

马斯洛的一些患者是选修晚间课程的母亲们,她们为孩子们在家里的行为而担忧。对此,马斯洛通常会做出迅速的判断,确定这位母亲自己的感情是否稳定和成熟。如果情况是肯定的,马斯洛就会告诉她,抛开那些指导父母教育孩子的书籍,不要理会医生的建议,也不要追随心理学家,只需要凭自己的直觉行事。马斯洛向她们保证,这种处理方式将比从专家那儿得到的劝告更有效。然而,如果这位母亲感情上显得不稳定和不成熟,马斯洛就会向她推荐一些关于儿童心理学的书籍,并向她介绍一位儿童心理学家或建议她自己去找一位精神分析医生。

有时,一些自尊程度很低的学生来求助于马斯洛。他们尽管在学业上很优秀,但总觉得害羞、胆怯,与别人在一起时总是手足无措,在与异性相处时更是如此。在这种情况下,马斯洛根据自己对支配情绪和自我安全感的研究,靠直觉发展了一种方法,类似于今天治疗家们广泛应用的"认知—行为治疗"。通常,马斯洛首先探问出患者产生焦虑的具体场合,例如,受到陌生人的恭维,或在社交聚会上被介绍给他人等。然后,马斯洛把这些情况列成一个表格,排成一系列的"步骤"。他训练学生怎么说、怎么做,先从产生焦虑最轻的场合或者步骤开始,指导学生怎样表现得更大胆。在学生成功表现出更开朗的举止之后,马斯洛就把注意力转向下一步骤,直至学生能在所有场合感到自如。

由于弗洛伊德的自由联想法冗长而耗时,马斯洛还尝试发展一种替代方法。例如,他所谓的"搬掉压抑之盖"的方法。这种方法帮助人意识到并且接受自己一直受到长期压抑的冲动,例如,对某位有魅力的邻居的性感情,对父亲或母亲的敌意等。为此,马斯洛有时向学生描述许多有这类冲动的病例,强调这些冲动是完全正常的。或者,他会像说奉承话那样,再三鼓励学生说,只有非常有勇气的人才敢于承认这种冲动。在另外一些情况下,马斯洛则会更加含蓄。他会用随意、间接的方式告诉学生,如果他们将来体验到这类冲动,应把它们当做完全正常的事情来接受。通过这种方式,学生也许会逐渐甚至会突然意识到这种冲动存在已久,或者会认识到事情的真实面目。马斯洛强调,整个治疗过程的成功,取决于治疗师的态度是否充分宽容和接纳。

鉴于布鲁克林大学的工作比较紧张,马斯洛也开始发展他所谓的补充疗法,例如短期替代精神分析治疗或温和替代精神分析治疗等。他喜欢的方法之一是"病历疗法"。下面是他1942年3月的记录:

> 如果有人找我来帮忙,而我又没有时间,我会如实告诉他们,并对他们建议:如果能将他们的问题及其对问题的看法写出来,我会很乐意看,并对此提

出意见。同时，我还会给他们一些纲要。

在我的指导下，他们每周都把报告交给我，我审阅后，提一些意见，做一些必要的带有解释性的评论，然后，再增加一些让他们写的内容。

我用这种方法取得了一些令人满意的成功，当我最终有时间与他们详细交谈的时候，就已经看不出他们受过什么伤害了。我还要求他们坚持写日记，把梦境记下来。

马斯洛还建议学生积极参加各种活动以消除压力。他把跳舞看成使身体和感情从紧张状态放松的一种健康而愉快的方式。他还认为，沉浸在美术或音乐等创造性的活动中，可以振奋精神或者舒缓情绪。马斯洛劝告那些在这两个领域都缺乏创造天资的人，可以听一听唱片或到美术馆参观，这样，也会有一定的治疗作用。

这些非正式的治疗工作对马斯洛后来的理论体系产生了影响。其中，最重要的影响在于，他确信我们有某些内在的需求，特别是那种在生活中发现目的和意义的需求，它们没有被弗洛伊德主义者和其他心理学流派的成员们认识到。一些有创见的精神分析家，如弗洛姆和霍妮，都曾经触及过这个问题，可它仍然游离于精神分析的主要研究领域之外。1938年前后，当一位已毕业的女大学生绝望地求助于马斯洛时，他对心理治疗的思考出现了一个转折点。这位学生抱怨失眠，没有食欲，月经失调，以及长期感到无聊，没什么能激起她的兴趣或使她愉快。

这些症状与亚伯拉罕·梅尔逊（Abraham Myerson）在《当生活失去乐趣》(When Life Loses Its Zest)一书中所描述的情况极为相似，马斯洛曾对这本书产生过浓厚兴趣。当这个女人继续述说时，她的境遇看起来更加有趣。她一年前毕业于布鲁克林大学，找到了一份报酬丰厚但却乏味的工作，在一个口香糖工厂当人事部门的负责人。在大萧条的岁月里，她供养着整个家庭，由于收入高而受到朋友们的羡慕。

那么问题在哪儿？在与马斯洛倾心交谈时，她说自己觉得生活没有意义，她曾经是优秀的心理学系大学生，并计划继续读研究生。她热爱学术活动，但她拮据的家庭迫使她放弃了学业。最初，她曾试图说服自己，应该感到幸福，应该对这份收入丰厚的工作心满意足。但渐渐地，一想到要毕生从事这种工作就使她感到压抑。现在，她内心空虚极了。

凭直觉，马斯洛没有用经典的弗洛伊德方法来对她进行治疗。他对她的童年生活以及冲突和幻想不感兴趣。他意识到，真正的问题在于这个女人认为生活无意义，认为自己浪费了天赋。后来在一篇题为《认知的需要与恐惧》（The Need to Know and the Fear of Knowing）文章中，他写道：

> 我认为，她是由于没能发挥自己杰出的天赋，没能把自己的才智用于心理学，从而感到极为沮丧和苦恼。这也许是她对生活感到厌烦，以及在生理上对正常生活乐趣（如进食）感到厌烦的主要原因。任何天赋、任何能力也是一种动机、需求和冲动。她对此很赞同。
>
> 我建议，她可以用晚上的业余时间继续学习研究生课程……她对此做了安排，进展非常顺利。她变得更活跃、快乐而且风趣。当我最后一次与她接触时，她的大部分生理失调的症状都已消失了。

这个病例及其他类似的病例不仅在心理治疗和心理咨询方面对马斯洛产生了影响，而且也对他关于人类动机的观点产生了深刻影响。几年以后，在这类经验的基础上，他发展了自己的自我实现理论。

在对黑脚印第安人进行实地调查后不久，马斯洛对这次调查结果所包含的社会意义越来越感兴趣。他坚信，本尼迪克特对美国文化中有弊病的竞争意识的批评是完全正确的。很明显，黑脚印第安人比他在布鲁克林大学以及其他地方所研究的人更有安全感。但是对这种情况需要做些什么呢？在接下去的两年里，马斯洛深入思考了这个问题，写了好几篇文章。这些文章尽管没有发表却极为精彩，其中包括《安全的宗教效应》和《以安全为导向的社会改造方法》等。

在罗斯福"新政"时期，马斯洛像许多社会科学家一样，对于慈善计划很感兴趣，特别热衷于提高美国人心中的安全感，从而使人们感到幸福与和谐。为达到此目标，他设计了几种方法。其中包括对美国教育体系进行大刀阔斧的变革，加强学生之间的相互合作。马斯洛呼吁取消竞争性的评分制度，尤其是学生成绩分布曲线表。他还认为，教师的角色应该从权威人物转变成儿童在感情和智力发展过程中所需要的朋友。

为了在美国文化中培养更高的安全感，马斯洛倡议实施一项范围广泛的政府计划，为所有公民提供医疗、残疾保险。他强调，人们应该把慷慨大方、相互合作这些美德，而不是自我扩张视为成功的定义。他指出："我们生活在物欲横流、权力滥用的社会，只要社会仍然如此，我们就不会有安全感。人们必须从学校、心理诊所、报纸、杂志以及相关的文章中学习到，他们追逐权力的目的仅仅是为了找到一种安全感。"

最后，他把美国家庭看成亟须变革的关键所在：

我们的家庭是依据等级制度构建起来的。从社会意义上来看，它是太小了，亲属关系体系和责任感没扩展到足够的程度。因此，对一两个人，即母亲或父亲的依赖性就太强了。换言之，这相当于把过多的鸡蛋放在同一个篮子里。若母亲在儿童的生活中显得过于重要，任何影响母亲和孩子关系的事情都容易带来不安全感。

原始社会则避免了这种情况。因为亲戚中有很多人彼此关心照顾……也许在家庭之外创造更多温暖的感情纽带不失为一种良策，这样就减少了对父母的过分依赖性。当然，这对孩子来说意味着要有更多的交往与拜访，更经常地住宿在别人家中，更频繁地露营。总之，相对于核心家庭，孩子们能够发展更大的独立性，对家庭的依赖要小得多。

关于改进美国社会，尤其是在竞争意识和性行为等习俗方面，尽管马斯洛从未寻求过直接的政治途径，他却从另外的角度实践了自己的某些想法。在他女儿出生后的几年里，他和扩展了的家庭成员们一起，进行了一次非同寻常的共同居住的实践。

马斯洛一家住在海洋大街的一幢3层小楼里，包括几间寓所，但不久便逐渐被他的亲戚们住满了。在以后七八年的时间里，这个共同体在不同时期包括他的父亲、弟弟保罗、贝莎的母亲和父亲、贝莎已离婚的姐姐安娜和她的两个上大学的儿子，当然还有马斯洛夫妇和他们的两个女儿。在长达几年的时间里，马斯洛是这个集体中唯一有固定工作的人，他不得不用微薄的薪水来供养这个庞大的家庭。

为使这个集体有效地生存下去，每个亲戚都有义务做些特定的日常家务工作。所有人都认真地对待这些事。例如，小小的安·马斯洛也有日常的任务——到每个房间去唤醒每个人。在收入微薄的情况下，他们相处得很好，享受着一种其乐融融的生活。有一次，马斯洛的同事和朋友格德纳·罗菲前来拜访，马斯洛领他参观自己的住所。正当他在屋中介绍他们用分期付款的方式买来的电器和家具时，忽然看到自己的一个女儿在一边玩耍。马斯洛一下子把女儿拥到怀里，快乐地说："这可是一次就属于我们的啦！"

马斯洛常常深情地回忆起这段与亲戚们一起生活的经历。马斯洛相信，它为如何在集体成员之间培养和维持亲密而温暖的关系提供了很多经验。他用人类学术语将这段经历戏称为"崖洞栖身时期"。在我们社会中，许多普遍的心理问题的直接诱因是生活中缺乏互相之间亲密的联系。马斯洛把当代的核心家庭，或者正在增多的亚核心家庭，看成是治疗孤独和忧郁的一剂处方。他评论道："我毫不怀疑……

第 8 章 布鲁克林大学的革新

现在的年轻人……由于见不着祖父母而难过，同样，他们也因经常见不着父母而苦恼。"在自己亲身经历的基础上，他相信，成功的群居取决于两个条件：第一，人们的情感要稳定；第二，有一个人能够承担家庭的重担，成为群体的核心。他处理各种麻烦事，把全体成员团结起来。对马斯洛来讲，贝莎的母亲就是这样的角色。

几乎就在同时，马斯洛参加了另一项不寻常的尝试：在邻居中组织"食物合作社"。马斯洛希望有一种可行的企业形态来代替追求利润的超级市场，因此竭尽全力想使这种尝试成功。然而，尽管有志愿者的劳动，合作社却总是赔钱，最后只好关闭。马斯洛后来认为这次实验失败了。他断言，即使对最无私的非营利企业，也需要有稳固坚实的组织和管理。"这家合作社的经营很糟糕。从那时起我开始明白，仅有良好的愿望和不切实际的信念是不够的，还需要有优秀的企业家、优秀的管理者，以及良好的工作能力和效率。"

尽管马斯洛从他在布鲁克林所进行的小规模生活改革尝试中得到不少乐趣，但他对法西斯主义在德国、意大利、日本和西班牙等国逐渐得势深感痛心和悲哀。面对席卷整个世界的恶劣的国际事件，马斯洛感到越来越无能为力。像当时许多敏感的人一样，他把佛朗哥残暴镇压民主拥护者的胜利看成是自己的悲剧。他在专业上进展顺利，《变态心理学原理》获得了热烈反响，并且成为这个领域的权威教科书。然而他对这种成就在面对国际黑暗势力时到底能有什么现实意义感到困惑。

在美国介入第二次世界大战之后不久的一个下午，马斯洛内心经历了一次突然的变化，他的余生从此一直怀有一种使命感。这种使命感使他有了方向感和目标，给他注入了能量，对此他终生难忘。导致这一转变的原因，是他在布鲁克林大学附近目睹的一次游行。马斯洛自己生动地描述了这次经历：

> 珍珠港事件后不久，一天，我驾车回家，在路上遇见了游行。车被贫穷、悲惨的游行队伍堵住了。在我的面前，是衣衫破烂的退伍军人、童子军、麻木的人流、旧制服、旗子等。有人在吹奏着走调的长笛。我在观看时，禁不住泪流满面。我觉得，我们并不了解希特勒，不了解德国人，不了解斯大林，也不了解共产主义者。我们不了解他们中的任何人。我觉得，如果我们能了解他们，我们就会取得进步。
>
> 我幻想有一张和平的圆桌，大家围桌而坐，一起讨论人性、仇恨、战争、和平，以及兄弟情谊。我的年纪已经太大而不能从军，但正是在那个瞬间，我意识到，我应该贡献我的余生，为那张和平圆桌发现一种心理学。那一个瞬间改变了我的整个生活。

从那天开始，马斯洛在心理学领域的工作变得更有创新精神，范围更广泛，然而也更脱离正统轨道。他选定了方向后，开始探讨未知领域，研究内容涉及人类天性和我们未意识到的潜能。就这样，马斯洛走上了孤独、艰难，然而令人振奋的探索之路。

第 9 章　自我实现之光

> 我并没有把对自我实现的探索当成一项正式研究，开始时也没像正式研究那样着手。我的探索不过是一个年轻的知识分子为理解两位自己爱戴、尊敬的老师所做的努力，他们真是非常非常美好的人。我不能只满足于崇敬他们，还应该努力理解他们，弄清楚他们与世界上的芸芸众生为什么如此不同。
>
> ——马斯洛

当美国介入第二次世界大战，国际局势日渐紧张、险恶时，马斯洛却看到了一条实现他的和平圆桌理想的途径，那就是发展一套完整的人类动机理论。他觉得，关于人性的关键问题实际上并不多：人们在生活中到底想要什么？满足什么才能感到幸福？什么原因使人们要追求某种目标？更具体地说，人们为什么会追随像希特勒或者斯大林那样的人？

在致力于回答这些问题时，马斯洛从以前的心理学研究中发现了很多有意义的东西。他回顾了阿德勒、弗洛伊德、霍妮、弗洛姆、"新自我心理学家"卡迪纳和大卫·利维的心理学理论。戈尔茨坦论机体的著作，特别是他关于自我实现的概念，看起来与马斯洛思考的问题很有关系。一些实验心理学家的著作也颇有见解。但是，在这些理论中，没有哪一种能够对人性有全面的理解，因此，有必要把它们融会贯通起来。

对自己正在逐步成形的动机理论，马斯洛感到非常兴奋和自信。还没有人能像他那样，把现代心理学的各个流派，包括弗洛伊德主义、新弗洛伊德主义、行为主义、格式塔心理学和有机体论等，都统统综合起来。如果他的研究在严密性和广泛性上都是成功的，那么，几个世纪以来对人类内在天性和行为的探讨都会显得陈旧，而且，也许还会出现某些改变文明的新前景。在一篇日期为1942年2月13日具有代表性的研究笔记里，马斯洛写道："我确信，现代动机理论的一个副产品，就是一劳永逸地推翻了传统的享乐主义理论。"

为了更深入研究，马斯洛再次转向了人类学。1942年2月21日，马斯洛写信给G.巴特森（George Bateson），希望得到后者关于巴厘岛文化的实地考察的资料。巴特森是玛格丽特·米德的丈夫和合作者。

那一年，韦特海默关于"存在与行为"的演讲也肯定了无动机行为（unmotivated behavior）的可能性。他认为，人类的游戏，对美的欣赏等，都与传统的心理需要无关。这是那些传统理论所没有注意到的人性的另一面。

在进行关于人类动机的整合研究的同时，马斯洛仍在不断反思那几年里他对布鲁克林大学的学生们所做的治疗工作。在帮助他们的时候，他一直靠的是自己关于人生意义和幸福之路的个人直觉，但他从未彻底明确过自己的价值观。当然，对于那些求助于他的学生，他并不仅限于调整他们去适应社会道德习俗，而是激发他们内心一些更深层的东西，包括个人的目标和抱负等。他清楚地了解，一些学生从他的治疗活动中获益匪浅，而另一些则没有什么收获。那么，是什么因素使成功的个案获得感情上的健康和充分满足呢？沿这个方向思考下去，马斯洛推论出，人的需求可被区分成几种类型，其中有些需求似乎比另一些更内在、更基本。

当马斯洛开始对动机理论的细节进行综合时，他领悟到：人性有其生物学基础。马斯洛此刻已经确信，文化相对论作为理解人类组织和行为的原理已经过时了。他在研究笔记中注意到，人们所追求的生活目标中，有些东西已经超越了文化压力。正如他在第二年的一篇主要论文中所说："人们之间的相似之处，即使是处于不同社会的人，也要比我们最初与他们接触时所认为的要大得多。随着我们对他们了解的加深，我们对共同性的发现会越来越多。然后，我们会认识到，突出的差异只是表面上的，而不是根本的。例如，人们之间发型和口味的差异就是这样。"

同时，马斯洛也开始寻求一种方法，来理解感情健康者以及精神病人的动机。他后来回忆道："我着手的方法是去理解伟人，他们是我能发现的最佳的人类样本。"这种特殊研究不久即成为他发展中的理论的顶点。早在1935年，当马斯洛刚刚认识露丝·本尼迪克特和马克斯·韦特海默时，他研究高度完善的人的兴趣就被激发出来了。他后来回忆道：

他们令人迷惑不解，他们与周围的一切那样不同，就好像来自另一个星球

第9章 自我实现之光

……尽我全部的知识也无法解释他们,他们简直是谜。他们对我很好,像父母对儿女一样。他们回答我的问题,让我待在他们身边……关于他们,我记下了许多笔记,是那种日记类型的,我一直在努力领悟他们,这完全是个人的事情,我甚至没有想过要把它当做一项探索或者研究。

然而,在马斯洛家举行的一次聚会成了促使马斯洛研究自我实现的动因。在那次聚会上,本尼迪克特和韦特海默都出席了。当时,气氛是那样融洽祥和、热情洋溢和妙趣横生,马斯洛不由得想到这样一个问题:"一个由自我实现的人组成的群体将会产生怎样的文化?"关于本尼迪克特和韦特海默,他做了大量的记录和笔记,但是,由于当时还忙于其他事情,一直无暇整理。所以,关于自我实现的研究,并没有什么进展,他甚至没有试图将他的思索成果放到一个大的理论背景中去。

1940年,马斯洛首次把这些思考具体化。在他与贝拉·米特曼共同撰写《变态心理学原理》(*Principles of Abnormal Psychology*)时,马斯洛认为有必要用一个章节来论述正常人格。合作者都没有料到他会有这种脱离常规的想法,但他仍然执意而为。为确定他称之为"正常状态"的表现,他界定了12个一般的品质和几十个特殊的品质。马斯洛用"正常"这个词来描写理想的或健康的品性,它们包括适当的自尊和自我认识、表达爱和被爱的能力,对社会习俗和伦理提出质疑的能力等。

在这一章题为"理想人格和目标"的一节中,马斯洛宣称,既然理想人格问题总是与价值观问题相关,他希望"科学在发展的进程中将最终接管整个价值观问题作为研究对象。我们没有理由不相信,最终我们的大部分,也许全部价值观将接受科学的裁决,在这点真正实现之前,任何关于理想人格的讨论都应搁置起来"。

马斯洛在写作时对心理学中缺乏对这类重大问题的探讨深感失望。他一直在期待"科学发展的进程",而现在,全球都陷入了战争,希特勒和法西斯主义在世界各地日渐猖狂,再耐心等待关于人性的科学进展已无指望。现在是自己对人类动机、最高价值和理想进行全面研究的时候了。

1943年,马斯洛的朋友、精神病学者卡迪纳和利维——纽约精神分析与身心治疗研究会的会员——邀请他提交一篇论文,以论述他用整体论研究人类动机的新方法,这促使马斯洛最终开始了动机研究。马斯洛很高兴,他一直非常乐意和朋友们讨论问题,这些讨论使他感到兴奋。他很清楚,这个邀请将迫使他进行深入思考。他对自己散乱的笔记进行了整理,当年就发表了两篇论文。第一篇是《动机理论引言》(A Preface to Motivation Theory),第二篇的力度远远胜过第一篇,这就是同年秋季发表的《人类动机理论》(A Theory of Human Motivation)。

《人类动机理论》发表时马斯洛才 35 岁，这是他事业中最有影响的论文。在这篇文章中，他提出的人性模式在很大程度上取代了弗洛伊德主义、行为主义以及其他诸多流派，在极其广泛的领域中对理解个人起着指导作用。目前，它的应用范围从心理治疗、婚姻咨询、教育方法、企业管理、市场营销一直到护理保健，甚至神学。

马斯洛动机理论的核心在于人类的需要层次。他认为，实际上，每个人天生就有一系列的基本需要，包括生理需要、安全需要、归属关系和爱的需要以及自尊需要。通过复杂而清晰的理论构建，他指出这些基本需要构成了一个层层展开的阶梯性体系。马斯洛指出：

当没有面包时，人们只为面包活着，这句话是相当确切的。那么，倘若面包充足，人们顿顿饱餐，他们的欲望又会发生什么变化呢？

此时，其他更"高级"的需要会立即出现，这种需要（并非生理上的饥饿感）主宰了机体。当这种需要得到满足后，另一种新的（更加"高级"的）需要又出现了，依次类推。我们说"人类的基本需要依照其相对优越的力量的不同构成一个层次体系"，就是这个意思。

这句话的一个重要含义是，在动机理论中，满足与匮乏是同样重要的概念。因为它将机体从相对更强的生理需要的控制下解放出来，从而允许更加社会化的目标出现。

马斯洛理论的关键之处在于，已经满足的需要不再驱动我们的行为。也就是说，一个饥饿的人为了活命也许会不顾自尊，但是，一旦他吃饱穿暖，他就很可能会追求更高级的目标。不过，马斯洛也认识到，即使这种简单明了的问题也有例外。例如，有的人为了帮助别人而甘愿做出巨大的自我牺牲，有的人能够表现出纯粹的英雄行为。正当马斯洛在纽约发展他的理论时，有人在德国集中营里无私地把最后一片面包分给难友们，帮助他人在噩梦中保持希望，自己却由于饥饿和疾病而奄奄一息。怎样解释这种行为？尽管马斯洛没想到过上述具体的极端情况，他还是写道：

为了理解那些具有利他主义精神的人，应该看到，他们的生活中的基本需要至少曾部分地被满足过，尤其是在他们早年的岁月里。他们具有坚强、健康的性格，似乎发展了一种超常的能力，能对付现在或将来这些需要得不到满足时的状况。他们曾爱过，也曾被爱过，体验过不少深厚的友谊，他们能对付仇

第 9 章　自我实现之光

恨、排斥或迫害。

最后，马斯洛概述了另一种与生俱来的人类需要，即个人充分发挥的需要，或他更喜欢称作"自我实现"的需要。他写道：

> 除非个人正在干着他所适合干的事情，否则即使这些需要全都得到了满足，我们仍然可以经常（如果并非总是）预料新的不满足又将迅速发展起来。一位作曲家必须作曲，一位画家必须绘画，一位诗人必须写诗，否则他始终都无法安静。一个人能够成为什么，他就必须成为什么，他一定要忠实于自己的本性。这一需要就可以称为自我实现的需要。
>
> "自我实现"这一术语是戈尔茨坦首先使用的，本书在一种更加有限和特殊的意义上予以采用。它是一种人的自我发挥和自我完善的欲望，也就是一种使自己的潜力得以实现的倾向。这种倾向可以说是一个人越来越成为独特的那个人，满足他所能满足的一切欲望。

在这些简短的陈述中，马斯洛想把自我实现定位在什么范围还不明显，因为他还没有更确定的东西可以说。尽管如此，马斯洛已提出了可以称之为他在心理学领域贡献最重大的论点，他准备将注意力转向自我实现问题，对它进行更深入的研究。他觉得，弗洛伊德主义者和新弗洛伊德主义者已经精确地描述了当人们的低级需要受到阻挠和挫折时会发生什么情况，因而他认为没必要针对神经症和精神病更详细地积累资料。近50年来，精神病学和变态心理学一直在研究这些内容，而他对此兴趣不大。他更愿意探索未知的心理学领域，研究"最佳人性"的挑战对他极有吸引力。他关于动机的文章当时并没有引起什么反响，但他对自己工作的重要性深信不疑。他相信，他的理论迟早会得到广泛认可。

马斯洛开始在心理学课上讲解他沉思的问题。"最后，本尼迪克特和韦特海默的形象合二为一"，他把他们看成自我实现者的综合体，而不仅仅是单个的人。他只将这些令人兴奋的新见解讲给学生和亲密的朋友听，因为他关于健康人研究的观点非常脱离常规，不能在专业会议上公开发表。

从1943年末到1944年中，马斯洛要求他的学生描写他们认识的"自我实现程度最高"的人。对此他使用了几个多少可以互相替换的术语，包括"好人"（good human being）、"近乎理想的健康人"（almost ideally healthy human being）、"圣洁的人"（saintly person）、"基本满足的人"（basically satisfied person）（指"基本需要"得到

121

满足的人）以及"自我完善的人"（self-fulfilling person）。在给学生布置作业时，他阐述了自我实现的几个主要特质，例如"平静、知足、镇定，潜力得到充分发挥，很强的创造力等，以及在人际关系方面成功等"。有些学生描写了自己喜爱的祖父母或其他亲戚、朋友、老师，或者那些看来符合这种模式的人。马斯洛仔细阅读了这些报告，希望获得关于自我实现者的更详细的图像。但这个课题相当不同寻常，以至于马斯洛有几年没能对其进行深入研究。

就在那几年中，布鲁克林大学成了政治激进主义的中心之一，当地很多人把它叫做"红色大学"。当然，这种说法并不是针对其建筑物的颜色。布鲁克林大学在福莱特布什建立分校之前，就已经成了左翼激进活动的场所。这是布鲁克林大学生生活的一部分，而当时作为社会民主主义者的马斯洛对此极端反感，但又不能完全逃避它。

1935年5月1日，教员们在察看信箱时，发现了第一期《布鲁克林大学员工》(The Brooklyn College Staff) 杂志，杂志主办者自称为"美国共产党布鲁克林大学支部"。它的编辑和出版者尽管都是匿名，但很明显就是学校的教员和其他雇员，该杂志号召人们追随共产党的路线。他们宣称："我们相信资本主义制度必然灭亡……法西斯主义正在资本主义世界蔓延，血腥的战争正在酝酿之中。与此同时，在苏联，我们看到胜利的工人阶级正在建设社会主义，为所有人创造更加美好的生活。"《布鲁克林大学员工》的出版一直持续到1939年。在布鲁克林大学，它已为人们所熟知。

"斯大林主义"[①] 以种种方式出现在校园里，这使马斯洛感到心神不安。一种常见的方式就是在学校行政部门有意无意的保护之下，通过对学生俱乐部的渗透，推行"斯大林主义"路线。这种形式逐渐稳定下来，甚至可以预见得到。典型的情况是，一个科学俱乐部或语言俱乐部会突然发现，许多陌生的新学员不知何时已注册参加进来，由于校园俱乐部对所有学生都开放，所以新来者是受欢迎的，即使在某种程度上有点别扭。在后来的一次会议上，新成员会通过决议，选举新的干部，并讨论国际时事。作为一个团体的成员，他们会尽可能快地投票选举，替换俱乐部的领导。通过这种形式的会议以及其他手段，人数不多的"斯大林主义"的学生核心，加上几个积极提供建议的抱支持态度的教员，在布鲁克林大学里产生了巨大的影响。与他们对立的是喜欢权谋的马基雅维里式的学生、"托洛茨基主义"者，他们人数不多，但也有自己的小报、传单、组织策略和教员拥护者。

[①] 这里是指20世纪三四十年代出现，二战结束后在美国普遍使用的名词，指一种左翼激进主义。当时在不了解共产主义甚至对之持有敌意的美国民众那里，它经常被视为共产主义的代名词。——译者注

第 9 章 自我实现之光

校园里的气象折射出周围社区的政治风波。经济大萧条时期的特征在布鲁克林贫困的、处于劳动阶层的居民身上展现无遗。这些居民中有许多是移民，他们响应推翻美国资本主义的呼声，同时他们也认为，即使美国社会发生大变革，他们也不会失去什么。以当地标准看，如果不是保守主义的话，一个推行新政的民主党党员在政治上也只不过是行中庸之道而已。布鲁克林区选出了纽约市议会中唯一一名共产党党员，同时，在布鲁克林，共产党的《工人日报》的发行量占该报美国总发行量的一半。

"斯大林主义"者和"托洛茨基主义"者在布鲁克林大学的活动于 1939 年和 1940 年达到高峰。当时的新任校长哈里·基登斯博士（Dr. Harry D. Gideonse）与之进行了正面的交锋。不久，美国和苏联在二战中结盟，这又给共产主义在校园中的传播提供了一个新的、暂时的机遇。

布鲁克林大学心理学系绝非极左派教职员的舆论中心，但也受到了意识形态派别活动的困扰。由于持有温和的社会主义观点以及偏爱诸如"食物合作社"这类改良方式，马斯洛常受到一些支持"斯大林主义"和"托洛茨基主义"的同事的非难。他对重大国际事件看似采取超然的态度，有一些人为此而愤怒。有时，他们直接质问他：你作为一个犹太同胞和移民之子，为什么对世界上存在剥削的悲惨状况如此漠不关心和自以为是？你难道不知道自己正在成为被资产阶级利用的工具吗？有时，某些"斯大林主义"者则指责马斯洛是隐藏在他们中间的"托洛茨基分子"。他感到这种指责十分荒谬可笑，他更为这些人抛弃了美国文化中最有价值的部分而深感悲哀，因为他们反对个人自由，尤其违背了《人权法案》。大体上，他也赞同他们关于建设没有战争和饥饿的世界的理想，但是，他完全不同意他们对公民自由的藐视。

马斯洛希望把自己在心理学研究中的发现用于促进社会和谐与公正。也许，在这方面，他的主要导师与榜样是马克斯·韦特海默和埃里希·弗洛姆。他们两位都看出了美国社会制度中的诸多经济弊端，但他们仍然珍视美国的政治民主。然而，即使在与弗洛姆的思想最接近的时候，马斯洛也从未像他那样赞同过马克思主义思想。在《开明的领导权与人格》（Liberal Leadership and Personality）和《权力主义者的性格结构》（The Authoritarian Character Structure）等文章中，马斯洛依靠社会学和人类学来指导他的思考。毫无疑问，发表于 1943 年的《权力主义者的性格结构》是马斯洛的最有说服力的代表作之一。在观念上，它促进了具有里程碑意义的阿多诺等的著作《权力主义人格》（The Authoritarian Personality）的完成。该书由美国犹太人委员会赞助，于 20 世纪 40 年代后期出版。

在《权力主义者的性格结构》这篇文章中，马斯洛为理解权力主义者提供了一种颇具独创性而且非常中肯的创新方法。他并不限于列举这种人典型的性格品质或政治态度，并且论证道，权力主义者特有的理解事物的方式对于他们的人格来说是关键性的，这种方式来源于权力主义者特殊的世界观。他写道："权力主义者的许多性格特征已经广为人知，但这些特征还没有在整个人格框架中综合起来。这使得许多人把权力主义者看成是绝对不可理解的怪人或'疯子'。但是，事情并非如此。"

马斯洛认为，权力主义世界观的关键特征是所谓的"丛林观"（the jungle outlook）。他在余生中常用这个术语来指称把人类存在状态看成如同置身于丛林中的观念。"丛林观"把世界看成人们为了生存而残酷斗争的地方，"人们相互为敌……整个世界都危机四伏，充满了陷阱和威胁"。马斯洛解释说，一旦看出某人具有这种世界观，他所做的任何事情就都合乎逻辑而且容易理解了。"我们自己也可以很容易地体会到这一点。只要我们想象自己身处丛林，面对真正的野兽。"那么，当一位访问者伪善地要求我们友好地对待凶猛的豺狼虎豹时，我们最可能的反应是什么？理所当然是不相信和怀疑。正是由于这个原因，当我们劝告权力主义者友善待人时，他们的反应是不屑一顾甚至抵制。"如果对某个人，世界就像是丛林那样，人与人之间如同野兽，那么他就会感到焦虑，并且理所当然地对其他人持怀疑、敌对的态度。"

马斯洛列举了一系列权力主义者的人格品质，包括喜欢用"上司—下属"的两分法来看待他人，具有强烈的追求个人权力的欲望，对他人抱有敌意和偏见，具有"施虐—受虐"倾向。也许最重要的是，他们把友善和慈悲看作软弱。马斯洛认为，要改造这种权力主义世界观，其过程必然是缓慢、艰难的，因为它意味着基本人格的转变。

在另外一些有关的文章中，马斯洛用自己的研究发现来阐述政治心理学问题。在肯定开明的民主理想的同时，他不断提请人们注意，现实中有反对民主的人，就是那些总是怀有敌意、品质恶劣的人，应该认清他们的面目。他相信，当时许多怀有理想主义、良好愿望的人在面对极权主义者，尤其是面对希特勒等极权主义老手时，心理上显得过于天真。在晚年，马斯洛进而批评当时的许多西方知识分子恰恰也抱有同样的天真。

在一篇简短的未发表的题为《备忘录：共产主义者的人格》（Memorandum：Personality and Communists）的文章中，马斯洛运用了非常独特的思考方式去分析那些美国"斯大林主义"者的人格构成。在布鲁克林大学，他曾经遇到甚至与之打交道的有几十个这样的人。马斯洛发现，他所认识的"斯大林主义"者一方面对人具有抽象的爱，另一方面又燃烧着对自己和他人的仇恨。马斯洛写道："一般说来，他们都过着悲惨的生活，他们是缺乏爱的典型。"同时，他也指出，也有一部分共产党

第9章 自我实现之光

的忠诚分子,他们和蔼可亲,富有同情心,并且能够以身作则,行其所信。

在战争岁月里,马斯洛开始把自己正在形成中的自我实现理论应用于世界进步问题。他想象说,理想的社会应该能使每个成员实现自己的全部潜能。甚至在当时,他就心存疑虑,不知道重视个人自我实现的理论能否为集体福利和幸福提供可行的方案。马斯洛担心,对个体发展的过分强调可能会妨碍群体的团结和谐。但是,他觉得苏联的方式并不可取,因为它是以牺牲个人为代价来换取集体实现。有没有什么途径可解决这种表面上的矛盾呢?马斯洛相信很可能有。他的研究揭示,当我们自己的基本需求得到满足,当我们开始实现自己最深层的潜能时,我们就会越来越愿意献身于其他人的幸福。在一篇未标注日期的文章中,马斯洛写道:"因而,自我实现和集体实现似乎并不矛盾。但我们必须强调,这只是一种推测,对此并不能完全肯定。"

尽管马斯洛对政治心理学很有兴趣,在现实生活中,他却置身于政治之外。不管是在布鲁克林还是在其他地方,他从未在政治上加入过专门的组织活动或参加过较大事件。出于他的学者气质,他常常避开同事中那些不可避免而又很无聊的争论和交易。他对马基雅维里式的阴谋诡计一点兴趣也没有。他只满足于写作、研究和启发学生。每晚和家人在一起是他生活中的另一乐趣。这种生活方式正是他所向往的。然而,同事们有时候也对他的超然态度感到忧虑和不满。

但是,这绝不是马斯洛人格的令人置疑之处,他从未和同事们发生过冲突。在布鲁克林大学的同事中,没有谁记得他曾向学生或教员发过脾气。不过,有时马斯洛对自己天资自视甚高,有时候就被其他人理解为自负甚至傲慢,一些很喜欢他的人有时也这样认为。有段插曲可说明这种情况:一天,马斯洛看到一位年轻同事正在费劲地安装一个仪器,用来测试人类对视觉刺激的反应。在这位年轻人看来,马斯洛似乎是带着一种傲慢的微笑评论道:"这正是我所称的真正的肛门型强迫行为!"这位同事反唇相讥说:"亚伯,这说明你什么也不懂!这不过是一种极好的工程实践活动!"尽管马斯洛的话也许只是个玩笑,但听起来却似乎有某种优越感,这使他的年轻同事大为扫兴。

在不断发展其人本心理学观点的同时,马斯洛也与大多数伙伴们疏远了。他的研究方向更加富有哲学性,对其他人来说,他对常规心理学研究的批评有时似乎显得强词夺理。其原因在于,从传统标准来看,他对自我实现这类课题的强烈兴趣非常离谱,甚至他关于变态心理学和人格理论的常规课程也处于心理学学科的主流之外。在布鲁克林大学和其他地方,关于知觉、学习和动物行为的实验研究是心理学标准的受欢迎的领域。在心理学系,大多数教员或者社会心理学家,如所罗门·阿希，或者实验心理学家，如爱德华·格登，都感到自己与马斯洛的研究没什么关系。因而，1943年，当丹尼尔·卡茨成为第一位系主任时，他在马斯洛升职的问题上遇到了阻力。职称委员会认为马斯洛以自我为中心，缺乏合作精神。他的晋升问题长期受到否决，直到1946年1月才被提为副教授，当时，他已经在这里工作了9年，而且源源不断地推出了研究成果。在那时，马斯洛的兄弟们对他和贝莎面临的无休止的财政困难感到很沮丧，他们多次敦促他辞去教职，加入他们越来越赚钱的制桶公司，但他总是谢绝。马斯洛的父亲在去世前不久，曾半认真地向他建议："亚伯，你真是爱教书啊！你干吗不去挣大钱，办一个自己的大学呢？"

贝莎可能觉得她丈夫的职业在经济上没有前途，而马斯洛自己却心甘情愿。他热爱纽约城激发智力的环境，也喜欢住在兄弟们和威尔·马斯洛、贝莎的母亲这些亲戚附近。马斯洛本质上是个孤独的思想家，对在大学里缺少交流思想的亲密同事并不真正在意。他热爱教学，可以从教学中得到乐趣。到40年代中期，他甚至投入了相当多的精力去制定布鲁克林大学学生对教员的评估制度，这在美国当时算是创举。马斯洛认为，成功的教学，就是能够启发学生的教学，这是教师的重大责任。

到40年代中期，马斯洛更加明确地认为，应该进行具有重要社会意义的研究。战争的结束并没有使他降低自己个人的使命感，他仍然渴望发展一种新的心理学理论。他最后决定发表自己1938年在黑脚印第安人中进行实地调查所得到的调查成果。至此，马斯洛意识到，他继续进行实地调查的希望是不现实的，他与本尼迪克特、米德以及哥伦比亚大学的人类学小组的联系已经不密切。他的兴趣也有所转移。他与耶鲁大学的约翰·霍尼格曼（John J. Honigmann）合作，共同完成了一篇论文，在论文的写作过程中，他只投入了适度的精力，他要求年轻的合作者担任论文的主要作者。尽管马斯洛仍然难以忘怀在黑脚印第安人部落的经历，但他已不再热衷于进行人格和行为的跨文化比较研究，旧日的现场笔记也显得生疏了。

1945年，他们把论文提交给几家杂志，但没有一家杂志愿意发表。也许是因为时间太久了，那些资料看起来已不再新鲜和令人信服。另一方面，自30年代末以来，社会科学的潮流已经转向，有关文化与人格的文章不再时髦。马斯洛继续在讲演和文章中列举他在黑脚印第安人中的调查经历，但此后没有再想发表他的这一研究成果。

在着手研究自我实现之后不久，马斯洛开始对科学的性质产生强烈的兴趣。自从他20岁时在威斯康星由哲学转向实验心理学以后，他喜欢上了科学，并有点天真地认为它是现代生活中最崇高、最富于理想主义色彩的事业。现在，在着手研究自我实现的时候，他为自己是一个开创者感到十分兴奋。对他来说，深入理解科学发现和什么是科学家的本质越来越重要。在一篇日期为1943年12月的未发表文章《科学家的本质》（Nature of the Scientist）中，马斯洛对那些在追求知识时不敢冒险、不敢抓住机会、不愿超越自己的人提出了批评。他也许想到了他的某些同事，认为他们落后于新事物，与早期飞机模型刚出现时那些嘲笑它们不善飞行的人一样。也许是由于想到了他为探索人性达到的高度而付出的举步维艰的努力，他写道：

> 我觉得，对模糊的概念进行研究是相当科学的，面临复杂的难题时我们应该尽力而为……真正的科学家面对的世界具有多种可能性，充满了疑问，而不是已经有最后的、全面的答案。真正的科学家不满足于停留在前辈的成就上……他不断试图扩展知识领域，因而……最初是带着疑问，而不是带着答案工作。
>
> 每一个真正的科学家都是发明家。每一个伟大科学家的每一个伟大成就都是一项发明。他发明新的技术、新的概念、新的词汇、新的观察事物的方法、新的分类法。他影响了大众。在这个意义上，他总是一个叛逆者，一个革命家。
>
> 每个新发明、每个新发现都会引起骚动。那些本来安于现状的人会受到震撼，他们必须学习用新的方法做事，他们必须用不同的方式看待事物……很明显，任何伟大的发现，任何新的发明……任何会将现状予以重整的事物都会遇到强烈反对，而不会被轻易接受。

在接下来的几个月，马斯洛进一步发展了他关于理想科学家的本质的概念。在另一篇未发表的写于1944年5月19日题为《关于被动性能力的笔记》（Note on the Ability to be Passive）的论文中，他坚持认为，在追求真理的过程中，儿童般的好奇心和对经验的开放态度是一种基本品质。他写道："大多数自称科学家的人已经丧失了用欢乐、浪漫和开放的方式看待世界的能力，然而，那些面对令人迷惑的混乱状况能保持自己被动性能力的科学家，却能够在研究中看到别人视而不见的东西。"

马斯洛从不表示虚假的谦虚，他认为自己正是这样一个开路者，尤其是当他开始一个新的创作计划时。自从他在麦迪逊读研究生起近15年以来，他一直希望写一部囊括整个心理学领域的综述性著作。他年轻时的梦想是要发表与威廉·詹姆斯的《心理学原理》具有同样影响力的著作，那本书实际上奠定了19世纪晚期该领域的基础。现在，他认为，是该有另一部里程碑式的著作出现并指引全局的时候了。他相信，他自己能做这件事。这个雄心勃勃的计划也符合他的能力和使命感。1941年，他与别人合作的教科书《变态心理学原理》出版了。此后不久，马斯洛开始构思自己的巨著。1942 年，他撰写了一个大致的提纲，但接下来的工作进展缓慢，直到 1944 年 5 月 19 日他才写完了导论的草稿，这时差不多已经两年过去了。这篇导论也从来没有发表过，但它以大胆而全面的预见和乐观主义精神，为马斯洛的地位做了最好的注脚：

> 本书是围绕基本心理学问题展开论述的，围绕着那些几千年来有识之士一直关心的难题。它并不致力于那些深奥的、过于专门化的问题，那是技术心理学家们所着力探讨的。如果我们沿着他们的路子走，就会发现现代技术心理学家把人描述成盲目、无助、愚蠢甚至堕落的流浪汉，在这个没有意义的世界上毫无目的地生活。甚至他的彷徨也是毫无意义的随机产物，是由作用在他身上的偶然外部因素所引起的，他自己对此无能为力……
>
> 但我们越来越清楚地看到，人的身上有无限的潜在能力，如果适当地运用它们，人的生活就会变得像幻想中的天堂一样美好。从这种意义上说，人是宇宙中最令人惊异的现象，是最具有创造性、最精巧的生物。多少年以来，哲学家们一直在寻求真、善、美，论述它们的力量。现在我们知道，寻求它们的最佳之处就在人们自己身上。

1944 年 6 月，马斯洛完成了这部共有 21 章的著作的详细提纲，它所论述的主题内容十分广泛。尽管他雄心勃勃，但只断断续续地写了一些零星的章节，这些章节包括关于"人的动物天性"的简短笔记和关于"婴儿期的性格结构"的笔记。不过，马斯洛很少废弃他写的任何东西，而是细心地将每一张稿纸收集起来，以便在将来某个时候扩充或提炼之。这本书最重要的章节之一是"科学中的以问题为中心和以方法为中心"。在发表这篇文章之前，他花了好几个月的时间进行修改，使之完善。他在这篇文章中宣称，现代科学（如心理学）几乎总对研究方法情有独钟，纠缠不清，而对关于我们自身内部构造的创新观点却拒斥不理。马斯洛描述了真正的科学家，他们与专家治国论者不同，是探索者，甚至是幻想家。他认为，研究心理学必须对各种知识源泉持更加开放的态度。为了发现人类天性的实质，鼠类实验室并不是非常有用的地方，更别说是唯一的地方了。这篇文章发表于 1946 年，它标志着马斯洛对科学哲学研究的开始，后来，这一领域越来越引起马斯洛的关注。

这篇文章完成后不久，马斯洛在布鲁克林大学图书馆里阅览，偶然看到了大卫·林德西·华生（David Lindsay Watson）的新书《科学家也是人》（*Scientists Are Human*）。这本书有一章把科学创新者描述为孤独的狼，这给他留下了难忘的印象。

第9章 自我实现之光

此书印证了他关于科学家的直觉：科学先驱们是孤独的，并常常被人误解，成为那些胆小者怀疑与排斥的对象。到这时，马斯洛开始认为自己就是这样一个开创者。在以后的日子里，他喜欢以"侦察员"来概括自己的性格特征。侦察员是肩负充满冒险的令人兴奋的使命，深入未知地带的人。

马斯洛缓慢地写作这部涵盖正常人格所有内容的巨著，他比以前更加确信，童年经历会对人们产生极大的影响。在霍妮的新弗洛伊德主义观点的影响下，他认为早年安全、爱、自尊或归属这类基本需求所遭受的剥夺或挫折，几乎不可避免地会损害我们的成年生活，或使感情变得残缺不全。他毫不犹疑地承认，心理治疗作为一种补救措施是很有效的。他与精神分析家埃米尔·奥伯菏泽的几次讨论就使他获益匪浅。但是，这种心理治疗不可能让我们完全得到在那些关键岁月失去的东西。马斯洛强调，如果说真正的自我实现很少有人能达到，那是因为大多数人成年后仍然在为满足那些低级需求而努力。

毫无疑问，正是由于对安和艾伦在家中表现的观察，马斯洛才对童年时期越来越注意。当两个女儿长大后进入小学时，他仍然在对她们性情的区别而感到诧异。他也注意到她们共同的感情品质，他为她们旺盛的精力、强烈的好奇心和乐天的性情所感染，常常感到困惑，为什么有这类品质的成人如此之少。他开始思索，保持童心的惊异和丰富的感觉也许是自我实现者的一个重要品质，露丝·本尼迪克特和马克斯·韦特海默似乎就是这种情况。

对于他的孩子，马斯洛很少去充当一个客观心理学家的角色。但是，在他的朋友大卫·利维的游戏治疗新方法的启发下，他确实玩了一个聪明的花招。他经常让安和艾伦演木偶剧，并对她们的精彩表演进行奖励。多年以后，两个女儿才意识到，通过她们所表演的能展示她们自我的木偶剧，父亲读懂了她们的心灵。

在那些年里，马斯洛在经济上不宽裕，但是，他仍然设法给孩子们一些小小的乐趣。如果天气暖和，他喜欢和全家一起驾车去郊游，以暂时避开纽约喧闹的街道，换一换环境。在闷热的夏夜，他有时会带着安和艾伦以及她们的十几、二十个小伙伴，沿海洋路步行来到一个大家都很喜爱的小餐馆，然后，他给孩子们每人买一个蛋卷冰淇淋。年轻的柜台服务员是布鲁克林大学的学生，名叫罗伯特·鲁斯坦，他认识这位著名的受人尊敬的马斯洛教授。现在是某大学系主任的鲁斯坦回忆："我通常把特多的冰淇淋放进她们的蛋卷中。看到孩子们兴高采烈的样子，马斯洛脸上那种快乐的表情真是难以形容。"

有时，到了晚上10点钟，小餐馆的电话会突然响起，餐馆的老板拿起话筒，会听到一种柔和的嗓音："您好！我是马斯洛教授，非常抱歉这么晚还来电话，刚好有几个朋友来,所以想买一些冰淇淋。"尽管马斯洛薪水微薄,但在给小费时却是有名的出手大方。罗伯特·鲁斯坦常常骑车穿过好几个街区把冰淇淋送到马斯洛家。有时马斯洛在上下班的途中也会进小餐馆小坐片刻。他总是一边喝饮料一边和罗伯特·鲁斯坦或者其他学生友好地谈上几句。在这种随意的场合,他很少谈到自己,而是对学生们的活动和计划表现出热切的关心。

尽管马斯洛已中止了性问题研究,但是在40年代中期,他应阿尔弗雷德·金西(1894—1956)博士的邀请,又回到了这个专题,做了最后一次研究。金西曾受过生物学训练,做过专业的生物学研究,专攻黄蜂分类问题,但他是作为美国最主要的性行为学家而成名的。从1938年他在印第安纳大学教授一门关于家庭的课程开始,他与全国各地各行各业的男性和女性进行了面对面的访谈,积累成百上千份性史报告。1941年,金西出版了他关于人类性行为的第一篇文章。他的两部最著名的具有里程碑意义的著作是《人类男性性行为》(*Sexual Behavior in the Human Male*,1948)和《人类女性性行为》(*Sexual Behavior in the Human Female*,1953)。这两本书有大量的以访谈调查为基础的发现,可能是当今最具有影响力的有关性行为的著作,它们被译成了多种语言。由于其内容涉及了现代广泛的性行为,至今仍在被人们引用。

在金西着手这些访谈之后不久,他开始与任教于布鲁克林大学的马斯洛交往。当时,马斯洛关于女性支配行为和性行为创新性研究并未引起多少反响,然而却引起了金西的注意。对于过分拘泥的同事们来说,马斯洛的这些研究题材即使称不上淫秽,至少也算不雅。因此,它们对学院派产生的影响甚至还比不上他早期对灵长类动物的研究。但是,作为对于灵长类动物和人类性行为同样感兴趣的生物学家,金西发现马斯洛两个阶段的研究都颇具有启发性,于是,他主动找到了马斯洛。后来,马斯洛曾回忆说:

> 当时,金西的名声还没那么显赫,还有能力不断学习。他想结交所有做过性行为研究的人,但这种人非常少。那时候,我很喜欢他,和他一起度过了不少时光,筹划关于性行为的访谈,闲聊各种各样的问题。他告诉我许多我不知道的事情。例如,他曾带我到时代广场的第42大街,指给我看谁是妓女。以前我从她们身边经过无数次,但却从未注意过。

马斯洛对金西的性行为学研究倾注了很大的热情,但是,他却发现,后者的性行为访谈有一个重要问题值得注意。很明显,在金西采访的志愿者中,支配情绪较

第9章 自我实现之光

强的人占了过高比例，这样，金西对美国人性行为中"正常"或"一般"的描述在统计上就很不精确，而他本人却没有意识到这一点。马斯洛在自己的研究中发现，至少对女性来说，个人的支配情绪越强，她就越愿意谈论性，并乐于尝试各种性活动。马斯洛断言，由于金西仅仅通过对志愿者详细访谈来进行研究，因而他的性行为报告存在严重缺陷。

出于直率的个性，马斯洛提醒金西注意这种取样误差，而这种误差问题在他的研究中似乎很普遍。金西不同意他的看法，他坚持认为，自己选择访谈对象的方法是合适的。为解决两人的争端，他们决定进行一项合作研究。

1945年前后，金西和合作者沃尔特·帕玛罗伊（Walter Pomeroy）在布鲁克林大学附近设立了一个办公室。同时，马斯洛以科学的名义向他的5个班的学生热情呼吁，希望他们参与金西正在进行的重要的性行为研究。在没有告诉他的学生关于研究的确切性质的情况下，马斯洛要求他们接受金西关于性问题的访谈。马斯洛已经用自己的"社会人格量表"测试过他们，知道他们支配情绪的强弱程度。

金西和马斯洛登记了那些参加访谈的学生的名字。由于马斯洛的要求是对于整个班级而发出的，所以，施加在那些志愿者和非志愿者之上的压力是一样的。运用统计方法，这两位研究者分析了志愿者中支配情绪较强的人是否占了不相符的过高比例。另外，马斯洛和金西计划把志愿者支配情绪的强弱程度与他们的性行为的相关程度测定出来，通过金西的详细访谈来揭示两者的联系。马斯洛再次预言，支配情绪越强的人，其性行为越活跃，并且越具有多样性。

情况正像马斯洛所预料的那样，"志愿者效应"（volunteer effect）得到了证实。在学生志愿者中，支配情绪较强的人占了不相称的过高比例。这表明金西的整个取样方法歪曲了事实。

但事情并没有到此结束。这些客观发现激怒了金西，他拒绝发表他与马斯洛合作研究的成果，也不让马斯洛得到那些参加访谈的学生的性行为报告。结果他们研究的第二部分，也就是支配情绪和性行为的相关性的研究没能继续进行。后来，金西在他的著作中，从来不提与马斯洛的合作研究以及那些令人头疼的研究结果。他甚至拒绝提及马斯洛曾经写过的任何相关文献，并且认为，马斯洛关于女性性行为和人格的研究根本就不存在。

1950年末，在金西对此沉默了几年之后，马斯洛确信金西是不会转交其余的数据了，他们的合作也确实结束了。于是，他自己继续整理发表了现有的研究结果。1951年，他的论文《金西研究的志愿者误差》在声望很高的《变态和社会心理学杂志》（*Journal of Abnormal and Social Psychology*）上发表了。从那时起，直到几年之后金西逝世，马斯洛很少与他接触，他们的关系也很不融洽。在马斯洛看来，这位曾经思想开放、富有创新精神的科学家的性格实际上已经发生了很大变化。

1945年年中，马斯洛准备对研究自我实现投入更多的精力。自从这一概念初步形成以来，他对此做了很多思考，并记了大量笔记，他的积累已经足够写出一篇理论文章。但是，作为一名训练有素的实验心理学家，马斯洛对正式发表这样一种激进而未经证实的观点还是有点担心。他知道，为了使那些持实证态度的同行们信服，也为了使自己满意，需要用坚实的资料来支持他的概念。现在，为了公开发表和广泛传播，是继续进行研究的时候了。

1945年5月6日，马斯洛建立了研究记录本，他称之为"优秀人物记录本"。在这个本子的第一个条目上，他写道：

> 在杂事烦扰多年以后，现在，我决定对优秀人物进行深入研究，要做到尽可能的严谨和正规，尽管一切都相当困难，并且存在相当多的问题。我要对难以克服的困难保持清醒的认识，然后毫不畏惧地勇往直前。

从一开始，马斯洛就遇到了大量的麻烦。他早就知道，研究情感健康、自我满足的人是不容易的，但他没料到会如此困难。相比之下，他早期关于支配行为、性行为、安全感以及有关课题的研究要容易得多。要研究自我实现的人，首先就存在着取样问题。到哪里去找自我实现者或"优秀人物"进行访谈呢？当然，在学生中他接触了一大批男生和女生，他们通常也乐于配合，但是，虽然学生们在过去的研究中是不错的研究对象，但他们并不能为发现人类最佳样本提供有意义的线索。

马斯洛也发现，他过去认为极有帮助的各种人格测试方法在测试感情健康的人时几乎没什么用处。这些方法中有些还是他自己发展起来的。罗夏墨迹测验虽有帮助但很小，他自己设计的"安全—不安全"量表也用处不大。特别令人失望的是，他发现，有些学生曾被认为特别符合"优秀人物"的标准，而他们在人格测试中的得分与他的预感大相径庭。也许，这些测试仅在有限的范围内才能够成立，但对描绘个人的总体画面无能为力。马斯洛的自我实现者的模型毕竟是像露丝·本尼迪克特和马克斯·韦特海默那样的中年人。马斯洛沉思道：

> 在我们的文化中，一个20岁的年轻人有可能是"优秀人物"吗？仅凭我手头上的这点肤浅的方法，我怎么能谈论人格结构——那些被认为是人性中不可改变的部分？但是，许多年轻人在20岁时都容易冲动，也许这恰恰因为他们是

第9章 自我实现之光

自己所处的这个混乱世界中的"好人"。

经过了几个月耗费时间的访谈和测试，马斯洛还是没找到摆脱困境的途径。在很大程度上，20来岁的年轻人好像并不具备自我实现者的品质。但是，要找到大量成年志愿者来接受访谈和测试又似乎是不可能的。他在1945年10月29日的日记中写道："今天会见了X，像往常一样失望，没得到预期的结果。他们全都很适应环境……但是，却没有激情、活力、兴奋、责任感和献身精神。"

马斯洛开始相信那种令人不安的结论，他觉得自己早期的怀疑看来是正确的：安全感并不能很好地预言某人的自我实现程度。有些学生在测试时显示了很强的安全感，在访谈中却表现得傲慢而自命不凡。一个年轻的妇女甚至自以为是地挑逗马斯洛，这使他很不愉快。那么，他能否发现另外的测试方法来描述基本的心理健康状态呢？他知道，自己是唯一选定人格标准的人，这是一个不利因素。如果问题仅仅如此，他可以请别人主持面对面的访谈。他非常清楚，他自己带有先入之见，即对那些有魅力的女学生抱有好感，总倾向于认为她们比其他同龄人有更高的自我实现程度。马斯洛已经逐渐意识到，青春的美貌给了她们一种优势，但是，这并不能说明她们具有内心的光彩。但是，正如他早期所疑虑过的那样，真正的问题在更深的层次上。他在11月11日的日记中写道：

> 在检查这些材料时，我得到一个结论：我只选择了我所看重的"优秀人物"，从他们身上能找到我所希望的东西。但很多安全感很强的人事实上正好相反，他们自命不凡、自我满足、感觉"迟钝"，也就是说，他们不追求什么也不干什么，甚至可以说是"麻木"……另一方面，有些人很明显有不安全感，甚至很神经质，但我仍然尊重他们，并期望他们有很好的发展。
>
> 随着工作的进展，我的研究对象越来越少。在几十个研究对象中，我只能够确定一个……剩下的看起来只能算"好孩子"（nice kids），有的甚至连这一点都不像。

同时，马斯洛还面临另外一些障碍。事实表明，他的许多访谈对象离自我实现还差得很远。而那些他已经确定为研究对象的人却普遍拒绝接受访谈，他们一个劲儿地推迟时间，甚至约好时间也不来。几年前，马斯洛在与年龄稍微大一些并富于创造性的人打交道时，也碰到过这种令人费解的现象，他甚至与露丝·本尼迪克特讨论过这个问题。他想弄明白，这种对个人隐私的强烈需求是否构成个人情感健康的一个方面。他的一个解释是，一个人的自我确认（self-validation）需求如果不强，他也许就认为没有必要在心理学访谈中暴露自己的内心世界。

尽管研究中有这些难以应付的障碍，马斯洛却一点也不感到气馁。他早就知道，研究"最优秀的人"绝不是一件轻松的事，他当然不会放弃这种开拓性的工作。而且，马斯洛对个人使命和智力天赋的强烈意识也鼓励他知难而进。实际上，到了1945年深秋，他甚至把关于自我实现的研究看得比以前预想的还要重要。

很难说清楚是哪些因素加速了马斯洛研究的进程。当然，他景仰本尼迪克特和韦特海默多年，当时他已经确信，有一些杰出的人可当做其他人的指路明灯。但是，这两位朋友以及马斯洛所遇到的其他有充分自我实现倾向的人仅被他看做一些有趣的奇人。直到他阅读了一些伟大历史人物，尤其是圣者和贤人的传记之后，他的观点才有了决定性的转变。马斯洛把先前的疑问做了这样的改变：问题不再是"什么因素使人成为像贝多芬那样的天才"，而是"为什么不能人人都成为贝多芬"。马斯洛没有料到，他关于自我实现的研究渐渐地成了一种完整的心理学新观念的基础。他认为，每个人的内在天性中都包含着巨大的潜能，这些潜能由于低级需求没有得到满足，而受到了压抑或阻挡。马斯洛相信，到目前为止，还没有任何一个心理学学派对这种潜能进行过阐述。在1946年1月6日的日记中，他评论道：

> 显然，当来自火星的访问者降落到天生残缺的瘸子、侏儒和驼背人的居住地时……他不能断定他们"应该"是什么样。现在，我们不去管残疾人，而是去研究与健康人最接近的东西。在他们身上，我们发现了本质的差别，发现了不同的动机、情感、价值观、思想和认识体系。在某种意义上，只有圣者才是人。所有其他人都是有缺陷的残疾人。

在随后的一星期，马斯洛又进一步拓展了他的思路：

> 我正致力研究的是某种理想化的人性，在现实中，一些"自我实现者"的品质曾与它非常接近，其他人或多或少都不太健全。这是事实，但这种不健全程度没有我们所想象的那么严重……似乎没有任何"内在"原因使一个人不能达到自我实现。很显然，每个婴儿都有自我实现的可能性，但大多数人都失去了它……我并不认为在自我实现者身上有什么额外的东西，他们不过是没有丧失什么的普通人。而一般人是能力受到抑制或禁锢的人。

第 9 章 自我实现之光

在同一篇日记中,马斯洛第一次记载了他的一个发现,即自我实现者在其生活中似乎会经历一些短暂的神秘的事件。从他的日记中还看不出是什么原因促使他突然写下了这一观察,他当时也没有对此深入探究。作为一个坚定的无神论者,他一定会感到这个发现令人费解,但是,他从来不会忽视任何科学证据。大约过了15年,在关于高峰体验和宗教心理学的颇有影响的著作中,他关于"自然主义的神秘体验论"(naturalistic mysticism)的观察终于开花结果了。

到1946年初,马斯洛揭示了自我实现者似乎共有的两个重要特征:对于隐私的强烈需要和易于产生神秘体验。他对第三种特征也有预感:感情健康的人比心怀焦虑的人能够用更准确的目光看待世界。他把这些特征补充进他正在形成中的自我实现概念,以此为基础,他决定为自己的实验性研究开辟几条新的路线。他得到了以前在纽约市立大学的一个朋友和同事露丝·芒罗(Ruth Munroe)的帮助,她是美国罗夏测验的第一流的专家。后来,她与马斯洛的前期合作者贝拉·米特曼结了婚。贝拉·米特曼是一位精神分析治疗家。露丝·芒罗的新记录体系在测试心理健康时可能更加客观,因此结果也更加准确。她曾经利用自己的设计来帮助马斯洛记录罗夏测验的结果。马斯洛也打算更广泛地运用他的安全感测验来进行测试。

最后,他还是准备做几个完全创新的实验。他试图证明,自我实现者确实有更精确的对于现实的洞察力,这种洞察力不仅体现在对他人的人格做出判断上,也体现在分辨光和声的物理世界方面。马斯洛所设想的一些实验与10年前马克斯·韦特海默进行的讨论有关。当时,他们对于为什么有的人看事物比其他人更准确这一问题很感兴趣。马斯洛计划测量个体对于微电流、气味、色彩明暗以及音调等的敏感度。同时,他也打算让自我实现者通过人的照片来判断人格,由此来评估他们的直觉能力。他的同事威纳·沃尔夫(Werner Wolff)建议马斯洛进行一个有趣的研究来证实他的推断:自我实现者能够由面部表情和身体语言辨认出来,那些幸福、满足的人与那些长期遭受挫折和痛苦的人看起来泾渭分明。

马斯洛对这一实验尤其感兴趣。很久以来,他就猜测我们能从行为举止中辨认出"优秀人物"。但在后来,他开始感到持续的疲劳并为此心烦意乱。在1946年1月16日的日记中,他写道:"等我觉得身体完全好转了,我们就开始进行尝试。"

第10章 加利福尼亚的插曲

> 如果我一直待在马斯洛制桶公司里,我的心理学现在将会是另外一个样子吗?我想并不会。
>
> ——马斯洛
>
> 如果你有意避重就轻,去做比你尽力所能做到的更小的事,那么我警告你,在你今后的日子里,你将是很不幸福的。因为你总是要逃避那些和你的能力相联系的各种可能性。
>
> ——马斯洛

由于马斯洛的身体健康状况从1946年初起开始恶化,他发现自己不能继续进行关于自我实现的研究了。就体能而言,他从来就不是一个精力充沛的人,从十几岁起,他最喜欢的消遣就是躺在睡椅或沙发上读书。除了偶尔参加布鲁克林大学师生之间的春季垒球赛外,他不参加任何体育活动或有规律的锻炼。他不喜欢任何类型的体力活动。

现在,在他将近40岁时,马斯洛开始发现他那已经衰弱的身体正在不可思议地变得更糟。上完课后,他时常感到疲乏无力,甚至还出现过昏厥的情况。因此,他不得不在办公室里放了一张活动的小床,作为课间休息之用。但这对他并没有多大的帮助。渐渐地,他感到非常虚弱,连续站几分钟都站不住。

在贝莎的一再催促下,他终于到医院做了检查。但去了一所又一所的医院,见了一个又一个的医生,大家都对他的病症迷惑不解。与此同时,他的体力在不断地减退。最后的诊断是:他可能患了一种全面的荷尔蒙衰竭病,这种病可能是由一个恶性的脑垂体或肾上腺的肿瘤所致,医学界目前对此尚无有效的治疗方法。医生们

第10章 加利福尼亚的插曲

建议马斯洛写遗嘱，他照办了。

这简直是个毁灭性的打击，作为一个智力活跃的人，马斯洛感到，在他38岁的这个年纪，要正视死亡是困难的。一想到贝莎将要成为寡妇，并且再不能看到安和艾伦长大成人，他就不由得感到悲哀。更重要的是，他也许再也不能完成其毕生的事业，把自己所信奉的价值和理想带入心理学领域，让这个世界变得更加美好。尽管如此，马斯洛还是没有被这种悲哀所压倒，多年以后，他为此写道："在我死之前，有一件事是我想做的，我做了。我感到：OK，现在我可以闭上眼睛了，我几乎不觉得害怕和悲哀，因为我如愿了。……死亡就像一个休止符……它是人生终结的一个好地方。"然而，马斯洛从来没有透露他想做的那"一件事"是什么。

就在马斯洛面临死亡威胁的时候，他的兄弟哈罗德、刘易斯和保罗向他伸出了援助之手。他们怀疑他的身体状况并没有医生说的那么糟糕，但是，考虑到他的确非常虚弱，不能够再继续教书，于是建议他暂时离开学校，到加利福尼亚普莱森顿优雅宁静的乡村去住一段时间。在那里，他们开了一家马斯洛制桶公司的分公司，马斯洛可以到这个分公司去做管理人。他们坚持认为，暂时离开布鲁克林对于他和贝莎都有好处。当然，他们强调，他将会有一份很优厚的薪金、一辆轿车和一套舒适的住房。

马斯洛无法拒绝这一建议，因为他无力胜任其他工作来维持家庭的开支。1947年2月2日，他向布鲁克林大学请了病假，带着全家前往西海岸。这是他第一次来西海岸。

普莱森顿过去不过是淘金者歇脚的地方，今天它已成了美国发展最迅速的地区之一。近年来，整个地区已经遍布新的公司、大商场。1947年马斯洛来的时候，他看到的不过是一个闲散的乡村。从旧金山和伯克利向东大约有6小时的路程，兄弟们为亚伯家租了一栋漂亮的住宅，7岁的艾伦和9岁的安到当地的小学上学。

马斯洛兄弟在美国总共开办了6家公司，但是，他们在普莱森顿的制桶公司规模很小，仅有一个类似仓库一样的大房子和12名制桶工人，因此管理工作并不困难。在"仓库"的一角，马斯洛的兄弟为他设了一间办公室，让他独自工作。

马斯洛开始主持公司的日常事务，并自封为公司经理。他的兄弟不在普莱森顿，只是因商务外出时偶尔经过此地。他们给他报酬丰厚的职务原本是为了让他身心放松，恢复健康，并不想让他搞出什么成绩。但马斯洛工作起来仍然尽心尽力，不让他们失望。后来，马斯洛与人聊天时，谈到这段经历，有意无意地夸大了自己位置的重要性，这是他从少年时代做送货员、旅馆服务员等工作以来，第一次涉足商界。当然，在人们的眼中，那不过是一份闲差。

每天早晨，马斯洛从家里驱车穿过乡村田野来到这里，开始一天的业务。当工人们工作时，马斯洛就到处走动巡视，看他们是否在努力工作。偶尔，他与其中的一个交谈几句。这样大约一个半小时后，他就会感到虚弱。于是就在办公室的小床上躺一会儿，一个多小时后，再起来溜达巡视一番，然后再躺一会儿。用今天的行话来说，这是他独特的"管理风格"。

当身体有所恢复后，他开始从事桶制品的销售工作，这包括进行电话业务联系、记录账目和回答顾客的询问等，甚至还有几次到墨西哥的商务旅行。作为推销员，他显示出了一种得心应手的才能，这给他的兄弟们留下了深刻的印象。毕竟，作为一个在1935年做性行为研究时就能使受过高等教育的妇女信服，对他倾谈她们最隐秘的性感觉的人来说，搞一点商品销售实在是小事一桩。

但是，正是在干这项工作的过程中，马斯洛发现了工商界绝不是天真幼稚者涉足的地方。例如，到普莱森顿公司不久，他就通知供应商们说，他不想花费时间来仔细检查他们送来的原材料，他愿意相信他们，但是一些供应商总是利用他的这种诚意来做手脚，于是，马斯洛不得不警告说，如果送到的原材料是次品，他不仅将索回全部钱款，而且还要停止从他们那里购买货物。后来，这个警告真的兑现了。一个供应商送的原料数量不足，马斯洛发现后追回了货款，并且声明，今后不管是什么价钱，再也不同这家公司合作了。这个供应商企图通过低价来得到订单，但马斯洛说一不二。

不过，诚实正直也给他带来了不少益处。例如，他的一项任务是向一个地方酿酒厂提供木桶。当马斯洛第一次到这家酿酒厂时，他不得不待在运货卡车里等待看门人检查核对桶的数目，以后的几次送货都经历了这样一个过程，但每一次都没有差错，这样，最后，每当马斯洛的车到达大门口时，看门人只是简单地问一下桶的数目就挥手让他进去了。马斯洛后来笑着对同事们讲起了这件事。他说，这个故事的寓意是："如果你想在商业上成功，先到以诡诈著称的汽车修理业去，然后着手做完全诚实的买卖。"

除了在制桶工厂有时感到枯燥外，马斯洛总的来说比较喜欢普莱森顿的慢生活节奏，正如他的兄弟们所期望的，户外充足的阳光和宽阔的天地对他的身体十分有益，马斯洛和贝莎尤其喜欢在阳光明媚的日子里驾车在乡间行驶。

但是这个小镇有一点是他嫌恶的，那就是微妙而普遍的反犹太气氛。在这个地区，除了马斯洛家族外很少有其他犹太人，作为一个不仅来自东部，而且来自布鲁克林的知识分子，他明显地与当地居民不同。起初，马斯洛以为会有过多的来自地方工商界和其他社会团体的邀请，想到要与商会、美国退伍军人协会、扶轮社的人握手寒暄，他不禁有些惴惴不安，但是这一次他错了，他一次也没有被邀请过。

后来，马斯洛曾开玩笑说：在普莱森顿，亚伯拉罕的名字就像一种功能很好的"渗透薄膜"，它可以将有偏见的人过滤掉，而只允许那些承认它的人进入。

特别令马斯洛讨厌的是，这里的反犹太情绪往往被虚假地掩盖着。他们的房东就是这样，在一个相当的时期，他们之间是友好的，房东虽然是个酒鬼，但对马斯洛一家却很客气。直到有一天，房东的妻子无意中泄露了她丈夫对马斯洛一家的恶意诽谤，打这之后，马斯洛和贝莎便开始对这个地区的非犹太人内心的真实情感感到困惑不解。

在普莱森顿，马斯洛并没有放弃对心理学的研究。开始时，由于身体疲劳和适应新的生活环境和工作，他没有进行重要的写作。1947年，他仅仅发表了一篇两页纸的短小文章，这是他研究生以来作品最少的一年。但是他仍然坚持断断续续做有关自我实现的笔记，继续阅读许多自传以寻找有关人类个体最高境界的线索。一些富有思想性的小说，是他研究材料的另一来源，例如，艾恩·兰德（Ayn Rand）1943年出版的《源泉》，它是关于一个卓越的、充满理想主义并且毫不妥协的建筑师的故事。这类书对他产生了终生的吸引力。

逐渐地，马斯洛列出了一张有几十个人名的表格，他们中间，有历史人物、当代著名人士，以及他自己的私人密友和亲戚。马斯洛认为，这些人物体现了人格的健康与人格的力量。对马斯洛来讲，这是新的、关键性的一步，因为他不再仅仅简单地从事模糊概念以及无具体人物的抽象的研究，而是去寻找真实的实例。马斯洛知道，他对人格的研究已到了十分紧要的关头，但除了贝莎在身旁以外无人能协助他做智力的突破，他感到工作无法取得进展。

这年年底，马斯洛打算完成一篇文章，名叫"高级需要和低级需要"。依据他正在形成的动机理论，他提出了14个命题，用以描述高级需要与低级需要之间的差异。在这篇文章中，他用一种当时专业心理学论文中不多见的哲学风格强调说：

> 生活的真正成就来自于我们自己的高级需要的满足，特别是自我实现的需要的满足。高级需要的满足能引起更加合意的主观效果，即更深刻的幸福感、宁静感，以及内心生活的丰富感……那些生活在自我实现水平上的人，事实上也是最博爱并在个人特质上是发展最充分的人。

这种风格在当时的心理学专业论文中并不多见，但它是马斯洛后期作品的特征之一。

1948年初,马斯洛的健康状况大有改善,这使他能够更经常地离开制桶公司去伯克利休假。他带着全家在伯克利的瓦尔角大街租了一所房子,新住所离加利福尼亚大学不远,马斯洛很快便同那里的几位从事社会科学研究的教员交上了朋友,特别是埃尔斯·弗伦克尔-布伦斯威克(Else Frenkel-Brunswik)。马斯洛从她那里学到了很多东西。她的温和与智慧也给马斯洛留下了深刻的印象。

※　※　※

弗伦克尔(1908—1958)出生于奥地利,在维也纳大学获心理学博士学位后留校任教,1938年纳粹入侵后,移居美国。她和原维也纳大学的同事埃贡·布伦斯威克(Egon Brunswik)结了婚。他们一起就职于加利福尼亚大学伯克利分校。1944年,她已经是"伯克利公众舆论研究所"的高级研究人员。该研究所与西奥多·阿多诺领导下的哥伦比亚大学社会研究所合作,完成了一本具有重大意义的专著《权力主义人格》,该著作于1950年出版。

在此之前,马斯洛已发表过几篇与弗伦克尔思想类似的关于人格和政治态度关系的文章,所以两人很快成了好朋友。弗伦克尔与马斯洛同样具有热切关心世界进步,以及将心理学作为达到这一目的的有效工具的意向。在欧洲,她最重要的研究包括对400个人的生活传记式的考察,这些人既有健在的也有已去世的。她与同事通过日记、信件以及访谈来比较各种不同的倾向,由此描述出关于成人生活的不同心理阶段的画面。到了美国后,她写了几篇关于人的动机的性质以及精神分析与了解"正常"人格之间联系的文章。像马斯洛一样,在理性的视野上,她是兼收并蓄的折中主义者,并特别看重格式塔心理学流派。

在伯克利,弗伦克尔组织了一个非正式的讨论会。马斯洛就是在这个讨论会上认识她的。讨论会成员还有大卫·克雷奇(David Krech)、唐纳德·麦金农(Donald MacKinnon)、大卫·曼德尔鲍姆(David Mandelbaum)、内维特·桑福德(Nevitt Sanford)和爱德华·托尔曼(Edward Tolman)。这个社会科学家的圈子对马斯洛来讲颇具有启发性,他每星期都要花数小时极其认真地与他们讨论。马斯洛总是主动寻求并珍视这类友好的讨论机会,甚至讨论者与他没有相同的哲学观与兴趣也一样。参加富有生气的智慧的谈话,是他最大的乐事之一。

曼德尔鲍姆是个人类学家,也是圈中唯一不是心理学家的人。1937年,他完成了在印度的实地考察工作。现在,他刚刚参战归来,迫切需要与大家分享他的经历。虽然他的专业是印度文化研究,但无论是在实验心理学还是临床和社会心理学方面,他都有浓厚的兴趣,并常常有自己独特的见解。

托尔曼是美国主要行为主义心理学家之一。虽然他的大部分实验是在老鼠身上做的，但他有一种强烈的社会意识和人本主义意识。像马斯洛一样，他认为现代心理学不同学派之间的综合是非常必要的，作为一个动物研究者，他对马斯洛早期关于灵长类动物显性基因和性行为研究的文章有很深的印象。二战爆发不久，托尔曼写了一本题为《驱走战争》的著作，试图从心理学的角度来考虑结束战争的方法。

他关于世界联邦制可以消除民族主义者之间的仇恨的观点，在后来数十年里一直对马斯洛有重要的影响。

桑福德是一位社会心理学家，他是弗伦克尔的著作《权力主义人格》的合作者之一，他收集马斯洛有关这方面的文章，并将其精华融合进自己的观点中去。

在同这些科学家的讨论中，马斯洛着手修改、完善他关于人类动机的概念。什么是我们真实的内在需要？这些需要是怎样被满足的？那一年，他就这些令人感兴趣的问题发表了两篇专业性较强的文章，它们分别为《对特殊与普通的认识》和《关于基本需要满足的一些理论总结》。在文章中，马斯洛继续进行了有力的论证：在精神分析学派和行为主义学派认定的人的生理需要之外，人类还有更高的需要。他将两个心理学派的见解与格式塔思想家们的观点结合在一起，更加准确地阐述了那种满足了基本需要的人的特性。在他后来的日子里，这些理论和哲学的观点一直贯穿在他的研究兴趣之中。

在这一时期，尽管他还没有最终完成他的自我实现的人的概念，但他坚持认为：较低需要已经得到满足的人与其他人有质的不同。当我们不再被安全、赞同和接受等需要所驱使之时，当我们感到自己已经真正安定之时，我们就会变得更宁静、松弛、慷慨，甚至更为乐观，在生理上也更健康。我们的直觉和理解力也会变得更准确，由于在情感上能够按世界的真实面目来了解世界，我们也就能够成为更好的学习者。可以看出，马斯洛关于人性理论的核心是需要层次问题。他写道：

> 当生理需要没有获得基本满足时，它支配着有机体……相对的满足则逐渐使这种生理上的需要让位，而且允许更高层次的需要出现，于是，更高层次的需要开始支配和协调人格……对于需要层次中的其他需要，即安全……爱、尊重和自我实现，其原则相同。

在这段时间，马斯洛同他的良师益友露丝·本尼迪克特的关系彻底中断了，这使马斯洛百思不得其解。从1941年以来，本尼迪克特一直为美国政府做跨文化研究，与马斯洛联系较少。得知本尼迪克特将访问伯克利，马斯洛找到了她，但她拒绝见马斯洛。在感到震惊与受伤害之余，马斯洛写了好几封信向她询问，他何处冒犯了她，并对自己可能在无意中所犯的错误表示歉意。但本尼迪克特却一直没有答复，她在第二年去世了。

经过在普莱森顿这段时间的休养，马斯洛的健康大大恢复，随着一些疾病的逐渐痊愈，长期存在的虚弱和疲乏症状也大部分消失了，当他考虑重返布鲁克林大学时，他的兄弟们希望他做马斯洛制桶业的长期合作者，并愿意为他提供比一份职业院士更稳定更丰厚的薪金。这无疑是诱人的，但马斯洛婉言谢绝了，他热爱教学和研究，无法放弃它们。

1949年初，马斯洛携贝莎和女儿们返回了东部，重新开始了他的学术生涯。

第 11 章　重返布鲁克林

> 如果我们想知道人能长多高，那么很明显，应该挑选一些长得最高的人，对他们进行研究。如果我们想弄清人能跑多快，测量一般人跑步的平均速度是没有用的，观察那些奥运会冠军，看看他们能达到什么样的速度，这就是最好的办法。如果我们想了解人类精神境界、价值观念和道德进步等能够达到怎样的高度，那么，通过研究那些最具有道德、伦理品质的人或者圣洁的人，便会得到关于这些问题的大部分答案。
>
> ——马斯洛

尽管仍然处在病假期，但马斯洛已经在为 1949 年秋重新开始教学和研究做准备了。马斯洛和贝莎在一号大街租了半座红砖小楼房，和另外一家人合住。与加利福尼亚的住处相比，这所房子的质量很糟，但由于它靠近工作地点，加上二战后纽约城的房屋已十分稀缺，有这样的房子，马斯洛已非常满足了。虽然马斯洛对于重返教授职位颇感欣慰，但贝莎和孩子们对于回到布鲁克林却不免灰心丧气。那些粗糙的水泥道路比他们两年前离开时情况还要糟。

离正式工作时间还有几个月，马斯洛趁机去访问了东海岸的朋友和同事，自从 1946 年那场莫名其妙的大病以后，马斯洛与他们一直没有见面。在了解这些朋友和同事专业方面的活动情况以后，他增强了要把现代心理学转变成与人类价值和改善人类密切相关的新学科的决心。1949 年初，在一列穿越全国的火车上，他一直在构思一篇文章，忽然，他的眼前仿佛出现了一种关于人性的幻觉，他看到了一座有许多房间的巨大的高楼，而自己的任务就是要探索大楼所达到的高度，并带领其他人走出低矮的处所，向高处攀登。

1949年3月，马斯洛在康奈尔大学做了一次演讲，这次演讲充分表现了他的心理学思想的特色：

> 1949年的心理学基本上是关于病人与有缺陷者的心理学……我认为，目前的心理学理论很大程度上是建立在对处境最坏的人们的研究之上的，这些人的状况悲惨而危急，他们经常由于遭受恐吓、挫折而颤抖不已。
>
> 在这种情况下，怎么可能会发现人们实际上拥有比神经症患者更高的能力呢？这有点像沃尔夫冈·科勒（格式塔理论的创始者之一）对那些将迷宫作为测量人的智力的工具而做的评论，他说："最伟大的人类天才在迷宫般的混乱中也不能显示出他的智慧。"

在这样一些演讲中，马斯洛开始在心理学领域倡导反传统的研究方法，但他尚需要发表同样有力的文字。在这之前，他一直对他的新的心理学总构想保持沉默。经过近6年对自我实现问题的深入研究后，他仍然对是否将其研究成果提交给同行们审阅感到犹豫和胆怯。作为一名严格的实验主义者，他非常清楚，自己关于"最佳人性"的研究还很不成熟。但是，他的直觉告诉他，自己关于人性中高尚品质的探索已经深入到了心理学一个重要的未知领域。

正当马斯洛对发表自己的研究成果犹豫不决的时候，他收到了巴德学院的好友威纳·沃尔夫的来信。沃尔夫的专业兴趣也是一些非正统的心理学研究课题，如笔迹、面部表情以及走路姿势等。他认为，这些都可以作为了解人的性格秘密的钥匙。他与马斯洛有一个共同之处，就是都试图将新精神分析学有洞察力的见解扩展到对正常人的实证研究。几年前，沃尔夫与马斯洛曾有过一次短暂的合作——研究布鲁克林大学学生的自我实现问题。马斯洛因那场奇怪的病中断了这项研究，后来，两位学者便各自主攻不同的课题了。目前，沃尔夫正在筹办一份富有创新精神的杂志，他想发表一些有关自我实现的心理学文章。

马斯洛后来回忆道，如果没有这次约请，他也许很难发表关于自我实现的研究成果。这个主题虽然激动人心，但又具有激进的反传统意义。由于沃尔夫的杂志没有实证倾向，也不代表学院心理学界的主流，马斯洛同意将他关于自我实现的研究写成论文。同年6月份，他先将自己的思想整理出一个大概的轮廓，几个月后就完成了一篇题为《自我实现的人：一项关于心理健康的研究》的文章，它发表在《人格评论：价值讨论》杂志1950年第一期上。沃尔夫办的这份杂志很快停刊了，但是

第 11 章 重返布鲁克林

它"将自我实现的理论公之于世",也算是完成了一项重要使命。

就其哲学性的大胆创新而言,这篇文章是马斯洛最有影响的文章之一。1942 年至 1943 年以来,根据对两组样本的详细研究,马斯洛确认了自我实现的人的 13 个特征。

他所研究的这两组对象既包括像托马斯·杰斐逊、阿尔伯特·爱因斯坦和埃利诺·罗斯福(Eleanor Roosevelt)这样的历史人物和公众人物,也有他自己的一些熟人,如露丝·本尼迪克特和马克斯·韦特海默两位老师。他并没有证明研究选样的合理性,而只是说明了理想的心理健康的两个标准,即很少有严重的心理问题和正在"充分开发、利用自己的天资、能力以及潜力"。他认为,这样的人似乎是在充分发挥自己的能力,并尽力做着他们力所能及的事。

现代心理学有一个基本前提,即认为通过研究心理疾病或统计学上的平均数,我们就能得到关于人性的精确理论。马斯洛向这一前提提出了挑战,他列举并且讨论了自我实现者的特质,包括对自我和他人有更大的接受能力、自主性、自发性、敏感的审美情趣、高峰体验或超越体验、民主而非专制的政治态度、热心于非利己的事业和使命。他们还具有富有哲理的善意的幽默感以及提高改善人性的真诚愿望。此外,他们倾向于重视离群独处,摆脱琐碎的社交活动。

马斯洛还发现,尽管自我实现者的职业和社会地位各异,但都有很高的创造力和想象力,由此自然体现出他们独特的个性,这一点并不局限于写作或作曲之类的活动。马斯洛指出:

> 在这一意义上,存在着有创造力和想象力的修鞋匠、木匠或职员。人们可以用一定的态度、一定的来自天性的精神去从事他们所做的任何事情……甚至可以富于想象或创造性地看待世界,就像小孩子们那样。

最后,马斯洛认为,虽然自我实现的人并非在情感上完美无缺,但是他们能成为一种价值观的榜样,他们通过这种价值观来指导自己的生活。大多数人忙于满足自己的安全、归属、尊重或自尊等需要,并在此基础上构筑价值观,他们的价值观表现了人的自私或对外界的忧虑,但是,那些满足了基本需要的人,"能致力于更高级的满足,并比其他的人更能与人类融为一体"。

马斯洛将他的这篇文章看作一种理论上的建议,而不是严格的实证研究。在一篇重要的序言中,他声明,自己的目的只是从研究中获得教益,而不是旨在证实一个假设。但是他又坚持说:"我思考心理健康问题是如此急切,以至于任何线索、任何建议、任何资料,无论怎样悬而未决,都至少具有某种暂时价值……似乎我现在唯一要做的事就是不要怕犯错误,投身进去,尽力而为,以期能在从犯错到改错的过程中学到足够的东西。"也许,正是由于担心那些不可避免的来自实验主义者的批评,他明智地克制住自己,没有具体叙述他在20世纪40年代中期采用罗夏测验、支配等级测验,以及其他心理测验来衡量高级情感健康的失败尝试。尽管如此,马斯洛非常有自信,他相信自己的直觉是正确的,相信将会有更新的研究方法来证明他的思想。

这篇文章在那些与马斯洛有着类似思想的社会科学家中间立即得到了一致的好评。芝加哥大学的卡尔·罗杰斯就是一例。他当时正在组建一个咨询中心,这是美国最早的咨询中心之一。他与自己的同事以及研究生们都十分热情地拥护马斯洛的观点。罗杰斯认为,马斯洛这篇文章的出现标志着一个观念上的突破,心理学界终于有人有足够的勇气去描述完全不同于弗洛伊德学派所强调的社会适应的精神治疗和心理咨询的"长远目标"了。在这些积极反应的鼓舞下,马斯洛开始以私人名义散发这篇文章的油印本。散发对象是那些对它有兴趣的从事心理学、精神分析学、人类学以及相关学科的同事们。通过这种多少有点像"地下活动"的方式,这篇文章的影响逐步扩大到了全国。

与此同时,马斯洛发现教学生活依旧使他感到非常兴奋,特别是在离开了布鲁克林大学几年之后,他继续教授深受欢迎的人格和变态心理学课程。由于他正在探索和追求一个以健康人为中心的心理学,马斯洛在讲坛上不强调经典弗洛伊德学派对于神经官能症和精神病的观点,而是越来越多地讲到性格、价值观和社会倾向等概念。受好友卡伦·霍妮和埃里希·弗洛姆的影响,马斯洛开始强调自己提出的"价值困扰"(value disturbance)概念。这一概念表明,某些性格心理倾向潜藏着严重的内在困扰,但是,它们却难以用正统的精神病学方法检测出来。他从中划分并确定的情感疾患包括:权力主义、固执偏见、慢性厌烦、兴趣缺乏,特别是生活目的和人生意义的丧失。

1950年夏天,在一次演讲中,马斯洛将权力主义者的性格结构描绘为当今困扰人类的最重要的一种疾病,它远比生理疾病严重得多。他指出,这种病来自于文化的病态秩序,是所有心理疾病中传染流行最广泛的一种,它遍及美国,甚至就在这间演讲厅里,也有人感染。

在布鲁克林大学,马斯洛参与了一门新的综合性的社会科学课程的教学,这门课程专为500名新生开设。在这门课中,学校邀请了各种不同观点的学者讲授当代最新研究的热点。马斯洛讲授的题目是人的需求层次、文化对人格的影响以及情感

第 11 章 重返布鲁克林

健康与价值观之间的关系等。他很高兴有这样的机会与从事社会学、哲学、经济学以及政治学研究的同事们对话。与其他一些教授不同,马斯洛从不轻视为新生上课,他把对新生的教育看成是一种令人兴奋的挑战。

同时,马斯洛越来越多地开始把自己有关人性的思考理论化。他认为,在人性中,包含了许多不被正统心理学承认的人的高级品质,例如对美的敏感性等。艺术和音乐心理学,这个几乎是未开垦的领域,已经深深地吸引了他许多年。贝莎是一位业余雕塑家,她经常和马斯洛一起思考和讨论审美体验的本质。后来,当他的长女安逐渐显示出艺术天资并考虑从事专业艺术工作时,马斯洛在这方面的兴趣就更浓厚了。

凭借直觉,马斯洛感到人有一种与生俱来的审美动机和需求。在一篇写于1950年1月10日未公开发表的文章里,他写道:"几乎无法通过实证对审美的快乐、审美的需求、审美的冲动以及关于美的创造和想象进行研究。然而,审美的体验是如此强烈,审美的饥渴是如此不可遏制,以至于我们不得不设定一些概念来描述这些主观的体验。"他反对那种美感是无法表达的,因此不可能科学地加以研究的看法。他指出,当我们在艺术面前产生敬畏或喜悦的感受时,肯定存在着特定的、可测量的与生理状态相关的现象,如脉搏加速、屏住呼吸或者脊梁骨颤抖等。他提出许多简短的问题,以期有助于吸引心理学家来研究审美现象。

马斯洛对自己的这些观点感到没有把握,以至于没有出版任何相关的著作。一直到1950年中期,他开始与贝莎合作进行关于艺术的感受性的测试以及其他有关方面的研究。他认为,我们日常的状态受我们典型的审美体验的影响。他解释,置身于美好事物之中,可以使我们感觉更幸福,甚至在生理上也更健康。相反,长期遭受丑恶现象或挫败的打击,则会产生负面效应。

1951年,马斯洛发表了一篇与人合作的文章,提出了他对人格研究的总的看法,这些看法后来成了象征马斯洛在这个领域中地位的同义词。他指出,现代心理学部分由于其意识形态的原因,已开始倾向于赞成一种极端的文化相对主义人性观。虽然他承认摆脱过分的生物学的方法是必要的,也是有助益的,但他也坚持,二者必须平衡。否则,人的人格将消散在文化压力所造成的迷雾中。

马斯洛批评心理学领域中的两个主要学派(即弗洛伊德学派和行为主义学派)以及它们所描述的人性的支离破碎和基本毫无作为的形象。他指出:"对于一种动机和价值理论,最主要的是引进建设性力量,去补充弗洛伊德的悲观主义和新行为主义的相对主义。"长期以来,这两个学派研究的主要是"有缺陷的人和垂死挣扎的老鼠",而忽略了人类已获得的较高成果,如科学、艺术和哲学。

马斯洛并不只是简单地进行批评，他还提出了自己关于积极心理学的纲要，强调对于成长和创造性等方面的研究。他认为，时代思潮已经开始转变，有6名以上的心理学家加入了这个新思潮并成为其骨干，其中包括埃里希·弗洛姆、卡伦·霍妮、库尔特·戈尔茨坦和卡尔·罗杰斯。此外，马斯洛还特别提到从事精神病学研究的好友阿布拉姆·卡迪纳和大卫·利维、普通语义学家S. 海亚卡瓦（S. I. Hayakawa），认为他们是正在形成的心理学的重要领导者。流亡的精神病学家安德拉斯·安吉亚尔（Andras Angyal）也是一位重要人物。马斯洛预言，这些学者正在协力创立一个新的心理学科学，这种心理学能够对政治科学、政府决策、社会进步、科学的价值研究等广泛领域产生意义深远的作用。

马斯洛继续为那些前来求助他的学生们做心理辅导。许多人不仅在学术上崇拜他，而且愿意向他倾诉最秘密的困惑。一个年轻的女学生为她对英俊男友的性欲而苦恼，她向马斯洛请教：是与这男子发生两性关系呢，还是一直等到对这个男子的长期意图有了较明确了解后再这样做？在那个时代，按普遍的社会道德要求，一个"合乎体统"的妇女结婚时应当是处女，但是马斯洛对社会习俗并不介意，他回答道，如果你真的觉得他很吸引你，那么你就那样做，让事情顺其自然。

马斯洛勇敢地抵制席卷社会科学的新保守主义，他日益不满地看到，人们将弗洛伊德强调的"调整"（adjustment）作为情感健康的指示器。父母能够听到的最不祥的话是"你的孩子失调了"，这一点使马斯洛感到愤怒。他在自我实现研究中关于心理健康提出了不同的见解。

1951年，马斯洛发表了几篇与这个题目相关的文章，其中最有意义的是一篇短文，题目是《对于文化适应的抵抗》（Resistance to Acculturation）。在这篇文章中，引用社会学家大卫·里斯曼（David Riesman）关于大众社会中有独立主见的人的"保留剩余"的观点，并结合自己对于自我实现的研究，马斯洛宣称，不适应环境或不顺从，也许并不表明情感的未成熟，相反，它体现了真正的高级的社会功能。他还引用自己以前发表在沃尔夫主编的杂志上的文章的观点，并列举了更多的论据，以说明"最佳人性"应富有批判思想，而不是奴隶般遵从现有文化的准则。当然，自我实现者也不是粗暴的反叛者，或脾气古怪的不适应者。自我实现者既能投入生活，同时又具备批判精神和批判态度。

自我实现者带着他们的使命感，生活在现存的文化中，但不是简单地遵从这种文化。马斯洛发现，一般来讲，"他们专心致志于以一种平静的、被认可的、连续不断的努力来改良现存的文化，而且这种改良是从文化的内部来进行的，而不是彻底抛弃它或从外部与它斗争。"马斯洛举了一个例子。有一个人年轻时曾是一个工会的组织者，他经常使自己处于非常危险的境地。后来，他厌恶和绝望地放弃了过激的行动和思想，逐渐习惯于那个时期环境的缓慢变革，最后转向对年轻人的教育。马斯洛认为，尽管如此，这并不意味着自我实现者缺乏斗争性，如果面临紧急事件，他们也会坚决而英勇地投入战斗，如在二战时加入反纳粹抵抗运动。"我的印象是，自我实现者不反对战斗，但他们反对无效的战斗。"

在这里，马斯洛还提出了一个令人感兴趣的看法：那些按照高级内在冲动而非传统习惯行事的人可以组织一个独特的世界范围内的人类的亚族。他写道："如果这一假设被证明站得住脚的话，那么，那些具有不同文化背景而又很大程度上背离他们自己的文化的个体就应该不仅很少有'国民性'，而且在某些方面同本国文化中那些发展程度较低的人相比，他们相互之间应该有更多的相似之处。"这种人在允许背离现存道德规范的文化背景，如美国这样的民主国家中能生存得较好，而在别处，由于他们反对偶像崇拜，批判传统态度，其生活可能会有危险。

在一篇具有自传性质的文章中，马斯洛还指出："既然很少有人能在我们现存的文化中达到健康，那些达到的人就会因曲高和寡而感到孤独，从而导致自发性的降低，减少潜能的实现。"在以后的数年里，他越来越相信（但由于"精英论"而有所顾忌），虽然每一个新出生的人都有自我实现的潜能，但只有很少一部分"残余分子"能在自己的人生中充分发挥之。为什么会这样呢？这个问题一直是马斯洛后期研究工作的重心，不过从来没有得到解决。但是，他有这样的看法：历史给了我们一个经验教训，伟大人物要自我保护，就必须在某种程度上学会韬光养晦，否则就会遭受痛苦。例如，苏格拉底、斯宾诺莎和伽利略等著名历史人物就给了我们很多值得思考的东西。

为了发展正在形成中的新心理学理论体系，马斯洛希望与同事们进行交流，但是在布鲁克林大学，却几乎没有这种机会。在教授中，他没有找到理解自己的知己。在心理学系，他的人本主义主张使自己在那些传统的强调实验主义的同事中显得孤立。不过，他并不想因此而转到另一所大学，他喜欢布鲁克林的学生，而且大学里几乎没什么行政压力，他有相当大的自由去从事写作。

1951年春天，马斯洛接到政治专栏作家马克斯·勒纳（Max Lerner）代表布兰代斯大学打来的电话。这所大学新成立不久，靠近波士顿。该校的行政负责人注意到了马斯洛的心理学著作，委托勒纳与马斯洛商谈，准备邀请马斯洛出任该校的心理学系主任。在此之前，马斯洛除了知道布兰代斯大学与美国犹太人团体有些联系外，对其他情况几乎一无所知。他起初以为这是一所神学院或正统犹太人的宗教学院。按照自己的准则，他不愿意卷入任何宗教性质的机构，不管是犹太人的还是非犹太人的。

尽管马斯洛对布兰代斯大学了解甚少,但他对勒纳却并不陌生。勒纳是一个全国性报业杂志集团的作家,常常为《纽约邮报》(The New York Post)等撰稿。他还是《国家》(The Nation)杂志的编辑,以及其他自由主义刊物的撰稿人。勒纳对国际国内事件尖锐的分析经常被广泛地引用,毫无疑问,他是受人尊重的学者,发表了许多评论美国政治的文章。

可能主要是出于好奇,马斯洛在自己的家里会见了勒纳。勒纳告诉马斯洛,他已于1949年到布兰代斯大学担任了社会科学部的领导,并开办了关于美国文化的课程。这次,该校全权委托他招聘一名教授,他想寻找一名有远见的、精力充沛的学者去振兴该校几乎名存实亡的心理学教学。

勒纳向马斯洛简单介绍了这所大学的历史。它的前身是米德尔塞克斯大学,于1926年由波士顿外科医生约翰·霍尔·史密斯博士(John Hall Smith)拿出他做房地产生意赚的几百万美元创办,他希望学校中没有种族和民族歧视。该校占地90英亩,离波士顿约15英里,基本上是一所以医药和兽医为主的学校,也有一些大学文科学位。

从创办开始,这所没有种族歧视的学校就遇到了维持学校资格和经费开支的麻烦。史密斯1944年去世后,他的儿子放弃了律师职业,担任了这所在困境中挣扎的大学的校长。1946年,破产和倒闭已经是不可避免。犹太移民、该校文科系主任约瑟夫·切斯克斯博士(Joseph Cheskis)看准机会,建立了一个不属于任何宗教派别的、由犹太人主办的大学。其经费由一个匆忙组织起来的犹太人小组筹集,这个小组包括了阿尔伯特·爱因斯坦、伊斯雷尔·戈尔茨坦(Israel Goldstein)、乔治·阿尔波特(George Alpert)等一些社会和知识界的犹太人名流。乔治·阿尔波特是波士顿一位富有的律师,他是理查德·阿尔波特的父亲。理查德·阿尔波特是哈佛大学有名的心理学家,他后来又以提倡反主流文化R. 达斯(Ram Dass)的名字著名。

通过研究,小组决定采用已故的美国最高法院大法官、美国最杰出的犹太人之一、路易斯·布兰代斯(Louis D. Brandeis)的名字来命名这所重新筹建的大学。加利福尼亚的艾布拉姆·萨克尔(Abram L. Sachar)被任命为校长,他刚结束了一个非正式的犹太人基金会的为期15年的主席职务。一次,小组就决策问题发生了争吵,爱因斯坦等人退出了。由于萨克尔的卓越的筹款能力,到1948年,该校已积累了相当可观的一笔基金。

同年10月,布兰代斯大学正式开学,虽然仅有14名教职员工和107名热情满怀的学生,但由于领导有方,学校得到了稳步的发展,并且吸引了一些教员,其中有的是访问学者，有的做了终身教授。在他们之中，有历史学家亨利·卡麦格尔（Henry S. Commager）、作曲家伯恩斯坦（Leonard Bernstein）、文学批评家路德维格·刘易逊（Ludwig Lewisohn）等。萨克尔曾向一位记者夸口道："我们想在每一个领域都有一定有名望的人，我告诉学生：不要只把课程看得重要，最重要的是教课的人。"

带着同样的自豪感，学校的理事乔治·阿尔波特说："许多年来，社会上已经有600所新教徒创办的教会学校和200所天主教徒办的教会学校。他们都招收犹太学生。那么，现在至少该有一所由犹太人创办的学校来接受新教徒和天主教徒。我们希望，这仅仅是一个开始，今后的发展将会更加广泛。"

1951年秋天，该大学已有六百多名学生，次年春天将有首批学生毕业。在连续两年高年级班学生毕业以后，学校将被授予资格认定书。学校负责人对学校的前景很有信心，他们希望建立一个研究生院，并设立心理学的博士学位。

勒纳就是在这种形势下来找马斯洛的。这时他对心理学几乎还一无所知，但他十分佩服马斯洛的聪明才智。他向马斯洛保证，该大学将对所有不同信仰和背景的学生开放，学习成绩始终是录取的决定因素。在研究某人的入学申请时，申请人的姓名将被抹去，以使录取不受某些因素的影响。学校董事们对学校格局的设想既不是美国的正统犹太人大学，也不是天主教大学，而是哈佛、普林斯顿或者哥伦比亚这种类型的大学。抽象地讲，布兰代斯大学将传播、学习和了解犹太人的思想；具体地说，该校将为那些具有较高天赋的犹太教师提供一个可靠的职位，这些人在美国学术界中的聘用和晋升方面一直受到偏见和歧视。

为了使马斯洛对这一职位感兴趣，勒纳向他描绘了这样一个前景：一个有远见的学者可以按自己的方案去建立心理学系。马斯洛可以按自己的独特风格去设立课程，由他选择具有创新意识的教师，按照他的方式训练研究生，并将作为一个有类似思想的心理学家团体的领导赢得全国声誉。勒纳邀请马斯洛访问该校，并与聘任委员会的成员进行正式的会谈。

这个提议令马斯洛兴奋不已，他回忆起30年代在社会研究新学院时的情景：几乎是一夜之间，就集聚了所有的杰出教员，成立了学院。与勒纳会晤之后，马斯洛认真地考虑了这一邀请，他知道自己在布鲁克林大学心理学系的孤立处境，就在几个月前，他才刚被提升为副教授。当然，也许在以后的某一天，可能有一所更有名望的大学，如哈佛大学或哥伦比亚大学会提供给他一个职位，但即使那样，在那种庞大而具有根深蒂固传统的大学中，他将依然形单影只。如果在布兰代斯大学牵头开展他自己的课程，他就将在学术生涯中又迈出巨大的一步，尽管他已经43岁了。

尽管马斯洛很喜欢自己的学生，但他早已厌倦了长期的教学工作。每个学期，他要按学校规定教 5 个班的课程，直到退休为止。他的一位年长的朋友海因茨·沃纳（Heinz Werner）在离开布鲁克林大学到克拉克大学之前就曾经对他说："在这里，年纪越大就越不敢期望减轻教学任务。"

但是，犹豫还是有的，布兰代斯甚至还没有正式的大学资格，它没有校友基础，如果它在财政经费上垮台了怎么办？另外，它是不是一所伪装的犹太神学院或教会大学呢？

马斯洛同贝莎商量此事。几乎任何能离开布鲁克林大学的机会都使贝莎感兴趣，她敦促马斯洛："既然他们付给你费用，为什么不去看一看呢？也正好借机到波士顿做个短期旅行。"

在布兰代斯大学，马斯洛花费了很多时间同勒纳、弗兰克·曼纽尔（Frank Manuel，历史学家）和索尔·科恩（Saul Cohen，哈佛大学毕业的自然科学系主任）在一起。他们是各自领域内的优秀学者，都有犹太人的家庭背景。马斯洛同他们一起游览那颇具田园风格的校园。虽然大学已经成立 3 年了，但是，有些地方还在施工。学校还没有一个单独的图书馆，以前米德尔塞克斯大学的尸体解剖房被改建成一个自助餐厅，过去的马厩被改成图书馆，而兽医院则被改建成一个演讲大厅。

马斯洛并不十分在乎校园的艺术风格和美化程度。实际上，他所在的布鲁克林大学就不是一个古朴典雅、墙上爬满常春藤的老学校。重要的是在布兰代斯大学可以有高质量的学术生活。布兰代斯大学的创办者和董事们以一种特殊的方式显示出来的远大抱负，他们在几年内创建第一流大学的理想，正好符合马斯洛个人的想法和使命感。

与曼纽尔等人的谈话是奇特的。一开始，曼纽尔使用了一种老套的但经常有效的伎俩。他编造了几个根本不存在的"心理学家"的名字，然后问马斯洛是否知道他们的学术成果。如果马斯洛假装知道，那么会谈也就到此为止了。但马斯洛熟悉美国大多数有创造性的心理学家，对于那些奇怪的名字，他简要地回答道："我从没有听说过他们，他们是研究什么的？"

曼纽尔对马斯洛的诚实感到满意，他与勒纳一道，同马斯洛亲密地交谈起来，其他人也参加进来。马斯洛说出了自己的想法，他为能够置身于这群知识分子之中感到高兴。他们看上去与那些眼界狭隘的学究们完全不同。最后，话题转到了聘请一事上，他们提醒他，心理学系系主任的职位是提供给具有想象力和充沛精力的学者的，他有责任办好整个系。在一阵激动后，马斯洛欣然接受了聘请，他很喜欢与这些人待在一起，甚至没有想到商议报酬的问题。他回到家后，贝莎对此很是懊恼。

第11章 重返布鲁克林

马斯洛将他准备离职的想法通知了布鲁克林大学，准备迁往波士顿。要离开这所已经工作了14年的大学，马斯洛感到很难受，甚至有一些歉意。他很喜欢这里的教学生活，这里的学生使他感到亲切，他们积极用功，和他有相似的种族和社会背景。现在要离开他们，就像要抛弃他们一样。当然，布兰代斯大学新的挑战更有吸引力。

在离沃尔瑟姆有15分钟路程的一个小镇牛顿维尔，他们买了一幢房子。这里环境十分幽静，居民是一般白人工薪阶层。这是马斯洛和贝莎结婚23年后第一次拥有自己的房子。这应该感谢马斯洛的弟弟们，买房的钱是他们资助的。又一次接受他们的帮助，马斯洛清楚地记下了这笔账，希望以后能够偿还那些好心的弟弟们。

这一年，马斯洛的女儿安13岁，艾伦11岁，这是她们在5年里第三次随父母跨州搬家。她们又一次远离了亲友。对于贝莎来说，她很高兴能够离开布鲁克林大学，去面对一个新的、充满希望与幻想的未来。

第 12 章　布兰代斯大学的开拓

> 在我成为布兰代斯大学的系主任后，我就像回到了青少年时代，能够精力充沛地反对委员会、日程、机构和规则等。
>
> 当然，担任主任角色的内在需要教给了我许多东西。一般来说，先驱和开拓者是孤独的，他要独自与自己内心的冲突、恐惧做斗争，抵制傲慢、自大甚至偏执。他必须是一个勇敢的人，很清楚自己是在从事一种赌博，他在一种缺乏事实根据的情况下提出实验性或探索性的推断，然后花费几年时间努力去验证他的预见是否正确。正是在这个意义上，我提出了自己的个人预感、直觉和判断。
>
> ——马斯洛

1951年秋，当马斯洛在布兰代斯大学安顿妥当后，他才了解到要从无到有建立一个心理学系，并且要使它达到国内一流水平，是一项多大的挑战。但是，在那些年月里，布兰代斯大学是一个不寻常的地方，马斯洛还是很高兴来到这里。

布兰代斯大学从创办开始，就获得了好名声，尤其是在艺术和人文科学上。它为先锋派提供一个讲坛，吸引了来自不同领域的很多优秀的思想家。由于有锐意进取的校长萨克尔的招募，一些杰出人物如物理学家利奥·西拉德（Leo Szilard）、人类学家阿尔弗雷德·克罗伯（Alfred Kroeber）和保罗·雷丁（Paul Radin）、文人詹姆斯·坎宁安（James Cunningham）、欧文·豪等都纷纷应聘。社会学家菲利普·里夫（Philip Rieff）、作曲家阿瑟·伯格（Arthur Berger）和欧文·法因（Irving Fine）也来到这里执教，马克斯·勒纳每周从纽约来这里，音乐系的第一任主任莱昂纳德·伯恩斯坦也是这样。提到莱昂纳德·伯恩斯坦，萨克尔眉开眼笑地说："我们邀请他来从事这项工作太合适了，正像温斯顿·丘吉尔首相应该来这里教历史一样。"尽管丘吉尔从来没有光顾过那里，但埃莉诺·罗斯福作为兼职理事，在那里教授过国际时事。

对很多观察者来讲，对于布兰代斯这样规模的学校，能够有这样多的杰出人才是令人瞩目的。对于萨克尔和他的行政管理人员来说，只要是优秀的学者就可以聘任，即使缺乏博士头衔，或者只有那种在美国没有声誉的欧洲文凭也没有关系。布兰代斯可以说是50年代具有田园诗风格的纽约新学院，虽然其中有很多教职员是左翼积极分子，甚至是有共产主义倾向的人，但是当威斯康星州的参议员约瑟夫·麦卡锡（Joseph McCarthy）1953年来到波士顿进行政治迫害时，除了布兰代斯外，其他学校都不同程度地产生了恐怖景象。也许，他是担心被列为反犹太分子。

1952年6月，学校举行的第一个毕业典礼使马斯洛兴奋不已。为庆典举办的艺术节一直持续了4天，其中有伯恩斯坦指挥的音乐节目、芭蕾表演、爵士乐、艺术片、诗朗诵。朗诵者为诗人卡尔·夏皮罗（Carl Shapiro）和威廉·卡洛斯·威廉姆斯（William Carlos Williams）。另外，还有一场关于当时艺术状况的学术研讨会。

因为布兰代斯没有正式的学院系别，只有一些较广泛的像社会科学和人文科学这样的部门，所以马斯洛便有很多机会与不同领域的学者接触。大多数同事认为这种安排在理论上是符合理想的，它可避免知识过分专门化。实际上这证明工作起来很不方便，例如，一位资深社会学教授在面试一个有希望的年轻访问学者时，会发现同事们提出的涉及经济学和历史学的问题使这个学者处于为难的境地。在教授们的要求下，这种情况终于有了改变，1953年，校方放弃了这种实验而建立了泾渭分明的传统的系别。

另一个创新还是比较成功的。萨克尔和勒纳为高年级大学生设立了相互切磋的一系列跨学科专题讨论会。这种讨论会邀请著名学者来讲述他们的经历和生活，而不是他们的研究工作。许多学生和教授都定期参加这种讨论会。演讲者包括数学家诺伯特·维纳（Norbert Wiener）、心理学家卡尔·罗杰斯、社会学家赖特·米尔斯（Wright Mills）等。演讲结束后，就由布兰代斯的教授评论小组讲述他们所受到的启发。马斯洛也是该评论小组成员，他非常乐意主持这样的讨论，他的发言常常给人深刻的印象。不幸的是，在演讲者的演讲与主持人的评论之间常常缺乏紧密的联系，这种讨论形式后来就被改变了。

马斯洛当初之所以应聘当上了心理学系系主任，并不是由于他想要这种个人权力，而是由于他看到了心理学在20世纪中期可能出现的前景，并为此受到了鼓舞。

他拒绝聘任那些一味顺从和同意他的观点的平庸的学者。像萨克尔一样，他寻求那些有前途的青年人和那些已经到了退休年龄却不愿离开自己领域的有建树的老人。在第一类人中，他招聘了有天赋的实验心理学家理查德·赫尔德（Richard Held）、里卡多·莫兰特（Ricardo Morant）和乌尔里克·尼斯尔（Ulrich Neisser）。在后一类人中，他吸收了老资格的理论家库尔特·戈尔茨坦和乔治·凯勒（George Kelley）。然而他们中的任何人都不能在任何意义上属于"马斯洛主义者"，也没有人像他那样对心理学研究具有特殊的激情，甚至最具有人本主义倾向的临床心理学家，如尤金妮亚·汉夫曼（Eugenia Hanfmann）、理查德·琼斯（Richard Jones）、詹姆斯·克利（James Klee）和沃尔特·托曼（Walter Toman），都有自己更为传统的研究兴趣，例如，酗酒治疗、梦境分析以及出生次序对家庭动力的影响等。在这些人中，没有一个人在专业上与他接近，考虑到他早年就是这样开展领导工作的，出现这种情况也不是偶然的，他也许是有意避免招聘自己的拥护者，以免他们干扰自己的思路。

从一开始，马斯洛的心理学系就包括实验心理学和临床心理学两个派别，但无论是哪个派别的人，都尊重聘用他们的这位绅士，尽量保持一种和平共处的状态。他们尊重马斯洛开阔的视野以及把心理学作为理解人类钥匙的看法。发展中的心理学系是乐观的，并且相对不受典型的学院政治生活的影响。马斯洛有一个也许是过于天真的观点：无论是研究知觉、人格理论还是心理治疗，大家都应该和睦相处，在更广阔的领域里取得共同进步。在一定意义上，马斯洛也实现了自己的愿望。在心理学系的研讨会上，全部教员都会出席，这常常使来访的学者大为惊讶。但事实上，为了经费和职位而发生的争吵是经常发生的，马斯洛不得不学会说"不"，以保证系里的重点项目能够实施，并且在进退两难时做出决定。对此，他后来说："来到布兰代斯后，我对事物的态度开始变化，作为一个领导，我必须学会做一些不受欢迎的事。"除了吸引来杰出的研究者这个目标之外，马斯洛还希望建立一些研究机构以探索心理学的基础，包括婴儿研究中心、神经生理实验室、灵长类动物实验室以及一个学生辅导中心。在所有这些计划中，只有学生辅导中心实现了，而且相当成功。

1952年，马斯洛约见了尤金妮亚·汉夫曼，一个受人敬慕的流亡心理学家，让她做辅导中心的指导教师并在系里给了她一个学术职位。他坚持辅导中心应该成为一个独立的管理单位，有其自己的预算和房屋。辅导中心的档案对校方和教职工保密这个政策在保护学生的权利上突破了惯例，在其他地方，当孩子们去咨询后，他们的父母立刻就会得到通知。由于这个中心在美国是最富有生气的，所以它很快就出了名。

第 12 章 布兰代斯大学的开拓

50 年代早期，马斯洛对学术研究仍然有浓厚的兴趣。他参与设计了一种由校方管理部门资助的大学新生的心理测试计划，每个新生都要进行罗夏墨迹测验和特意为这一年龄段设计的"完成句子测验"。马斯洛的目的有两个：一方面，鉴别那些有沉重心理负担的学生，观察他们以后是否经常来做咨询；另一方面，指导那些被列为"最健康"的学生的学科学习和课外活动。他希望与莫兰特合作，利用这些资料证实自我实现者"能更准确理解世界"这一理论。

不幸的是，这些测验的效果比预期的要差得多。宿舍管理老师在判断学生的情感问题时，往往要比科学研究式的人格测验更准确可靠。另外，汉夫曼和学校里的另一些人对没有什么特别需要而收集学生资料表示不满。由于这些原因，这项心理测试不久就终止了。同时，马斯洛与莫兰特发现对"真实准确地看待世界"这一观点的实验研究很难进行，因此他暂时搁置了这个计划。

在布兰代斯，马斯洛很少亲自为学生做辅导，但是他对精神分析仍有兴趣，而且不是停留在知识的层面。主要由于个人的原因，他请心理治疗医生费利克斯·多伊奇（Felix Deutsch）对他进行治疗。费利克斯·多伊奇是著名的心理治疗医生海伦娜·多伊奇（Helena Deutsch）的丈夫，他与波士顿的精神分析研究所保持着联系，对身心疾病有很浓厚的研究兴趣，而这正是马斯洛从 40 年代初就关注的课题。他相信多伊奇是一个很有技巧的分析者。费利克斯·多伊奇曾经帮助他认识对母亲持久不变的敌意和他的少年时代的经历，如反犹太主义，这些经历后来似乎都影响了他与周围人的关系。威尔·马斯洛等与他有密切关系的亲戚都注意到，他变得更加心情舒畅，心平气和了。为了用自己不高的工资来支付昂贵的咨询费，马斯洛想出了一个办法：如果有病人取消了预约，多伊奇便立即打电话让他过去，并收取比标准低的费用。

在布兰代斯做开拓工作的时期，马斯洛很少有时间进行学术研究，他不得不把研究和写作置于次要地位，但是，他的性情不允许他活跃的智力活动长时间空闲。他依据早期的工作，例如 40 年代中期与阿尔弗雷德·金西合作研究的结果，发表了一些文章。

1953 年前后，马斯洛和他年轻的同事莫兰特开始着手进行一项合作计划，写一本权威性的教科书，介绍自 1890 年威廉·詹姆斯的《心理学原理》问世以来，现代心理学取得的新进展。从方法上看，这本书将回顾威廉·詹姆斯的论述，并且对心理学的发展状况进行考察。马斯洛渴望说明一个事实，即在过去 60 余年的时间里，审美、利他主义以及宗教体验等一直很少被了解。他也想确认心理学研究在动物行为、学习理论以及测量等方面所取得的真正成果。

在顺利地与哈珀兄弟出版社签订了合同后,他们开始工作,但这种合作并不容易。某些题目,特别是莫兰特关于感官的知觉作用的研究太复杂,以至于很难用初学者能够理解的语言进行解释。而且,当莫兰特坚持用统计数字和确定的资料时,马斯洛的主要兴趣又在于根据已有的可靠发现进行推论,并且就人性问题做哲学性的概括。最后,他们只得通知哈珀兄弟出版社,他们准备友好地分开写作。

马斯洛成功地完成了另外一本著作,他收集了自己过去13年的各种文章,出版了一本新书。这些文章都是在他与贝拉·米特曼合作写《变态心理学原理》以后发表的。新书题名为《动机与人格》(*Motivation and Personality*),其基本内容出自他就该课题在布兰代斯为大学生上课的教程。这本书于1954年发表,共有18章,文笔清晰流畅。马斯洛把它敬献给马斯洛制桶公司的弟弟们。该书最初的几章包括他的需要层次理论和自我实现理论的精华部分,特别是关于爱、认知、动机等的具体表现形式。最后几章形式新颖,内容锐意革新。在"正常状态,健康和价值"和"走向积极的心理学"等章节中,马斯洛提出了把传统心理学研究转变为兼有科学与伦理意义研究的令人振奋的设想。在这本书的最重要的部分,有这样一些被广泛引述的话:

> 心理学作为一门科学,在研究人类消极方面所取得的成功远远大于它在人类的积极方面的研究。它向我们展示了人类大量的缺点、病态和恶习,但很少揭示人类的潜力、美德、抱负或者可能达到的心理高度。心理学似乎自愿放弃其合法管辖区域的一半,而仅局限于另一半,即黑暗、平庸的一半。
>
> 总之,我坚持认为,心理学尚未达到应有的高度,并且,我将探求这种悲观主义的错误是怎样产生的,为何至今尚未纠正,应该怎样纠正。我们不仅要了解心理学的现状,还必须了解它的天职,了解心理学如果不能摆脱它对人性悲观、狭隘的偏见,其前景将是一种什么状态。

最使人感到鼓舞的大概是这本书的附录——"积极的心理学所要研究的问题"。在附录中,马斯洛提出了一百多个人本心理学的研究项目。

关于学习理论,他写道:

> 人们怎样才能变得聪明、成熟、仁慈?
> 人们怎样才能具有良好的趣味、性格以及创造力?

人们怎样才能学会使自己适应新情况？

人们怎样才能学会发现善、识别美、寻求真？

怎样从独特的经历，从灾难、婚姻、生儿育女、成功、胜利、疾病、恋爱、死亡等不断中学习？

关于知觉，他强调研究审美、直觉以及品位（good taste）等。他写道：

是什么因素使健康的人能够更有效地解决现实问题，精确地预见未来，更容易发现人们的本来面目？

是什么因素使他们能够容忍或欣赏未知的、无结构的，而且意义不明的神秘事物？

为什么健康人的主观愿望对他们的知觉的歪曲程度这样小？

马斯洛也提出了对社会心理学的看法：

在社会领域，对兄弟般的友好关系、平等主义的研究应受到对阶级、社会等级以及社会统治等研究的同样重视。

在民主国家中，寻求领导地位的人有时是为了有机会服务而不是为了控制别人，为什么这个事实被如此严重地忽视？……应当研究责任感、忠诚感、社会义务感、社会道德心，研究好公民、诚实的人。我们能够花费大量时间研究犯罪，但为什么不研究这些？

除了研究好的生活经历对心理治疗的作用，例如结婚、成功、生儿育女、谈情说爱、受教育等，还应该研究不好的经历的心理治疗作用，尤其是悲剧性经历，也包括疾病、丧失、挫折、冲突等。健康的人甚至能够利用这些经历，从中受益。

1954年5月，在完成《动机与人格》后，马斯洛感到一种巨大的骄傲，他深信这是一本可列入心理学历史上最重要的著作之列的书，他只是拿不准，他的同事们还需要多少时间才能意识到这一点。

一天晚上，马斯洛在哈威德广场散步，在几家书店中浏览。他碰见马克斯·勒纳正与他的两个在大学读书的孩子去餐馆吃饭。马斯洛走进餐馆，与他们互致问候。勒纳问："你最近在忙什么呢？"

马斯洛回答说，他刚刚完成了一本关于人的价值以及高层次内在生活的书。

勒纳微笑着说："这种书柏拉图早已经写过了，亚伯。"

马斯洛也微笑着说："是的，马克斯，但是我比柏拉图懂得更多一些。"

这句不经意的话语使勒纳和他的儿子们大吃一惊。几年后，勒纳意识到他的同事是正确的：现代心理学的确能在人性方面提供比那些古代哲学家更伟大的见解。

《动机和人格》很快引起了人们的注意，使马斯洛一下子在全国出了名。这部著作被公认为是50年代心理学领域最重要的成就。更有意义的是，它富有说服力的思想开始渗透到其他领域，包括企业管理、市场销售、教育、心理辅导以及心理治疗等。对许多关注心理学以及心理学的实际应用的人来说，马斯洛的名字开始成为一种深入探索人性的象征，他的心理学探索以一种独特的美国方式体现出创新、激进和乐观。

这本书不带有任何标志弗洛伊德后期观点的那种悲观主义，没有荣格著作中的那种充满了象征符号的内向的冥想，也没有精神分析学家埃里克·埃里克森所相信的那种人注定要为所承受的沉重历史负担所累的观点。《动机和人格》使马斯洛接到大量演讲邀请，并给他带来许多提供咨询和担任顾问的机会，即使他以后不再发表什么文章，他的声誉在心理学领域也会长盛不衰。

尽管喝彩声四起，在向某些类型的听众发表演讲之前，马斯洛仍然担心会受到攻击。最严重的一次发生在1954年后期。当时，马斯洛参加了在内布拉斯加大学举行的一次全国动机专题研讨会。除了他之外，还有5名心理学家将担任发言人。但就在此时，马斯洛的心情十分矛盾。

最初，马斯洛为自己的工作受到了正式的认可而感到高兴，这是他在事业上迄今为止得到的最大荣誉。他将得到一大笔演讲费，得以继续出版他的著作。但是，他开始产生了忧虑：如果自己的论文不受欢迎，甚至受到同行的嘲讽怎么办？他要讲的是非正统的东西，批评占统治地位的观点，但是，如果弄巧成拙，他还能得到有如此影响的机会吗？更麻烦的是，消息会传到布兰代斯同事们的耳朵里，这甚至会动摇他的系主任地位。也许，与其去冒受嘲讽的风险，不如放弃这次机会，安心从事自己所习惯的写作。也许，他应该知难而进，努力把这次演讲搞好。

马斯洛的内心之所以会产生诸如此类的矛盾，部分是由于人到中年后，他的自我形象开始有了变化。也许这种情况是不可避免的。在他的年轻时期，他就带着后辈对良师和长者的尊敬，把自己看成一个早熟的青年研究者。当他在1943年发表突破性的关于需要层次的论文时，他就已经被关爱他的父亲般的人物所包围，如精神病学家阿布拉姆·卡迪纳以及大卫·利维等。他们对他既宽容又鼓励。现在，在他

47岁时，作为一所大学的系主任，他不能够再像一个早熟的青年学者那样无所顾忌，现在他害怕真正专业上的窘迫，害怕败坏自己稳步建立起来的名望。

马斯洛越来越担心他的演讲内容中的新观点，一直想找理由退出，他尽量拖延每一分钟，使自己没时间在研讨会开始前完成演讲稿。但是，到了最后，马斯洛的诚实、坦率战胜了患得患失的名利心，他决定去参加这场研讨会。1955年1月13日至14日，他出现在会场，并做了令人难忘的演讲。

在演讲的开始，马斯洛宣布了他那斗志昂扬的立场，表达了他的思想状态：

> 我必须坦率地告诉你们，我要讲演的内容完全不同于你们以前在历届会议上所听到的发言。首先，我不仅是一个冷漠的、非个人化的心理学家，为了纯粹的、无偏见的真理而开创事业，同时也对人类的命运、目的、目标以及未来非常关心和感兴趣。我乐意努力帮助人们提高自我，使其前景更加美好。我希望教导人们，使他们变得更加友爱、合作、和平、勇敢以及公平。我认为，科学是达到这些目的最大的希望，而在这个意义上，心理学是所有科学中最重要的。我有时真的认为，在非常宽泛的意义上，世界要么靠心理学家们得到拯救，要么整个覆灭。

在发言中，他不仅批评了行为主义者，也批评了弗洛伊德主义者按照错误的人类动机模式所做的研究，因为他们的研究对象是动物，如实验室老鼠等低等动物，以及有感情障碍的人。马斯洛认为，在这种情况下所形成的关于人性的概念是对人性愚蠢的歪曲，只有通过研究健康的人，即那些"成长性动机占优势的人"，才能获得对自己真正面目的准确认识。

在描述我们的安全、归属、自尊等基本需要时，他用我们对于维生素等的需要作了一个类比。他指出，情绪失调在根本上是"一种匮乏性疾病，它产生于某些满足被剥夺，就像身体失调是由于水、氨基酸或钙等要素被剥夺一样"。在以后的写作和公共的演讲中，他一直喜欢用这种比喻来说明问题。

马斯洛解释说，当我们的基本需要被满足后，我们的成长性需要，即自我实现需要，就变得具有支配力。这种高级需要，例如创造性、审美等，没有永恒不变的终点，心理学意义上的成长是整个一生的过程，它意味着"期望和抱负的实现，比如希望成为一个好的医生，一个好的工匠……或者最重要的，也是最简单的，成为一个好人"。

最后，马斯洛着重强调了健康的成长性动机区别于匮乏性动机几个主要特点。

虽然这清楚地回答了我们都不同程度拥有的两种倾向，他还是强调，我们越是懂得什么是自我实现的动机，就越能更好地解答无私的爱以及神秘的宇宙体验等古老的哲学问题。他指出，通过研究不健康的人，我们不能得知高层次的或没有神经症的人对于这个世界的体验。"我们看清楚了这个真实具体的世界吗？或者说，我们看清楚了礼仪、规则、动机、期望以及抽象活动等这些我们投射于世界的东西吗？换言之，我们对这个世界是清楚的还是盲目的呢？"

这一演讲被公认为很出色，这使马斯洛深感欣慰。它很快就成了他正在形成的理论系统中的最重要内容之一。该演讲的发表，还提高了他在心理学界的声望。马斯洛发现，自己已经融入一个规模虽小却正在逐渐扩大的运动之中，这个运动由那些具有研究兴趣的学者组成。在那一年，马斯洛列出了大约有40位学者的名单，这些人都在不同程度和不同角度上研究了人的创造性、人的自我、人的存在以及人的发展等问题。他们包括戈登·阿尔波特（Gordon Allport）、安德拉斯·安吉亚尔、夏洛特·比勒（Charlotte Buhler）、埃里希·弗洛姆、库尔特·戈尔茨坦、保罗·古德曼（Paul Goodman）、罗洛·梅（Rollo May）、阿什利·蒙塔古（Ashley Montagu）、查尔斯·莫里斯（Charles Morris）、刘易斯·芒福德（Lewis Mumford）、大卫·里斯曼、卡尔·罗杰斯、皮蒂瑞姆·索罗金（Pitirim Sorokin）和保罗·蒂利希，等等。

此时，还没有出现60年代初期称为"第三种力量"的存在主义—人本主义心理学思潮，但事实上，又过了几年后，这份名单才逐渐扩大，成为《人本心理学杂志》发行的基础。最后，到了60年代后期，壮大发展出优心态网络（Eupsychian Network），有几百个团体和组织都在促进人本主义的社会改革。但是，不管在这以后情况如何，最初的那些研究者始终占有重要地位。特别是在50年代整个知识界都沉寂的背景下，他们的作用就更是难能可贵了。马斯洛鼓励那些有人本主义倾向的研究者们去写作，并经常把自己最新的著作和文章在发表之前就送给他们传阅。

与在布鲁克林大学时相比，马斯洛在布兰代斯大学更喜欢社交活动，他有了一个朋友圈子。这个朋友圈子维持了大约15年之久。这个圈子的成员几乎都像马斯洛一样，有一个非教会的犹太人背景。他们包括历史学家弗兰克·曼纽尔、社会学家刘易斯·科塞（Lewis Coser）、政治哲学家赫伯特·马尔库塞（Herbert Marcuse）、还有精神分析学家哈里·兰德（Harry Rand），以及心理学家里卡多·莫兰特。

历史学家曼纽尔是马斯洛最亲近的朋友之一，也是他学术上的知己。他于1910年出生在波士顿，23岁时在哈佛大学获得历史学博士学位。年轻时曾是激进的马克思主义者，参加过反法西斯的西班牙内战。后来他变成了民主社会主义的坚定拥护者。尽管他取得了哈佛大学的博士学位，但是，反犹太主义却使他难以获得一个学术位置。他在政府机构工作过几年。在第二次世界大战期间,他作为战争情报官员为美国政府军队工作,由于勇敢而获得青铜星奖章。他在克利夫兰市短时间教书后,于1949年,也就是布兰代斯大学成立后的第二年,加入了该校的教师队伍。他讲授的课程是欧洲思想史,其专长是乌托邦思想。关于乌托邦这一主题,他与马斯洛有过许多次热烈的辩论。曼纽尔以其愤世嫉俗的才情以及尖酸刻薄的语言著称,他对学生与同事都是如此。

这些年间,马斯洛的另一位亲密朋友是哈里·兰德。他生于波士顿,父母都是犹太移民。他曾做过职业爵士鼓手,后来在布兰代斯大学的前身米德尔塞克斯大学学习医学。40年代晚期,他在波士顿精神分析研究所费利克斯·多伊奇那里接受了精神分析训练,之后,他以自己精湛的心理治疗技术而出名。尽管他很少发表著作,但他那令人愉快的性格以及在治疗方面的洞察力给马斯洛留下很深的印象。由于年龄接近,背景相同,他们俩成为了好朋友。1957年,马斯洛聘请兰德担任布兰代斯学生辅导中心顾问,并教授部分临床心理治疗课程。兰德的兴趣很广,从精神分析、文学评论一直到心理治疗案例研究的社会意义。他的个子很高,秃顶,性格乐观外向,在研究生和教职工中是很出名的人物。作为马斯洛社交圈中经济最宽裕的人,兰德常在家中举行聚会。兰德是马斯洛与精神分析领域的至关重要的联结,后来,他成了马斯洛最亲密的朋友之一。

马斯洛的另一位朋友是刘易斯·科塞。他是社会学家,出生于柏林,30年代就读于巴黎大学。在那里,他积极参加左翼政治活动。移居美国之后,他先在芝加哥大学教书,后于1951年来到布兰代斯。他是一位训练有素、治学严谨的学者,一直关心民主社会主义事业。1954年,在发表了他的第一本著作——《社会冲突的功能》(*The Function of Social Conflict*)——之后不久,科塞获得了哥伦比亚大学的博士学位。他认为,无冲突并不是一个健全社会的标志,相反,就枝节问题发生冲突才是社会健康的标志。社会允许冲突发生,可避免冲突升级,有利于改善某些冲突双方的关系。同年,由于麦卡锡的势力渐渐削弱,他与欧文·豪合作,在纽约出版了生动的民主主义左翼期刊《异议》(*Dissent*)。

在这个朋友圈子中,最有名的成员也许是赫伯特·马尔库塞。他是一个德国人,1954年来到布兰代斯。在这以前,他是法兰克福研究所的成员,第二次世界大战期间,曾经为美国战略情报局工作,以后又曾在联邦文职机构任职。到达沃尔瑟姆校园的这一年,马尔库塞发表了《爱欲与文明》(*Eros and Civilization*)一书,这是他最有影响的著作之一。在这本书中,他企图把马克思主义与弗洛伊德的思想综合起来,他的这一尝试引起了争论。

马尔库塞和马斯洛都对精神分析、文化等问题有兴趣，因而很快成为朋友，他们之间的关系自始至终都称得上亲密。他们常常在校园里共进午餐。马尔库塞在意识形态上是一个坚定的马克思主义者，因此他对美国的前景持悲观态度。在《爱欲与文明》一书中，他论证说，埃里希·弗洛姆和卡伦·霍妮（他们是马斯洛 30 年代在纽约市时的好友）把弗洛伊德的观点过分简化了，省去了其理论中内在的政治激进主义成分。除了马斯洛外，马尔库塞与弗兰克·曼纽尔的关系也很好。三个人关系密切，每个月里至少有一个星期日的早晨，他们在一起游泳，然后悠闲地边用早餐边进行思想活跃的讨论。

作为一个才华横溢的人，马斯洛在朋友中间是机智诙谐的健谈者，他能够一连几小时用故事和轶事使朋友们感到兴奋。他的谈话还有一个特长，就是能够在恰当的时候讲出警言妙语，使大家开怀大笑。根据他的理论，如果能够使自尊需要得到充分的满足，将有利于进入自我实现，因此，他常常身体力行，有意识地设法在情感上扶持他的朋友们。

马斯洛常常喜欢夸奖他们，强调他们的创造力和才华。朋友们理解他这样做的动机，也体会到他的温文尔雅和与人为善。他们发现，他的那些话能够使自己感到精神振奋。马斯洛鼓励他们以独创性成果为目标不断进取。像他一样，把自己看成是能够为世界作出极大贡献的一个潜在的天才，而每一个潜在天才都是世界的一笔巨大财富。因此，很多朋友认为，马斯洛人格上的一个缺点，恰恰就是这种自以为是，这是与他想要改变人类状况的伟大个人使命感相对应的。正如曼纽尔所回忆的："他有一种以救世主自居的情结，不过，他从不企图把自己的思想强加于人。"

尽管这个圈子的朋友们非常喜欢马斯洛，但没有一位学者像他那样具有强烈的非正统的学术研究兴趣。除马斯洛外，莫兰特是这个社交圈中唯一一位心理学家，他是一个从事主流研究的实验心理学家，他并不赞成马斯洛对新心理学的热切幻想。其他人则对马斯洛忽视马克思主义、经济学理论和社会学理论感到震惊。由于马斯洛从没有努力了解他们的学科，他们也不想了解当代心理学的发展趋势，所以，在他们之间，除了一般性话题外，很少在专业上直接沟通，互相补充。他们作为见多识广，足迹遍及全球的思想家，对马斯洛不愿到欧洲旅行感到难以理解。马斯洛的确很少在国外消磨时间，最远的一次旅行是从纽约到墨西哥。

出于学术研究上的偏见，这些布兰代斯的朋友反而忽视了马斯洛研究工作的潜在重要性。尤其是那几位在欧洲接受教育，熟悉历史学、社会学和政治哲学的学者，对马斯洛的那些研究对象的繁杂混乱颇有质疑。这些对象包括猴子、妇女性行为和支配感、安全感，天生需要层次的划分，黑脚印第安人以及自我实现的人。他们虽然没有当着马斯洛的面说出自己的看法，但却认为这些研究流于单纯，与当今世界的重要问题没有关联。

例如，据科塞回忆，马斯洛有时向他咨询一些重要的国际事件或国内政治问题。当马斯洛对这些事件或问题表达自己的意见后，科塞总是要在观点上与他"划清界限"。尽管马斯洛支持阿德赖·史蒂文森（Adlai Stevenson），也加入了一些"左翼自由主义"组织，如"美国公民自由联盟"、"美国民主行动联盟"、"合理使用核武器委员会"等，但他的朋友们仍认为他在改造世界的问题上，具有无可救药的天真和理想主义倾向。

马斯洛也很清楚，他自己认为很重要的工作，朋友们却没有什么兴趣。但他能够以一种孤独的哲人气质泰然处之，不因这种情况感到压抑。其原因，还在于朋友们明显地喜欢与他为伴，另外，他的两个孩子已经逐渐长大，不再需要过多的照顾，贝莎也因此开始对他的专业工作越来越感兴趣。几年后，他在接受一次采访时说："我在波士顿地区没有一个真正的志同道合者，我最亲密的同事是弗兰克·曼纽尔，我与他能展开精彩有益的辩论，但他认为，我所有的研究成果都是一堆废物。"

仿佛是迎合他在朋友们头脑中的形象，马斯洛常常讲述关于他自己的一个故事，这也许是他编造的。对于他的朋友们来说，这个故事中的主人公是一个身处严酷现实，笨拙无用，但仍然可爱单纯的人。

这个故事的内容是：有一天傍晚，马斯洛乘坐从纽约到波士顿的渡船，当他站在甲板上向外凝视时，一个迷人的女人微笑着朝他走来。他心不在焉地报以微笑，这女人大步靠近他，并用一种友好的态度主动与他交谈。没有人会忽视这样一个女性的注意，马斯洛给她以热情的回应。

在谈了一会儿之后，这个女人意味深长地盯着他的眼睛问："你愿意到我的客舱参加一个聚会吗？"没有人会错过这样一次聚会，马斯洛答应了。她请他慢她一步再来。待他进了她的客舱后，发现里面除了他们两人之外，没有任何人，当她在他身后关上舱门时，他惊异地转向她问："聚会在哪里？"

这个女人解释，她是一个妓女，尽管她的确对他们的交谈感到愉快，但是她有权要求他为占用她的时间付款。马斯洛感到很窘迫，只得把钱付给她。

虽然马斯洛并不是犹太教徒，对犹太文化也没有什么兴趣，但他很早就支持以色列，当时，这种态度在心理学系的同事里是很不受欢迎的。为了表明他对以色列的支持，他节俭开支去购买以色列的储蓄债券。这一举动令他的弟弟哈罗德感到吃惊，因为以色列的储蓄债券利息很低。也许这种亲以色列的感情是受了堂兄威尔·马斯洛的影响。威尔已成为美国犹太人委员会的一位有活力的领导者，并且是以色列第一任总理大卫·古里安的姻亲。

不久,当马斯洛的名声传到了以色列最好的学府时,他有了更多的机会帮助这个国家。1955年初,他第一次接到了耶路撒冷的希伯来大学的聘书,该校校长请马斯洛担任该校新成立的心理学系系主任,期望他能够使这个新成立的系,像布兰代斯心理学系那样发展起来。校长的信是托经常访问以色列的纽约大学心理学家大卫·韦奇斯勒(David Wechsler)转交马斯洛的。

韦奇斯勒在附给马斯洛的信中写道:"当前,大学里还没有心理学系,但这种情况对于一个有心从头做起的人来讲是极富有挑战性的。"马斯洛答应作为一个非正式编制的教授,领取不固定的报酬,而不接受正式的聘用,因为正式受聘起码要订3年的合同。他到布兰代斯大学才刚4年,他不愿意再次搬家,而且,他认为这里还有许多新的领域有待自己去开发。

1955年,布兰代斯大学一片繁忙景象,现代化的演讲厅、宿舍、图书馆和博物馆拔地而起,它们仅是大规模建筑规划中的一部分。每一个建筑上都刻有一个慈善家的名字,甚至在长凳和树上也钉上了标明捐助者名字的小牌。法官路易斯·布兰代斯的青铜像矗立在一座小山上,埃莉诺·罗斯福为其落成典礼剪了彩。学校最引以骄傲的是它的3座教堂,每一座教堂都被设计得像一本打开的《圣经》,一本是犹太教的,一本是天主教的,一本是新教的。每一本都极精确地恰恰是30英尺高,因此,没有哪一派感到受到了轻视。

这些令人振奋的建筑群应归功于一个人筹集资金的成功,即布兰代斯的校长艾布拉姆·萨克尔。早在他1948年受聘时,他就敏锐地意识到,那些老一辈的德国犹太移民,只要有能力,总会为学校做贡献。他相信,布兰代斯大学的生存与发展关键在于那些有钱人的捐赠和投资,特别是那些东欧血统的第一代美国犹太人。这些靠自身力量成功的商人、律师、会计师、医生是学校的希望之所在,他们为自己的传统感到骄傲,虽然他们受的教育不多,但是都愿意为犹太人所办的教育事业做贡献。萨克尔看准了这一点,向他们请求帮助。他还帮助布兰代斯大学的妇女委员会得到了赞助。这是一个充满活力的志愿组织,它的分会广泛分布于美国社会的每一个犹太社团中。在大量的为学校捐助的活动中,教师也常常被邀请参加,这无疑增添了活动的学术气氛。布兰代斯大学的前任教授欧文·豪在他的回忆录《希望的空间》(*A Margin of Hope*)中写道:"萨克尔会高兴地对我说:'讲得稍微高深一点,好使那些可能捐助的人对这里浓厚的学术气氛留下深刻印象。'"

马斯洛很愿意参加这种在全国范围内的筹资活动,尽管它占去了他的许多学术研究时间,他通常把这种筹资活动和外出参加专业会议统一起来。

第 12 章 布兰代斯大学的开拓

在社交性的演讲活动中,马斯洛的态度有时非常轻松而随意。例如,有一次他接到布兰代斯大学妇女委员会的邀请,请他在午餐会上发表演讲,他为自己写了这样一个宣传卡:

弗洛伊德怎样改变了我们的生活?
为什么精神分析家要使用睡椅?
为什么妇女们要参加俱乐部?
为什么如今做好家长这样困难?
为什么有那么多的人服用致幻剂?
为什么猫王会有这么大的影响?
请听对以上问题以及其他问题的回答。

欢迎您光临,并带一位朋友一起参加
　　冬季的报告会
　　时间:1957 年 1 月 28 日
　　倾听
　　亚伯拉罕·马斯洛博士
＊著名的权威
＊迷人的气质
重要提示:
会上有对你心理学知识掌握程度的小测验——非常有趣!

有时候,马斯洛对这些演讲采取的是非常严肃的态度,将它们看成帮助他人熟悉自己观点的好机会。例如,1955 年,他为马萨诸塞的伍斯德大学全国妇女委员会分会做了另一次演讲,题目是"人格问题与自助"。

与以往的演讲一样,马斯洛表达了自己坚定不移的信念:心理学作为现代科学能够为人类做出更大的贡献,甚至在涉及看似深奥的道德与伦理课题时也一样。他说:"我们越是了解自己的自然倾向,就越是能描绘一个可称为自然价值观的体系。"

马斯洛还强调,每个人都有一个内在的人格核心——他所谓的"真实自我"(real self),这个核心不像弗洛伊德和神学家们所认为的那样,是一种内在固有的罪恶的东西,而是善的或中性的。出于他对人类生物学本质的看法,他还向听众指出:"文化上的差异,虽然看起来很显著,但实际上只是表面的。在人格的深处,人们的共同点要多于不同点。"

最后，马斯洛温和地批评那些因循守旧的人的思想方式，他说，我们可以从自我实现者那里得到一个重要启示：生活的完善从来不会来自从众和随大流，而只会来自我们的向往和才干。社会适应绝不应被无条件地看作通向愉快和幸福的道路，真正的途径倒不如说是对流行价值观的抵制。正如他常常有力提出的反问："问题在于：适应什么？"

第13章 失望与新梦想

> 我们对于设想自己的最高可能性感到害怕。在某个最恰当的时刻，当我们鼓足勇气时，我们会预见自己能够成为什么样的人，但是，我们通常又害怕成为这样的人。对在这种高峰时刻从自己身上看到的如神一般的可能性，我们感到愉悦甚至狂喜。然而，正是面对这种可能性，我们同时又由于软弱、畏惧和惊恐而战栗。
>
> ——马斯洛

> 很明显，任何人所能追求的最光明的未来、最精彩的人生，只有当他全心全意投入自己热爱的事业时才会实现。
>
> ——马斯洛

20世纪50年代，马斯洛非常愿意和布兰代斯的同事们交往，并从中得到不少乐趣。但是，从一开始，他与学生的关系就不太融洽。这种情况完全出乎他的意料，这与他在布鲁克林大学的那些年正好相反，那时他更欣赏学生。对马斯洛来说，问题不在布兰代斯学生的智力水平上，因为他们都经过了严格的挑选，他们缺乏的是真正的动力和雄心。在布兰代斯上课时，他常常需要直接鞭策学生来激发他们的热情，而在布鲁克林他从不需要这样做。

有一天，马斯洛在课堂上绘声绘色地描述自己所喜爱的自我实现者的形象，讲他们献身于某种使命。但是，全班学生对此却表情木然。见到这种情景，他极为沮丧。突然，他向学生发问："你们当中有多少人想成为心理学家？"有好些学生举了手。"你们当中有多少人想成为伟大的心理学家，成为另一个弗洛伊德？"没有一个人举手。"为什么不呢?"马斯洛质问道,"如果你们不想成为伟大的心理学家,又何必自寻烦恼,选择心理学专业呢?如果不是在座的各位,那么,在30年以后,谁又将能成为心理学、历史学或医学的栋梁人物呢?"

马斯洛在布鲁克林大学的学生们身上看到的是一种雄心,一种改变世界的执著热望,而这些他却从未在布兰代斯的学生那里感觉到。这也难怪他会在无意中向学生流露出他的失望,虽然这并不是明智的,结果布兰代斯的学生们从不成群地追随他。在布鲁克林,那些崇拜他的学生记下了他提出的每一个忠告,但是,现在这种情况几乎没有。马斯洛在布兰代斯的校园里也相当有名,但只是作为一位激发思考的讲演者和独特的思想家。有的学生自动退修了他的课程,这在他任教以来还是第一次碰到。

马斯洛认识到,他的不满也部分地反映了时代的变化。在艾森豪威尔时代,国际事件在校园里已经不能激起热情了。美国经济正走向繁荣,城市在扩展,悠然自得的大学生们更注重享乐,而不是艰苦奋斗、追求进步或关注改变社会秩序。

早在20世纪40年代,马斯洛就向学生们推荐过巴德·舒尔伯格(Budd Schulberg)的小说《什么使萨米狂奔不已?》(What Makes Sammy Run?)。小说对主人公萨米·格里克做了生动的描写。他是一个典型的急功近利、一门心思往上爬的美国年轻人,为了追求成功不顾对他人造成残酷的伤害。一句话,这个青年利欲熏心。马斯洛认为这个故事对于他的那些年轻学生来说是个警告,因为他们中也不乏为了获得成功而不惜任何代价的人。到了20世纪50年代,正逢"组织人"(organization man)的要求大行其道,萨米·格里克式的青年的急躁鲁莽令企业的招聘人员大为头痛和反感。马斯洛则为布兰代斯大学中只有极少数学生怀有真正远大抱负和志向而感到遗憾和失望。他十分厌恶多数学生表现出的那种自鸣得意的神情和故步自封的优越感。

布兰代斯的学生大多来自富裕的犹太家庭,这也许正是马斯洛下意识地感到有隔阂的原因。相比之下,他对布鲁克林的学生更有亲近感,他们的出身和价值观都与他更接近。另外,马斯洛已经进入中年,他在课堂上已没有那么多精力和耐心。在家里还有两个十多岁的女儿,她们已到了使人感到棘手的年龄,这也使他觉得青春期少女并不那么可爱。

马斯洛对学生抱有非常高甚至不现实的期望。他并不满足于看到他们课程学得不错,而是力图不仅从智力上而且从道德上提高他们的境界,希望看到他们成熟起来,走上自我实现的道路。尽管他的目标很高,他还是常常能够获得成功。他的心理学导论课在道德和智力上提出了比其他课程更高的要求。这门课很受欢迎,影响了许多选修这门课的学生。数十年后,不少学生仍能回忆起在令人沮丧的20世纪50年代,马斯洛的声音是多么独特而使人激动。

例如,政治活动家艾比·霍夫曼(Abbie Hoffman)20世纪50年代中期在布兰代斯读心理学专业,并且是艾伦·马斯洛(马斯洛的二女儿)的好朋友。他在自传《一部电影很快要诞生》中追忆道:"在所有教授中,我最喜欢亚伯·马斯洛。我选修了他的每一门课,并和他及其家人一起度过了很多夜晚。在悲观主义盛行的西方思潮中,我发现他的人本主义心理学(当时被认为是激进的)有些令人兴奋的东西。由于受达尔文和弗洛伊德的影响,100年来,心理学都只关心人类的阴暗面,马斯洛关于健康动机的见解将其研究引入了正途。"

另一位20世纪50年代早期在布兰代斯求学的学生评论道:"我把马斯洛看作……指引我进入安全港的灯塔,看作一个避风港,以此为新起点,我可以全速前进。我从马斯洛那里得到了启示,并为传播它而献出自己的一生。"

但是,也有人没有从马斯洛那里得到启示,这也许是不可避免的。马斯洛倾向于把这种情况看作对自己的否定并以此来衡量自己的成败。有段插曲可以说明这种情况。1954年中期的一天,马斯洛正给学生上心理学导论的最后一节课,他沉着而热情地勉励学生,让他们知道自己身上有深厚的天资和深藏的潜能,他们每个人在生活中都能做得更好。实际上,每个人都发现马斯洛父亲般的诚挚言语很令人感动,有些人甚至强烈地感受到四周有一种令人鼓舞和令人激奋的气氛。突然,一位年轻姑娘举起了手,马斯洛若有所思地看了看她,让她发言。

"我想知道关于期终考试的情况,您能谈谈对于试题的想法吗?"这位姑娘问。

每个人都把头转向她,有人迷惑,有人惊讶,有人厌恶。自上课以来,马斯洛还是第一次感到恼怒,面孔也涨红了,他相当激动地回答:

"既然你能在此时提这样的问题,那么,我想知道你这学期到底学到了什么?"

接下来是一片令人窘迫的寂静。马斯洛默默地站在那儿,他的心情逐渐由愤怒转向失望与悲哀。那个学生站起来,匆忙地收拾好自己的东西,然后离开了教室。片刻之后,她的同学们也慢慢地、不声不响地鱼贯而出,留下马斯洛站在那儿,表情茫然而沮丧。

马斯洛与自己研究生的关系更是问题重重。1953年,布兰代斯大学制定了心理学博士生培养计划。在随后几年里,这所大学心理学系每年招收6名左右的博士生。大多数申请者都是慕名而来,因为马斯洛在这里促成了一种富有改革精神的研究氛围,许多人希望在他的门下得到一对一的指导。尤其是1954年《动机与人格》出版后,马斯洛以及布兰代斯大学在全国心理学界赢得了声誉。布兰代斯的心理学系很小，但它是一个通过最前沿的研究将那些富有才华的青年培养为人格学家的理想之地。马斯洛有过很多优秀的老师，像哈里·哈洛、露丝·本尼迪克特、爱德华·桑代克和马克斯·韦特海默等。这种求学的宝贵经历告诉他应该怎样成为一名好老师。然而，他与研究生的关系却不理想。这也许是他事业中仅有的失误。在研究生中，有不少人甚至至今还耿耿于怀。

问题在哪儿？答案似乎既简单又复杂。在晚年，马斯洛承认情况不尽如人意，但他自己的解释却与研究生们的说法互相矛盾。马斯洛认为，学生表现很差的原因是他们的个人缺点，而不是自己的管理方式。

马斯洛当时决定为博士生提供前所未有的自由，因而，他放弃了许多传统的升级程序，例如频繁的考试、正式讲演甚至必修课程。他相信，为了有效地训练未来的社会科学专家，培养他们写作论文这类技能以及让学生尽可能独立地进行实地调查和研究至关重要。他鼓励学生自己选定研究步骤和焦点，强调自我启发而不是严格监督。

这种让学生自由选择、灵活机动的教学体系，对于那些有雄心、目标明确的博士生来讲，效果相当不错。但是，对于那些不自觉、没有主动性的学生来说，却仿佛是厄运临头，苦不堪言。对于后一类学生，马斯洛的看法也许有些不近人情，他认为，与其让他们15年后才发现自己缺乏能力，无法在事业上取得成功，不如让他们在25岁时就认识到这一点，知难而进，加强素质锻炼。

在允许博士生探索自己感兴趣的事物之前，马斯洛坚决要求他们学习统计学以及分析人类感觉的实验设计这类课程。在这些学生中，有很多人原来期望在布兰代斯大学能学到一些研究动机与人格的创新方法，因此，对马斯洛的做法感到困惑：马斯洛一方面促使他们发挥创造才能，另一方面却要求他们学习那些实验课，而他自己曾写文章攻击这种课程琐碎并且目光短浅。

马斯洛认为二者没有矛盾。他有时甚至语气激烈地强调，他在威斯康星大学曾学习了最"死板"的一些学科，包括解剖学、胚胎学、动物行为等，他还在哈里·哈洛的指导下做了关于猿猴的博士论文。至于研究自我实现的人，他是二十余年后才开始的。很明显，严格的科学训练与人本主义并不是不可调和的，学习统计学也不会把学生变成残忍的怪物。

马斯洛知道，他的这些做法至少是部分正确的。首先，与常规研究生培养计划相比，他的"自力更生"的方式更能培养学生独立研究的能力；其次，统计学这类课程也并不违背人本主义精神。但这两个问题并不是主要的，学生真正的不满在于：马斯洛已经不再做以实验为依据的研究了，因此只能够给他们最粗略的指导。关于这一点，由于害怕马斯洛的反感，那些研究生并不敢直接表达出来。如果马斯洛能更清楚地说明他所提倡的那些严格的实验课程所要达到的目的，学生们也许就会更乐意地接受这些课程。马斯洛尽管在《动机与人格》中提出了几十个可能具有重大意义的人本主义研究课题，但他自己却没有真正参与那种以实验为依据的研究工作。

事实上，他并不想承担指导研究生的责任。在20世纪50年代中期，他正试图改变心理学的研究范围，他觉得从事实验研究会花去太多宝贵时间和精力。他的工作方式是阅读、长久地独自散步、在资料卡上记下各种想法，然后再把这些想法发挥写成论文草稿。这在心理学研究中是一种直观的工作方式，对其他人几乎没什么指导意义。

对有些博士生来说，哪怕马斯洛对他们的工作表现出一点兴趣，他们也不至于会如此不满，何况这些工作大体都是准备从不同方面对他涉及面极广的动机理论进行验证的，但他对他们的想法却很少感兴趣。最好的情况是，一些博士生认为马斯洛过于全神贯注以至于无暇顾及他们，而非有意如此。他们要么自己独立工作，要么选择其他教授的指导。博士生的心里话是："如果你想得到学位，别在亚伯拉罕·马斯洛的指导下学习。否则你会永远得不到。"在最坏的情况下，则有这样的抱怨：马斯洛言不由衷地制订了一整套具有社会意义的人本主义研究计划，他自己却不去努力验证，也不指导那些愿意完成它的人。

马斯洛的同事们则对此持中立态度。他们觉得，马斯洛似乎真诚地确信自己就要着手意义重大的实验性研究，以此来验证他的思想。他们相信，他并没有有意忽视他的博士生们，只是在带有很多价值色彩的人本心理学这一富有挑战性的领域，他治学极为严谨，不会轻易接受和采纳他们不够严谨的假设。

在马斯洛指导博士生的15年里，他确实注意过一些使他感兴趣的博士生的研究计划。其中一项研究由诺伯特·明茨（Norbert Mintz）主持，他后来成了一位心理治疗家。诺伯特·明茨试图验证这样一种假设：我们在感情上受周围环境中的美感的影响。在贝莎·马斯洛的艺术指导下，明茨设计了3个房间：一间诗情画意，一间令人厌恶，一间像典型的办公室。46个学生被随意安排在其中一间，并拍下他们或兴致勃勃，或精疲力竭，或满意，或愤怒的表情。正像明茨与马斯洛所预测的那样，在诗情画意的房间里看到的那些脸要比在令人厌恶的房间里看到的脸更富有生机和活力。总之，马斯洛关于我们天生就是美学动物的论点得到了一定程度的验证。这项成功的研究是在1955年中期完成的，并于第二年出版发行，直到今天仍在被学术界引用。

这一时期，马斯洛还参加了临床心理学家约瑟夫·博瑟姆（Joseph Bossom）主持的另一项实验。博瑟姆想验证安全感的强弱程度与人们对他人的看法的关系。他认为，前者强烈地影响着后者。运用马斯洛的安全测试法，他首先评定了学生们的安全感，然后让他们根据人的善恶程度来给 200 个人的脸部照片打分。结果，安全感越弱的学生，他们所看到的脸就越缺乏善意；而安全感越强的学生，从照片中发现的善意就越多。

但是，这个看法并不是定论。因为这些脸部感情并没有被客观地衡量，我们不清楚是那些安全感强的学生能够更精确地判断，还是他们把自己的感情投射到了对象上，正如那些安全感弱的学生一样。不过，尽管如此，这项实验生动有趣，设计巧妙新颖。该研究结果于 1957 年出版。它表明，如果马斯洛能够更多地在实验研究中用心的话，他可能会在布兰代斯取得更多有成效的实验成果。

也是在这段时期，马斯洛把目光转向另一个心理学概念，不久，他将这个概念称之为"高峰体验"。"高峰体验"是马斯洛创造的一个术语，在 20 世纪 60 年代，这个术语由学术界逐渐进入了日常语言。马斯洛对高峰体验的研究是他最著名、最有影响的工作之一。

1954 年，马斯洛发表了《动机与人格》之后，他的探索就开始了。他要深入探索一个社会科学尚未问津的新领域：狂喜的体验或者说神秘体验。早在十几年前，他就对这一领域产生了兴趣。在布鲁克林大学，他曾发现自我实现者有一个基本特征：他们频繁地感受到永恒的美或奇迹，感受到极度的喜悦，体验到出神入化这类不同寻常的瞬间。其中有些人从做爱中得到这种体验，有些人在大自然的原始之美中或者美妙高雅的音乐中得到这种体验。对马斯洛来说，不管触发因素是什么，这种体验本身似乎便是一种显著的特征，与他所探索的至善的人类天性密切相关。

然而，几年前他得的那场怪病，以及后来又在全国行踪不定，都使他推迟了对这个课题的探索。现在，他可以深入研究这种超越体验了。

马斯洛毕生都是个无神论者，他总是把宗教和迷信、教条联系在一起，因而他在情感上觉得他所选择的研究很难进行，他所处的学术环境也不能给他提供什么帮助。传统心理学实际上很少论及宗教体验，只是重述弗洛伊德的老调，认为它不过是性冲动在精神上的升华。马斯洛在布兰代斯的朋友们有很多是无神论者，还有一位蔑视宗教的马克思主义者，他们在研究上不会对他有所支持。不顾他们善意的嘲笑，马斯洛独自勇敢地开始探索这个领域。

最初，他阅读了大量关于东方宗教思想的背景材料，包括印度哲学家 J. 克里希那穆提（J. Krishnamurti）的《最初和最后的自由》（*The First and Last Freedom*），禅宗的普及者、英国神学家艾伦·瓦茨（Alan Watts）的《不安全的智慧》（*The*

Wisdom of Insecurity）等。马斯洛也开始对瑞士精神病学家卡尔·荣格的著作感兴趣，当时荣格的著作正被大量译成英文。

马斯洛未发表的日记表明，1954年夏天，他在"（内在）超越时间"的标题下，列举了超越体验的一些特殊例子，包括神秘状态、催眠状态、审美的人神状态以及强烈的性兴奋等。1955年，他开始仔细思考瑜伽中所描述的狂喜状态"三昧"（samadhi）。不久，他选择了一种现象学方法，用来更仔细地探查这种虚玄的体验，即探究人们在那种时刻怎样看待世界。然后，为了加深他阅读宗教材料方面得到的体会，他请求他所认识的自我实现者写出个人报告，并把它们与一些同事提供的报告，以及另外一些人在听说他的新工作后主动提供的报告综合起来。他用这些方法收集了关于神秘体验论主题的大量最新材料，比自从威廉·詹姆斯发表《宗教体验之种种》（*Varieties of Religious Experience*）以来五十多年里任何重要的美国心理学家所收集的有关材料还要多。1956年春天，马斯洛对他的初步发现感到极其兴奋，他决定发表自己的研究成果。

出乎马斯洛的预料，一家又一家有名望的杂志拒绝发表他的论文，《心理学评论》、《美国心理学家》、《精神病学》等都是如此。马斯洛感到又吃惊又愤怒，但他并没有泄气。他决定，在即将召开的美国心理学会全国会议上宣读他的文章。他刚被选为美国心理学会的"人格和社会心理学分会"主席，这是个极具权威性的职位。作为主要讲演者，他无须征求其他人同意，否则，这个论坛也同样会把他的文章排斥在外。多家杂志拒绝发表他的文章，这在马斯洛25年的学术生涯里还是前所未有的，这使他颇感苦恼。为避免更多的专业上的羞辱和时间上的浪费，他不再把重要文章交给那些美国心理学会的权威杂志，而是投向小型的、独立的专业出版物，或者心理学领域之外的刊物。

那年夏天，当讲演的日子越来越临近的时候，马斯洛不由得感到忧虑。他觉得自己关于高峰体验的研究实在是太不同常规，他担心会遭到同行们的嘲笑。

1956年9月1日，马斯洛在会上宣读了他的论文《高峰体验中的存在认知》（Cognition of Being in the Peak Experiences）。用当时的标准来看，这篇文章完全是离经叛道。它没有采用任何实验技术或统计方法，仅仅陈述了他对一种超越的、异乎寻常的心理状态的分析。当然，在以前的科学文献中，从来没有关于这种状态的定义。从马斯洛早期关于自我实现的论文可知，他意识到这种探索是尝试性的，是富有生命力的"勘察工作"。马斯洛在讲演中说：

> 自我实现的人，即那些达到高度成熟、健康、自我完善的人，能够给予我

们如此多的教益，以至他们有时看上去就像是另一种人。但是，对人性发展能够达到的最高境界，对人性发展的终极可能以及人类抱负水平的探索是一项棘手而曲折的任务……

在讲演中，他描述了关于高峰体验的近 20 个普遍特征，并把它们与精神的完全健康联系在一起。他的结论以调查对象所写的现象学报告为基础。高峰体验的特征包括：暂时性的时间和空间定向失调，强烈的奇妙和敬畏的感觉，极度的幸福，以及在宏伟的宇宙面前全然（尽管短暂地）抛开畏惧和防备。人们通常提到，在这样的瞬间，善与恶、自由意志与险恶命运这些相反的极端都被超越了，天地中的万事万物刹那间融合为一个辉煌的整体。

这种高峰体验到底在什么程度上反映了对世界的感知？它们如弗洛伊德所认为的那样，仅仅是基于愿望而不是基于事实的幼稚的幻想吗？马斯洛是这样回答的："如果自我实现者能够并且确实比其他人更有效、更全面、更不受自身动机的干扰，那么我们就有可能把他们当做生物学上的鉴定者。由于他们更敏感、感知力更强，我们就有可能得到关于现实真相的更好的报告……这就像在矿井中可以用金丝雀来探测煤气，因为它们比其他生物更敏感。"

在讲演的后面部分（也许属于最重要的部分），马斯洛说：在清醒后，高峰体验常常给人们留下丰富的、有影响力的效果。他在一篇关于心理学和一篇关于人类学的论文中都提到，这些神秘体验是如此强烈，以至"永远消除了某些精神病症状"。马斯洛对此总结道："尽管生活通常很单调、枯燥、痛苦或不尽如人意，但高峰体验却促使人们认为，活着……仍然是值得的。因为他所经历的事实已经证明，真、善、美以及意义等都是存在的。"他宣称："这些彻底扭转态度的体验，在历史上虽然有丰富记载，但据我所知，它们并没有得到心理学家和心理治疗家的关注。"在讲演的最后，他强调了对高峰体验这一有趣的、对人的健康有益的，但人们知之甚少的现象作进一步研究的必要性。

对于马斯洛的讲演，那些思想开放的同事很快就给予了好评。另一些人则把他的研究看作有趣的探索，认为它已超出科学的范围，进入了不能证明的宗教领域。尽管如此，马斯洛对自己能在公共场合作这样的讲演已很满意。但是，由于他的演说直到 1959 年才发表，所以除了支持他的学术小圈子外，这个工作并未立即引起很多人的注意。

马斯洛非常想使他的心理学研究具有更广泛的人道主义意义，但在 20 世纪 50 年代上半期，整个美国的气氛却阻止他这样做。麦卡锡主义使大多数美国学者受到威

第13章 失望与新梦想

胁,他们避免卷入任何可能被政府视为对社会进行轻微批评或反传统的活动中去。经过近5年以共产主义为借口的毁谤与中伤,在毁坏了成千上万人的生活之后,参议员麦卡锡终于垮台了。垮台的原因最初是参议院调查麦卡锡联合一帮人要求军队给他的年轻助手特殊待遇。电视转播的听证会使人们了解了麦卡锡放肆行径的真相。1954年12月2日,参议院对他进行了谴责,尽管保留了他的议员席位,但他的影响很快就烟消云散了。

环境的好转使许多富有革新精神的思想家感到振奋。1955年秋天,马斯洛慕名已久的哈佛大学著名社会学教授索罗金(Pitirim Sorokin)与他进行了接触。索罗金当时正筹备一个由关心社会问题的学者组成的小组,试图在美国乃至全球倡导伟大的利他主义精神。他通知马斯洛,几周后将召开第一次会议,欢迎他参加。

这个邀请使马斯洛很兴奋。年近七十的索罗金也许是当时健在的最著名的社会主义者,他的经历也颇具传奇色彩。他以性格古怪、脾气坏而闻名。40年前,他在沙皇俄国时期就赢得了国际性的声誉。第一次世界大战中的国际事件使俄国陷于混乱,索罗金当时成为反对布尔什维克的自由社会主义者,并在克伦斯基的临时民主政府中任职。他为这一经历几乎付出了生命的代价。当1918年布尔什维克掌权后,他们以卖国贼的罪名逮捕了他,并判处他死刑,但在狱中呆了6周以后,列宁下令将他释放。1922年,他又被戴上了"人民的敌人"的帽子,这一次,他设法逃离了苏联,和全家一起移民到美国。在美国,他曾在几所大学里任教,1930年他成为哈佛大学的教员。在随后几年里,他写了许多有争议的关于社会学理论的书。经历了纳粹主义、斯大林主义以及二战这些事件,他逐渐确立了一种信念。他认为,人类生存的唯一希望在于他所谓的"创造性的利他主义"(creative altruism)。

受到这种观点的影响,实业家兼慈善家伊莱·利里(Ely Lilly)于1949年在哈佛大学建立了由索罗金领导的"创造性利他主义中心"(The Center for Creative Altruism)。索罗金希望在中心设立一个研究部门。1955年中期,他觉得时机成熟了。他选择了一些自己赞赏的思想家,其中就有马斯洛。这些思想家都具有理想主义信念和严格的治学作风。

1955年10月29日,索罗金在哈佛大学的爱默生大厅召开会议,他把15名学者邀请到一起,热情呼吁:联合起来,对利他主义这种"不可思议的、影响深远的美德"进行科学研究。他预想,不仅要对利他主义进行开拓性研究,而且也要做一些出版发行、召开会议等普及性、教育性工作。他们的最终目的,就是要在世界范围的意识形态领域进行激烈变革,消除战争和冲突的隐患。经过严肃讨论,他们一致同意成立"创造性利他主义协会"(Research Society for Creative Altruism)。

177

从第一次会议开始，马斯洛就是该协会最热心的成员之一。协会的崇高目标与他的个人愿望正好符合，他一直希望把科学的理性用于改善这个世界。马斯洛对与会者所能完成的目标也抱有很高的期望。不幸的是，他不久就发现，为了争取利他主义战胜自私的利己主义，该协会除了开会讨论雄心勃勃却模糊笼统的计划之外，几乎就没做什么具体工作。1956 年 3 月，索罗金发表了一篇题为《新协会的目的与内容》(Why and What of the New Association) 的宣言，极富鼓动性。在接下来的一个月，在他的协助下，该协会成为马萨诸塞州的一个法人组织。

那年春天，马斯洛花了相当多的精力，设计了几年内协会可能会发起的具体研究计划，他们实际上没什么研究基金，但这似乎不成问题，因为索罗金与很多慈善机构有关系。该计划确定了 5 个广泛的研究领域：

(1) 详细研究在人类关系以及非人类种系中，创造性的、无私的爱和有害的利己主义各有什么主要的存在形式。

(2) 哪种全面的价值观体系特别有助于个体、群体、机构和文化向利他主义或利己主义转变？

(3) 产生利他主义和利己主义的原因和要素是什么？

(4) 哪种基本社会结构一般易于形成利他主义或利己主义？哪种个体和群体尤其如此？

(5) 哪种方法对于个体和群体形成利他主义是最有效的？对具体的个体或群体形成利他主义有什么特殊方法？

在这些总课题下，马斯洛列举了二十多个具体的研究计划，这些都是协会成员向他建议的。计划范围极其广泛，但都反映了他的这一信念，即创造性地应用科学，使它最终成为增进世界的和平与和谐的一种手段。其中，最令人感兴趣的计划有：研究大众媒介和主要宗教派别对美国社会价值观和道德观的影响；找到一些增强正在衰落的家庭观念的途径；设计向儿童灌输利他主义的方法；确定爱、同情、憎恨这些人类情感的生理学基础等。马斯洛认为，这种涉及心理学、社会学、经济学甚至生物学的创新研究的目的是，"在所有基本方面增进关于创造性的、无私的爱的现有知识……以及提供使个人、集体、机构和文化向利他主义方向转化的方法"。

进行这种大规模的研究需要设立一个资金雄厚的研究所，因此马斯洛开始积极地考虑研究所的管理问题。马斯洛和同事们认为，研究所应该有独立的价值研究机构，应该长期固定聘用一些科研人员从事科研、教学工作，并且将研究成果公之于众。这与普林斯顿高级研究所差不多。在那里，阿尔伯特·爱因斯坦数年来都能全力以赴地进行自己的研究工作。关于研究所的核心人物与学术带头人，马斯洛在备忘录上坦率、清楚地写下了他对于7个候选人的印象。他们是生物学家贝塔兰菲（Ludwig von Bertalanffy）、心理学家弗伦克尔-布伦斯威克（Else Frenkel-Brunswik）、作曲家阿伦·考普兰德（Aaron Copland）、人类学家多罗西·李（Dorothy Lee）、心理学家罗斯·莫尼（Ross Mooney），以及经济学家沃尔特·维斯科普夫（Walter Weisskopf）。马斯洛写道："可以说，我没有推荐某些领域的顶尖人物以及大师型的人。这是因为他们已经处于非常优越、满意的环境，我们以这样的条件想吸引他们来这里工作简直是不可能的。尽管如此，我们不妨尝试邀请心理学家戈登·阿尔波特、社会学家大卫·里斯曼、人类学家克莱德·克路克霍因（Clyde Clukhorn）、精神分析学家弗洛姆，以及神学家保罗·蒂利希这些人。"

主要基于这些原则，在1956年年底和1957年年初，协会的管理者弗朗西斯·鲍第奇（Frances Bowditch）开始与慈善基金会和慈善家们进行联系。为了获取必要的基金，他们制订了一个计划（马斯洛部分参与），准备组建一个全国咨询委员会，理事都是愿意宣传价值研究所的学者、实业家、政府官员、工人领袖和宗教领袖。他们作为受托人，协助价值研究所筹措资金。1957年1月，协会在波士顿市的希尔顿大厦开设了一个长期性的办公室，有两名专职工作人员和一名兼职助手。

在最初的几个月里，马斯洛的工作老是受挫，后来，他开始与学者罗伯特·哈特曼（Robert Hartman）友好往来。哈特曼与马斯洛有着共同的憧憬，他们都希望，现代社会科学应该成为一种强有力的道德力量。哈特曼出生于德国，在那里，他获得了国际法学位。毕业后，他涉足政坛，当了几年法官。希特勒上台以后，他逃离了德国，因为早在学生时代，他就对纳粹分子有所了解，并且反对过他们。在巴黎和伦敦短暂停留后，他去了瑞典。从1934年到1941年，他是迪士尼公司驻斯堪的纳维亚的代表。在那里，他结了婚，并生有一子。后来，他又到墨西哥大学学习了一段时间，并于1942年移民美国。

二战后不久，哈特曼在西北大学获得了博士学位。受心理学家库尔特·勒温（Kurt Lewin）的影响，他发表了论文《道德状况：地域理论可以用于伦理学吗？》(The Moral Situation：Can Field Theory Be Applied to Ethics?)。1948年，他出版了自己的第一本书《互惠互利》(*Profit Sharing Manual*)，这让他受到了美国工业界的重视。他把雇工分享利润看作他所谓的民主资本主义的重要组成部分。哈特曼当时是社团教会国际和平事务委员会的会长并为联合国教科文组织撰稿。1956年，他到墨西哥大学任教。在那之前，他还在麻省理工学院当过客座教授，就是在那里，他认识了马斯洛。

哈特曼与马斯洛就像是一条战线上的战友,他们决定共同努力,使价值研究所变为现实,但进展却是缓慢的。马斯洛起草纲要后一年,即1957年2月11日,他失望地给远在墨西哥的哈特曼去了一封信:

> 研究所的事情进展缓慢。索罗金令人烦闷,而诺斯洛普则像打了兴奋剂,一切都如你所预料。我已成功地使自己在感情上从整个事情中解脱出来,我建议你也这样做。有时候似乎有什么转机要发生,有时又没有,唯一要做的事情就是等待,等待确定的赞助者。一旦有了赞助者,我们就可以认真挑选,决定我们想要做的事情了。

最后,委员会内部终于出现了一些转机。主要是由于马斯洛的坚持,委员会发起了关于人类价值观新知识的第一届科学会议。该会议于1957年10月4日至10月5日在麻省理工学院召开,几百位著名科学家和学者从美国各地云集至此。这是50年代最引人注目的跨学科集会之一。令人难以忘怀的讲演者包括心理学界的马斯洛、弗洛姆、戈尔茨坦和阿尔波特,以及生物学、哲学、神学界的贝塔兰菲、铃木大拙(一位极具影响的禅宗佛教学者)、蒂利希和索罗金。这些学者都在努力使自己在价值观问题上具有更强烈的专业敏感性。尽管每个人在情感上都有自由主义倾向,但除了活动家弗洛姆外,他们都对政治毫无兴趣。他们相信永恒的人道主义是人类最好的向导。在马斯洛的组织编辑下,他们的演讲于1959年出版,书名为《人类价值观的新知识》(*New Knowledge in Human Values*)。

马斯洛在自己提交的论文中重申了他在《动机与人格》等著作中的观点,引证了他关于自我实现的研究,以及来自心理治疗和心理辅导方面的证据,强调心理学最终可以成为研究人类价值观的有用工具。价值方面的论题不应该被看成是善意的哲学玩笑,而可以科学地进行研究。他也论述了他的理论,认为当人们的基本需要(如归属需要、自尊需要等)得不到满足时,他们在感情上就会受到伤害,并会形成不健康的价值观。考虑到许多到场的社会学家和哲学家缺乏自然科学方面的训练,马斯洛特别强调了自己人性理论的生物学基础。他对文化相对主义也提出了批评:

> 人性在根本上并不是被塑造的……环境也不会赋予他潜能和才干。他本身就具有初步的或胚胎性质的品质,就像他有胳膊和腿的胚芽一样。在创造力、自发性、个性、诚实、关心他人、爱的能力、向往真理等方面,他都有与生俱

第 13 章 失望与新梦想

来的初级潜能,正如他一生下来就具有胳膊、腿、大脑和眼睛一样。

由于这个原因,他敦促他的同事们深入研究人类本能的复杂性。

> 深入研究(部分地)由遗传决定的人类需求、冲动和……价值观。我们不可能同时既遵守生物学准则又玩社会学游戏。我们不能既认为文化决定一切,又认为人有内在的天性。这两者是不相容的。

马斯洛继续深入思考着他那一直引起争论的自我实现理论。在 1956 年和 1957 年,他就这个论题写了许多未发表的论文,其中有一篇论述了给儿童设定严格限制的重要性,认为这会给他们进一步发展提供坚实的感情基础。他还特别强调安全需求在人的内在需求划分中的重要性。他写道:"儿童……非常需要得到控制、限制和纪律约束。其实,这是因为他们需要获得安全感。"孩子们表面上似乎在追求绝对自由,不满大人的管教,但如果一味屈从他们的要求,就会使"那些过于放任的孩子蔑视和厌恶他们软弱的父母"。"这类孩子的安全需求在儿童期得不到满足,很难带着内在的安全感意识进入成年时代,从而也很难达到自我实现。"从这个意义上讲,马斯洛同意阿德勒的意见,认为娇惯孩子会对他们的感情发展产生长远的恶劣影响。

在另一篇题为《自我实现所固有的问题》的文章中,他论述了"自我实现者的重大任务"。他认为自我实现者在日常生活中也会经历各种个人困难,从而使其内在的成长永远不会有终点。按照他的观点,自我实现者并非神话般免去了各种难题,他们不过是那些生理、安全、归属、自尊等基本需要得到满足的人。那么,他们的麻烦又属于哪种类型呢?

马斯洛认为,这些麻烦正来源于自我实现者的优势。例如,如果你比自己的家庭成员生活得更幸福、更满足,那么你怎样与他们友好相处?你怎样避免使你的亲人,尤其是孩子在与你相比时感到相形见绌?学会正确面对成功,学会在别人的羡慕、妒意甚至敌意面前欣赏自己的天赋和成绩,这是自我实现者面临的又一难题。最后,马斯洛论述道,自我实现者必须面对这种现实:由于这种优越性,他在"本质上是孤独的……在生活中只能自己寻路前进"。

马斯洛认为,他的自我实现理论与许多领域都关系密切。他的这一看法在很多方面都是正确的。今天,在工作场所中如何顺应自我实现的需要已经成为一个越来越迫切的问题。在某些领域中,如在电脑科技行业,已经长期人员不足。在美国的一些地区,甚至出现了很多职位的空缺,企业的效益也因此产生波动。如何招聘并且留住称职的员工已经成为美国企业管理所面对的迫切问题。翻阅现在的一些专业杂志就可以看到这样的文章标题："员工的非现金报酬"、"减少雇员的跳槽"和"耍酷！培育一种酷的企业文化，提升人力资源的作用"。在10年前，这是不可想象的。

上面列举的情况说明：企业界已经开始认识到，金钱已经不再是组织发展最主要的激励因素。对于这一趋势，企业管理者是感到鼓舞还是丧气，当然要取决于他们自己的价值观。但是现实已经变得不容争辩，他们也不得不开始重新理解并且充分重视员工的工作动机。在竞争越来越激烈的当今社会，一个企业对这个问题理解越透彻，处理越成功，其收益就可以越丰厚。反之，企业根本就难以生存。

在这方面，硅谷的一位人力资源部经理曾说过："研究显示，你越能够在工作场所充分满足人们的发展，你就越能获得他们的赞许，他们越感到有价值，就越想留在这里。在现代人眼中，金钱已经不是追求的唯一目标，工作是为了使人生更丰富，自我有更全面的发展。"由于这些价值观的变化，企业的员工激励和绩效评估也在不断变化。

其实，早在几十年前，马斯洛就已经预见到了这样的发展趋势，他写道：

> 对于高级基本需求以及更高的自我实现需求，我们已经有了更透彻的了解。在自动化生产的富裕社会中，这些需求将成为更重要的动机。这一点，从下面这个现象就可以看得出来：对现代人而言，对金钱的追求已经不再是一种非常重要的动机。现在有许多人不会为了更高的工资而跳槽，除非数额巨大……当我们在基本需求层次中上升时，我们会发现，金钱的重要性会越来越低。

问题在于，如果钱不重要，那么对今天的美国员工来说，到底什么才是重要的呢？这是现今管理界争论不休的问题，而且其激烈程度可能较以往有过之而无不及。不过，企业界是一个追时髦、赶潮流的领域，因此也难怪经常有人提出一些急功近利的诀窍，例如，"带上你的全体员工一起去打球"、"在下次的培训会议上聘请一个专业的小丑"等。

从严肃的管理观点来看，马斯洛关于工作场所中自我实现者的研究具有生死攸关的重要性，尤其是他所提出的3个原则。第一，新奇（而非单调）是最重要的诱因，因为它符合人性的本质。马斯洛说："我们可以放心地假定，员工们都喜欢追新求异，新的活动、新的变化，以及有点难度的工作。不过，他们早晚又会熟悉这些工作，它们会逐渐变得缺乏趣味，甚至枯燥起来。这样，员工们就会重新寻找新的变化、寻求另外的新奇；换言之，就是需要运用更高技能的工作。"

接着，马斯洛进一步说："自我实现的人容易被神秘、新奇、变化和变动的东西所吸引，并且能够轻松地加以面对。事实上，正是这些东西使人生饶有趣味。反过来说，这样的人容易对单调、计划、固定与一成不变感到厌烦。我们甚至可以说每个人都痛恨无聊。"不过，上述观点并不能简化成一场球赛或培训场的一个小丑式的讲师，应该尽量将它当做指导日常工作的准绳。

第二，马斯洛强调：

> 不时地接受一些锻炼与挑战是有好处的。事实上，我们也必须如此，因为这样可以避免使我们变得松懈、无聊。一个人如果能够处于最佳状态，充分发挥自己的能力，他生活的各个方面都将变得更加有趣。

在当前，似乎已经有越来越多的管理者认识到了马斯洛这个观念的重要性。于是，他们开始鼓励员工不断进修，学习新技能，用以增强员工的工作兴趣以及可持续的生产力。

第三，马斯洛相信，他的人类需求层次理论提供了一个如何在工作环境中强调自我实现的最有用的模式。他说："最好的管理者应该懂得如何促进被管理者的健康。办法有两个：一是满足被管理者的基本需求，包括对安全感、归属感、情感关系、友谊关系的需求，以及对声望与自尊的需求。二是满足他们高层次的动机或需求，如对真、善、美、正义、完美以及规律的需求。"

在日常工作中，这些观点也许有一点理想主义，但是了解马斯洛的发现是有助益的。他认为，对于自我实现型员工来说，重要的工作目标至少有13个：

（1）成为工作的主要推动者；
（2）有自决权；
（3）自由支配自己的行动；
（4）能够全程参与某项计划（从计划、执行到完成）；
（5）对成功有所期待；
（6）喜欢或至少乐意担负责任，尤其对自己的责任；
（7）主动而不是被动；
（8）做一个人而不是一个东西；
（9）体验自己做主的自我；
（10）体验自主性；

（11）体验自发性；

（12）体验独立性；

（13）自己的能力获得他人的认可。

在当今的企业界，马斯洛关于工作中的自我实现的洞见已经逐渐成为智力资本领域所探讨的主题。只不过，那些专家采取的不是人本主义而是资产负债表的语言来包装这些信息——对于这样的方式，马斯洛虽然一点也不意外，但可能会觉得很讽刺。以《哈佛商业评论》（*Harvard Business Review*）杂志的某篇重要文章为例：

> 在后工业时代，一个企业所拥有的智力资本以及其系统化的能力，要比它的物质资产对该企业的成败更具决定性。对于智力的管理已迅速成为当代重要的管理技巧。因此，企业家们开始一窝蜂地关注智力资本、创造力、创新能力、学习型组织等问题，然而，令人惊讶的是，专业智能管理却没有得到太多关注。
>
> 包括莱夫·爱德文森（Leif Edvinsson）、威廉·哈德逊（William Hudson）、詹姆斯·奎恩（James Quinn）以及托马斯·斯图亚特（Thomas Stewart）在内的几位管理理论专家都主张，现在的企业必须对他们聪明的员工，即专业员工，进行更有效的考核，并提供更有利的诱因。这些专家强调，企业往往会忽略高技术水平的员工的一些独特的管理需求。斯图亚特等人提出警告，假如管理者不赶快学会以更有效率的方式回应这些需求，他们的企业将在这场全球性的生产力竞赛中被淘汰出局。
>
> 有趣的是，这些理论专家似乎一致认为，要激励具有高技能的员工，企业必须不断提供能够发挥创造性和接受挑战的机会。在《智慧型企业》（*Intelligent Enterprise*）一书中，詹姆斯·奎恩的一段话可以说是一针见血，它似乎可以代表所有投身智力资本领域研究的管理顾问的心声："透过考核，专业人员得以晋升，而且他们一般也愿意接受他们认为是公平的考核。实际上，他们需要不断的压力，包括企业内部的轮换与企业外部的优秀人才。一个企业的风气或管理制度如果做不到这一点，或者无法恰当地奖励良好的绩效的话，将成为专业人员抱怨的一大缺陷。"

毫无疑问，未来的企业界将越来越清楚地认识到，工作上的自我实现不仅与个人福利密切相关，也与整体组织的福利相关。实际上，这正好印证了马斯洛后来提出的"协同作用"（synergy）的概念。这个概念所强调的是，个人利益与团体利益是可以相得益彰的。

第 13 章　失望与新梦想

在这段时期，马斯洛还把很大一部分注意力投向性别与自我实现的问题。他是 50 年代对这个问题进行考虑的为数不多的人之一。他想知道，由于性别不同，我们是否会经历不同的成长和自我满足过程；如果是这样，那么这种差异决定于文化因素还是内在因素。马斯洛在这个问题上的立场很复杂，也很有创造性。从 20 世纪 30 年代他与卡伦·霍妮建立友谊时开始，他就认为弗洛伊德关于女性的观点既不正确又带有贬损。很明显，解释女性心理，除了生殖器官的差异外还应该有别的东西。然而，随着马斯洛对人类天性和潜能的生物学观点逐步加强，他也不愿意全盘接受两性在情感和行为中完全没有内在区别的观点。

尽管马斯洛对这个课题没有发表过任何东西，但还是积累了大量笔记。在这些笔记中，他记录了对许多著作的看法。他发现菲利普·威利（Philip Wylie）的超现实主义小说《失踪》（*The Disappearance*）特别令人兴奋，它探索了两性天生可能存在的情感差别。有一位女同行向他请教有关女性自我实现的看法。1956 年 10 月 9 日，马斯洛在给这位女同行的回信中写道："我关注这些问题已有整整 20 年了，对这个题目我写了很多笔记，然而我仍然对答案不敢肯定，所以不想发表它们。"而就在同一封信中，他仍然坚持认为男女之间存在确定的内在心理差异，不管他们的具体文化背景如何。他认为，在自我实现之前就应该满足男性和女性各自的基本需求，"男人和女人自我实现的发生情况也有所不同"。他补充说，男人和女人在感情、认识甚至知觉上都有某些区别。由于我们的文化贬低女性模式，"我们关于宇宙、科学、知识和情感的概念是不均衡的和有偏见的，因为它是由男性建立起来的"。

自从 20 世纪 30 年代马斯洛对女性支配行为和性行为进行开拓性研究以来，他一直就是妇女权利的倡导者。他认为，女性可以从事生活中包括智力工作在内的许多领域的工作。这并不只是一种抽象的价值观。多年来，他的亲密同行中有露丝·本尼迪克特、埃尔斯·弗伦克尔-布伦斯威克、卡伦·霍妮、玛格丽特·米德这些聪颖的女性，他对她们极为赞赏。马斯洛还一直极为关注这样一些女性，即那些由于许多男人对聪明而果断的女人怀有恐惧之感，给她们造成了阻力，而她们一直抗争，努力实现自己的潜在价值的女性。然而，马斯洛觉得，荷尔蒙的影响可能决定了某种固有的女性生活模式，尽管关于这一点还缺乏科学证据。因此他觉得，如果女性为寻求自己的经济地位得到合法改善而抛弃自己的模式转向男性模式，那将会是一个错误。

马斯洛在信的结尾断言："只有当女人能够成为完全意义的人之时，男人才可能成为完全的人。这样我们的文化才会最终产生一种平衡的而不是男性主导的哲学、艺术和科学观念。"他向这位女同事承诺："如果有一天我鼓足勇气就这个论题写一些东西,我一定会寄给你一份。"

在战后的岁月里,马斯洛认为,美国文化正逐步降低女性传统工作的价值,抚养孩子、做家务这类工作受到贬低,教育和护理这些传统的妇女职业也受到轻视。只有当抚养孩子这类工作被提高到正当的重要地位时,两性之间才会有效地发生必需的变革。然而,马斯洛并不想把女性角色浪漫化,也不认为妇女生来就是最好的儿童护理人,他就曾经体验过自己母亲的冷酷无情。他经常告诉两个十来岁的女儿:抚养孩子主要是靠感情的成熟,而不是像其他心理学家说的那样,仅仅是母性的本能。

尽管马斯洛承认男女之间先天就有某些差别,他也坚信,自我实现包括一些特质的综合,这些特质在我们的文化中既与男性相联系,也与女性相联系。1957年7月7日,他在一篇未发表的文章中写道:

> 我们承认,男人和女人自我实现途径是有不同的,然而,似乎越来越清楚的是,个体进化的下一步就是超越男性气质和女性气质而达到一种普遍的人性。在这种崇高的状态中,"健康男性"和"健康女性"之间的差别很不明显:男人和女人都果断、严格、坚强、有开创性,有说"不"的能力,同时又被动、快乐、随和,有接受能力。他们既具有"母性",又具有"父性"。

马斯洛认为,当代社会的任务之一就是通过科研、教育和心理治疗证明目前关于"'男性—女性'的定义是多么幼稚、不准确和没有生物学意义,应该逐一消除各种错误态度,例如,爱好音乐并非具有女人气等"。"这种科学探索不仅包括心理学,也包括生物学和内分泌学,因为这些领域都涉及性别问题。"最后,他提议学术界开展社会学研究,以确定"应该怎样变革文化,从而有助于女性达到更大程度的自我实现"。

20世纪50年代中期,马斯洛由于对创造力的研究获得了全国性的声誉。在某种意义上,这是由于他填补了某种空白。正像他在《动机与人格》中所讲明的,除了少数个例外,传统心理学几乎没有什么内容论及这个重要课题。弗洛伊德主义者和行为主义者一般都对理解人类的创造天性缺乏兴趣。然而,使马斯洛大为惊讶的是,他发现有不少公司企业和政府机构求助于他,希望在自己的雇员中培养创造性,特别是在技术、研究和开发方面。

他的第一次顾问工作是在1954年夏天,当时他花了一星期时间,帮助亚拉巴马州麦克斯韦尔空军基地的官员们增强解决问题的能力。

第13章 失望与新梦想

出乎马斯洛的预料，这次经历使他对军人的意志坚强、处事果断产生了深深的敬意。这些品质同他在自己职业生涯中所熟悉的学者的不善交际、满腹牢骚等大相径庭。许多年后，马斯洛还能清楚地回忆，少校和其他高级军官们无意间给他的启发："真正坚定成熟的人可以说'不'，坚持原则毫不让步。他们可以与人争辩，但又不会因此显得琐碎和小家子气。"

在随后的几年里，随着马斯洛的知名度在企业和公共服务界逐渐增大，顾问工作也越来越频繁。一次，一家保险公司请他帮忙预测大学生们的身体健康状况。马斯洛的建议是：详细地调查大学生们的生活态度和价值观。因为他坚信，心理因素对身体健康有很大的影响。另外，还有一家著名的玩具公司请他当顾问，要求预测玩具的发展情况，请教新玩具生产方案。马斯洛建议停止生产花样繁多的武器玩具，把注意力转移到那些能够开发儿童创造力的益智玩具上。

马斯洛的这些顾问工作，在经济上补充了他作为一名教授的并不富裕的收入。更重要的是，马斯洛非常喜欢这类工作，认为这是来自"现实世界"的挑战，也是对他的心理学体系的验证。这种情况，从20世纪50年代中期开始出现，并在他以后的职业生涯中有增无减。通过这些方式，他的理论越来越广泛地被从事各种实际工作的人们所接受，其领域从企业管理、市场销售直到护理工作，而他的心理学同行们却迟迟不愿接受他的观点，他们觉得他的理论还缺乏科学证据。圈外的人们一直把他看成是一个崭新研究领域的创始人，认为他具有很大的权威性。大家关注他关于创造力的系列研究，关注他的研究动态和成果。面对着这种内行不认可、外行追着转的现象，马斯洛常感到哭笑不得。

1957年秋天，苏联成功发射了人造地球卫星，美国的教育家和实业家们才猛然觉察到创造力以及如何培养创造力的问题。之后，马斯洛经常受邀在专业团体集会上做讲演。突然间，创造力问题简直成了一种时髦。他在这类演讲中常常强调：美国的男性不理解，甚至害怕他们的创造力冲动。他们错误地认为，敏锐的艺术感受力，爱开玩笑，温柔和富于幻想这些品质是女人气，或者是同性恋的标志。

结果，许多男人抑制了这些形成创造力源泉的品质。马斯洛常常把这样一种人作为极端例子：他们情感十分僵化，甚至不能确定自己是否在恋爱，很少发自内心地大笑或痛哭，因为爱情、欢笑和眼泪都超过了理智的范围。他强调说，只有当美国男性学会珍惜而不是抑制他们那些自然的、敏感的冲动时，他们才有可能增强创造能力。

马斯洛也没忘记那些影响人们工作中的创造性的更大的社会问题。在循规蹈矩的20世纪50年代，马斯洛是少数几个敢于直言的著名心理学家之一。他指出，大规模的组织有压制个人自我表现的倾向，无论在政府机关还是私立机构都是如此。他认为，在官僚体系惰性的沉闷气氛中是不可能培养创造力的。尽管与苏联的科学进步的差距值得担忧，但企业和政府领导人不可能靠命令来激发人们更大的创造力，只有当人们能自由自在地表达自己的感觉时，创造力才会产生。循规蹈矩和驯服的雇员是很少具有创造力的，正如斯洛恩·威尔逊（Sloan Wilson）在其通俗小说中所描写的"穿着灰色法兰绒制服的人"一样。

然而，与布兰代斯的其他同事，如赫伯特·马尔库塞等相比，马斯洛也许天生就是个乐观主义者，他相信，美国企业和公共机构能够进行成功的变革，解除不必要的羁绊，为人们提供更多的空间。1957年，他在一次为美国军队工程师举办的讨论会上宣称："在创造力发挥的早期阶段，你会成为一个浪荡鬼，会变得奔放不羁，甚至会发狂。"

在同一篇讲话中，马斯洛主张，甚至在军队这样严格的官僚体系中，允许个人能够自我表现也是重要的。他说："我坚信，在大规模组织中使用的（服从式的）标准绝对需要某种修正和改进。我们应该寻找一些途径，使组织机构中的人们能表现自己的个性。尽管我现在还不知道具体应该如何实施，但我们必须面对这个问题。"

布兰代斯一点也不像美国军队，但自1951年以来，马斯洛把许多精力投放在建设这所新学校之中，现在他感到，有必要用最好的可行的方式来培养自己的创造力了。

第 14 章 墨西哥的慢节奏

> 在墨西哥时,尽管我独自一人,没有助手,也不担负任何责任,但我仍然热爱工作。
>
> ——马斯洛
>
> 在墨西哥度假时期,我学到了一种新的工作方式——这是无固定时间、地点限制的原发过程。
>
> ——马斯洛

在布兰代斯度过了 6 年多朝气蓬勃的生活后,马斯洛渴望休息一段时间,顺便换个环境。1958 年年初,他和贝莎为夏天和即将到来的休假年定了一个长达 14 个月的计划,他们决定到墨西哥的库尔纳瓦卡度假。

早在 10 年前,马斯洛在加利福尼亚的普莱森顿为他兄弟的制桶公司做销售工作时,就很喜欢在墨西哥看到的一切,特别是那里节奏缓慢而安逸的生活。在墨西哥生活还具有花费低的好处。那时,他们正在为两个女儿入大学的事而操心,钱的问题,显得十分重要。

他们并不相信那种所谓的在美国有着中等收入的人就能在墨西哥过上国王般高贵生活的说法,但他们知道,墨西哥的物价比美国任何城市都便宜。尽管马斯洛计划隐居起来,悠闲地阅读与写作,但他仍然期望至少有一位亲近的朋友,住得离他近一些,以便他们可以经常谈学论道。

好在靠近墨西哥城有他的一位知己——哲学家罗伯特·哈特曼。后来,他的女儿安·马斯洛来到他的身边,进一步排遣了他的寂寞。安决定与父母生活在一起,在墨西哥班尼德大学三年级插班学习艺术。

他们轻松地驾车旅行，跨越国界，一路上访问朋友，观赏风景。1958年初夏，马斯洛一家到达了库尔纳瓦卡，他们租了一个舒适的带游泳池的郊外别墅，以低得惊人的价格雇了一个女佣和一个兼做其他杂活的强壮的园丁，就此住了下来。库尔纳瓦卡是墨西哥最美丽最著名的城市之一，马斯洛非常得意自己的选择，这里高出海平面5 000英尺，气候比位于其北方50英里的墨西哥城更加温和宜人，即使在夏天也不会热得使人感到难受。库尔纳瓦卡是莫雷洛斯州的首府，几乎没有工业。它是那些外国游客以及拥有周末住宅的富有的墨西哥城居民的度假地。在这里，到处有别致的红瓦屋顶的老房子以及开满鲜花的花园。安静的街道两旁，有高大的树木遮荫。

在开头的几周晴朗的日子里，马斯洛在游泳池边一边晒太阳，一边全神贯注地读书，他想了解已译成英文的日益增多的欧洲存在主义者的最新著作，以及其他现代哲学著作，除此之外，这个休假年中他没有明确的计划，把布兰代斯的教学和行政事务也置之脑后。自从1951年他成为该校心理学系主任以来，他曾为这个系的成长感到骄傲，但后来，他越来越感到这个岗位对他并不那么合适，特别是不满意把自己宝贵的时间全都白白地花在别人身上。现在，在墨西哥，他可以集中精力考虑自己的学术工作，不再被任何外来的要求所干扰。

当贝莎和安在库尔纳瓦卡以及周围乡村到处游玩时，马斯洛却一个人坐在游泳池旁边读书。他一边读，一边随手记下自己的感想，或记一些简短的笔记。马斯洛自得其乐，这里有他自己的天堂。

在最初的几个星期，他曾经想学会讲西班牙语。后来，他发现很困难，需要花费时间太多，就放弃了。不过，他已有的水平也能顺利地阅读西班牙语的报纸和书籍。贝莎则熟练地掌握了当地的"西班牙厨房用语"，所以她能有效地同做饭的女佣进行交流。

8月下旬，马斯洛暂时走出了他的隐居地，参加了在墨西哥城举行的"国际一般语义学会议"，在这次会议上，他受邀发表了有关创造力的午餐会演讲。过去的10年中，他一直对大会的创始人阿尔弗雷德·库兹伯斯基（Alfred Korzybski）和其他语义学家如S. I. 哈亚卡瓦的哲学著作感兴趣，他很喜欢同这些志趣相投具有创新思想的社会科学家在一起。在发言的前一天，马斯洛出席了一次午餐聚会，听取有关文化、家庭价值观和心理治疗的演说。演说者是墨西哥精神病学教授迪亚兹-格雷罗（Rogelio Diaz-Guerrero），他将近40岁，富有幽默感。

作为一位跨文化领域的研究者，迪亚兹-格雷罗认为，墨西哥人有一套与美国人和加拿大人很不相同的家庭价值观念，这种价值观念强烈地影响着心理治疗方式。

例如，墨西哥人相信，夫妻之间说话的真实性不是根据客观现实来衡量，而是根据它对夫妻和家庭具有多大程度的建设性利益来衡量。与大多数北美精神病学家的看法不同，墨西哥人反对弗洛伊德的恋母情结和家庭成员之间冲突不可改变等的观点。迪亚兹-格雷罗声称，墨西哥人反对把人看成是被动和无助的存在物，认为通过自己选择的生活方式，能创造我们所希望的社会存在。

马斯洛被这个演说深深打动了，为了表达自己在这方面的观点，他站起身，向与会者讲了这样的一个故事：

> 有一天，一家人旅行来到了X镇，在那里，他们找到了当地一个重要人物，对他说，他们之所以离开Y镇，是因为那里的居民对他们很不友好，而且也不给予合作。然后他们问："你们这里的居民怎么样呢？"这位重要人物回答："很不幸，恰好与你们描述的Y镇居民一样。"听了此话，这个家庭便继续上路了。
>
> 过了一段时间，又有一个旅行家庭来到了这里，他们同样见到了这个重要人物，告诉他，他们想在这里住下来，他们刚从Y镇来，在那里，每一个人都非常友好而且善于合作，然而，由于妻子的健康原因，不得不听从医生的劝告离开Y镇，他们同样问道："你们这里的居民怎么样？"这位重要人物微笑着回答："恰好像你们所谈的Y镇的居民一样，友好，而且善于合作。"

迪亚兹-格雷罗也被马斯洛的故事打动了。会后，他主动向马斯洛作了自我介绍，并说他是在墨西哥城私人开业的心理治疗医生和研究者，他早已看过马斯洛的《动机与人格》，感到非常激动人心，受到了很大启发。他们一见如故，就共同的兴趣进行了热烈的交流，彼此撞击出思想的火花。

从那个9月开始，马斯洛和迪亚兹-格雷罗几乎每个周末都要见一次面，贝莎和迪亚兹-格雷罗的妻子依赛尔也一道参加他们的谈话。依赛尔来自澳大利亚，贝莎很快就与她熟悉起来。他们见面时，依赛尔常常带上两个还没有上学的孩子——罗兰多和克蕾丝蒂娜。这两个孩子有强烈的好奇心，使马斯洛夫妇想到安和艾伦小时候的样子。他们度过周末的地方有三处，包括迪亚兹-格雷罗在墨西哥城的家、南库尔纳瓦卡的周末住宅，以及马斯洛租用的别墅。他们从来不去正式的饭店吃饭，一般的咖啡厅也很少去，他们更喜欢坐在家里的饭桌前，一边吃饭，一边活跃地交谈。

尽管迪亚兹-格雷罗实际上是一位跨文化学家，但他非常看重马斯洛的动机理论和需求层次理论，把它们看成是对心理科学的最重要的综合和发展。他和马斯洛一样，有着乐观主义的态度，对存在主义和其他不少领域也有类似的观点。在他们的讨论中，马斯洛经常强调他所提出的"类本能需要"（instinctoid needs）的概念，即我们与生俱来的同情、利他主义倾向等等。这些本能很容易在个人早期的成长过程中被扼杀。他们一致认为，理解个人的权力意志是重要的，并经常就人的个性中这些对立倾向进行辩论。在这个问题上，迪亚兹-格雷罗更倾向于认为人具有天生的攻击行为的潜能。虽然他们有一些不同的观点，但他们相似的观点却更多。

另一个特别热烈的讨论题目是马斯洛的自我实现理论。迪亚兹-格雷罗认为，虽然自我实现可能是一个世界范围的现象，但它的具体表现形式在不同的文化背景下不可避免地有所不同，因此，一个在美国或加拿大的自我实现者也许具有自主性，以及强烈的对于个人隐私的需要等特点，但在墨西哥的自我实现者则可能更信奉一种为家庭成员、朋友以及公众服务的观念。

与迪亚兹-格雷罗讨论了上述问题，并且在读了陀思妥耶夫斯基的小说《卡拉玛佐夫兄弟》之后，马斯洛开始有了尚不成熟的新的想法。在一篇日期为1959年1月1日的未发表文章中，他写道："到目前为止，我一直从自主性的角度来研究自我实现，就像它是唯一的途径。但这个途径是相当西方式的，或者就是美国式的。"由于意识到在一个像墨西哥这样相对贫穷的国家中，很少有人能在他的职业生涯中达到自我实现，马斯洛思索了这样一种可能性：修道院式的虔诚行为和自我克制也许是在上述历史背景下更为可行的途径。例如，在沙皇时代的俄国，通过公共活动达到自我实现的机会几乎完全被消除了。因此，马斯洛说道："如果一个人在他那个时代被禁止'存在'，那么很明显，他可以通过向往、做梦、想入非非、乌托邦式的空想……通过写作、绘画或者信仰宗教来获得某些'存在'的效果。"通过这类方式，人们至少可以超越现有的可悲的、腐败的社会制度，部分地表达他们的最高的或高尚的品质，当然，在美国这样一个为个人提供了许多建设性和创造性工作机会的国家，通过自我克制来达到自我实现就既没有必要也不值得了。

再一个经常讨论的话题是有关墨西哥和美国男性、女性以及家庭关系的比较。对于这个话题，贝莎、依赛尔，有时甚至还有安也参加。马斯洛特别感兴趣的是墨西哥妇女的社会特性，特别是那些他认为品德高尚的墨西哥中年妇女。他发现，墨西哥的青年妇女比起美国那些受过更多教育的青年女性来讲更有活力和更具有优雅的气质。而当她们长大成人，结婚生孩子后，都一心只想着家庭和孩子，因此日益失去昔日的活力和光彩，对外面世界的兴趣也渐渐淡化了。马斯洛认为，相反，美国的中产阶级妇女却经历了一个途径相异但同样不完全的成熟过程，她们为自己的发展而努力奋斗，以至失去了做一个母亲和妻子的真实快乐。

与此相关，另外一个热烈讨论的话题是：与美国的父母不同，墨西哥的父母是怎样抚养他们的孩子的？马斯洛认为，墨西哥的父亲在家庭中即使不是一个重要的形体存在，也显然是一个重要的心理存在，他受到家庭全体成员的尊重。他是家庭的维持者，即使他表现得严厉甚至无情，孩子们也总是站在他这一边，他们有自己的是非观。与此相对照，20世纪50年代典型的美国家庭中，父亲是一个软弱和无实际影响的人，他在孩子心中几乎不受到尊敬。马斯洛认为这种状况必然导致家庭和社会问题，尤其会影响孩子们的情感成长。他和迪亚兹-格雷罗还发现，在美籍犹太人家庭和墨西哥人家庭中有一些有趣的类似之处，在这两个民族的家庭中，母亲是情感的主导者，不同的是墨西哥的母亲把自己的爱无条件地给予她的孩子们，而犹太母亲则努力培养和鼓励孩子们有所成就。

不久，这种讨论促使马斯洛和迪亚兹-格雷罗开始正式的研究，他们合写了一篇文章，题名为《作为价值混乱的少年犯罪》（Juvenile Delinquency as a Value Disturbance）。这是一篇很少为人所知但很有吸引力的文章，它标志着马斯洛初次把他正在形成的价值混乱理论运用于一个具体的社会问题。由此开始，在后来的几年里，他从同一观点出发，进一步探讨了一般的犯罪、吸毒，以及对严重惯犯的惩罚等问题。关于少年犯罪，在新闻中常有报道，当时在好莱坞上映的音乐片《西区故事》（*West Side Story*）也是反映这个问题的。马斯洛认为，没有一个政治家和社会问题分析学家真正了解这个令人头疼的社会现象。

马斯洛和迪亚兹-格雷罗断言，理解少年犯罪的关键问题，是承认它主要反映了男性青少年对成人和成人文化的愤怒。这种情绪的主要原因是对软弱的、不果断的或者根本不关心家庭的父辈的一种报复和蔑视。这些父亲让他们在外面到处乱跑，毫不关心他们，不能为他们树立一个适当的男子汉形象。这两位研究者强调，设置一些限制，使用始终一贯的戒律，必要时给予惩罚，这是一个有责任心的父母的基本特点。当父母放弃对孩子的权威，就会出现权力真空的结局。在这种情况下，一些男孩子通过故意破坏文化、艺术品以及公共财产，横行霸道，加入流氓团伙，甚至参加决斗等来证明自己已经成年，表示对父母的挑战和蔑视，以至最终走上暴力和刑事犯罪的道路。

在这篇文章的结尾，马斯洛和迪亚兹-格雷罗列举了几条他们共同探讨出的关键性原则，它们包括：

（1）所有的人，包括孩子，都需要一套完整的价值体系。
（2）在大文化背景中，缺乏价值体系会产生某些形式的心理障碍。
（3）个体将渴望并且追求一个完整的价值体系。

(4) 人们希望有某种价值体系，即使这种价值体系不那么令人满意，也比完全没有要好一些。如果根本没有，就意味着彻底的混乱。

(5) 如果没有成年人的价值体系，儿童或青少年将会接受和信奉同辈人的价值体系。

在以后的10年里，当美国的青少年暴力犯罪行为逐步升级时，马斯洛在他个人的写作中越来越强调上述原则，然而他很少公开发表自己的见解，他有一种担心，因为在60年代美国黑人为政治和经济平等而斗争的时候，他的这些观点也许会被误解为他支持现状。几年之后，哈佛大学社会学教授丹尼尔·莫尼汉（Daniel P. Moynihan）就因为发表了讨论美国城市黑人家庭病态问题的报告，而受到严重的抨击，被称为种族歧视分子，这成了他以后参加纽约参议院竞选的致命伤。

除这篇文章外，马斯洛和迪亚兹-格雷罗没有再合写什么东西。他们宁愿在餐桌上开怀畅谈，也不愿为了发表文章而去做要求更高的研究工作。马斯洛发现，库尔纳瓦卡的这种慢节奏，使他对多年来一直从事的严密的脑力劳动产生了一种轻松的态度。他热爱这种没有固定日程，没有预先设定的时间限制的新感觉。马斯洛喜欢这种慢节奏生活，在墨西哥阳光明媚的蓝天下，他寻求着自我放松，不再觉得有必要给自己设置那些日程和限制。同时，他也愉快地接待像兄弟哈罗德等亲戚，以及布兰代斯的同事詹姆斯·克利和弗兰克的访问。他喜欢他的休假日，很大程度上是因为他可以逃避来自外界的各种责任，包括那些社交事务。

马斯洛在这段时间少量的社交活动之一，是和贝莎到墨西哥城与埃里希·弗洛姆夫妇会面。10年前，弗洛姆为了妻子的健康而移居墨西哥。他来到墨西哥后，一直在墨西哥国立自治大学教书。他在医学院建立了一个精神分析系，并创办了墨西哥精神分析研究所。另外，他还乘车到美国密歇根州立大学去兼教一部分心理学课程。

早在马斯洛休假之前，他就期待着到墨西哥与弗洛姆会面，甚至想同他合作。那天晚上，他很高兴能够与他30年代后期的良师益友在一起。他们的讨论激烈而又令人振奋，主要是关于欧内斯特·琼斯最近写的一本弗洛伊德的传记。但是马斯洛感到很失望，弗洛姆还是像他们在30年代后期相识时那样冷漠而有保留，两人之间没有什么进一步发展的东西。有几次，马斯洛在社交场合遇见德国哲学家罗伯特·哈特曼，他们是在共建价值研究所时相识的。哈特曼家住在墨西哥城，但经常去美国一些大公司进行有关管理训练和其他计划的咨询活动。

虽然马斯洛夫妇在这里尽情享受他们的假日，可安却越来越感到烦闷和沮丧。

在父亲的建议下,她去找迪亚兹-格雷罗进行私人心理治疗,在那里,她发现他非常富有同情心,并从中得到了支持。她认为自己在墨西哥什么事也做不了,决定回纽约,那里有她的朋友。在治疗的最后阶段,迪亚兹-格雷罗以真正的拉美风格的拥抱和安告别,这使安一直难以忘怀。

1958年12月初,马斯洛作为YMCA赞助的学者访问了加州理工学院,这是学院院长约翰·韦尔(John Weir)亲自安排的。他带马斯洛去参观了校园。在校园里,马斯洛见到了一群群兴致勃勃的学生和几位教师。他发现这些学理工的学生头脑很聪明,在他过去10年参观过的一百多所大学中,这里的学生可能仅次于麻省理工学院的学生。他与同学们的谈话大都集中在创造力、想象力、动机、性行为以及与异性约会等题目上。

尽管学生们有很高的智商,通过这些谈话,马斯洛仍然看到了在这些高度发达的科学头脑中存在的问题,特别是许多年轻人在情感上还不成熟,他们用一种富于进攻性和竞争性的方式,而不是用一种温和友好的方式,来表达自己的男子汉气概。在马斯洛看来,那些表面上从容不迫、自命不凡的学生,实际上正是心理上不健康的人,因为他们的内心已经停止了成长。

在离开该学院之前,应约翰·韦尔的要求,马斯洛同意写一篇关于学院的印象记,并提出一些改善学生生活与学习的质量的建议。结果,他于1959年3月7日写了一份相当坦率的报告。在对学院赞扬了一番之后,他谨慎地向韦尔指出,智力上的早熟常常伴随着情感上的不成熟,为了利于青年人的成长,有必要在理工学院开设更多的文科课程,尤其是那些强调现代科学的伦理、美学和心理方面的课程。通过这些与情感紧密相关的课程,不仅可以更好地教育学生,还可以减少中途辍学率。

马斯洛还指出,该校以居民式的住宅体系替代大规模的集体宿舍,是一个好的方案。如果进一步为每一组学生提供一个家庭式住宅就更好了,因为在这种情况下,他们可能会较少地与社会生活主流形式隔离。由于该校没有女生,这种做法更显得合乎需要。马斯洛还建议搞一些广泛的咨询活动,特别是针对那些"具有高智商和创造性但又不成熟的人的问题"。他说,有的时候,那些很不成熟的学生需要的是一个富有同情心的年长者,或者与这种年长者合作的机会。也许,此时马斯洛想到了他在桑代克指导下工作时的情形。

马斯洛的最后一项建议与他的整个教育学和伦理学观点是一致的。他认为,加州理工学院的目标应是不仅造就具有竞争力的工程师和科学家,而且造就伟大的人,造就创造者、创新者和领导者。"这是一个性质上完全不同的工作,而不仅仅是一个程度的问题。"他坚持认为,教员们除了教学以外,还应该更深地进行教育方面的研究。

从 1959 年 3 月起，马斯洛开始每天写日记，这是他在余生中最为重要的工作之一。马斯洛写日记的起因有几个，其中包括受了丹麦哲学家索伦·克尔凯郭尔（Soren Kierkegaard）的日记，以及他从前的老师兼好友露丝·本尼迪克特的日记的影响。

多年来，马斯洛一直坚持在卡片上草草记下一天中任何时候出现在头脑中的每一个思想，后来他把这些卡片归类在十几个文件夹中并附上不同的标题，如优势、男人与女人、价值以及自我实现等。为了表达更为连贯的思想，他用打字机打下简单粗略的草稿，再为这些小册子编上索引。无论何时，当他开始正式写一篇讲演词、文章或著作时，都要重温这些汇编材料的内容。

现在，这些卡片的内容是如此广泛，以至对追踪他的思想造成了麻烦，他希望记日记能够使他更好地安排自己的研究，使自己思想的发展更系统化。另外，他也希望以自己生活中的具体事件为背景，来搞清楚自己的思想是怎样发展起来的。他说："过去每一个知识分子都记日记，其中许多内容都被发表了，它们通常比那些正式发表的文章更有趣，更富有启发性。"

对于一个年仅 51 岁的人来说，令人难以理解的是，马斯洛想着这些日记在他死后将有助于传播他的思想，他写道：

> 记日记有许多好处。有些好处克尔凯郭尔已在他的日记中论述了。对我来说，姑且不论日记有助于我思考——在纸上我总是思路清晰，日记好在它能忠实地保留下一个学者在有生之年无法完成的研究课题，以便后人去完成它们。我经常有一个悲哀的想法：一位学者的去世通常意味着那些只做了四分之三、四分之二，甚至只有四分之一的事业的彻底消亡。无论我何时死，情况都会是这样：许多工作只完成了一半。……好在这些日记能够补充一些不完整的材料，以便他人来完成。

另一个写日记的原因是，马斯洛意识到自己不是一个具有系统性的学者或科学家，而是一个被广为知晓的思想家。但是，自从《动机与人格》出版以来，他不仅没有完成任何重要著作，甚至没有开始实施任何重要的持续的计划，在墨西哥的这一年的确是愉快的，但用布兰代斯同事们的标准来衡量，却并没有什么有益的成果。在秋季返回布兰代斯之前，他要在加利福尼亚和东部地区做一次巡回演讲。当他为这一要求严格的演讲做准备时，不由得感到忧心忡忡。

第 14 章　墨西哥的慢节奏

在 6 月 15 日那篇颇有启示性的日记中，他重新严厉反省了自己的学术研究方法，回顾了自己 1954 年以来发表的大部分著作，然后写道：

> 实际上，过去的 5 年里，我的文章没有一篇是严格作为学术文章写的，它们全是应外界的要求而作，几乎都得到了优厚的稿酬。它们并不是受到我内心的驱使，而是大部分为了一般的大众而不是特定的读者而写。这些文章大多都有时间限制，一般都约够一小时的演讲，这种文章的长度是外在决定的，是人为强加的，而不是文章本身内在的要求，它们没有一篇像过去我所写的文章那样具有"学术气"。

马斯洛的精神分析师费利克斯·多伊奇和他的朋友精神分析学者哈里·兰德认为，马斯洛缺乏严密的做学问的方法。他们一直提醒他注意这一点。但是，马斯洛感到作为一个开拓者的角色，已经很有把握并且很有成效，因此没必要改变自己的研究风格。

有点令人感到好笑的是，马斯洛仍然抱着写权威心理学教科书的希望，只是在最后，他才怀疑自己是否有完成这样宽泛的项目所需要的能力和耐心。对于那些即将到来的巡回演讲，他只得说："看来我在今后的两年中还得做这种事，直到两个女儿大学毕业，我必须通过做些演讲来挣得一些额外的收入……因此我怀疑在这两年中我是否还有时间写些有价值的东西。"

但是他毕竟没有停下来，1959 年冬天，一本由马斯洛主编的论文选集《人类价值观的新知识》出版了，他对此非常高兴，并且特别对选集中他自己的文章感到满意。在智力活动方面，马斯洛感到自己对哲学越来越感兴趣，尤其是存在主义。他的阅读爱好开始从实验心理学转向社会思想的"较温和"领域。在休假年期间，他发现这方面的著作相当具有启发性，其中包括二战大屠杀的幸存者维克多·弗兰克尔（Victor Frankl）写的《从死亡集中营到存在主义》（*From Death Camp to Existentialism*）〔此书后来改名为《寻求意义的人》（*Man's Search for Meaning*）〕、埃里希·弗洛姆写的《健全的社会》（*The Sane Society*）以及心理学家罗洛·梅、哲学家保罗·萨特、阿尔弗雷德·怀特海（Alfred N. Whitehead）以及其他一些人的著作。在那些不那么高深的读物中，马斯洛喜欢科学幻想小说，尤其喜欢其中大胆的猜想和乌托邦式的主题。

这时，马斯洛已不再相信弗洛姆和马尔库塞以及那些仍然受马克思主义吸引的人们所支持的传统左翼观点。这些人认为，尽管公司经营者正在努力使雇员感到愉快和有创造力，但这种情况恰恰是他们维持其统治的聪明伎俩。而在马斯洛看来，他们的这种看法，即使不是毫无根据，至少也是紧张过度。他相信，美国的工作环境已经开始了真正的变化，这些变化恰恰应该得到赞扬和鼓励而不是谴责。

在5月15日的日记中，马斯洛对弗洛姆的《健全的社会》的评论是：

> 这些老式的社会主义者对社会现实的看法已经过时了。对于他们来讲，企业主仍然像过去那样，是罪恶和可耻的象征。实际上，企业的性质已经发生了很大的变化。

但是，在我们这个高度复杂的社会里，本意良好的工商界领袖、政府官员和教育家将怎样促进人们的创造性和自我实现呢？马斯洛的回答是：

> 如果我们的价值研究所能够继续生存，那么，应该研究的基本问题是：什么样的经济结构是必需的，以便帮助个人获得真正的发展？与此相应，什么样的社会理论、政治理论和教育是必需的？

1959年春天，为了达到上述目的，马斯洛继续为创办价值研究所而努力。几个月前，他给布兰代斯大学校长萨克尔写了一份很详细的关于创办人类价值研究所的建议书。他认为，该所的任务将包括教学、出版、咨询，特别是致力于价值、道德和伦理的研究。关于信仰的研究也在它的范围之内。他描述了新设想的行政机构，甚至制定了主要研究人员的工资级别。在他等这个计划批下来的时候，他接到了罗伯特·哈特曼写于3月9日的一封令人鼓舞的信，信中说有5家公司——美国电话电报公司、通用电器公司、国际商业机器公司、通用食品公司和全国保险公司——准备资助马斯洛的这项计划。罗伯特·哈特曼指出，由于在价值领域缺乏有能力的学者，因此建立价值研究所还要等一些年。

在这封信的鼓舞下，马斯洛再次致信萨克尔，并附上一本《人类价值观新知识》。3月25日，萨克尔回信了，但仍没有给予明确答复，他写道："我们目前正忙于处理经费困难和校园内混乱的局面，我实在难以评估这个也许很有价值的计划，等你回来后我们再讨论这个建议吧。"

4月13日，在纽约做通用电器公司管理研究院顾问的哈特曼又给马斯洛写了一封热情洋溢的信，他告诉马斯洛，8天前，他见到了萨克尔，会面很成功。萨克尔热情地接待了他，"就像对待多年不见的老朋友一样"，而且，萨克尔对在布兰代斯大学校园中设立价值研究所的计划很感兴趣。他自己已经读了马斯洛的详细建议,准备全力支持这项计划。哈特曼写道:"一旦你返回……萨克尔将让你召集十余位有兴趣并愿意在研究所工作的人开会。"

哈特曼继续写道:"简直难以相信有这样的好运,我真不知对我来说发生了什么事,也不能马上理解这意味着什么……我知道他是认真的,但我不明白这种好事怎么会发生得如此突然。我感到他把整件事看得就好像是早已决定了的,这件事好像是布兰代斯大学必然要做的事。"

尽管马斯洛深知萨克尔的行事风格以及布兰代斯的财政状况,这个消息仍使他感到了希望,看来,价值研究不仅在少数社会学家和哲学家中间,而且在许多其他人中间引起了强烈的兴趣和关注。这个研究所一旦成立,就可以担负许多任务,特别是活跃地进行研究工作。马斯洛希望在两年半的筹划之后,他的梦想很快可以实现。

由于经费上的原因,在面临更加重要、迫在眉睫的问题面前,价值研究所显得不太现实。令马斯洛沮丧的是,萨克尔很快就将这项计划降到了次要地位。布兰代斯只有10年的校史,萨克尔觉得有必要把这项计划推到较保险的时期再进行。后来,这项计划的总发起人索罗金在谈到他们的徒劳时,用苦涩而带一点诗意的语言说:"这是一个刀光剑影、血肉横飞的世界,到处在你争我夺,处处弥漫着敌意,人人都自私自利,这不是一座能够培养高尚的、有创造力的爱的花园。"但马斯洛还是对萨克尔支持价值研究所抱有希望。

6月20日是周末,马斯洛应南加利福尼亚治疗协会的邀请,来到了加利福尼亚州的圣塔芭芭拉,在一个关于价值的讨论会上作首席发言,虽然事先没有准备很充分的发言稿,但他的发言很有说服力并且出自肺腑。在以后的若干年里,马斯洛无论是在公众还是行家面前演讲,往往都具有这种无拘无束、富有激情的风格。

在听众面前,马斯洛表达了由于认识到摆在面前的这个任务的重大,他所感到的卑微与无知。他引用自己的《人类价值观新知识》中的有关章节,阐述了时间的紧迫性,因为人类传统价值体系正在迅速崩溃。"我们正处在这样一个历史时期,即人们对世界的价值的探究,正在从宗教、政治和经济制度逐渐转向我们自身。这种对确认自身价值的探索,过去从没有被正确地理解,甚至在东方也一样。心理学必须意识到这一点,以便进行更富有成果的研究。"

他强调,为了避免在研究人类价值方面陷入哲学困境,与其决定人们应该做什么,不如去发现心理上最健康的个体,然后,再从实证的角度找到他们到底依靠何种价值体系生活。马斯洛解释道,与内科医生有把握地证明抽烟对心脏的害处一样,通过这种方法，我们也能在很短的时间里准确判断某些价值体系，例如，偏见或犬儒主义在情感上对我们如何有害。

发言结束时，马斯洛送给加利福尼亚同行们两个精辟的警句作为临别的赠言，一则是："在信仰和科学之间没有冲突，但在愚昧的信仰和愚昧的科学之间有冲突。"另一则是："在心理治疗和价值问题上，当考虑到弗洛伊德时，应把他当做一个朋友，而不是当做一个父亲。"

8月20日，马斯洛在墨西哥的假期结束了，他和贝莎开始了又一次悠闲的跨国驾车旅行。这是他为数不多的脱离开读书和写作的活动之一。即使在旅途中，马斯洛也有一个习惯，就是把他的想法简短地记录在卡片上。在他的口袋里，随时都装着一些卡片。当他觉得产生了极有价值的思想的时候，他甚至会把车停在路边，直到把这些不想忘记的灵感都记下来后，才重新出发。这已经成为马斯洛的一个怪癖，贝莎对此早已习以为常。

在返回波士顿的路途中，他们在肯塔基的路易斯维尔作短暂的停留。在那里，马斯洛受邀请做了一个演讲。然后，他们在辛辛那提待了几天，参加美国心理学会的年会。马斯洛参加的是存在主义心理学专题研讨会。这个研讨会是他协助组织的，参加者还有阿尔波特、罗洛·梅、卡尔·罗杰斯等，他们彼此很熟悉。在某种意义上，他们都把自己看成是使心理学这门科学人性化的先锋。这是一个令人兴奋的聚会，具有重要的学术意义。在会议结束后，由罗洛·梅主编，出版了一本论文选集《存在主义心理学》（*Existential Psychology*）。这本书使许多心理学家和心理学爱好者第一次开始注意存在主义。

马斯洛在研讨会上的发言有一个显著的特点，那就是直截了当、随意轻松，没有含糊其辞，更无刻板说教。马斯洛在讨论会上的演讲题目是："存在主义心理学：对于我们来讲，它的内容是什么？"。当然，这个"我们"指的是马斯洛的心理学家同行。马斯洛知道，心理学家们的一个典型特点就是对哲学演讲漠不关心——尽管还谈不上公开敌对。从他当学生时候起，一直到现在，美国主流心理学的这种情况几乎没有什么改变。

正因为如此，在演讲开始时，马斯洛尽可能地阐述对于欧洲存在主义的一种实用的看法。他好像竭力想使他们明白自己的意图。他声明自己既不是一个存在主义者，也不是存在主义运动的热心观察者，他研究存在主义的目的只是为了探索其中有关心理学的内容。他认为，欧洲的存在主义有很多东西可以与心理学家交流——不是因为它具有深刻的揭示性的见解和观点，而是通过它来进一步印证美国的理论家和临床医生们已经开始发现的人类的本质。正是在这个意义上，马斯洛对几位他过去的好友和同事的工作大加赞扬，认为这些人在正在兴起的研究自我同一性和成长的运动中起着重要的作用。他们包括阿尔波特、罗洛·梅、卡尔·罗杰斯、埃里克森、弗洛姆、戈尔茨坦和霍妮等，以及新弗洛伊德学派、荣格学派以及格式塔学派的一些心理学家。

在演讲中，马斯洛提出了一系列有关存在主义和心理学的简短而鲜明的论点，他虽然不同意欧洲存在主义把痛苦和绝望作为人类存在的中心问题，但却赞同存在主义对于严峻的、悲惨的人类生活的关注，以及对于是什么使个体具有独特性的探索。在这方面，存在主义不但可以丰富现有的心理学，而且比弗洛伊德心理学和行为主义心理学意义更大的是，它"还促进另一种充分发展的真实自我的心理学分支的建立"。当时，马斯洛还没有为这种新的心理学分支起名字。又过了一两年，这个开始萌发成长的新学派才被称为"人本主义心理学"（humanistic psychology）。这是由马斯洛参与创造的术语。

马斯洛认为，在他所读的存在主义文学著作中，感触最深的是关于"未来时间"（future time）的概念。这个概念的意思是，在我们存在的核心中，每个人身上都携带着自己进一步成长和发展的潜力。他说："人在某时某刻，在自身中已经包含着他的能动的积极的未来。因此，如果不把'未来时间'这个概念放在重要位置，心理学理论将永远难以完善。"

在墨西哥宁静地生活了 14 个月之后，马斯洛已经准备好了重返学术界。等待他的，是一个新的 10 年的开端，在美国这片富饶多产的智慧的土壤中，他将继续孕育和发展自己的新思想。

第 15 章 开明的管理者、神秘体验论者和企业家

> 如果我们丧失了神秘感、神圣感，如果我们丧失了敬畏感、惊奇感，如果我们丧失了幸运感、谦卑感，那么我们就丧失了作为人的最现实和最基本的能力，并将从此衰落下去。
>
> ——马斯洛

> 什么样的工作条件，什么性质的工作，什么类型的管理，什么种类的报酬才能帮助人的精神或道德状况趋于健康，才能帮助人达到更加圆满以至于最圆满的境界？古典经济学理论事实上是以一个不完整的人类动机理论为前提的，这一理论可以通过确认人类高级需要加以变革，这种高层次的需要包括人的自我实现的冲动以及人对最高价值的追求。
>
> ——马斯洛

在墨西哥的休假结束后，马斯洛回到了布兰代斯大学，开始着手准备一项长期规划的科研项目：用人本主义观点彻底批判现代科学。15 年来，他一直在思考这一问题。从他目前焕然一新的思想和精神状态看，似乎是抨击科学的价值中立思想方法的最好时机了。这种价值中立的方法由于强调数量统计，使得研究人类体验中最有意义的部分时肤浅化。马斯洛认为，特别是在他自己的心理学领域，实验主义者囿于方法，忽略了科学的最终目的，无助于解决人类紧迫的问题。对于这种强调统计学的研究方法，马斯洛运用了一句他特别喜爱的格言来评价："不值得做的事情，就不值得好好做。"

然而，事情并不是那么如愿，他发现自己实际上已经被行政工作和教学工作紧

紧地束缚住了。作为心理学系系主任，出于责任心，他不得不肩负重任。但因为这些事情妨碍了他的写作，他又感到厌烦。他在日记中写道："要做的事情太多了，我不得不放弃许多兴趣，包括读书、交往等。我不得不分配好我的力量、精力和有限的时间。"

在以后的几个月中，马斯洛为自己在新研究项目上的缓慢进展感到沮丧，他无法再为对科学的批判研究花费更多的精力。1960年夏天，他只好决定暂缓考虑这项计划，这个决定也是由于在出版上遇到了麻烦。尽管他关于高峰体验的观点引人注目，但是计划发表的文章选集却被一个又一个的编辑礼貌地拒绝了。他们说，这些文章太零散了，以至于不经过重写便无法构成一本连贯的书。马斯洛知道编辑们的话是对的，许多文章的确是作为演讲稿用的，没有经过理论上和文字上仔细的推敲琢磨。写这种演讲稿占去了他的大量时间，由于有两个上大学的女儿需要学费，他不得不把这种应邀的演讲看成是必要的额外收入来源。

令马斯洛兴奋的是，那年夏天在纽约城召开了一次关于存在主义的会议。会议的参加者包括精神病学家维克多·弗兰克尔和心理治疗学家罗洛·梅，他们关于马斯洛的著作提了不少有益的建议，其中弗兰克尔的一些看法对马斯洛特别有启发。弗兰克尔认为，我们不可能在一个真空状态中自我实现，而只能在与人和周围环境的联系中实现。这使马斯洛进一步认识到，自我实现需要一种来自外部现实世界的"召唤"，献身于一种"事业"，而不仅仅是出自内心的渴望。

在这一时期，高峰体验的性质仍是马斯洛花很多时间研究的问题。在收集了学生们关于高峰时刻的感受材料后，他更加确信，这些珍贵的超越性体验是理解人的潜在能力的关键。部分地依据这些材料，再加上其他一些资料，他完成了一篇题为《存在认知的某些危险》（Some Dangers of Being-cognition）的文章。在这篇文章中，他对自己提出的自我实现理论进行了自我批评和反省，因为他已感到，自我实现理论已经被许多信奉人本主义的人轻率地、毫无批判地接受为一种科学真理。

马斯洛认为，有必要纠正一种愈演愈烈的关于自我实现的误解，这种误解把自我实现看作一种固定不变的终极完善的状态，在这种状态中，"一切人类的问题都被超越了，同时，人们处在一种超人的平静或狂喜的状态中，'从那以后，生活将永远幸福'，实际上，情况并不是这样的。"他一再强调，自我实现是"人格的一种发展，它使个体摆脱了成长过程中的匮乏性状态，也避免了生活中的神经症问题，因此，个人能面对、承受以及尽力解决人类存在状态中的'真实的'问题"。

马斯洛再次肯定了高峰体验给人们带来的富有诗意的令人出神入迷的感受，他将其称为"存在性认知"（being cognition）。他紧接着又强调，这种存在性认知也会带来一种使人们逐渐消极被动的内在危险。天人合一的神秘体验尽管非常令人振奋，但它必须由在现实世界中的行动加以平衡。因此，"匮乏性认知"（deficiency cognition）还是应该有位置的，因为这种认知使我们清楚周围的缺陷与不和谐。

世界上伟大的宗教总是劝诫人们，不要以牺牲行动为代价过分依赖内心的冥想。马斯洛对此非常赞同。例如，佛教就区别了两种不同的觉悟者，一种是较低级的，纯粹私人性的"缘觉"（Pratyeka Buddha），他们"仅仅局限于自己获得启示"。另一种是更高尚的"菩萨"（Bodhisattva），他已获得了启示，但只要他人还迷失在混乱和无知状态中，自己的拯救就不是完善的，他还要继续普度众生。以后的几年，由于对东方的神秘体验论和沉思冥想不断增长起来的兴趣，马斯洛逐渐趋向于这样一种看法，即过分的精神性、内在性既不利于心理健康，也不是社会所需要的。

很明显，马斯洛越来越肯定活跃的、积极的神秘体验论者。由于他自己不安分的性格，他个人从来不想长期隐居，对神秘的身体锻炼（如瑜伽等）也没有太大兴趣。他也不为了纯粹满足好奇感而到国外旅游，寻求异乡情调。然而，当他听到古典音乐，尤其是浪漫派作曲家的作品，或当他漫步在新英格兰的乡村，凝视天上飞翔的小鸟时，他会觉得内心的平和与精神的振奋。有时，为寻求一种内心状态，他会在晚上聆听鸟叫的录音。正如他有时告诉贝莎，与贝莎的做爱是他获得启示性快乐的又一源泉。但是，马斯洛很少提及自己的高峰体验，贝莎在这方面更是沉默寡言。

1960年8月，在一次为伯克利的和平基金会举行的广播采访中，马斯洛提出了一个新的概念"优心态群体"（eupsychia）或"现实的理想之邦"（realistic utopia）。自从20年前他在黑脚印第安人那里生活过以后，他一直被这样一个问题所吸引：人性能够允许怎样的一种理想文化存在呢？很明显，我们不是天使，然而，对自我实现者的研究表明，确实有一些人能够生活在人类最高层次的境界中，在他们的生活中，充满了利他主义、创造性和理想主义。在这一领域，一些科幻小说进一步激发了有关的思想。在与弗兰克·曼纽尔热烈讨论了几次后，马斯洛找到了他自己的乌托邦或者说"优心态群体"的定义，"由1 000个自我实现者和他们的家庭组成的"建立在一个孤立的（没有其他人）的岛屿上的共同体。

他想将这样的地方作为一个思想实验场所，他所感兴趣的不仅是这里没有社会的消极面，如抢劫、欺诈、谋杀等，更是由于它的积极方面。例如，这个共同体的艺术、科学和理想应该是什么样的？它的性道德与我们现在的文化可能有什么不同？它能创造出一种较稳固的宗教吗？如果能，它的教义是什么，人们会如何信仰它？它的教育和实践又是什么样子？一切被制定出的决议将怎样被贯彻？马斯洛认为，

第 15 章 开明的管理者、神秘体验论者和企业家

对于现存的社会来讲，它们是应该开始考虑的重要问题，但是，他也由此意识到，任何关于可能的天国的想象，在某种意义上，都只是一种我们自己未实现的需求和渴望的投射。

例如，他和曼纽尔注意到，各时期的大多数有关乌托邦的著作都是由男人写的，他们把乌托邦生动地描绘为一个两性乐园，其中有着无限美丽、理想的伴侣，这似乎是男性而非女性的独特幻想。如果给予机会，女性在不同时期创造的乌托邦又是什么样子呢？

在接受广播采访时，马斯洛还强调了他关于人性的生物学观点，他说："除了人与文化相互依赖以外，我认为人还有一个根本起决定作用的标准，这个标准是跨越文化的和超越文化的从广义上讲的人的标准。没有这个标准，我们就没有批判的准绳了。例如，我们就无法批判那些当时在纳粹德国的环境里适应良好的纳粹分子。"

马斯洛还将他的乌托邦与古典哲学家和神学家的乌托邦相对照。他说："在整个历史中，人类总是向他们自身之外的上帝、某种神圣的经典或者统治阶级寻求价值导向以及是非准则，我现在所做的是通过观察最好的人类的典范来探索一种理论。人们可以从这种理论中找到人类生活所必须依据的价值观。"为了强调自己的方法的实用性，他指出："我们的任务是创造一个环境，在这个环境中，人类天生的本能可以越来越多地得到展现，这就是我所要描述的'优心态群体'。"

就在同一个月，加利福尼亚新成立的西方行为科学研究所所长理查德·法森（Richard Farson）向马斯洛提供了一份研究员基金资助，这份基金为期 8 个月，从 1961 年 1 月开始。此时，马斯洛感到，他的乌托邦似乎真的在向他招手了。西方行为科学研究所是一个非营利组织，其宗旨是进行有关人际关系的创新研究。这笔研究员基金将为研究者提供一种没有官僚主义纠纷的完全自由的学术研究条件。马斯洛所要做的是帮助研究所建立一个非常自由的，没有等级、考试、学分和学位等要求的学习环境。

法森的邀请和赞助使马斯洛非常高兴，他早已开始怀念在墨西哥的那种平静自由的快乐时光了。他接受了邀请，推迟了与贝莎在当年晚些时候到日本访问的计划，同时，希望布兰代斯大学校长萨克尔能给他第二个假年。接到邀请后，马斯洛就向萨克尔提出了休假申请。

在等待校方答复的这段时间，他参加了在芝加哥举行的美国心理学会年会。在会上，他被选为美国 20 位最有创造性的心理学家之一，而且接到了几个很有吸引力的工作邀请。在此之前，他已是马萨诸塞州心理学会的主席，这次他又被提名为美国心理学会全国委员会成员以及社会问题心理学研究会的主席。但是，他谢绝了这

些职务，因为这将需要做额外的行政工作。不过，他仍对同行们的尊敬深感荣幸。25 年来，他一直为改变美国心理学而努力奋斗，现在，终于有了成果。

从大会返校后，马斯洛惊诧地得知，萨克尔否决了他的休假报告。根据萨克尔的"建议"，他如果要离开学校，只能够是一个学期而不是两个学期，而且，他还要等几乎一年，即 1961 年 6 月才能走。马斯洛当时感到非常愤怒，他想辞职走自己的路，做一个仅依靠资助、研究员基金和客座教授收入生活的独立学者。但是，鉴于大萧条时他全家所遭受的痛苦，他最后还是决定，不为个人的骄傲而牺牲有安全保障的正式教授的职位。他抑制住冲动，放弃了原来辞职的打算。

这年初秋，马斯洛一直在积极构思，准备在 10 月 20 日举行的霍妮纪念会上提交一篇论文。为此，他经历了一次心灵上的彻底反省。对他来讲，这不是一次普通的演讲，因为霍妮在 20 世纪 30 年代和 40 年代，一直是他的良师益友。她逝世 8 年以来，马斯洛对她在精神分析方面成就的崇敬从来没有减弱，他把论文的题目定为"高峰体验：一种强烈的同一性体验"，整个 9 月和 10 月他都在努力写作这篇论文，希望以此作为几年来重要研究心得的总结。

在演讲前 3 天的晚上，马斯洛自己就有了一次高峰体验。这天半夜，他在一种富有灵感的异常状态中醒来，穿着睡衣走下楼梯，开始写日记。他沉浸在一种充满创造性和想象力的激情中，兴奋地一写就是几个小时，完全忘记了时间。这阵情绪过去后，他感到有些头晕，黎明的寒冷使他浑身发冷，牙齿打战，而且膀胱憋得快要爆炸了。

早上，贝莎醒来后，他向她叙述了这一不平常的体验。她立刻建议道："亚伯，你为什么不把昨晚的那些日记读给人们听？抛开你写的那些学术论文，这些日记才描述了活生生的高峰状态，那些论文只不过是在谈论有关高峰状态的问题。"

贝莎的建议很有诱惑力，因为很久以来，马斯洛一直在坚持体验报告在有关心理学研究中的合理性和有效性。从这个角度看，他自己的高峰体验将是有说服力的。但是，他能以这种方式对那些相对来讲还是陌生的人披露自己的心灵吗？后来的几天，他一直在考虑这个问题，一直到要发表讲话的那天早晨，他还没有做出决定。

开会时，他站在讲坛上注视着听众，拿着两份不同的讲稿犹豫着，不知道该读哪份。最后，还是决定不与他们分享自己的这次高峰体验。对于在场的大多数听众，他都觉得很不熟悉。如果讲了自己的这些体验，用他自己的话说，就好像是"在公共场合洗澡"，那是很不得体和不适宜的。不过，在事先预备好的开场白中，他提到了这种进退两难的困境。后来，这一讲稿发表了。

马斯洛首先指出，在现代科学中，我们的主观体验和感受的地位是太低下了，常常受到轻视，甚至被忽略不计。统计学和定量的方法并不是了解人类思想的唯一途径，现在，是通过接受"个体性的和经验性的心理学的问题和材料，来拓宽科学研究范围"的时候了。他称赞了像马里恩·米尔纳（Marion Milner）的《论不能绘画》那样自我揭示的文章，指出这种文章对心理学研究是很有用的。

然后，马斯洛开始宣读关于高峰体验的正式观点。他指出，在高峰体验的时刻，我们最强烈地意识到我们自身的存在和生活目的。他谨慎地否认这种状态与任何超自然东西或神灵有联系，他坚持认为，它自然地产生于人的本性。当我们进入这种状态后，便会对我们自身在宇宙中宝贵的独一无二性以及我们的力量和才能获得一种最充分的认识，我们接受我们原本的那个样子。因此，高峰体验必然伴随着自发性，伴随着愉快和开放的感受，它甚至能改变我们对生活的固有的态度。

尽管马斯洛的这篇新颖的论文获得了赞扬，但他还是为自己未能宣读更加个人化的体验而心烦意乱了好几个星期。一个月后，他在日记中写道："真该死！我怎么能打算在那些不配听这些事情的人面前袒露我自己呢？或者说，我是不是把袒露自己的事情看得过分严重了，超过了必要的程度？"他与他的精神分析医生费利克斯·多伊奇谈论了这个问题，但没有结果。

1961年初，马斯洛参加了在佛罗里达大学举行的关于人格理论和心理辅导实践的第一次年会，出席会议的有卡尔·罗杰斯，西德尼·朱安德（Sidney Jouard）以及其他与人本主义心理学有联系的学者。由于新当选总统约翰·肯尼迪（John Kennedy）许诺要使国家进一步发展，全国沉浸在一种乐观主义气氛中，这种气氛也使得参加会议的学者不再感到与世隔绝，而是感到自己正站在新运动的前沿。

马斯洛在会上发表了演讲《关于心理健康的一些新问题》（Some Frontier Problems in Mental Health），这是他最具轰动性和最使人兴奋的讲演之一。由于大多数听众都已熟悉他的著作，因此，他在某种程度上偏重于理论和思辨。在这次讲演中，他首先提醒大家注意，真正的内心的成长是一个贯穿终身的过程。他用幽默的口吻告诫说："我的一些学生，读了一两篇关于自我实现的文章，立即就体验到了一种变化，于是，他们宣布，在某个星期四的下午两点钟，他们将要自我实现了。我发现我实际上已经影响了一些人，他们过分迅速地'达到了'他们的目标。"

在这次演讲中，马斯洛多次阐述了幽默和自嘲的能力对心理健康的重要作用。他以一些达到了自我实现的人为例，列举了他们所开的创造性的玩笑。他评论道，我们通常忽视了幽默在生活的许多领域中所起的对我们精神的振奋作用，甚至在两性行为上：

> 如果一个火星人阅读性方面的书籍，他将认为这是一种十分令人不愉快的事情。我想说明的是，两性行为其实还是一种有趣的游戏。我发现，在自我实现者中间，两性行为，即使处在最好状态中，也还是一种令人稀里糊涂的好笑的事……他们报告了许多没有什么秘密的玩笑……这不过是一部分固有本能的功能的充分发挥。

在这次演讲中，马斯洛还表现出一种对宗教心理学的兴趣，他多次指出幽默与神学的关系：

> 非常有趣的是，西方人关于上帝的观念不允许上帝有任何幽默。想一想，我们通常认为，虔诚的宗教人士是不应该有幽默的，但是，有些神秘体验论者却十分重视幽默，他们喜欢笑声，喜欢开玩笑，喜欢快乐的气氛。他们将诙谐作为信仰的一部分……我认为，幽默是人类的终极价值之一。

最后，他着重谈了人类的潜能这一广大而未知的领域。在过去几个世纪中，由于贫穷、战争和疾病，我们一直被较低的情感需要所支配，现在既然文明正在努力克服这些压力，那么人类的成长很快就能有一个前所未有的机会。

> 我们的精神高度、人格高度……在原则上是无限的……人类的发展将达到什么程度，对此，我还不能够估计。……说到未来，在一个全是自我实现者及其家人的地方，将会萌生什么样的文化？如果世界的状况能像我们所希望的那样得到改善，那么我们今天在这个会议上谈论的健康的概念，在20年后也许就过时了。人类也许被证明比我们今天想象的更加才华横溢，更富有创造性和想象力，比我们今天所能想象的更令我们惊叹。目前，我们为自己的文化所困扰……纠缠在一个愚蠢的世界里。这个世界制造了各种不必要的难题，如果这些问题解决了，下一步又怎么样？谁能知道我们将来的发展、我们的孙子孙女们将是什么样呢？

布兰代斯大学的冬季学期很快过去了，但马斯洛越来越感到行政事务与教学的压力。他承认，学生们抱怨他不关心他们的学习是有道理的。不过，在1月22日的日记中，他写道："我猜测，导致这一切的是一个非常重要的因素，这就是我具有一种感觉，即我想奉献给这个世界很多重要的东西，这是一个重大的使命，任何阻碍

第 15 章　开明的管理者、神秘体验论者和企业家

它、打断它的事情都是坏事。在我死之前，我要把我想说的都说完。"

此后不久，范·罗斯兰德出版社同意出版他关于存在心理学的书，他兴奋地开始整理材料。同时，他高兴地得知，《人本心理学杂志》也终于出版了。他是这一杂志的创办者之一，他的同事安东尼·苏蒂奇为杂志的出版立了头功。

5月中旬，马斯洛和贝莎到达加利福尼亚拉约纳的西方行为科学研究所，这是自他们在普莱森顿和伯克利居住过以来，第一次在西部延长停留时间。在离开布兰代斯大学之前，马斯洛做出了两个重要的决定：第一是辞去心理学系系主任的职位，并把这一职位移交给他的朋友莫兰特；第二是戒烟。这两件事酝酿了很久，而且都是永久性的决定。

在西方行为科学研究所，马斯洛为有充分的学术自由而欢欣鼓舞。研究员基金的创办者安迪·凯（Andy Kay）看起来非常友好，但是马斯洛对此事倒有些疑虑，他搞不清楚为什么他会如此慷慨大方。那一年的夏天，马斯洛还认识了亨利·盖格（Henry Geiger），后者是前卫派杂志《末那》（MANAS）[①] 的编辑与出版商。他后来成了马斯洛的好朋友，并在学术上给了他重要的影响。《末那》杂志给了马斯洛灵感，不久，他开始购买该刊物，把它作为礼物送给朋友和其他有相近思想的同事。

在拉约纳这一年的夏天和秋天，马斯洛一直都在忙于修改那本关于存在心理学的书。虽然他渴望用一种科学方法来探讨诸如敬畏、惊奇和狂喜等心理活动，但他仍然发现，伊利亚德（Mircea Eliade）的《神圣与世俗》（*The Sacred and the Profane*）是一本有价值的著作。他儿童时期对宗教、迷信等深刻的负面印象，以及当时他母亲对他的严厉管教，给他现在从容地研究神学概念造成了困难。

也许，他最重要的观点来自于对伟大的神秘体验论者和哲人们的叙述，以及对那些有过高峰体验的人们的报告的分析。从他的分析中，他确认了17种带有普遍性的价值，它们可以归结为"存在价值"（being-values），包括：真、善、美、正义、完整、圆满、独特、朴素、坦率、秩序、活泼、自信、必需、富裕、玩耍、游戏、自如，以及对两歧化的超越等。所有这些概念，在神秘体验论者的阐述中都具有同等重要的地位，它们不能按固定的层次排列。在8月12日的日记中，他写道：

> 为什么存在价值比其他价值好？……如果有人问："你喜欢这些价值，所以你就认为它们好。问题在于，你怎么能证明它们好呢？"我应该怎样回答这种质疑？

[①] "末那"是指印度教所说的从感官获得印象并将其传递给灵魂的感知能力。——译者注

我可以回答，我喜欢它们的主要原因是对高峰体验的研究，在高峰体验中，世界看起来就是那样的。存在价值与自我实现者的描述在很大范围是一致的。

当马斯洛做关于高峰体验和存在价值的演讲时，常常有成群结队的神职人员和宗教信徒去参加。毫不奇怪，起初他对这种情况感到很不自在，因为他长期以来就一直轻视宗教问题。他也对自己能在教堂里演讲感到奇怪，但是他非常真切地感受到了这些宗教信徒们对他的敬慕。来听演讲的人很多是自由派基督徒，其中也有唯一神教派教徒。在演讲结束后，常常会有一些持不同意见的犹太教教士找他，希望同他讨论古典犹太人的价值观与他的价值观的相似之处。虽然马斯洛从未放弃一个无神论者对宗教仪式的蔑视，但是这样的讨论也使他确信，他在童年时关于犹太教的不愉快经历，使他忽略了许多宗教的智慧，以及它们关于人性的观点，包括犹太教和世界其他各大宗教。

在离开研究所以前，马斯洛收到了安迪·凯的邀请信，请他次年夏天到他的非线性体系公司参观，考察其管理。凯答应给马斯洛一笔丰厚的薪金，而且保证，他将会发现这种访问非常令人兴奋。

1962年1月，马斯洛返回了布兰代斯大学，在繁忙的教学之余，他还是挤出时间阅读新书。英国女作家拉斯基（Margharita Laski）写的《出神入迷》（*Ecstasy*）引起他极大的兴趣。拉斯基用实证方法研究人们日常生活中出神入迷或心荡神游的时刻，如在秋天的小树林里漫步，在海边的夕阳下沉思等。她独立地证实了许多马斯洛早些时候有关高峰体验的文章中提到的东西。马斯洛对这本书的发现感到非常兴奋，以至他计划为它举行一次讨论会。马斯洛还发现科林·威尔逊（Colin Wilson）的作品令人振奋。科林·威尔逊是一位年轻的自学成才的英国思想家和作家，其作品有《人类的境界》（*The Stature of Man*）、《另类人》（*The Outsider*）等。在这些精彩的哲学著作中，他用生动的笔调描绘了有关人类自身尚未被认识到的伟大之处的令人欣喜的图画。马斯洛为他的乐观主义感到鼓舞，他们开始了通信往来。

临近返家时，另一位反传统的乐观主义者，哈佛大学心理学家蒂莫西·利里的著作也引起马斯洛的注意。马斯洛与他观点很接近，其著作也使他感兴趣。与理查德·阿尔波特（Richard Alpert）和拉尔夫·梅次纳尔（Ralph Metzner）合作，利里进行了一项有关幻觉药物对意识影响的开创性工作。从1960年马斯洛到哈佛起，他们就成了亲密朋友，经常讨论共同感兴趣的有关创造性、想象力、高级神经系统的功能作用以及高峰体验等方面的问题。有趣的是，在得知自己的父亲对利里的极高评价以后，马斯洛的二女儿艾伦就到利里那里当了助手。

第15章　开明的管理者、神秘体验论者和企业家

有几次，马斯洛请利里到布兰代斯大学参加心理学学术讨论会，并作为来访者发言。结果，莫兰特（Ricardo Morant）和兰德（Harry Rand）对合作研究幻觉效应也产生了很大的兴趣，后来这项研究规模相当可观并得到了很多资助。但是，他们的研究兴趣也有差异。马斯洛的兴趣是研究裸头草碱（一种幻觉剂）对高峰体验的触发作用，莫兰特的兴趣是研究这种药物对知觉形成的影响，兰德的兴趣则是研究这种药物在心理治疗方面的潜能。但兴趣总归是兴趣，马斯洛自己并不愿意尝试利里的任何实验性药物，他说："它也太容易了，要有高峰体验，不辛苦得出一身大汗是不行的。"

他们在一起用午餐时，利里喜欢与他的朋友开点儿玩笑："好吧，亚伯，你不是想要出大汗吗？等一会儿你是从哈佛广场走回布兰代斯呢，还是开车回去？你说下个月要去加利福尼亚，你想走到那儿还是坐飞机？你不是要辛苦吗？"

利里坚信，幻觉剂提供了一种独一无二的探索大脑和心智的新技术，它可能为那个未知的领域带来一线曙光，这个领域是马斯洛在他关于高峰体验著作中首次探索的，利里称他的实验方法为"应用神秘体验论"，马斯洛鼓励他，说他的工作开辟了学术研究的一条新路。

那年春天，马斯洛的《存在心理学探索》（*Toward a Psychology of Being*）出版了，这是一本过去8年间论文和演讲稿的选集，尽管这是一本学术味很浓的著作，它一出版却很畅销，在1968年普及版发行前就已经销售了20万册。此书的开始有这样一段激动人心的话：

> 除了我们的时代之外，任何一个时代都有它自己的楷模，有自己的英雄、圣徒、绅士、骑士、神秘体验论者，所有这些都被我们的文化抛弃了，剩下的只有适应良好、毫无问题的人。他们都是某种非常苍白无力、可疑的代替物。也许，我们很快就能以充分成长的人和自我实现的人作为我们自己的指南和楷模，这样的人，他们的潜能正得到充分发展，他们的本性没有被歪曲、压抑和否定，而是自由地得到了发挥。

《存在心理学探索》是这样一种书，它从一个人手中传到另一个人手中，不仅仅鼓舞了人们的精神，而且还改变了他们的生活。尽管有许多人还没有读这本书，但也受到了这本书所提出的概念的影响。例如，马斯洛提出的"高峰体验"和"自我实现"等，开始进入大众的词汇中，帮助促进了20世纪60年代美国的时代精神的形成。不久，这个国家的几乎每一个大学生都熟知了这些短语，正是这些大量的崇拜

者，加速了马斯洛思想的传播。

5月下旬，马斯洛一家从牛顿维尔搬出，在景色优美的奥本达尔买下一所住宅。在那里，查尔斯河在屋后蜿蜒流过，远处隐现着一些树木茂密的小岛。对于这位在布鲁克林长大的思想家来讲，这里就是一个美丽的乌托邦。当他第一次看到这种景色时，他都惊呆了。他回忆道："当我第一次见到这条河的景色时，几乎要昏倒了……这是一个非常伟大的体验，一种意味无穷的美感……记得我当时瘫坐在椅子上，惊奇地看着这一切，它如此之美，美得使你的头颅都快炸开了，这几乎是一种痛苦。"后来，他打算修建一个鸟房和其他东西，但又立即领悟到，这是一种想要"改善天堂"的打算，这次经历使他更加相信，人在本质上是永远不会满足的，而是要寻求越来越高级的"天堂"。

但他和贝莎并没有多少时间去享受他们"梦幻别墅"的美景，因为，安迪·凯还等他们在6月初去参观非线性管理系统公司。马斯洛对参观本身兴趣不大，他此行的主要原因是安迪·凯的慷慨资助——凯给了他一大笔顾问费。作为交换条件，马斯洛只需每星期有一个下午到工厂去访问，并且与凯交谈。马斯洛认为，如果能从顾问工作中得出点什么，那自然是再好不过了，如果没有，他也可以利用这段时间继续推敲琢磨自己的存在心理学体系。为此，他带上了有关这个题目的书籍、论文和"编目卡片"。

6月6日，星期一，马斯洛首次访问了安迪·凯的非线性管理系统公司，并与安迪·凯交谈。安迪·凯一边介绍非线性管理系统的历史，一边叙述自己的经历。

安迪·凯是一个中等身材瘦弱的人，他十分自信。其父母均为东欧血统。他们移居美国后在新泽西州干织布工。安迪·凯在十几岁时，在家里的地下室搞了一个实验室，他经常出没在纽约城的无线电与化学商店，为他的实验室采购实验用品。在那里，他曾经重复了尼科拉·泰斯拉（Nikola Tesla）所做的实验，他甚至差点在制作火箭时，炸掉自己的一条腿。1938年凯高中毕业后进入了麻省理工学院，在学校时曾经参加摔跤队，后来获得了理工科学士学位。1942年，他进入克利夫兰的制造仪器的杰克和海因茨威格公司工作，制造和检测仪器。由于当时是在二战期间，他每周工作将近80个小时。

在这个公司，安迪·凯不仅学到了许多工程学知识，而且也熟悉了一些管理方法。他注意到，公司有8个工厂、9 200个工人，但仅雇用了几百个管理人员。公司的创建人之一威廉·杰克确信，工人们能够自我管理，他向工人们逐渐灌输了一种团体精神。他引导雇员批评那些上班迟到的同事，还向全体工人提供维生素和免费午餐。当时流水线上装配工的报酬是每小时1美元，他却定期发给所有工人50美元的奖金。杰克一天两次通过扬声器向工人作鼓舞士气的讲话，其中一次是早上4点换夜班的时候。凯对此敬佩地回忆："他是我所见到的最伟大的鼓动家。"

二战后，安迪·凯搬家到加利福尼亚，并参加了帕萨迪纳（Pasadena）的喷气推进实验室的工作。1949年，他到了位于圣迭戈郊外的索拉纳海滨的比尔·杰克科学仪器公司，为他以前的上司工作，出任副总经理，负责监管航空侦察照相机的制造。在这个位置上，他决心使自己像精通工程学那样精通管理，为此他废寝忘食地阅读了这方面的几乎每一本书。

3年后，安迪·凯开始拥有自己的公司，他把它称为"非线性管理系统"。他接收了一家靠近德尔玛的原海军小飞机库。该公司的主要产品最初是商用数字电压表，从一开始，非线性管理系统就因产品优良在同行中获得好评。但不久，它更因管理革新而驰名美国商界。

1957年，安迪·凯在一次管理学术讨论会上遇到了理查德·法森，后来聘请他为顾问，从此开始探索管理非线性系统的更好方法。凯回忆说："我看到工人们在装配电压表时似乎并不愉快，每个人都想在装配线的末端工作，也就是站在工序结束的地方工作。"经过3年的调查，凯开始搞一项激进而意义深远的管理实验，其理论依据就是马斯洛的《动机与人格》这本书以及其他关于动机的著作。他将《动机与人格》视为《圣经》。凯决定使他的雇员们心情愉快，希望这样会有更高的生产效率。为此，凯准备进行彻底的改革。凯相信，根据马斯洛的动机理论，每个工人都能从自己亲手完成的工作中获得一种成就感。他们因此将更加愉快、更加健康，其公司也会因此保持效率并且能够持续发展。

他把原来的装配线解散，用6人或7人的生产小组代替它们，每一个小组都要学习生产过程的每一个方面，并且参与管理。小组的成员与领导共同决定如何最好地完成本小组的任务，并且对于安装、检查、排除障碍、整理工具等负全部责任。每一个小组成员都熟悉几种产品的全部生产过程，休息时间不再是由事先统一安排，而是由小组根据需要自行决定。另外，每一个小组都在一个独立的车间工作，车间的布置也由工人自己选择方案。

安迪·凯在他的非线性管理系统内实行了许多创新，除了付给他的雇员高出圣迭戈普遍工资水平25%的高薪外，他还废除了工时卡、销售人员支出账目、惩罚迟到和生病者等旧规定。由于各部门有包括保留自己经费在内的较多的自主权，他和其他高级管理人员便只是全力从事长期规划。另外，他还为一般管理人员提供小组敏感性培训，并对申请能力测试的员工提供能力测试。为了实行改革和创新，公司专门设置了一个主管这方面工作的副总经理。

自从实行这些改革以来，雇员们精神面貌大为改变。营业周转额高于国家平均水平。顾客的抱怨下降，销售和生产能力大幅度上升。

马斯洛被安迪·凯的介绍深深吸引，他到各个车间进行了参观，很快就被眼前的景象打动了。他越来越感到兴奋，干脆把自己带来的关于存在心理学和宗教的材料放在一边，全身心地观察眼前发生的事情。正如安迪·凯所介绍，车间里到处洋溢着民主气氛，员工们看起来心情舒畅，对工作很有兴趣。马斯洛还打算到员工的家里进行访问，但时间不允许了。在第一周，马斯洛花费了许多时间与安迪·凯讨论，考察管理训练课程，有时还参加公司和车间的会议。

安迪·凯提供给马斯洛一台录音机，以便他可以详细记录自己的想法。安迪·凯还派了一位秘书来将录音转录成文字。为了有充分的发言权，马斯洛还抽出时间翻阅了一些管理书籍。他首先读了彼得·德鲁克（Peter Drucker）的《管理的实践》(*The Practice of Management*)，接着又读了道格拉斯·麦格雷戈（Douglas McGregor）的《企业中人的因素》(*The Human Side of Enterprise*)，他认为这些书关于民主化管理的论述很有说服力，给了他不少启示。

《管理的实践》一书完成于1954年。当马斯洛读这本书的时候，它已经是管理学领域的经典著作。这本书的作者彼得·德鲁克出生于奥地利，毕业于法兰克福大学，拥有公法和国际法的博士学位。他在二战前移民美国，并担任美国数家大企业的顾问。他的名声主要来自他对通用汽车所做的一项研究，名为《企业的概念》(*The Concept of the Corporation*)。1950年，他开始在纽约大学企业管理系担任教授，并将鲜明的历史观带入组织议题探讨当中。《管理的实践》一书的价值不仅在于书中所传授的宝贵的管理技巧，更重要的是，它提供了一个更广的视角，让我们看到管理在全球性的竞争中扮演了什么样举足轻重的角色。德鲁克在书的一开头就开宗明义地表示："管理成为一项基本、独特而且先导的制度，是社会历史的一个转折点。在未来的数十年间，管理的能力、品格和实施都将具有决定性的意义，这一点，无论在美国或其他自由世界都是如此。"该书主要在探讨管理在企业结构和企业功能中所扮演的角色，有几章则讨论在科技的进步中如何重塑总经理、领班、人事主任等管理人员的角色。不过，这本书最使马斯洛振奋的地方大概要算"激发巅峰绩效"这一章。在这一章中，德鲁克写道：

> 要使工人发展出有效的而不是恐惧的动机是不容易的，但必须这样做。仅仅没有恐惧是不够的，我们还需要积极的动机，例如，恰当的职务配置、高绩效的标准、有助于自我控制的信息、适度的参与感、工人感到自己是公司成员

第15章 开明的管理者、神秘体验论者和企业家

的主人公责任感等。

历来积极提倡人本主义动机理论的马斯洛，看到德鲁克向美国企业经理人宣扬这些观念，感到非常兴奋。尽管这两位思想家从来没有见面，却在以后的10年中相互之间产生了深远的影响。在这一年的夏天，马斯洛在日记里写下了关于《管理的实践》这本书的感想："这是一部充满智慧与创意的书，作者精湛的管理技巧和丰富的常识，使我为之倾倒。"

《企业中人的因素》的作者道格拉斯·麦格雷戈，原先接受的是社会心理学的训练。他曾经在安迪亚克学院担任了6年的校长，后来又在麻省理工学院的工业管理学院度过了他的大部分职业生涯。这本书被看成是有史以来最具影响力的管理学著作之一；通过这本书的宣传，道格拉斯·麦格雷戈名声日益远播，对企业理论家和经理人的影响力也越来越大。

道格拉斯·麦格雷戈的基本信念非常清楚，他引证《管理的实践》等重要著作强调：

> 在所有管理决策或管理行为的背后，都隐含着对人性与人类行为的假设。其中有些假设非常普遍，并存在于大多数组织学文献和当代管理政策或管理实践当中。因此，任何管理理论的核心即是对人类动机的假设。

道格拉斯·麦格雷戈提到，管理理论有两种截然不同的理论：X理论和Y理论。X理论认为，人的本性是懒惰与自私的。Y理论则认为，人类天生喜爱工作与合作。在他看来，在X理论的指导下，管理主要是"胡萝卜加大棒"的制度，着眼于满足员工低层次的、生理性的需求。这种方法只有在以维持生存为工作主要目的时才能够发挥作用。道格拉斯·麦格雷戈对马斯洛的人类需求层次模式非常赞同，他说：

> 当个体的生存需求已经获得足够的满足，转而追求高级需求的满足之后，"胡萝卜加大棒"的理论就不起作用了。因为，依据这种理论的管理无法提供给他自尊，无法让他获得同事的尊敬，也无法满足他的自我实现需求。我们可以创造适当的条件鼓励他追求这些需求的满足，也可以创造条件不阻碍他去满足。

《企业中人的因素》这本书看来是在宣扬马斯洛最重视的心理学原则。因为道格拉斯·麦格雷戈很明显地对X理论提出了批评，认为这种理论已经过时，而坚持这

理论的人也已经落伍，"当人类已经进入太空时代的时候，仍抱着错误狭隘的人性观念"。道格拉斯·麦格雷戈对 Y 理论则给予了很高的评价，认为它是"对创新的邀请"、是"通向未来的大门"。在数十年间，在大多数管理理论家中，这种两极对立几乎成了一种难以改变的状态。值得注意的是，马斯洛最初采取的观点与此却有一些细微的差异。

道格拉斯·麦格雷戈的理想与恳切固然使他十分高兴，但此君对人类需求层次模式的全盘接受，更让他受宠若惊。那年夏天，他在日记中写道："这本书充分地显示了道德和民主的精神，让我想到了自己昔日的社会主义理想。"但是，道格拉斯·麦格雷戈、德鲁克以及其他人对某些心理学概念的过度简化也使他感到不安。

上述内容，后来多次出现在马斯洛的口述笔记中。这些笔记在 3 年后以《优心态管理》为名整理发表，获得了好评。实际上，马斯洛跟他们一样厌恶半个世纪以来泰勒（Frederic Winslow Taylor）等人所提倡的机械化管理方式，那种管理将员工看成是生产线上一个不痛不痒的齿轮。卓别林在 1939 年的电影《摩登时代》（*Modern Times*）中，对此种管理进行了深刻的嘲讽。无论是从理性上还是道德上，人本主义者都反对此种管理。马斯洛在《优心态管理》（*Eupsychian Management*）一书中将其称为"工业的奴役"，"剥夺了人的姓名，抹杀了人的独特性，也抹杀了人性的自尊与尊严"。

然而，马斯洛也怀疑，这些管理专家对人性的了解可能过于天真。毕竟每个人的心理成熟程度和动机水平的差距是很大的，从而在工作上所能够承担的自主权和决策权也不完全相同。根据马斯洛于 20 世纪 40 年代在自己家族的制桶业中所获得的经验，有一些员工如果突然没有了严格的规定和监督，其效率和生产力就会降低。

马斯洛写道："良好的环境固然有助于大多数人的成长，但对某些特定的少数人来说，却可能带来恶劣的甚至灾难性的后果。例如，给予那些独裁者以自由和信赖，只会让他们任意作恶。而自由和责任，则会使那些被动依赖的人陷入无边的焦虑和恐惧。对于这一点，我自己也不是很了解，我是几年前才开始注意到的。不过，（对于管理方法）我们最好还是先采用这样的概念。"

马斯洛强调，这种认识对管理者的启示是：

> 假定一个人一直生活在他人的管制下面，他对世界的认识就只会是这样：世界上的人不是狼就是羊，而且他也很清楚自己是羊，而不是狼。在这样的情况下，X 理论的管理方式才合乎实际，至少，一开始是如此，之后再一步一步地慢慢转换成 Y 理论的管理方式，一种从 X 理论过渡到 Y 理论的管理方式。

第 15 章　开明的管理者、神秘体验论者和企业家

马斯洛认为，道格拉斯·麦格雷戈等人对人性的看法过于理想化，忽略了那些阻碍人类充分发挥创造力的因素，他说：

> 不错，每个人都有自我实现的倾向，但每个人也都有退化的倾向。不错，每个人都具有一定勇气，但每个人也都有某些恐惧。不错，人们都热爱真理，但人们也都害怕认识真理。这些相反的倾向总是以一种彼此相关的辩证方式共生共存。问题在于，当某个人在某个时刻处于某种情况下时，哪一种倾向更占优势呢？

梅尔维尔·达尔顿（Melville Dalton）的《管理人》（*Men Who Manage*）是另一本使马斯洛印象深刻的企业管理著作。在这本书中，作者生动地描绘了"可怕的组织世界"，以及人性中邪恶的东西，例如，嫉妒、说谎、偷窃、竞争、钩心斗角、争权夺利等。读完这本书以后，马斯洛在日记中写道："幸运的是，大多数的组织并不像梅尔维尔·达尔顿所描述的那样可怕。例如，大部分的学院和大学就要好得多。"不过马斯洛也表示，如果他处在这样的组织中，他宁愿马上走掉。他说："一个人是无法对抗组织的，这时候你只能离开。"

马斯洛发现，除了这些管理学文献所带来的知识启发外，非线性管理系统公司也为他提供了一个深入探索动机与人格的机会。他的同事法森曾经问他："你对这些东西为什么这样热衷？你在寻找什么？你希望获得什么？你希望做些什么贡献呢？"马斯洛清楚地回答："工业心理学为了解人性提供了一个全新的视野以及许多有用的资料，一个新的生活实验室。"这样的机会他怎么能够放弃呢？

在这段时间里，马斯洛每个星期都要花几小时的时间，通过口授，把关于非线性管理系统公司的印象以及阅读管理书籍的体会记录下来。他口授的题目很广泛，包括提升员工工作动机的方法、领导心理学、人力资源的重要性以及自我实现的企业家等。他花费了很多精力来阐述"协同作用"（synergy）的概念。这个概念是露丝·本尼迪克特于1941年在一份未发表的演讲稿中首次提出来的，其原意是指在某种文化氛围内，合作不仅能够得到回报，并且能够使全体成员受益。这个观点除了马斯洛、玛格丽特·米德以及几个与露丝·本尼迪克特很熟悉的人外，还没有更多的人知道。现在，马斯洛将这一观点作为企业管理和人际关系的基本原则加以运用。尽管这个概念不是马斯洛首次提出的，但通过马斯洛的阐述，它逐渐成了管理甚至日常用语的一部分。这是马斯洛对组织发展理论以及有关领域的重要贡献之一。

马斯洛在《优心态管理》一书中写道："露丝·本尼迪克特的手稿中有不少关于

民族志的资料，我在关于黑脚印第安人的研究中也收集了一些。"他回忆道，头领无私地把自己的财富分给大家，因此赢得了人们的尊敬。马斯洛说："我也有类似的体验，我不会刻意保留自己的思想。实际上，与他人交流自己思想的过程也是进一步激发自己创造力的过程，原来的几十个思想可以变为几百个……也就是说，钱就是用来花的，头脑就是用来不断思考的，创造力就是用来不断发挥的。"

马斯洛认为，如果管理者能够运用协同作用的原理，美国的工作环境就会有巨大变化。他指出："实际上，人们的利益是可以一致的，而不相互排斥，这种情况可以从任何一对美满的夫妻、成功的事业伙伴那里观察到。因此，对任何一位科学家有利的，也有利于我自己。"非线性管理系统的实践就是一个例子，它充分显示：工厂的组织和工人的利益能够通过开明的管理方法统一起来。

这一年的夏天，马斯洛和贝莎参加了在圣迭戈和洛杉矶地区举行的许多社会活动和宴会。其中，特别值得他怀念的是和小说家阿尔道斯·赫胥黎（Aldous Huxley）在一起度过的时光。阿尔道斯·赫胥黎是《勇敢的新世界》（*Brave New World*）的作者。在过去的10年间，赫胥黎越来越相信人类有丰富未知的潜能，并且写了不少这方面的文章。他赞扬像瑜伽这样一些神秘体验论的传统，因为它们对人类心智能达到很深的洞察。1954年，在颇有争议的著作《直觉之门》（*The Doors of Perception*）中，赫胥黎用诗一般的语言着意强调了通过吸入酶斯卡灵（mescaline，一种生物碱）而产生的一种神秘体验。马斯洛很欣赏赫胥黎的温文尔雅，认为他是一位圣洁的思想家和自我实现的人。其他与马斯洛共度时光的朋友，还包括加州大学洛杉矶分校的管理理论学者罗伯特·坦南鲍姆（Robert Tannenbaum）和亨利·盖格。

那年夏天，最使马斯洛兴奋的经历之一是应罗伯特·坦南鲍姆的邀请，在加利福尼亚大学的箭头湖会议中心观看了由"西部训练实验室"（Western Training Labs, WTL）进行的敏感性训练。这一有关人际关系的领域，是由格式塔学派的心理学家库尔特·勒温和他的同事们于1946年和1947年在麻省理工学院首先开始研究的。他们以实验各种领导力训练方法开始，最后转向研究以密集的小团体为学习工具。勒温发现，在缺乏预定的日程安排情况下，小团体可以通过对自身的发展的研究，包括沟通模式、动力模式和领导模式等，来有效地学习领导艺术。在数小时内，团体成员通常可以了解如何对不同的社会互动方式做出反应。这些社会互动方式包括奉承、公开挑战和对抗等。由于团体成员之间进行了有益的交流，他们能在寻求合适的领导方法方面取得很大的进展。1947年勒温逝世后，他的同事继续进行这种实验，这种团体后来以"团体训练"（T-groups）而闻名，成为人际关系和敏感性的主要训练方法。

从1948年到1962年，勒温最初的团体已发展成为"国家训练实验中心"（National Training Laboratories，NTL），它以首都华盛顿为基地，每年夏天在缅因州的贝塞尔举办一次全国性的工作坊。与此同时，在 20 世纪 40 年代末，卡尔·罗杰斯在芝加哥大学发展了团体训练方案，利用小团体促进个人的成长。罗杰斯的方法比"国家训练实验中心"的方法更富有激情。这种方法在 20 世纪 50 年代末开始流行起来，特别是在加利福尼亚州。坦南鲍姆的"西部训练实验室"是该方法在西海岸杰出的先行者。

"国家训练实验中心"和"西部训练实验室"的训练对象有学校行政官员、公共团体和学生领袖、大学教员等，也包括一些以前参加过人际关系课程培训的学员。马斯洛在加州所观察到的就是这样的培训。他对自己看到的情况很感兴趣，尤其是团体成员之间的坦率、开放和相互帮助使人有一种新鲜之感。但是他不知道这种培训方法在"恶劣条件下"是否行得通。所谓恶劣条件是指团体成员崇尚权力主义，具有偏执妄想或不够成熟等。由于这个原因，他认为只能把"团体训练"看成是"一种在良好条件下进行的有局限的实验"。

在参观了会议中心后的几周里，坦南鲍姆为马斯洛安排了一个与当地洛杉矶学院商业管理研究生院教员的聚会，这次聚会为他与著名的管理理论家们交换意见提供了机会。这些管理理论家包括詹姆斯·V·克拉克（James V. Clark）、查尔斯·弗格森（Charles Ferguson）以及阿瑟·希德林（Arthur Shedlin）。他们在不同程度上都受到了马斯洛关于人性理论的影响，他们被认为是组织发展理论的创立者。近些年来，在其理论的指导下，一些美国公司和非营利性组织已经在努力尝试改进其组织效率和成员的精神状态。

那年夏天，一件偶然发生的事也给了他很深的印象。一天晚上，他和贝莎沿加利福尼亚海岸卡梅尔附近的一号高速公路驱车行驶。由于疲劳，他们决定中途找一家小旅店临时住一夜，但是沿途却找不到这样的地方。天色已晚，他们注意到前方有灯光，于是决定把车开过去。原来这是一个名叫"大苏尔温泉"的地方，此地后来更名为"艾萨伦学院"。看门人是一个态度生硬的东方人，名叫贾富。他粗鲁地问："你们要干什么？"听了他们的解释后，他扔给他们一支笔，要他们在登记册上登记。

贝莎对这种无礼感到难以忍受，想马上离开，但是，她的丈夫疲乏极了，已经顾不上太多。看了一眼马斯洛的签名后，看门人立即瞪大了眼，盯着这对疲惫的中年夫妇，兴奋地问道："马斯洛？亚伯拉罕·马斯洛？"态度也大为改变，他友好地向马斯洛鞠躬致意，同时大声重复着："马斯洛！马斯洛！马斯洛！"不一会儿，培训中心的创办者理查德·普莱斯（Richard Price）冲了出来。在自我介绍后，普莱斯高兴地告诉马斯洛，他们的全体员工都正在阅读《存在心理学探索》，研究他的思想，并解释说："大苏尔温泉"是一个新成立的热衷于探索的机构，它由一群对人本心理学及其产生的影响感兴趣的作家和心理治疗家领导，举办各种工作坊。该中心还有一位年轻的创办人迈克尔·墨菲（Michael Murphy），当时正在外度周末。这年秋天，马斯洛和迈克尔·墨菲开始了通信联系，他们后来成了亲近的朋友。

在所有马斯洛新结识的朋友中，安迪·凯无疑是最具有魅力的。起初，马斯洛怀疑他的管理改革纯粹是为了多赚利润，但他很快地发现安迪·凯是个真诚的理想主义者。安迪·凯不仅希望通过他的公司，而且希望通过具有类似思想的人，包括一神论者共同努力来使这个世界变得更美好。这个理想也鼓舞着马斯洛，他开始认识到像凯这样有创造力的企业家所具有的潜在的重要地位。但是，他又不是什么曲高和寡的思想家。后来，马斯洛在笔记中记下了他的好奇："是什么使他这样？""他为什么走上了这条道路？""他的创造力从哪儿来？"

马斯洛开始通过连续几周的谈话，努力思索领导力的本质。尽管他一直着迷于高成就的男人和女人，但是他以前的研究对象却偏重于韦特海默、本尼迪克特这样的学者。安迪·凯的领导能力显然属于不同的领域，马斯洛在日记中将其简单地描述为"勇气"、"胆略"、"魄力"、"很少有焦虑的困扰"等。

马斯洛在观察中也发现，像安迪·凯这样强有力的人具备了一些特殊的人格特征。他在《优心态管理》中写道："从理想的意义上看，一个坚强的领导是一个基本需要得到满足的人，它们包括安全需要、归属需要、爱与被爱的需要、获得声望以及被尊重的需要。也就是说，一个人的自我实现程度越高，他就越可能成为优秀的领导者或者上司。"同样也可以说，一个心理健康的领导者，"能够放权给他人，给他人自由，而且能够从他人的自由与自我实现中由衷地体验到快乐"。

但是，如果在一个工作环境中有像安迪·凯这样精力充沛、具有人格魅力的领导者，也会使马斯洛产生不安。他担心，企业界和政界的某些领导人容易以超人的智慧和意志力来掌控其下属甚至整个组织，结果会对组织成员造成伤害。他问道："这种情况是否符合民主制度？应该如何看待这样一些人？这些问题我还没有想清楚。但是我相信需要把它们想清楚，它们是值得深思的问题。"

与安迪·凯的交流也激发了马斯洛对企业精神的兴趣，他产生了一种在当时可以说是新颖的想法：创建一个新企业的过程也许就是自我实现的一种方式，特别是对于世界上那些具有自主性行为的人，创建新企业的过程就是他们发挥自己的能量、技术、创造性以及充分满足高级需要的过程。在晚年，马斯洛也经常提到，在美国，有不少成功的企业家往往羞于承认，他们最深层的动机实际上是追求社会正义、真理和美，而不是个人财富。

第15章 开明的管理者、神秘体验论者和企业家

马斯洛因此也开始意识到，像安迪·凯这样富有创造性的企业家非常重要。他在《优心态管理》中写道：

> 在我们的社会中，创业的功能表现很不充分，企业家的价值也被严重低估。企业家，包括那些经理、组织者、整合各种资源的人以及计划者自己也低估这种价值。他们把自己看成旧式的剥削者，没有做真正的工作、真正的贡献。他们因此对自己得到的回报也感到内疚。但是，我还要说，创业的计划和远景，对没有达到充分满足但又可以充分满足，企业能够从中获得利润，又能够为大家带来利益的需要的认可，最好称其为"创造性的活动"。

马斯洛甚至在笔记中写道："二十几个像安迪·凯这样的人就足以改变一个该诅咒的国家。对大多数贫穷国家而言，它们最需要的还不是外国的资本，而是这种具有充分自信心的企业家。"在这之后，一直到逝世，马斯洛都对安迪·凯这样的人赞不绝口。他认为，他们不是那些只说不做的人，因为他们有能力使世界变得更美好。而这种人在学术界是很难遇见的。

尽管如此，在夏天结束前，马斯洛还是拒绝了安迪·凯向他提供的在非线性管理系统公司中的终身职务，他不愿意将自己的精力仅仅用在研究管理心理学上，对于离开布兰代斯大学的学术环境而天天泡在电压表世界里的前景，他感到自己会不适应。他也拒绝了凯提出的次年夏天在这里工作两个月的建议。不过，他还是答应在次年夏天抽三个星期再来访问安迪·凯的公司，当然，支付给马斯洛的顾问费用也是相当优厚的。

一天，马斯洛和凯在一起，亨利·盖格拿着一本书走来。"你在看什么书？"凯问。"陀思妥耶夫斯基，"盖格回答，"你也真该看一看。"凯回敬他道："我已经有亚伯了，还需要陀思妥耶夫斯基干吗？"

在准备离开加利福尼亚，收拾他关于存在心理学的书籍和笔记时，马斯洛自己都觉得奇怪，是什么使他放弃了这个夏天的写作呢？他想，不外乎以下原因。首先，由于自己受过实验心理学训练，他一直感到他的动机理论和自我实现理论难以得到证实。为此，他深感苦恼。但是，使他高兴的是，现在这个问题得到了解决。他很兴奋地了解到他的理论，特别是动机理论已被运用于实践中，凯和他的管理顾问正在试图精确地将非线性系统作为一个大实验室来验证这个理论。

其次，非线性系统还给了他一个有重要意义的启示：它是优心态管理的一个有效例子，一个积极而又审慎地实现乌托邦的努力。在此之前，马斯洛一直批评大多

数乌托邦著作的反工业化倾向以及小农式的非现实主义，但是，非线性系统却将动机理论的最高原则应用于现代工业环境。马斯洛对于用个体疗法来改造社会已经深感失望，他注意到教育也许是使世界变得更好的最有效途径。在那一年，工厂似乎是最有希望的地方。

不过，从严谨的科学角度看问题，马斯洛还是担心凯和他的顾问们过于相信他的思想。他在9月6日的日记中写道："这些理论正在被奉为真理，然而它们还没有接受可靠性和有效性的真正检验。实际上，这些理论从临床转到工业确实是前进了一步，却显得过于热情和乐观，还很不成熟。但在安迪·凯看来，好像所有证据都已包含在这个理论中，它们已被科学证明过了。"

加利福尼亚之行，马斯洛留下了一本关于先进和开明的管理问题的笔记，题为《夏天的笔记》(Summer Notes)。让马斯洛高兴的是，凯让人将此笔记打印了很多份。马斯洛将笔记的打印稿送给了坦南鲍姆一册。坦南鲍姆随即让它在管理理论家和顾问的圈子里传阅，这份笔记立刻受到了热烈的赞扬。

1963年1月，一本名叫《女性的奥秘》(The Feminine Mystique)的书出版了，它促使马斯洛的观点更为广泛地流传。这本书的作者是贝蒂·弗里丹。她毕业于史密斯学院，后来做了家庭主妇。她在几年前曾见过马斯洛，同他讨论过关于妇女心理和妇女自我实现的理论问题。她在书中论证，第二次世界大战后，美国妇女在学术、智力以及社会活动等方面均受到了很大的限制。她的富有说服力的论证使该书成为畅销书，其中的观点很快成为新的女权运动者的共识。

《女性的奥秘》几乎用了整整一章来阐述马斯洛的人本心理学观点，以代替弗洛伊德对女性的看法。贝蒂·弗里丹高度评价了马斯洛的鲜为人知的，然而从20世纪30年代就开始了的有关女性性特征和支配行为的创新研究。她将马斯洛的自我实现和放弃单纯的社会调节的观点看成妇女情感健康的"关键因素"。为了支持自己的看法，她说："马斯洛教授告诉我，他认为对于妇女来讲，自我实现仅仅是一种可能……如果一个人想通过另外的人来成长——也就是妇女通过其丈夫和孩子来实现自己的潜能，我们不知道这是否可能。"马斯洛很赞赏这部著作。此后，他常常鼓励他的女研究生讲出自己的思想。但关于这本书，他有一点持批评态度。他认为，作者应该通过强调抚养孩子和照顾家庭的必不可少的重要性，而不是强调与男性的工作和事业进行比较，把家务活动看成是琐碎事情，以此作为基点，来建构《女性的奥秘》。① 后来贝蒂·弗里丹在她之后的作品中部分地采纳了马斯洛的观点。

---

① 马斯洛认为，家庭妇女也可以成为自我实现的人。——译者注

第15章 开明的管理者、神秘体验论者和企业家

在接下来的几个月中,马斯洛了解到他的《夏天的笔记》手稿受到广泛关注。在凯的资助下,坦南鲍姆把它的复印件分发给了"国家训练实验中心"培训网的教练们。1963年4月,他写信给马斯洛:"最近的几个星期,我从教练们那里收到了许多来信,他们都在谈论你,你的耳朵可要发烧了。我的大多数同事都认为你的《夏天的笔记》特别令人振奋。我个人的态度是,如果你愿意,最好出版你的'新思潮',我相信这本笔记将给许多人的思想带来极大的影响。"

1963年春天,马斯洛和贝莎同意参加由坦南鲍姆在缅因州主持召开的讨论非线性系统的进一步方案的会议,在他们准备出发的前几天,马斯洛被诊断患了胆结石症,这次缅因州之行只得取消。马斯洛于7月1日住进福克纳医院做手术,12天之后出院。他的身体恢复得很慢,因此,他的写作也时断时续,直到天气逐渐凉下来时,他才能集中精力有计划地写作。这次他准备写一本有关宗教信仰心理学的小册子,全国大学生联谊会为他提供了一笔酬金,邀请他以此为题在1964年春作一次演讲,他也渴望通过这个机会明确他的思想。开始,他有些担心是否能在其他心理学家说过的话之外还能提供一些新东西,特别是在他之前,威廉·詹姆斯已在其经典的《宗教信仰体验之种种》中系统地谈过这个问题。但是到了秋末,在完成了手稿后,他已经能骄傲地断定,这本有关高峰体验的著作是在宗教信仰心理学领域的一个突破,因为它是依据数百篇具有启发性的报告写成的。

这本书的写作过程,触发了他对一些新问题的思考:为什么没有更多的人有高峰体验?这是因为一些人在无意中压抑了他们的记忆吗?如果不是这样,那怎么解释有的人不能回忆起他们所经历的狂喜时刻呢?马斯洛怀疑,高峰体验者和非高峰体验者在情感上具有很大区别。

发展超越性心理学理论,关注我们的最高需要和抱负,逐渐成为马斯洛的工作重点。因此,当他与科学家们探讨他们的动机时,他扩展了自己在这方面的研究方法:"什么是最大的快感和奖赏?你在工作中获得成功的主要因素是什么?在工作中,你什么时候感觉最好,什么时候感觉最差?当你希望去从事另一项工作,或准备放弃某项工作时,是否会感到沮丧和失败?"

马斯洛雄心勃勃地准备了一份30页的文件,题目是《综合研究》(General Researches)。他提出了几十个创新的研究项目,但其中很少在他活着的时候能够尝试,更不用说完成了。这些项目包括"博爱心理学"、"男人与女人在爱情中的体验比较"、"当我们的状态反映出我们情感健康时,我们的面部表情有什么吸引力?"等。对于研究真正改邪归正的罪犯可能提供的教训,以及从这些教训中如何反省那些粗糙的刑事审判程序和刑法体系,他也非常有兴趣。

随着年龄的增长，马斯洛更加关注对社会和教育改革方面的研究，他期待自己的《夏天的笔记》以书的形式正式出版，以此对美国的工商管理实践产生影响。出版人已答应将书名确定为《优心态管理》，以便引起关注工商界管理的人们的注意。1964 年 9 月，马斯洛参加了在洛杉矶召开的美国心理学会年会。在会上，他使与会者大吃一惊。马斯洛支持迈克尔·墨菲的计划，他说："我想告诉你们'大苏尔温泉'的事儿，最重要的就是'热'……"会议期间，他接到了一份聘书，聘请他为"西方行为科学研究所"的终身研究员。卡尔·罗杰斯已从威斯康星大学转到那里工作，马斯洛也感到这个邀请很有吸引力，然而，贝莎对此却持反对意见，因为她认为新的职务不那么稳定。因此，他怀着患得患失的心情继续寻找别的机会。

这年秋天，《宗教信仰、价值观和高峰体验》（Religions, Values, and Peak-experiences）一书出版了，它受到了普遍的欢迎。人本心理学家、自由主义神学家以及牧师都赞扬该书有关人性的精辟观点，以及它对于世界主义、伦理和非超自然主义的强调。

在这本薄薄的小册子里，马斯洛将高峰体验当作有组织的宗教的精华，他写道："所谓宗教的始发状态、内在核心或本质，不是别的，它们始终是孤独的隐秘的个人的豁然开朗和顿悟，或者某个敏锐的预言家、先知的心醉神迷。"一千多年来，这种强烈的体验都被认为是由一个外部的、超自然的力量创造的。但是他又指出，对高峰体验的研究清楚地证明我们能够以理性的和科学的方式接近宗教信仰，高峰体验反映了我们对于沉睡在心灵深处存在价值的真实感知。

为此，马斯洛反对剥夺宗教信仰：

> 某些思想敏锐的自由主义者和无神论者正在经历一个类似正统学者经常经历的"极度痛苦的再认识过程"，也就是基本信仰的丧失。正如许多知识分子失去了对宗教正统观念的信仰一样，他们也失去了 19 世纪科学的实证主义的生活方式。他们为失落感而苦恼，需要有信仰和渴望一个价值体系……我认为，这一需要可通过建立一个范围更广的、包含了超越性内容的科学来满足。

在这本书中，马斯洛反对信仰上的超自然主义。在这里，他所指的是不可能通过实验方法加以验证的任何事情。在这个意义上，他仍然是一个无神论者，他强调一种自然主义的神秘体验论。他否认宗教信仰中传统的来世说、人格化的上帝以及神的秩序等。对于马斯洛来讲，这些都没有崇拜和信仰的必要，在存在价值的理论中也没有它们的位置。

第15章 开明的管理者、神秘体验论者和企业家

在这本书中,他还暗示高峰体验有一种重要的治疗价值,因此,它们可以在适当的监督下,通过审慎地使用致幻药物来激发:

> 高峰体验的力量能长久地影响人对生活的态度,瞥一眼天国就足以肯定它的存在,即使这种体验一去不复返也是这样。但是,关于这个问题我有一点一直拿不准:这种体验是否可能阻止自杀以及一些低级的自我毁灭,包括酗酒、吸毒成瘾和暴力狂等。

《宗教信仰、价值观和高峰体验》一书的销售量开始比较小,但马斯洛相信他的观点肯定会传到全国各地合适的讲坛和课堂。果然,不久他就收到了许多来自各种研讨会、教派协会的邀请,请他去讲关于宗教信仰的新观点。但是,一直到1965年冬天,他却一直在忙于另一个课题——写作《关于科学的心理学:一种探索》(*The Psychology of Science*),他准备用5年的时间完成这本书。

在阅读了大量有关科学主义和技术崇拜观点的著作后,马斯洛认为,现代文明的一个重大灾难在心理学意义上就是 M. 伊利亚德所说的"非神圣化",即在我们生活中神圣感的消失。由于没有什么东西可引起敬畏、惊奇或献身的热情,我们不可避免地感到空虚,因为敬畏、惊奇或献身热情等是人的本质需求。由于"非神圣化",我们之中已没有了真正的英雄,英雄主义这一重要概念已受到怀疑,不合时尚,甚至可能被抛弃了。一些传统的美德,如勇敢、忠诚、崇高等也是一样。

他极力谴责美国正在产生的玩世不恭、诋毁或讥讽天真纯洁的文化倾向,认为它是价值观念危机的另一征兆。这种倾向是由于宗教信仰对社会传统道德影响的崩溃而导致的。在许多充满激情的笔记中,他抱怨众多的大众媒介通过它们的内容和广告效应等进一步加强了这种趋势。他在这些笔记中,常常用"恶意"和"绝望"这两个词语来概括那些对于传统道德价值观念的嘲笑。

1965年3月,在一次对学生的演讲中,他重申和强调了自己对这一问题的看法,这次演说也许比他发表过的有关任何文章都更加有力。讲演的题目是《感情脆弱成为禁忌:价值观念丧失的通病》。面对许多布兰代斯大学医学预科的学生,他巧妙地用一个例子开始了演讲:

> 我想谈谈人们对于质朴、诚实和感情敏感所表现的惧怕,这些惧怕完全是病态的,是一种非神圣化……非神圣化是一种防卫机制,一种对于某些事物的逃避,是害怕面对事实,害怕神圣的意识。最近,我在一所医学校询问学生:

"你们为什么从事医学？"每个学生看起来都不自在。他们绝不会回答说学医是为了助人，那样会显得土气、天真，而不是潇洒、沉着……最恰当的做法是开一个玩笑，说"非常喜欢用听诊器"，或者"不管怎么样，医生是一个铁饭碗，收入也不错"。

但是，如果你是一个心理学家，而且对人进行过心理治疗，你就会知道上面的玩笑绝对是假话，有一半或三分之二的学生学医的原因在于，他们是为救死扶伤的可能性而感动，或者因为当他接生了一个孩子时，他所体验到的巨大的敬畏和惊奇，或者因为某个人死在他手上时感到的战栗。不，你不会这样说，即使你是在医学院，你也不得不对此开玩笑……

我们大家都了解这样一种人，他们很难持有亲善、坦白、诚实、无防备的态度，这些人不容易得到亲密的友谊，很难爱或被爱，从那些令人烦恼的亲密行为或美的东西那里逃离开来是通常的解决方法。

马斯洛指出，人们这样做的方式是贬低这些品质或使这些品质非神圣化：

天真无知可以重新定义为愚蠢，诚实可以叫做轻信，坦率是由于缺乏常识，对工作感兴趣可说成是懦弱，慷慨可称之为没有判断力。请注意：前面的概念正变得混乱，让人不安，后面的概念则不……你可以对付一个笨蛋、一个傻瓜、一个盲目乐观者或类似的人，但是没有人知道怎样与一个诚实的人交往。

马斯洛指出，为了逃避自己的成长和高尚的潜能，不少人，特别是青少年，总是在采用这样或者那样的方式。他们抱着一种很冷漠的态度，而不是任何热情的态度。实际上，这种反价值（counter-valuing）的态度是压抑我们最高本性的另一种形式：

如果你是一个男人，你从来没有被你的妻子弄得发愣过，那么你便缺少点什么，你忽略了一些客观存在的东西，反之亦然。当然，事实上，女性对男性的非神圣化的情况，和男性对女性的非神圣化的情况一样多。一个敬慕丈夫的妻子是相当少见的，我认为，一个丈夫敬慕他的妻子，是被允许的，这就是说，男人在某种程度上是感情脆弱的，我不认为妇女有可能对她们的丈夫感情脆弱……

第15章 开明的管理者、神秘体验论者和企业家

他简短地提醒他的"学生不要过早地少年老成,不要变得像一个父亲或母亲,相反,应该让自己永远持有一个孩子的愿望"。在演讲的结尾部分,他以劝诫的口气说:

> 基本的价值问题是,你渴望实现什么样的幻想……如果你认认真真地去照镜子,你希望看到什么样的人呢?很明显,这不会偶然从天而降,你必须为此工作和进行训练。例如,如果你想成为一个好医生,希望自己能把婴儿接生到这个世界上,这样的职业能获得一种宗教体验,一种神圣的体验。从事这一类事业就意味着工作,非常艰巨的工作,读医科大学是非常费力的。如果你想活得有价值,任何事情都需要付出努力……这就像问,你想成为什么样的人?自我实现对你意味着什么?

这年春季,马斯洛实现了他长期以来的愿望:同弗兰克·曼纽尔共同教授关于乌托邦思想的课程。虽然曼纽尔指定学生读古典著作,例如,柏拉图的《理想国》、托马斯·莫尔的《乌托邦》,马斯洛自己却在读科学幻想小说。他从对那些涉及科学、社会倾向以及未来"乌托邦"式的问题富有想象力的探索中得到了乐趣。对于他来讲,写这类小说的一些优秀作者显示出一种对新思想的富有想象力和创造力的关注。他将这些小说推荐给学生,其中包括他特别感兴趣的阿尔道斯·赫胥黎的《岛屿》(*Island*)。

作为学者,曼纽尔受到了马斯洛极大的敬重,但是这种联合教学反而强化了他们之间在气质和观点方面的差异。对于曼纽尔尖刻的玩世不恭以及他对那些相信世界会变好的理想主义的蔑视,马斯洛感到沮丧甚至愤怒。不过,当曼纽尔由于长期卷入布兰代斯大学教职员的利害冲突而宣布离校去纽约大学时,马斯洛还是感到很震惊,几个月中,他一直在想着如何让他留下。

尽管马斯洛不断抱怨他在指导研究生上时间压力太大,但是,有几位研究生却是认真的学术研究者。他指导的学生之一,德博拉·坦泽(Deborah Tanzer)关于触发妇女高峰体验的自然生育的研究,后来写成了通俗读物《为什么自然生育?》(*Why Natural Childbirth?*)。这本书出版后,成了畅销书。这一研究包括对产妇的人格测量和临床访谈,大概是关于这一主题的第一次经验性的研究。这项研究鼓舞了自然生育的倾向,最初,医疗机构是反对自然生育的。另外一项研究是乔尔·阿罗诺夫(Joel Aronoff)关于马斯洛需要层次理论的社会和心理学效用。后来,这一研究成果也发表了。坦泽和阿罗诺夫在回忆时都说,除了对他们鼓励以外,马斯洛很

少给他们直接和具体的指导。

到了1965年夏季，马斯洛有意识地逐渐从学校事务中脱出身来，部分原因是他感到自己在政治观点上孤立。他的观点与在学生和教师中流行的时尚观点相比显得更温和。在5月1日的日记中，他写道："在当前的政治冲突中，我一直保持沉默，因为一般来讲，我赞成林登·约翰逊总统，这种立场在这里是非常不受欢迎的。但如果真有一个软弱而不果断的总统，我也会站出来公开地攻击他。"

在心理学系，他也有一种学派上的孤立感。心理学系正逐渐变得传统化，更注重实验主义，他也更为人本主义心理学的局限性而烦躁不安，他感到需要有一个新的、致力于研究信仰和精神性的"第四种思潮"（Fourth Force）。在7月12日的日记中，他写道：

> 第三种思潮（Third Force）就像在瑞典、挪威和丹麦一样，在那里没有上帝，上帝死了，因此每件事物都是可感觉到的，合理的、符合常识和符合逻辑的，都是实证的而不是超越性的。你可以羡慕和尊重斯堪的纳维亚，但你不会热爱它，更不会崇拜它，在那里，世俗的、合乎理性的智慧能做到的每一件事情都已经做了，但这是不够的！

不久，他创造了"超个人心理学"（transpersonal psychology）这一术语，为了促进这方面的研究，他又帮助创办了《超个人心理学》杂志，并发起和成立了一个协会。

1965年夏天，有两件事引起了马斯洛的注意力。这两件事都涉及药物问题。美国心理学会职业道德委员会指控利里和理查德·阿尔波特（理查德·阿尔波特出名后又叫"拉姆·达斯"）违反职业道德，因为他们放松对志愿服用幻觉药的被试的监督。这两个人两年前被哈佛大学解雇，作为象征性的处罚，美国心理学会亦准备取消他们的会员资格。利里聘请了纽约一位一流的民事律师为他们辩护，阿尔波特请马斯洛为他们的行为在美国心理学会总部的听证会上申辩。马斯洛与年轻的阿尔波特的交情远不如与利里的交情，但他感到有某种责任，因为前者的父亲是波士顿的一个著名律师，是布兰代斯大学的理事和创办人之一。

7月16日，在飞往华盛顿之前，马斯洛有些后悔卷入了这个事件。在飞机上，他仔细地阅读了有关材料，虽然利里和阿尔波特可能的确违反了美国心理学会的药典准则，但他意识到，这种规则本身很明显地歧视一些在科学领域中的开创者。他在日记中提出质疑："胆怯和害怕难道是符合职业道德的吗？也许我应该为开创性的

第 15 章 开明的管理者、神秘体验论者和企业家

科学写一部职业道德准则。"

但是,马斯洛的证词突然没有必要了,利里和阿尔波特永远也搞不清出于什么理由,在听证会即将开始前,职业道德委员会撤销了控告。尽管马斯洛没有做成辩护,但当事人都觉得他非常够朋友。

另一个与药物有关的事件对他的学术生涯和前景有更重大的影响。几个月来,他一直在听一个新的关于治疗吸毒成瘾计划的报告。该计划在加利福尼亚被称为"辛纳侬"(Synanon),它由原先的吸毒成瘾者领导,这些人成功地组成了地方治疗中心并赢得了艺术界和政府部门著名人物的捐款。《末那》杂志也赞扬"辛纳侬",认为它将严厉的监督与真诚的同情结合一起,取得了比正统精神病学家在治疗吸毒者方面要大得多的成果。马斯洛越是阅读这一计划的报告,就越是感到其中除了简单的治疗吸毒以外,还有潜在的更重要的东西。当布兰代斯的学生告诉他,"辛纳侬"的一个分支机构德托菩村(Daytop village)已经在纽约州的斯塔顿岛(Staten Island)上成立时,他便决定去进行考察。

8月13日,他飞往德托菩村,在那里进行了一夜的访问。在这个短暂的访问中,他加入了一个"交友小组",这个小组由曾经吸毒的人和一些像他自己那样的"坦率"的人组成。这种小组的形式是"辛纳侬"成功的关键,远比国家训练实验中心所传播的训练方法更加动真格的。小组的目的是直言不讳甚至有点残酷地指出对方的缺点或"情感障碍",以加速成员之间的情感成长。这是马斯洛第一次在"交友小组"中暴露自己。对于成员之间能够坚强地相互接受批评,马斯洛留下了很深的印象。①

第二天,他花了几个小时同工作人员及参加小组的人们交谈,并即席发表了自己的参观印象。他对这里的情况大加赞扬,尤其是小组的强烈的内聚力,这种力量似乎为吸毒者提供了一种归属感,并且使他们意识到自己的不成熟。当然,对于某些中途退出的人或根本拒绝参加小组活动的人,他感到有些奇怪,对"辛纳侬"在这方面的失败也提出了批评。

返回波士顿后,他为此写下了这样的日记:"获得了非凡的体验——学到了很多东西,问题很多,如果有时间,我可能继续逗留几日。"在后来的几周里,他在与哈里·兰德以及其他人的讨论中,竭力更好地理解吸毒问题的实质及其治疗。他得到的一个解释是:吸毒者主要是男性,而且在大多数情况下,吸毒者的父亲在生理和心理上都有缺陷。马斯洛在生命的最后日子里,开始将自助和互助模式的嗜酒者互

---

① 类似于"交友小组"的形式,有很多成长小组、沙龙等,当下也在中国流行。——译者注

助协会（Alcoholics Anonymous）、"辛纳依"和其他类似组织看成是个体成长的关键因素。这不仅是对吸毒成瘾者而言，对这个破碎的社会中的每个人，它们也同样适用。

秋天，马斯洛又有了另一个学年假。他和贝莎悠闲地驱车漫游了美国的南部和中西部。为了防止将过多的时间用于争论到哪里去和做什么，他们采用了一个简单的规则：由贝莎提出计划，由他来做判断，采纳或者否决。这个秋天他们过得非常愉快，除了编写《心理科学》以外，他几乎没有其他写作任务。他还花时间参加一些社交活动，如与朋友聚会，或者接待从艾萨伦学院来的迈克尔·墨菲这样的来访者。有一天，马斯洛和墨菲在家里一起待了几个小时，商量马斯洛1966年冬天到艾萨伦学院参加第一次周末讨论会的计划。虽然马斯洛对艾萨伦的人本主义的课程和治疗方法印象很深，但他以前曾拒绝过墨菲的邀请。但是这一次情况不同了，他有时间来接受这个邀请。

到1965年年中，艾萨伦学院以其革新的计划吸引了全国的注意力。它的参与者包括摄影家安塞尔·亚当斯（Ansel Adams）、诺贝尔化学奖获得者波林（Linus Pauling）、历史学家阿诺德·汤因比（Arnold Toynbee）、神学家保罗·蒂利希以及哲学家阿兰·瓦茨。艾萨伦的合伙人墨菲和理查德·普莱斯相信人本心理学与东方思想的融合能够提供一条促进世界进步与和平之路。墨菲半开玩笑半认真地称之为"宏大蓝图"。马斯洛被墨菲的洞察力和理想主义吸引了。他从这位艾萨伦年轻的合伙人身上看到了自己年轻时的身影。使马斯洛感到担忧的是，艾萨伦似乎越来越迷恋于用体验性的方法来促进自我实现，而且思想上也越来越不严格。他准备在讨论会上将他所观察到的这种趋势提出来。

就在这个时候，在艾伦的结婚仪式上发生了一件令人紧张的事——他的几个兄弟邀请了马斯洛的母亲罗斯来参加婚礼。在婚礼前的那个晚上，马斯洛很着急，躺在床上久久不能入睡。他已经几十年没有见到罗斯，他害怕罗斯会闹事。但在结婚仪式上，他们和睦相处，什么冲突也没有发生，不过他们也没有因此而和好。几年后，罗斯去世时，马斯洛也没有参加她的葬礼。

10月，马斯洛的《优心态管理》一书正式出版了，他明智地决定在书中保持3年前在非线性系统时所写的《夏天的笔记》的风格，没有改变自己在那里的最初印象和想法。与当时在管理学领域所盛行的那种干巴巴的枯燥的学院调子形成鲜明对比，这本书具有直截了当、生动活泼、富于独创性等特点。这表明，他的头脑正处于最佳状态，灵感四溢。在这本书里，马斯洛对许多自己感兴趣的问题进行了发挥。许多灵感是他参观工厂、医院、监狱、福利机构以及失业办公室时产生的。

第 15 章 开明的管理者、神秘体验论者和企业家

尽管书名有些令人生畏，《优心态管理》的出版还是使马斯洛很快引起了美国工商界领袖们的注意，许多专家将该书看作迄今为止马斯洛的最重要著作。在这本书中，马斯洛提供了他关于人性的强有力的观点，他还谈到了关于雇员的动机、"人力资本"、企业和领导心理学以及协同作用的新见解。在 20 世纪 60 年代，这些理论被新一代管理和组织理论家们接受后，产生了巨大的影响，《优心态管理》多次被重印，并很快被翻译成了日文。

这本书被如此广泛地接受，使马斯洛感到很吃惊，生平第一次，他大大低估了自己思想的潜在影响。虽然他对这种良好的反应感到高兴，但他也清醒地认为，工商界人士似乎忘记了人本主义管理方法主要依赖好的条件。国际经济状况或国内市场的一个突然逆转，很可能会使这些原则至少暂时降低其指导意义。

马斯洛还预见到，开明的管理如果要在全国范围内实现，还会有很多困难，更不用说全世界了。长期的种族歧视，经济不平等，国与国之间的相互猜疑、对抗甚至直接战争，都阻碍了这一梦想的实现。非线性管理系统这样的公司虽然当前几乎还不可能具有代表性，但却是有前途的。

> 老的管理方式正在逐渐过时……人们达到的层次越高，人们的心理就越健康，为了在竞争中获得胜利，开明管理政策就越有必要，独裁主义者的企业就越容易破产……这就是我对优心态管理抱如此乐观态度的原因……也是我认为它将成为未来的浪潮的原因。

第16章 艰难前行的反传统文化勇士

近年来，许多人本主义学者和艺术家都经历了传统价值观念的全面衰退。当这些价值观念衰退的时候，没有很快地出现有效的替代品。今天，大量的艺术家、小说家、剧作家、评论家和历史学家都失去了信心，他们或悲观或绝望，而且相当一部分人陷入了虚无主义和玩世不恭的境地。(他们相信)"健康人生"是不可能的，那些所谓的崇高价值也都是虚假骗人的。

（我们处于）相对主义的混乱之中，现在这些人中谁也不知道如何选择和选择什么，也不知道如何去确定和证实其选择。这种混乱可以被称为无价值状态。

——马斯洛

1966年，美国社会发生了迅疾而猛烈的变化。25万多美国士兵在越南进行着一场不宣而战的而且注定要失败的战争。越来越多的人认为，对于这场战争，部队征兵贪得无厌，政治系统反应僵硬而迟钝。一些战争的反对者号召进行非暴力反抗，支持者则举出运用战术核武器反击越南的可能性。公众权利运动也分为两部分：稳重的游说派和藐视和解、对妥协嗤之以鼻的黑人权利运动拥护派。此时，环境问题，如空气和水的污染问题，吸引了大众传播媒介的注意力。这是自大萧条以来，人们第一次对政治家是否能够有效地处理国内外问题产生怀疑。

与此同时，20世纪60年代末，美国掀起了一股众所周知的反主流文化的浪潮。那是一次强烈的叛离运动，这场运动的主力是强烈不满的年轻人，他们向人本心理学、东方宗教信仰以及致幻药剂等寻求出路。然而，在那些服用致幻药剂的人中，

第 16 章 艰难前行的反传统文化勇士

真正能够按照蒂莫西·利里的劝导,实行"做好准备,集中体验,见好就收"者不是很多。但更多的人,尤其是二三十岁受过高等教育的人,都希望从哲学家和社会思想家的著作中寻求意义和指导,例如像保罗·古德曼、阿尔道斯·赫胥黎、罗洛·梅、比索夫·詹姆斯、A. 派克、卡尔·罗杰斯、艾伦·瓦茨、理查德·阿尔波特、R.D. 莱恩等人的著作。对于许多人来讲,有一个人特别突出,他就是亚伯拉罕·马斯洛。他以坚持严谨的思想以及令人振奋的关于个体潜能的观点而闻名。他甚至开始成为许多人心目中的英雄,尤其是在加利福尼亚。

由加利福尼亚教会的主教管区和艾萨伦学院发起,1966 年 1 月 6 日,马斯洛在旧金山格雷斯大教堂面对五百多位听众发表了公开演讲。艾萨伦的年轻校长迈克尔·墨菲、记者乔治·里奥纳多(George Leonard)那天晚上的大部分时间都与马斯洛在一起,他们亲眼目睹了马斯洛在讲演前因紧张而哆嗦,可是,当他开始那激动人心的讲演《走向一种宗教意识的心理学》(Toward a Psychology of Religious Awareness)时,又很明显地镇静下来。

他演讲的主题是:心理学和宗教在建筑一座重要的桥,它把原先分离的人类本性的两端连接起来。最后,马斯洛乐观地宣称,这两个领域正在接近。他希望报告一下科学这一端的建造过程。他的演讲最精彩的部分包括:自我实现和健康人的价值、高峰体验的本质、价值混乱(如玩世不恭和长期的厌烦)以及科学在激发人们对于宇宙的好奇感方面所担当的角色等。在回答问题阶段,他涉及了不同范围的许多有趣的话题,从男性和女性在高峰体验中的差异,到改变美国教育的迫切需要。

这次演讲无论在哪一方面都相当成功,得到了大家的一致好评。第二天,兴奋的马斯洛被送到艾萨伦学院主持他的周末工作坊。宣传单上是这样写的:"与马斯洛博士讨论他的著作的主要观点,例如,匮乏性动机与存在性动机、高峰体验、自我实现、优心态以及健康与成长心理学等。"

由于马斯洛的名字被错误地等同于 20 世纪 60 年代的反主流文化浪潮,尤其是在反主流文化的中心艾萨伦,因此,回顾这次他在那里所经历的最难忘也是最不愉快的遭遇,也许是有必要的。

自从马斯洛在 20 世纪 50 年代开始对于超越性体验的早期研究以来,他确信英语不适于精确地描述高层次的生活。除了神学家们所使用的非常高深的古典词汇之外,没有一种正确的方法去探讨他所说的存在心理学,也没有方法探讨人的高级情绪状态,如敬畏、狂喜、出神、怡然自得、遐想、惊异等。他关于高峰体验的研究说明,我们不必过分刻意地追求神秘就可以体验到这些感觉,它们很像母亲慈爱地凝视她的孩子,热爱大自然的人在山上或海边观赏日出。他在《宗教信仰、价值观和高峰体验》中写道:"这些情况的确不可思议,尽管它们已经发生过数百万次,但它们仍然是神秘的。"

也许是因过于雄心勃勃或者天真幼稚,马斯洛相信,把一群志趣相投、具有相似高峰体验和支持存在心理学的人组织到一起,他就能够发展出一种关于超越性体验的精确而有意义的语言。于是,迈克尔·墨菲——他的一位好朋友,召集了一批学者、治疗家和有良好愿望的支持者,包括女演员詹妮弗·琼斯(Jennifer Jones)——一位热心于在艾萨伦活动的人。

墨菲和联合校长理查德·普莱斯还勉强邀请了弗里斯·皮尔斯——一位性情古怪而暴躁的格式塔治疗家,住在艾萨伦。此人1893年生于德国,在二战前接受了精神病学家的训练。他的格式塔疗法使他成为在艾萨伦学院具有国际名望的人。这种格式塔疗法是20世纪50年代中期他与保罗和劳拉·古德曼一起发展起来的。作为一名卓越而专横的治疗学家,在艾萨伦的圈子中,皮尔斯还以极端自私和使用庸俗语言追求女色而闻名。他留着长而蓬乱的胡须,偏爱穿跳伞衣。皮尔斯整天在艾萨伦学院闲逛,好像他就是这里的主宰。正是此人,把一个本来美好的周末变成马斯洛生活中一次最糟糕的经历。

星期五晚饭后,大约有25人聚集在艾萨伦会议厅。被邀请的成员围坐在壁炉前,其他的工作坊观察者则自觉地围坐在外圈的观众席上。墨菲首先简短地说了几句欢迎词,然后,转由马斯洛来主持。马斯洛简短地介绍了他的存在性动机理论和此理论对于心理学领域的意义。然后,他把话题直接地转入他手头上正在做的工作。一些应邀而来的工作坊成员被弄糊涂了,不知道马斯洛究竟想让他们干什么。至于那些观察者,如果不是为了在曾经激励他们的马斯洛面前产生高峰体验,也是出于对马斯洛的友好感情而来。然而,大多数人都被工作坊紧张的学术气氛弄得不太自在了。

"例如'责任'这个概念,"马斯洛诚挚地问道,"现在,如何以一种非传统的、在表达了自我实现或健康的意义上来定义'责任'?"

一阵令人窘迫的沉默。加州索诺马州立学院的心理学教授赫伯特·托马斯发言了。他认为,责任可以看成是实现一个人的命运,即发挥一个人的天生的潜能。

"不错,"马斯洛回答道,"这是一个很好的解释。"

"怎么好像是在上课啊!"皮尔斯大声喊道,并且以一种讽刺的口吻说,"这是老师,那是学生,老师在给出正确的答案。"

马斯洛没有理会这一尖刻的攻击,可是,皮尔斯却继续无理取闹,他破坏了那天晚上和第二天的整个气氛。非常自然地,马斯洛尽最大可能去避免冲突,他不愿用同样的方法去回答皮尔斯或使自己烦躁不安。然而，皮尔斯并没有停止冷嘲热讽，更没有得体地告辞。他对于在艾萨伦的任何理性的学术活动都不感兴趣，因为他认为这种哲学性的讨论就是浪费时间。由于强烈的妄自尊大，皮尔斯不能忍受马斯洛冷静地以一种专题研讨会（seminar）的形式来领导这次聚会。

到了星期六，气氛逐渐变得紧张。理智的做法也许是中断工作坊，并且以集体的名义公开讨论皮尔斯的行为，但是墨菲不想与皮尔斯争吵，其他人也不想。马斯洛不情愿地结束了他的讨论，从而使工作坊成了一个自由发表意见和表达情感的"交友小组"的活动。这样一来，正中皮尔斯的下怀。

星期六的晚上，当马斯洛不顾一切继续顽强地去讨论"存在性语言"时，气氛变得更紧张了。突然，皮尔斯从椅子滑倒在地板上。然后，当着目瞪口呆的众人的面，抱住了马斯洛的膝盖，嘴里发出婴儿般的嘀嘀咕咕声。皮尔斯真是做得出来！众人对此都大为惊讶。马斯洛盯着膝下的皮尔斯，觉得实在是难以置信。他简洁地对墨菲说："这种行为令人作呕！"

这次会议在混乱中不欢而散。马斯洛心中充满了不可名状的愤怒，他待在自己的房间，好几个小时都不能入睡，直到在日记中写下了自己的愤怒才平静下来，最后，他终于睡着了。

星期天早晨，马斯洛已经很平静了，他准备提出谴责，这一点可以在他的日记中看到。他意识到，皮尔斯之所以能侥幸地实施这种恶劣的行为，是因为其他人允许他这样。

在后来的会议中，马斯洛首先强调，一个目的良好的工作坊以惨败告终，这是因为参与者无法有效地在一起工作。"好的个体聚集在一起，也会形成一个糟糕的团体。良好团体的形成与一个优秀的人的成长是不同的事情，它们具有不同的过程。我把所有的婚姻生活都看成是一种政治关系，这里有两个人利益的协调问题。首先，这意味着结构、日程、内容。"

如何创造一个好的工作群体？这个问题很少能够与自发性、自我表现这些艾萨伦所青睐的品质联系起来。"我曾经与我所憎恶的人在一起工作，但只要他们是好的工作者，我们就能共事。现在的情况是，同我在一起的都是我所喜欢的人，但是，我们却不能在一起工作。相互喜爱并不是能在一起很好工作的必要条件，这里有不同的准则。如果有必要，你可以同你的敌人一起工作，只要你们共同遵守规则。"

马斯洛强调，主要的准则是，工作群体必须有一个强有力的领导者和组织结构。"一次工作聚会就如同你正在建造一座房子，首先要打地基，如果有人想先建造楼顶，主席必须告诉他不行。结构、秩序、议事日程，尤其是有能力的主席必不可少。"

马斯洛开始有所指地训斥他们，就像一个生气的父亲："我必须要求你们考虑一种实际情况，那就是艾萨伦的许多人正在经历一种过渡期，他们希望摆脱过分抑制和过分理智的状态，然而，到底什么是自我实现？如果你不想成为一个只盯着自己肚脐冥想的人，你就应该努力工作，乐于助人。"

他继续批评艾萨伦的一些工作人员和定期访问者，他们对那些所谓生活方式"不太解放的人"有一种自以为是的冷漠，甚至蔑视和嘲笑。马斯洛说："我不是一个守旧和刻板的人，我也不是这个机构的一员。我不承认这种身份，但我也不鄙视这个机构。如果你有同情心，你就不会。如果你真心喜欢你要教的人，你就不会居高临下……如果我面对一群没上过大学的人用一种大教授的口气谈话，那就是虚伪，就是炫耀，那意味着我还不够爱他们。"

他警告说，如果他们以自发性为名继续表现如此幼稚的行为，他将别无选择地劝告他的同事们避开艾萨伦。这番话使艾萨伦的员工们无法接受。但是，马斯洛当时正处于那种极少有的公开发脾气的状态之中，已经是骨鲠在喉，不吐不快。他声明，他们的不讲道理，尤其是对他想要完成的关于存在性语言研究的轻视，已经使他无法容忍，他们已开始失去他的支持。他回过头问墨菲："你知道这个地方具有反知识、恨科学、轻视学术研究的名声吗？"

仿佛是给一班困惑的学生上课，马斯洛越来越有激情，他讲道："我们都有大脑，那是自发性活动的一部分。当你的大脑在运用自如地工作时，那种感觉是很美妙的……我是个优秀的工作者，我努力工作，试图有所成就，这来自对其他人最高境界的爱。我喜欢做与人为善的事，我愿意帮助我们的子孙后代，我愿意他们能够幸福地生活，而不是他们尚未出生，这个地球就已经爆炸了。这是我做事情的方式，这也是我所能做的最好的事情……如果你不运用你的大脑，你就不能发挥你的潜能。"

"我有一种历史的紧迫感……有一堆火必须扑灭，世界正在急剧升温，即将燃烧起来，下星期原子弹也许会爆炸，这也并不是没有可能。上帝啊，我们必须加快步伐，既然知道有火必须扑灭，你是消防队员，行动起来吧！你有好的软管，马上使用！你拿到的是劣质软管，OK，那是你所能找到的最好的了，那么也赶紧使用……"

到场的有些人感觉马斯洛尽管愿望良好，却带有一种讨厌的说教式的态度。他们还认为他对于艾萨伦的批评过分理论化，特别是在批评艾萨伦在促进个人成长方面高度重视体验方法的时候。不过，其他一些参加者却有另一种态度。例如墨菲，他非常敬重马斯洛对于艾萨伦学院主要缺点的准确判断：缺乏理性思维的活力。

在艾萨伦学院惨遭挫折之后，马斯洛回到家里很高兴，他利用接下来的几个月的休假时间同贝莎一起悠闲地驾车穿过东部和南部。他花费大多数时间拜访朋友和考察偏僻的地方，偶尔也做一些讲演。在经过了将近7年时间终于完成了《关于科学的心理学：一种探索》一书之后，他几乎没有继续写作的欲望了，只想通过社交活动使自己放松和快活。

同年5月，马斯洛听说他已被提名为美国心理学会主席的少数候选人之一。夏天，将通过无记名投票方式对候选人进行表决。他对这一消息感到非常惊讶，这真是一个令人啼笑皆非的转折，因为马斯洛认为自己对科学的批评是那样激进，以至于他曾经数次梦到自己被心理学会开除了。

马斯洛也感觉到自己与同行们之间的竞争越来越具有某种政治色彩，问题部分在于他不愿意因为美国在印度支那的问题上的表现而去谴责整个美国，正如在20世纪30年代和40年代早期，他比学校的大多数人对共产主义都更反感。与此同时，暴力犯罪在美国城市剧增，许多市民不敢夜晚在街上行走。但是大多数左翼自由党的政客和作家对此却表现冷漠。马斯洛对于这种态度感到迷惑不解。在那个月，他退出了美国公民自由协会（American Civil Liberties Union），理由是他认为此协会对于罪犯的辩护过分热情。不久，他又辞去了理智核政策委员会（Committee for a Sane Nuclear Polity）的理事职务，理智核政策委员会是一个以促进和平主义为宗旨的机构，是由弗洛姆在20世纪50年代创立的。对马斯洛来说，这两个组织体现了自由主义者在应付人类的侵犯行为时越来越无能，不管这种侵犯是在国内以偶然或有组织犯罪的形式出现，还是以国际事务的形式出现。

政治意识形态渐渐成为马斯洛关注的问题。他的小女儿艾伦已经成了新左派的积极分子，她住在纽约的格林威治村，与一些杰出的人物接近，例如，和平主义者大卫·德林杰（David Dellinger）、A. J. 密斯特（A. J. Muste）、作家兼治疗学家保尔·古德曼和早先曾经在布兰代斯大学心理学系读书的艾比·霍夫曼。艾伦加入了"自由骑士"组织（Freedom Riders），几年前曾经在美国最南部为黑人的选举权而斗争。马斯洛虽然为女儿的安全担心，但却很钦佩她的勇敢。现在马斯洛感到很沮丧，有时还发火，因为，他认为女儿的社会观点过分简单化。偶尔，他们也因为各自不同的观点发生直接冲突。但是当讨论现实问题时，他们一般都保持令人难受的沉默。马斯洛在6月3日的日记中评论道：

> 艾伦的政治和工作立场实际上就是无立场、无意识形态甚至反理智。他们

> 没有英雄或圣典……他们认为共产主义者和社会主义者以及其他"党派"都是荒谬和可笑的……关于这个群体似乎有一点是清楚的，他们拒绝接受社会本身，包括任何社会机构、组织和基本需要……啊，可怜的孩子们，他们所有的人注定要意志消沉，幻想破灭，并且最终会感觉到自己的愚蠢……

7月8日，马斯洛惊讶地获悉自己当选为美国心理学会主席，他了解到自己并不像以前所感觉的那样孤独，数千同行投了他的票。同时，他也为获得这个荣誉而感到为难，因为他有那么多的良师益友都未能当选。在他们当中，有埃里希·弗洛姆、库尔特·考夫卡、库尔特·勒温、马克斯·韦特海默和同辈的社会心理学家所罗门·阿希、人格理论家亨利·默里以及行为主义心理学家B. F. 斯金纳。然而，他真正自豪的是，作为一个犹太人获得这个荣誉，萨克尔校长和布兰代斯的其他人都会为此感到高兴。他知道，美国心理学会主席的位置将使他肩负更多的行政责任，并且要占用他的写作时间，但他愿意担负这个责任，这样能使他的思想产生更大的影响。

那年秋天，马斯洛赢得了前所未有的极高的赞誉。他被美国人道主义协会（the American Humanist Association）评选为这一年的"人道主义者"。每天都有来自国内外的邀请信，请他参加各种学术和政府会议，接受荣誉学位，或者与各种团体、教育机构在研究项目上进行合作。当然，20世纪60年代中期的乐观主义和社会活力给马斯洛的工作以很大的动力，那是在平静的艾森豪威尔年代所不可想象的。值得一提的是，他的《关于科学的心理学：一种探索》一书出版了，此书成了扩大他的新影响的催化剂。

这本书篇幅不长，却很有分量，极具启发性。在这本书中，他以实验心理学作为范例，对传统科学进行了有力的打击。他继续发展了以前在《动机与人格》等著作中的观点，认为主流科学由于回避价值问题，对统计学和方法学过分依赖，从而使人性及其巨大的可能性以一种可怜的片面的形象出现。

> 这本书不是在传统科学内部进行一些辩论，而是对于整个传统科学及其基础做出批判。这个基础包含着许多没有被证明的信条，想当然的定义、原理和概念等。我有这样一种印象，就是古典科学的缺陷在心理学和人类文化学领域表现得尤其明显。事实上，当一个人想要获得关于个人或社会的知识时，机械的科学会彻底失败。

第16章 艰难前行的反传统文化勇士

马斯洛以半自传体的方式，叙述了自己在威斯康星大学接受的冷漠无情的医学训练和后来关于自我实现者的探索与研究，最后，他用自己作为一个科学家的毕生理想作为结束：全心全意地探索宇宙的奥秘，促进人类的发展。

> 我从我自己和他人的研究中获得了比在诗歌中更多的"诗意"体验，我在读科学杂志时获得了比读宗教经典时更多"宗教"感受……科学不仅始于惊奇，也止于惊奇。

《关于科学的心理学：一种探索》赢得了咨询、心理治疗和教育等领域的高度赞扬，同样重要的是，它也受到了通俗报刊的普遍注意。例如，《波士顿先驱报》（Boston Herald）的一则评论称它为"一本和风细雨的然而却是具有革命性的著作，在通向对人类和自然的更具有人性、更完美、更统一的研究的道路上，这可能是一块里程碑"。

可是并非所有人都称赞这本书，有不少实验主义者的同行认为这本书是幼稚的，是马斯洛辉煌的职业生涯中最糟的一本著作。由于他已经不再进行依赖于实验的研究，他们对他是否具有对此进行有意义的批评的能力表示怀疑。他们还认为，尽管意图良好，但他关于严格的实验主义会妨碍敬畏与惊奇等感情的观点是错误的，会产生误导。

哈佛大学的心理学家斯金纳尽管与马斯洛在研究上存在很大的分歧，在侧重点上也各不相同，但他很久以来一直渴望与马斯洛友好交往，在《关于科学的心理学：一种探索》出版之前，他在给马斯洛的信中写道：

> 我想，我是一个新行为主义者，在某种程度上，是实证主义的心理学家。我不认为价值观和有价值的生活与我的职业无关。我并不放弃对于诗歌、艺术甚至宗教和超越性体验的思考，我的确想发现某些超越体验的东西。然而，我会认为体验是副产品或附带现象。
> 我可以说我有过许多高峰体验，而且当我变得更理智、更唯物或更具有机械论色彩的时候，这种体验仍未减少。我并不是如你所设想的那样，在认知方面比在情感、冲动和意志等方面更加自如，你应当更多地去了解一个行为主义者！

马斯洛对于来自令人尊敬的同行如斯金纳等的反应十分满意。他像对待赞扬一样珍视他们的批评，但对那些公开的吹捧者则是另一回事。他发现拒绝邀请是很困难的，甚至是那些来自他不太感兴趣的学校或学会的邀请。几年来，他之所以接受这类的邀请，部分是由于经济上的原因，虽然现在他不再缺钱，但也不能轻易拒绝他们，更不能离开正在成长中的科研教学人员、实业家和大学生，那些同他保持通信或电话联系的读者，甚至不惜长途跋涉亲自到布兰代斯拜访他的人。他们之中，一些人是希望得到他对于创新的计划或研究的支持，另一些人则渴望得到专业上的指点，更有一些人只是怀着强烈的好奇，想一睹这位著名的鼓舞人心的心理学家的风采。

尽管马斯洛经常抱怨这些邀请、拜访和要求，他却十分高兴在从事了多年相对孤立的研究之后，自己的工作受到了赞赏。不过，他对许多找到他的人常常抱有不切实际的态度。例如，他让他们去图书馆做研究，或就一些有吸引力的题目、友谊的发展、儿童的高峰体验或非职业妇女的自我实现等做实验性的考察。和往常一样，使马斯洛一直感到挫折和困惑的是那些他称之为未来"助手"的人，他们虎头蛇尾，经常不见踪影，使他十分失望。在布兰代斯的心理学教员和研究生中，这些人被戏称为"亚伯追星族"。

但是，对于马斯洛来说，这些事却没有什么可笑。他越来越感到时间紧迫，并且有一种将被淹没的感觉。他没有时间考虑自己的需要，而且，他的身体健康已受到损害。他经常被疲劳、失眠、胸痛所折磨。在同贝莎和他的朋友精神病学家哈里·兰德讨论了这些症状之后，他进行了一次全面的身体检查，包括心电图，结果证明一切都完好无损。但马斯洛仍感觉不适，他的家人和朋友从他坐在椅子上颓然的样子以及佝偻而行时缓慢的步伐看出，他是太疲劳了。他们告诫他不要工作得太累，除此以外还能说什么呢？

他的疲惫有一部分是情绪上的，他看到了他的自我实现理论中的一些矛盾，他已为此而绞尽了脑汁。例如，他在布兰代斯的学生都是些聪明富有、身体健康的年轻人，他们理所当然地继承了先辈们曾努力奋斗而来的经济和社会的利益。但是，从马斯洛的角度看，比起曾经历过第一次世界大战和大萧条的先辈们，他们远远更少自我实现。为何会是这种状况呢？为什么人们不努力发挥自己的潜能？马斯洛苦苦思索着这里的奥秘，常常很晚也不能够入睡。他的日记记载了他的许多不眠之夜。

最后，在和历史学家弗兰克·曼纽尔的交谈中，他提出了一种以前未被人们认识到的内在的心理障碍的存在，他借用了《圣经》传说中约拿的名字，称之为"约拿情结"。他将这种心理障碍描绘为"逃避卓越或者崇高的事业"，即不愿正视我们取得成功、改造世界的能力。他指出，从更广泛的范围来看，这还不仅是怀疑自己能否在工作中获得成功，而是存心不去挖掘自己的潜能。他告诫说："如果你有意逃避你本来可以发挥的潜力，那你的余生将必定是不幸福的。"

与此同时，马斯洛思索着为什么有一些人天生具有更强的自我实现意识。他将这部分人称为"生物精英"（biological elite）。1967年冬天，在加利福尼亚的棕榈泉（Palm Springs）召开了一次由实业界领袖和管理心理学家参加的会议。在这次会议上，马斯洛公开表露了自己关于这个问题的困惑。正如他的同行卡尔·罗杰斯所回忆："我十分震惊地听到亚伯谈论这个问题。我不能相信他是在谈论生物精英论。"

1967年，马斯洛参加了马萨诸塞州坎布里奇附近的一个专题讨论会，讨论麦角酸二乙基酰胺（LSD，一种致幻剂）的研究状况。马斯洛不同意蒂莫西·利里关于精神改变药物的感觉主义研究方法，他仍然主张致幻剂研究在科学上应该具有合法性。然而，在那个春天，暴力事件急剧上升，惊慌席卷美国，这使他确信，心理学急需解决的问题并不是激发创造力，而是了解人类的侵犯行为。为此，像"曼哈顿工程"（Manhattan Project）这类旨在研究人性的阴暗面的科研项目是极为重要的。在和畅销书《领土的紧迫性》（The Territorial Imperative）的作者罗伯特·阿德里的会谈中，他更强烈感到出版一本关于人类攻击性的权威性的著作的必要性。这本书应该综合内分泌学、动物心理学、精神分析学和社会心理学的成果，他感到自己由于身体原因已经无法胜任这项研究。但他相信，如果有足够的材料，由一群专家与一位像阿德里这样受欢迎的作家共同努力，是可以完成这一课题的。

几个月来，马斯洛呕心沥血地工作，又撰写了一篇关于超越性动机的科学论文，他愈来愈强烈地感到肩负的使命的紧迫，他要力争在有生之年完成自己的使命。在那个春天，在他所讲授的乌托邦思想课程中，马斯洛使学生们清楚地了解到，他的心理学体系对任何一种企图使世界有所改进的理论和观点都是不可少的。实际上，对人类而言，这比医治癌症更有价值。他在5月3日的长篇日记中写道：

> 我已变成了一台工作机器，时时刻刻都在想着工作，没有真正的娱乐、闲暇、度假甚至短暂的休息。我不能够像过去那样闲逛，哪怕是散步，甚至完全放弃了音乐欣赏，那些活动似乎都有点自我放任，我被一种无形的力量推着工作，去阅读那些有关联的、有用的材料……时间太紧迫了……麻烦在于，我对自己看来过于残酷了。

对于一个将近60岁的人来说，这种工作态度对健康并不是一个好兆头。夏天，他和年轻的加拿大人类学家费希尔（A. D. Fisher）进行了短暂的书信交流。费希尔正在加拿大研究美洲黑脚印第安人。马斯洛十分震惊地获悉，几乎所有的黑脚印第安人文化都消失了，他们已成为最穷困的美洲土著部族中的一员。随着公有财产被非法侵占，酗酒风蔓延，许多家族都崩溃了。在这块曾经十分平静的保留地上，甚至开始出现了谋杀。曾在1938年令马斯洛深为感动的利他主义、互助精神以及为他观察人性提供了一个重要视角的大家庭的亲密感情都已所剩无几，而这些当时都曾经使马斯洛在观察人性上有重要的收获。

马斯洛陷入了极度的悲哀之中，他敦促这位年轻的同行把他所目睹的一切写成一本书，以反映"文化和个人如何会被摧毁"。

马斯洛为这些变化感到痛心，他从未如此强烈地感受到，人本主义社会科学能够给世界设计出一个美好的未来。因此，当他在8月底收到他那篇关于超越性动机的论文校样时，他特别高兴。对他来说，这篇论文代表了他自美国卷入二战后不久在布鲁克林大学阐述"和平桌"以来学术生涯的最高成就。马斯洛自豪地写道："这里有一个关于人性的完整而丰富的体系，任何人如果需要，都可从中得到启示。"他还说："当然，我要继续写作下去，如果我现在死了，任何有悟性的人都可以在我的基础上有所作为。"

《关于超越性动机的理论——人生价值的生物基础》（A Theory of Metamotivation: The Biological Rooting of the Valuelife）在这一年的年底发表了。它归纳了作者十多年来关于人类动机和需要的理论思维。马斯洛主张，人天生就具有创造、接受挑战等的高层次的超越性需要，当这些动机受到挫折或阻碍时，人们就会产生超越性病态。随着这种不和谐的状态的出现，骚乱、犯罪、吸毒、贫民区愚昧的犯罪，无聊情绪的蔓延，寻求刺激以及玩世不恭等现象就会充斥于我们的社会。在马斯洛的眼中，这些精神疾病是由于理想主义的破灭而产生的大众危机，是对我们时代的有限的、悲观的社会理论的一种绝望的反应，他强烈呼吁改变这种状况。他写道：

> 不仅整个正统科学和传统心理学没有给人们提供什么东西，而且，作为引导人们如何生活的主流动机理论也没有什么作为。靠这些动机理论生活，大多数人都会被引向沮丧和玩世不恭。弗洛伊德主义者对人类的高级价值进行还原简化，至少在其正式著作中（而不是在那些有益的治疗实践中）是如此。他们认为最深层最真实的动机是危险的、肮脏的，而人的最高价值观念和美德则被当做欺骗，是"深层的、黑暗的、污浊的"东西的伪装。我们的社会科学家在主要问题上恰恰是令人失望的……我们的经济"科学"不过是一种关于人的需要和价值完全错误的理论的精巧的技术应用，它着眼的只是人的低层次需要或

物质需要。

马斯洛一共提出了 27 个不同的命题，从而构成了他的动机理论。其中一个十分吸引人的概念是关于存在性的本质性或内在固有的"内疚感"，这种内疚感是有价值的，从生物学上看也是健康的，它与神经症患者的内疚感形成了对照，后者包括完全不必要的懊悔。他论述说，我们知道，肉体上的疼痛是有意义的，因为它告诉我们身体的某一部分受到了伤害。与此相似，本质性的内疚感同样是有益健康的，因为它暗示了我们在某一方面已经背叛或动摇了我们高层次的本质。

他还归纳了 15 种特定的存在价值，以及由于它们的丧失而分别产生的各种身心失调。他说，当我们长期没有感受正义、真、善、美的存在时，我们就会产生一些超越性病态，变得庸俗不堪，玩世不恭，情绪低落，冷漠无情，忧郁或失去生活的乐趣。

这篇论文发表在当年的《人本心理学杂志》上，马斯洛对此很满意。但使他吃惊的是，除了他身边的同行外，这篇论文并没有引起更多的人的兴趣。他伤心地认为，这篇超越性动机的论文可能像他早年的文章一样，要等 15 年或 20 年后才能被社会科学界所接受。

1967 年秋，为期一年的福特奖学金教学计划开始了，马斯洛按约到加利福尼亚去讲学几周，贝莎也随他前往。9 月中旬，他在旧金山做了一次著名的讲演《人性能达的境界》（Farther Reaches of Human Nature），听众有上千人。与以往演讲一样，他事先做了相当充分的准备。演讲进展顺利，他只使用了一部分备用卡片。在对热情的、爆满的听众演讲之前，他感到很紧张，后来，他告诉迈克尔·墨菲，他今后再也不做这样的演讲了。

接着，马斯洛和贝莎到艾萨伦逗留了几天。虽然贝莎很赞赏墨菲的英俊潇洒，但她却很讨厌那里人们强调体验和身体取向的作风，特别是那些徘徊在艾萨伦周围的"肮脏的嬉皮士"，尽管墨菲努力想把他们赶开，但没有成功。马斯洛的感情非常矛盾，他对墨菲有一种父亲对儿子般的喜爱，他也敬佩墨菲创建"温室"来帮助人们充分发展自己。然而，他又为艾萨伦似乎在鼓励的自我中心感到担心。对那些艾萨伦的"本地学者"，他告诫他们不要过分强调经验主义。在他自己的头脑中，"任务、责任像《旧约》的预言一样，雷鸣般在回响"。他认为，艾萨伦学院是世界上最有潜力的教育实验机构之一，但它缺乏严格的理性。"它仍然徘徊在自我放纵的危险边沿，片面注重经验，而且是反理性主义的。"他指出："我并不十分关注帮助少数特殊的人们在大灾难的边沿生活得更好。我所感到的是，有一些历史的紧迫因素正在阴森森地逼近。"

回到东海岸后,马斯洛花费了大部分经费和贝莎一道拜访了老朋友以及心理学同事,并在1968年9月的美国心理学会年会上以主席的身份做了讲演。另一项计划涉及他称为"Z理论"的管理科学。这一年秋天,他在哈佛大学、麻省理工学院、耶鲁大学向一些杰出的管理科学专家表达了自己的观点,他想超越道格拉斯·麦格雷戈最初在《关于企业的人文思考》里所勾画的经典X理论和Y理论,从而创造一个全新的概念。麦格雷戈认为,管理者对于人性有两种完全不同的理解:持X理论的管理者认为,人天生是懒惰和自私的;Y理论的支持者则认为,人本质上是富有创造性和合作精神的。

马斯洛坚决认为,从根本上说,这两种理论都是不准确的。在已经具有普遍影响的需要层次理论中,他主张,随着向自我实现的方向的发展,人们在工作中的心理需要会发生相应的变化。例如,对那些追求高层次需要的人来说,纯粹的金钱报酬并不具有太大的意义。相反,马斯洛所称的超越性报酬(metapay)作为一种工作的激励因素会逐渐变得更为重要,例如,给予其机会以发挥创造性和自主性就是这样的激励因素。他确信,在美国的工商界,一种新的人本主义精神正在兴起,于是,他开始收集各种招聘广告,从工程师、经理、经营主管、政府官员一直到和平组织的志愿者。他企图用这些材料来说明他的超越性报酬以及其他一些观念正在不知不觉地被接受和采用。

11月19日,在阅读了一篇思想似乎过时的关于社会主义的文章后,他写道:"美国在向一个管理的社会转变,现在的资本主义究竟意味着什么?它和1844年伦敦的资本主义或拉丁美洲的寡头政治下的资本主义是否具有同样的意义?这些人恐怕从未与安迪·凯或者我的兄弟这样的人谈过话,甚至没有和我父亲那样的小商人交谈过,这对于他们来讲是很重要的先决条件,对于赫伯特·马尔库塞也一样。这个社会正在进步。"

与此同时,马斯洛感到越来越累,同时受着失眠和肠痉挛的折磨。10月底,他又做了一次全面的医疗检查,结果是除了贫血,一切都正常。医生规定他吃含铁的药丸和颠茄,但他仍然感觉到头晕和十分疲劳。遵照哈里·兰德的建议,马斯洛在11月初到波士顿继续接受精神分析,以消除可能引起这些病症的情绪上的因素。

12月2日,同迈克尔·墨菲一道,马斯洛参加了在基督教神学院召开的关于超越性的会议。社会学家罗伯特·贝拉(Robert Belah)、政治活动家多罗西·戴(Dorothy Day)、神学家哈维·考科斯(Harvey Cox)以及赫斯顿·史密斯(Huston Smith)也出席了会议,并且发表了意见。这件事使马斯洛很受鼓舞,但是使他感到沮丧的是，那儿有一些人误解他，他放弃了关于高峰体验必须先通过理性证实才能接受为真理的观点，大多数与会者却歪曲了他的主张，认为他是在美化体验而排斥理性。为了避免更大的误解，马斯洛决定在这样的会议上做更为明确而详细的阐述。不过，对于一些知识分子来说，马斯洛的名字开始意味着经验主义，甚至是自恋和偏见。

4 天以后，马斯洛感到胸部剧烈疼痛，他被紧急送进了附近的医院。经检查，他得了严重的冠心病。他接受了特别护理，后来被移至恢复病房。他取消了第二年 9 月的美国心理学会主席演讲。在住院期间，他完全沉浸在书籍的阅读当中，包括托尔斯泰的小说《复活》（*Resurrection*）。

马斯洛在医院的日子虽然有烦恼，但大多数时间还是愉快的。他喜欢川流不息的慰问者，他们帮他度过了难熬的时光。他从繁忙的各种事务中解脱了出来，但却不能使大脑的活动停顿下来。他开始研究眼前的护士。他对那些护士和实习生的善良与乐于助人十分敏感，询问她们关于工作的满意程度和动机，是什么使她们选择了这个要求高收入少的职业，而且如此忠于职守。在后来的几周里，他与十几位护士进行了交谈。他亲切地问其中的一位："你为什么愿意当护士？""你觉得，你得到的最有意义的回报是什么？"这位护士流下了眼泪。

她们的回答开始是很肤浅的。例如，"因为我喜欢人们"。当他启发她们谈出自己的高峰体验，谈出"那出神入化的使人流泪和颤抖的美妙的一瞬"之时，她们的体会就显示出来了，尤其是那些在外科工作的护士。例如，一位护士说："当有人康复出院，对我说一声'谢谢'的时候。"还有一些人的回答是"当接生第一个婴儿的时候"。大多数人的回答都是当病人感激她们的时候，在这种情况下，她们觉得再苦再累也值得。当她们没有得到感激时，她们觉得筋疲力尽，并且好像被人利用了。

这一实验性的研究证实了马斯洛的猜测，即感激是人类关系中必不可少的，甚至是一种心理的基本动力。他更加确信，从某种意义上说，不能感受和表达感激的人是"不健全的"，也许还要产生超越性病态，正如常见的玩世不恭和冷嘲热讽。马斯洛为进一步的研究构思了好些设想，例如，把护士学生与新左派积极分子的人格测量结果进行比较。他相信，这些未来的护士在利他主义、同情心和情绪的稳定性方面将得分很高，并且他相信，这项研究"将在产生希望抵制绝望方面具有重大的意义"。

在医院的日子里，马斯洛担心他的私人日记在他死后的命运。他列了一份名单，这些好朋友愿意在他死后不惜成本去出版他的日记并且把原件赠给图书馆。"我想，我还能多活几年，但为了以防万一，我必须把这些事情安排好。"

为了以防万一，他还安排好了他的新选集《人性能达的境界》的出版事宜。在列出了许多需要研究的题目后，他写道："因为心脏不好，我竟要离开这些工作！但是，一个人在看到能够治愈癌症的方法时，还怎么能平静呢？我渴望回家、工作！这些愉快的工作会损害我的身体吗？我想我并不会在意，因为这些工作太重要了。"他在冠心病后期的这种乐观态度并不是他的身体会好转的兆头。

12月27日，马斯洛出院回到了家中。虽然没有参加布兰代斯的福特奖金教学计划，他仍然坚持阅读邮件，构思写一些小短文，以保持旺盛的工作热情。但是不久，心脏状况的恶化开始影响他的情绪，他变得十分惆怅，而且常和贝莎拌嘴。时间的紧迫感重又出现了，尤其是美国心理学会日常事务的压力。这使他不由得产生这样的想法："这是个老生常谈的问题：如果我有用之不尽的钱财，我将做什么呢？毫无疑问，我将逃离这个世界，也许会到一个充满人情味的墨西哥小镇过隐居生活。"

在后来的几个星期，马斯洛在波士顿著名的莱希诊所做了一系列全面的身体检查。使他震惊的是，20年前在布鲁克林大学得的那场怪病很可能是一种未被检查出来的心脏病。检查结果显示，他的心脏组织有明显的疤痕。医生说，他至少要两至三年才能使心脏逐渐康复，即使如此，也还有可能受到致命的冠心病的威胁。为此，他必须谨小慎微地生活。这个消息使他非常沮丧，尽管他早已经有思想准备。在波士顿寒冷的冬季里，他的胸部一直在疼痛，他相信自己是病入膏肓了。然而，不管是对那些偶尔光临的来访者，还是自己的亲人，他都显出满不在乎的样子。他的朋友莫兰特不时地提醒他："亚伯，当心点，你刚刚脱离特别护理期！"

马斯洛的一些行为表明他很久以前就已知道了自己的命数，这可能是由于他年轻时被误诊患了致命的肿瘤而造成的。从那时起，他一直有一个清晰的直觉，那就是他的生命将不会很长，但是，在他有限的时间里，却有许多工作等着他去完成。

1968年1月末，他感到身体好一些，便安排了一项小计划，拟定了下一个周期的邮寄名单。这一次，他命名为"优心态网络"。这一网络涉及50个组织、新闻机构以及一些协会，如艾萨伦学院、美国公德协会、美国人本心理学会等。他认为，这些组织"有志于帮助人们获得完满的人性，促进社会的健康与和谐，最终使人类四海一家，进入一个大同世界"。

1968年3月，马斯洛身体已经有所康复，他恢复了每周一次的精神分析治疗。他还接受了《当代心理学》(*Psychology Today*)杂志的一次长时间采访，这是一份很有发展前途的普及性刊物，主要读者是那些关心心理学的非专业人士。或许是由于刚刚与死神擦肩而过，他越来越感到自己的事业走到了尽头。在1968年3月7日的日记中，他写道：

第 16 章 艰难前行的反传统文化勇士

> 假如我有机会写自传……我将告诉世人,我的工作在潜意识里也受到犹太民族追求至善道德的热情、理想主义、济世情怀以及先知的感召的驱使。我的所有科学哲学所体现的价值观念都可以看成是犹太式的,至少我是这样看的。当然,从前我对这一点不甚明了。或许,所有这些倾向都是针对反犹主义做出的反应,或者一直试图去理解它,并通过四海一家的精神去医治它。

疾病常使马斯洛感到情绪低落,他发现工作是最好的缓解办法。2月末,美国加州索尔克生物研究所所长乔纳斯·索尔克(Jonas Salk)请他阐述他的心理学研究工作和现代生物学的联系,这是他最满意的新项目之一。他一开始就写道:"我的全部心理学从根本上看都是生物学的……"他希望改变生物学的那种价值中立的、纯技术性的状况。几个月后,他完成了一篇论文,这篇论文使他兴奋不已。他打算将它扩充成一本专著,题为《人本心理学与生物学》(*Humanistic Psychology and Biology*)。他写道:"在这里,我并不是要探讨那些生物学的前沿课题,只是从一个心理学家的角度,来澄清一些我认为是被忽略或是被曲解的问题。"

他向索尔克及其同事指出,我们的时代面临着两个重大挑战,即"造就健全的人和健全的社会",这两项任务的完成都离不开生物学的知识。值得一提的是,他高度评价了生物学领域的新变化,尤其在生物反馈和环境保护方面的新发展。但是,马斯洛认为,我们的环境中包含着其他的民族以及不同的价值观念,因此,某些社会环境也会对人们的身心健康造成危害。在论证身心治疗的作用时,马斯洛强调,我们身体的健康不仅依赖于较低层的情感需要,如爱情、自尊的满足,而且还取决于较高层的超越性需要,如美感、正义感等的满足。换句话说,如果我们长期处于丑恶、虚伪、不公平的社会环境,将不仅使我们在身体上,而且在情感上都会产生病态。

除了呼吁抛弃价值中立的科学态度外,马斯洛还提出了一些纯猜测的理论观点,主要涉及人们自我实现以及一般人格生物学基础的可能性。马斯洛的观点先在索尔克的一些工作人员当中私下交流,后来浓缩成《走向人本主义的生物学》(*Toward a Humanistic Biology*)一文,发表在当年美国心理学会的期刊上。

5月初,马斯洛的体力恢复了。他为《哈佛教育评论》(*Harvard Educational Review*)写了一篇文章,并开始为即将问世的《存在心理学探索》(*Toward a Psychology of Being*)的修订工作操劳。

马斯洛还打算对美国人的人情淡薄进行一次跨文化的批判。这项工作他一直想做,但却一直未能完成。在一篇未发表的论文中,他痛心疾首地认为,人们已经失去了那种终身的亲密联系，这是我们社会的一大问题，其根源在于"昔日那种旷日持久、坦诚相处的感情关系已崩溃，至少，它们曾存在于遥远的乡间、农村和过去的大家庭、氏族、真正的邻里之中……我相信，现在必须找到一种与过去家庭等同的组织，并且以此为中心来建立其他的联系，如工作关系、熟人关系、同事关系、朋友关系等"。他计划同兰德或者迪亚兹-格雷罗合作，完成一篇包含有诸多实例的文章。

重新恢复精神分析治疗以后，马斯洛意识到，他有许多未发泄出来的愤怒。他的心脏病医生警告他，这种情况对他的心脏不好。产生这些愤怒的原因有很多，包括一些控制着美国心理学会的得意的心理学家和布兰代斯心理学系的教授，更宽泛地说，所有那些对我们这个时代迫切的社会问题置之度外的人。罗伯特·肯尼迪遇刺后，在标注日期为6月5日的日记里，他写道："我迫不及待地想去做那些显然迫切需要做的工作……然而，怎样才能驾驭这种愤怒的情感，使工作更为有效呢？我需要的是实际效果。"

作为美国心理学会的主席，马斯洛努力使会员参与民权运动，并且为培养更多的美国黑人心理学工作者做出努力。但他很失望，他的同行们中很少有人能把这个问题放在首要的位置上。他在写给女儿艾伦的信中说："我在美国心理学会中倡导的黑人教育问题根本没有任何效果，但我已经知道怎样处理这个问题……我知道，我的同行们并没有恶意，不抱有偏见。只不过他们不做任何让步。除了本分以外，也不做任何特别的努力。"就在那个春天，许多城市爆发了大规模的黑人骚乱。马斯洛和卡尔·罗杰斯等18位杰出的心理学家联名写了一封信，以"心理学者应参与社会"为题散发给学会成员：

> 作为心理学家，我们尤其关注环境对于行为的影响。我们赞同全国咨询委员会对这场骚乱的结论，即这场骚乱在很大程度上归咎于黑人得到的不公正待遇，以及贫苦、失业，而这些都是种族偏见造成的。作为公民，我们强烈希望政府采取适当的直接措施来消除那些不公平的现象。为使我们的国家免于正在发生的灾难，我们必须看到实际行动，而不是对将来做一些模棱两可的许诺。

6月中旬，马斯洛参加了位于美国缅因州的国家培训实验中心的训练小组的活动。他把这种活动当做一次非常必要的休息。在那儿，他还拜访了一些老朋友、老同事，包括埃里克·埃里克森和罗伯特·坦南鲍姆，他和贝莎度过了愉快的两星期。但是，他在国家培训实验中心的介入并不只是为了参加一种使自己兴奋的社会活动，他写了一份关于训练小组的意见，开始思考如何使它在解决种族矛盾等问题上发挥更大的作用。他比以前任何时候都觉得，管理有序的训练小组尽管不是一些人宣称的解决社会问题的万能良药，却在帮助人们进行更有效的交流、促使人们相互更加了解方面具有极大的潜能。作为训练小组的一名成员，他屡次被小组里那种人与人之间真诚相处所带来的恢复健康的力量所打动。在那里，每个人都能在一种温暖的氛围里表露并克服自己的痛苦和脆弱。

在马斯洛做了关于训练小组的即兴讲演后，有人问他对民权运动的看法。他回答道，任何人都有全面、充分发展的内在需要，不管在哪个社会，人们都有权利去满足这些需要，从最基本的衣食住行，到更高层的尊严、自我意识的实现及存在价值等。

由于训练小组要求成员完全袒露自己的心灵，因此，马斯洛最近心脏病发作的情况也成了讨论内容。人们问他，为何要这样超负荷地进行工作？尽管他很喜欢进行自我反省，但这显然不是他所熟悉的问题。他面临着挑战。在6月22日的日记中，他沉思地写道：

> 由于我患有心脏病，许多人，甚至包括我自己，都觉得我工作得太苦了，甚至已经到了精疲力竭的程度。为何不轻松一些呢？……毫无疑问，这都是由于我感到时间紧迫，我对社会的责任感。我有一种救世主义的情怀，仿佛只有我才能传递出人类的福音。

当关于超越性动机的论文发表后，他自认为完成了创立一门新心理学的使命。对于他那些大堆大堆的日记、手稿、备忘录，他写道：

> 如果我还有足够的时间，我将把它们构建成一个关于人性和人类社会的理论体系。如果我来不及了，肯定会有人完成这项任务，虽然我不知那是何年何月……我的主要任务都已完成，我为自己是奠基者、先驱者感到欣慰。当我的身体还强壮的时候，我将彻底地放松一下，畅游四海。

8月末，他发现自己的注意力正在转向一个肯定不是理论上的问题。他的女儿安的预产期就要到了。他和贝莎飞抵俄亥俄州的哥伦布城，去等待第一个外孙的降临。他们期待成为外祖父母已经很久了，甚至在两个女儿结婚之前，他们就开始盼望这一天的到来。

到了那里以后，为了消磨时间，他和贝莎就近参观游览了一番，最使马斯洛难忘的是参观俄亥俄州的农贸集市。集市上的气氛出乎意料地深深地吸引了他，那些乡下人在展示自己的农产品时流露出的喜悦和自豪更是使他感动。此时，他又想起，他的许多同行，还有布兰代斯的同事也许会轻蔑地认为"茅舍和谷物就是他们的最高境界"。他不由得陷入了沉思，他们与这些农民的价值观有着多大的差异啊！他还想起另外一个例子，即人们对美国的轻视。有一次，当他宣布到美国各州旅行休假而不是去巴黎时，他们是那样地震惊，感到不可思议。

安的产期推迟了，马斯洛十分扫兴地回了家，贝莎仍留在哥伦布城。9月18日，贝莎兴高采烈地打电话告诉他，安生了个健康的女孩。

秋天伊始，马斯洛发现自己处于一种特殊的位置上。他的著作赢来了普遍的赞扬，弗兰克·戈比和科林·威尔森正在分别写他的传记，但重点是介绍他的研究工作而不是他的个人生活。他每天都有应接不暇的采访，还有来自国内外的各种邀请。尽管心脏不好，他却做了比以往更多的演讲，演讲的内容都是"马斯洛式"的管理专题，例如，优心态、协同作用、超越性动机等。听众来自各政府部门和各种社会团体，从美国航空航天局的工程师、国务院工作人员，到农业部的官员。随着自己的声誉鹊起，他感到自己已经不适合待在布兰代斯和学术界。

由于过度劳累，他除了每天记日记以外，几乎不再写别的什么了。日记对于他来说越来越重要。他预计过一段时间身体会好转，于是又做了一系列的工作安排，其中之一就是应出版社的要求，重新修订《动机与人格》。这本书代表了他思想的雏形，问世已14年了。他欣喜地看到，许多新的材料可以补充进去，来支持和完善他关于人性的见解，这些见解原来大多数都是出自他的直觉。在这一时期，关于管理和组织发展理论也有了许多新的成果。他的主要问题是如何做一些限定，使修改后的《动机与人格》的内容不会过于庞大。

他还想写一本书，把他独特的心理学体系应用于政治学中。他发现，所有的政治体系，包括美国的政治体系，都建立在一种特定的但却很明显是未经阐明的人性理论上。由于他的政治学观点得到了实证材料的支持，并开始取代弗洛伊德和行为主义者的概念，他觉得可以提出一种明确的、科学的、具有深厚基础的理论来对法治和民主政治进行调整。他开始收集与此相关的材料、问题，从联合国对发展中国家的政策到美国社会要求检查刑事审判，再到美国的福利制度。这本书还将提到日益增多的管理科学家的创作，包括沃伦·本尼斯（Warren Bennis）、彼得·德鲁克、道格拉斯·麦格雷戈等。

马斯洛尤其热衷于谈论美国越来越尖锐的种族矛盾。他发现了许多与此有关的新教育改革的作品，例如约翰·霍尔特（John Holt）的《孩子是如何变坏的》（*How Children Fail*）。霍尔特就在附近的波士顿大学教书，他请马斯洛为他的学生讲了几次课。他经常对学生们讲，美国黑人要想得到充分的发展，不仅要克服社会的不公正待遇、公立学校的不欢迎，而且还要克服自身的一些缺点，包括家庭的不良影响，诸如父辈们对孩子的要求不严、没有为他们制定健康和切实可行的目标等。

马斯洛为在波士顿或者新英格兰地区建立独立的"东艾萨伦"感到十分高兴。一些朋友和同事正在为此四处奔走，寻求各种基金的支持，而且前景乐观。在亲眼目睹了艾萨伦学院和国家训练实验室的优缺点后，马斯洛对于在东海岸建立"成长中心"提出了许多宝贵的设想和中肯的建议。

他认为，这项工作的核心在于建立一个团体，促成人们互相交流，而不是简单的自我表白。他设想建立一个庞大的体系，包括一家出版社、一个收容所、一个趣味相投者俱乐部、一个自然生育和婴儿抚养指导中心、一个教师进修学院，还有一个"美满婚姻"讲习所——夫妻双方都可以从中分享对方的体会。他还打算为成年人举办一些专题讲座，讲授如何发展友谊、如何从跨文化的角度来审视美国的社会传统等课题。他还想举办周末作家聚会，为他们提供交流和畅谈的机会。所有这些活动的目的绝不是自我沉迷，而是创造"更全面的人，更优化的群体，更自觉的公民，更美好的社会，更健全的人类"。

1968年的秋季学期临近了，这是他1967年春以来首次受聘任教。但他此时已对学校失去兴趣，他认为学校是与世隔绝的，教师们仿佛是依附在拥有中世纪行会特权的领地上，他们对当前世界的紧迫问题漠不关心。他也看不起许多心理学的同行。他的女儿艾伦十分关心社会活动，他在给她的信中写道："我想，如果世界将在明天早晨消亡，他们所能够想到的也只不过是做些'科学的'事情，而他们所能做的'科学的'事情，就是让老鼠在迷宫里一次又一次地东跑西窜。"

马斯洛认为，许多社会学者之所以否定艾萨伦、"辛纳侬"等所进行的探索和管理科学的最新发展的创造性价值，是由于他们敌视新思想，具有反理性主义的倾向。几年来，和那些思想活跃的企业家和经理们的交往使他深信，大学在美国全国属于管理最差的机构。

对他个人来说，他在布兰代斯大学得不到理解，感到十分孤独，尤其是在他一手创立的心理学系。即使是偶尔来拜访他的人，也会看到他那伤感、沮丧的表情。在10月15日的日记中，他忧心忡忡地写道：

在系里，情况越来越糟。随着它变得越来越刻板，越来越强调实验主义，

> 我感到自己越来越害羞，不愿与人交往，很不自在……我还第一次意识到，在这个夏天和秋天，我不再主动地把自己的文章塞入教师和学生们的信箱里……我失去了自己的价值，没人需要我，或者说，大多数系里的教师和学生不再希望从我这儿获取什么。没人问起我的工作、著作或文章，也没人关心我在想什么，打算做什么。

和学生们的接触使他心烦意乱，只有少数他认为是富有主动、创新精神的人，他才愿意和他们喝上一杯咖啡，长谈一番，给他们以指导或鼓励。但现在，只有极少的学生来找他。他相信，大多数人仍然是自由散漫、缺乏教养的。他对校园里的大气氛感到十分沮丧，为此，他打算撰写一本关于人本主义教育的专著。在这本书中，他不准备为理想主义唱赞歌，而是想以周密深刻的理性分析来解释眼前的一切。他曾经向福特基金会承诺将此书作为教学计划的一部分，但这项计划只得推迟了。由于身体比心脏病发作时要好一些，他希望在年内能够完成这本书。

马斯洛举办了一个教育实验研讨班，旨在探讨这一领域的新发展，以使他的观点得到支持，但这成了他35年执教生涯中最糟的一次经历。开班不久，大约有三分之一的学生，主要是本科生，就开始反对马斯洛的权威，他们要求组成自己的小组来体验这些方法，而不仅仅是纸上谈兵。起初，他不同意他们的请求，他们则对他表现得很粗鲁和傲慢无礼。有一天，他发现黑板上写着"亚伯只会说大话"！他有时因胸痛不得不停止上课，走出教室，到办公室的小床上休息。一次，他听到了一阵尖刻的低语，有人在说："亚伯又撂下我们不管了！"在12月22日的日记中，他责备这群学生：

> 在他们这个年龄，我如饥似渴地从我的老师那儿获取知识，无论好坏，哪怕只有一丁点儿。而在这里，我觉得自己的教学徒劳无功，我更不能够发挥自己全部的能力。我好像是在一个口香糖工厂里工作……我得到了什么回报？听听他们的胡说八道，在这种教学工作中，我的学问没有长进，也感受不到欢乐……我简直是在从事医疗工作，而不是在教心理学。

后来，他允许这些不满的学生离开，情况才有所好转。他相信，他们想这样组成自己的研讨小组是不可能进入到严肃的智力对话中来的。他们也不是有意想伤害他，他们不过是一群惶惶然的孩子。他也意识到，他关于人类本质的理论正好可以解释他们的行为：人们的归属感要强于自我实现的欲望。但他还是对这些年轻人的行为深感遗憾，他认为，他们浪费了他的才智，他们仍在追求那些在他们孩童时代就已应满足的需要。他对贝莎、安和几位知心朋友说："我不能够再干这项工作了，我的年纪太大了。"

他似乎从未意识到，他在教学中的问题有一部分是由于他的教学风格造成的。他那父辈式的说教态度很不适合这个时代的年轻人，尤其是在布兰代斯这所思想自由的文科大学。学生们鄙视他的温和的政治观点和对未来的乐观态度，他对此非常不满，就用一种严厉的口吻讲课，结果，这样反而使他们的关系更加紧张。

11月中旬，安和丈夫杰里带着刚出世的女儿珍妮来看望马斯洛，他们计划在这里住两星期。其乐融融的生活又提起了他的精神。珍妮是个非常可爱的小宝贝，十分招人喜欢。马斯洛想，这都是安作为母亲凭直觉本能教养的结果。孩子的双眸凝视着他，充满了信任，多少年来，他一直憧憬着做外祖父的快乐，现在，他的梦想终于变成了现实。她似乎完美地体现了生命的存在价值，重新唤起了他对人性的信心和乐观精神。他十分渴望能有足够的时间来陪伴这幼小的生命度过她的童年，但又怀疑这不可能实现了。

安一家人走后，他觉得在校园里十分乏味。12月5日，他懊恼地写道，在他的研讨班里，大家花了太多时间来争吵政治观点，而不是讨论教育的问题。在评论哥伦比亚大学的激进学生为抗议该校的种族歧视而接管图书馆和办公楼这一事件时，马斯洛写道："我越来越不想教书了。"

第 17 章 加利福尼亚的拯救
——"死后"的生涯

> 我希望自己是接力赛跑中的第一个起跑者,我希望把接力棒传给下一个人。
>
> 我强烈地意识到,自己是在历史的潮流里中流击水。再过 150 年,历史学家将怎样评价这个时代呢?什么是真正重要的?什么将进一步发展?什么会结束?我相信,只要我们能够持之以恒,那么大多数今天显赫一时的事情都将结束,而人类现在正在萌芽的"生长点"必将发展兴旺起来,历史学家将把这个生成过程看作沧海桑田的巨变。
>
> ——马斯洛

1968 年秋末,马斯洛打算向校方请一次医疗长假,以便离开大学,但却难以果断地做出决定。他得冠心病已快有 1 年了,请这种长假也合情入理。他是一个有很高名望的人,离职后仍然可以通过写书或应邀做演讲而得到足够收入。另外,他的两个女儿都已大学毕业,经济上的负担已减轻。但是,马斯洛仍然像许多从大萧条时期奋斗过来的人一样,不敢轻易放弃这个安稳的职务,即使这个位置么不尽如人意。因此,他最后还是打算顺其自然,再教 5 年的书,65 岁时再从布兰代斯大学退休。

然而,到了 12 月 9 日,所有的情况都改变了,萨加管理公司董事长兼总裁威廉·劳林(William P. Laughlin)给马斯洛打了一个电话,这家公司总部设在加利福尼亚州的门洛帕克市。马斯洛与劳林的交往并不深,几年前,他们曾经在华盛顿由国家训练实验中心举办的敏感性训练工作坊上相遇。当时,马斯洛在工作坊上给年

第17章 加利福尼亚的拯救——"死后"的生涯

轻的总裁们做报告,劳林对马斯洛关于美国企业管理的新观点表示赞同,曾经提出为他提供一份特别研究经费的设想,但一直没有具体落实。

现在,劳林高兴地通知马斯洛,他的研究经费已落实了,他准备为马斯洛提供一份2~4年的赞助,并附有以下的条件:一笔可观的薪水,一部新轿车,一个专用的装潢美观的私人办公室,另外还有专职的秘书。办公室在环境很好的萨加总部,位于斯坦福大学所在的郊区,周围就像大学校园一样安静。那么,马斯洛需要用什么来回报呢?什么也不用!劳林对马斯洛解释,他早就听说马斯洛不满意于专职的教学工作,希望有不受限制的时间来从事写作和学术研究,他还说,资助经费是从他自己的个人基金中提取的,与萨加管理公司没有关系,因此马斯洛可以不对公司负任何责任。问题是马斯洛会感兴趣吗?

在接这个电话时,马斯洛竟一时不知怎样回答。贝莎生动地回忆说,当时,她的丈夫木然地站在那里,手持话筒,没有显出任何激动,只是偶尔机械地应着"嗯哼……嗯哼……"。当他草草地表达了谢意并且挂上电话以后,贝莎问亚伯:"究竟是什么事儿啊?"在听了马斯洛对电话内容的介绍以后,她惊讶得张大了嘴巴。她催促马斯洛给劳林回一个电话,为他不冷不热的态度道歉。她说:"即使你没有任何兴趣,也不该如此对待劳林,人家是想帮助你,为了你好。"后来,马斯洛果然给劳林回了电话,向他表示了歉意,并且还略带热情地讨论了一下劳林提出的计划。他们约好第二天在电话里继续讨论一些细节问题。后来他向贝莎解释,他被劳林提供的条件惊呆了,以至于说不出话来。

那天,马斯洛整个晚上都一直在同贝莎讨论这个邀请,这一切都似乎太好了,好得使人几乎不敢相信是真的。

第二天,他同劳林再一次通话,商谈更多的具体细节问题。其实,这些正是马斯洛多年来梦寐以求的。当一个多年的梦想突然将要变成现实的时候,你又会怎样做呢?如果你是马斯洛,在做出决定之前,你也会长时间地认真考虑。

在以后的几天,马斯洛花了大量时间与贝莎反复讨论有关的各种事情,同时,他的内心也在进行激烈的斗争。他所考虑的是,放弃学术生活是否真正明智。他确实越来越不喜欢教书工作,但他喜欢生活在同事、朋友的思想和智力氛围中。也许,学生们的情况会有所改进。另外,还有位于查尔斯河边的可爱的家,他能够这么轻易就放弃吗?从文化上讲,波士顿是个令人兴奋的地方,旧金山地区又会怎么样呢?当然,无论马斯洛做出怎样的决定,他相信都会得到贝莎的支持。

接下来的几个星期,各种因素都促使马斯洛做出了决定。波士顿气候寒冷,时而还有狂风暴雨,这都似乎损害了他的身体,使他经常感到胸痛和虚弱,甚至连走路横穿校园都十分吃力。他意识到，他的心脏病状况使他难以度过新英格兰严酷的冬天，但如果是在加利福尼亚，他就能够在晴朗的天空下面晒太阳。同时，他的本科学生还是那样不成熟和难以管理，也许是由于劳林的提议给他壮了胆，他激烈地批评了这些学生。针对一些学生的傲慢与无知，他尖锐地说："当你们逐渐成熟后，你们将是很好的人，但是，现在你们还是一些不懂事的笨蛋！"出乎马斯洛的预料，在领教了他的愤怒之后，学生们反而对他更加尊敬了。

1968年12月31日，马斯洛与贝莎邀请了一些朋友一起喝香槟，庆祝他们结婚40周年。马斯洛已经决定接受劳林提供的研究经费，只要具体细节商量妥当，他就打算尽快移居加利福尼亚。在几个月前，马斯洛答应将于1969年1月在艾萨伦学院主讲一次周末工作坊，他希望在去加州的途中完成这个计划。

1969年1月2日，马斯洛飞往旧金山，在那里，有两位萨加的官员迎接他。一位是总部的副主席威廉·克罗克特（William Crockett），一位是主管训练的主任詹姆斯·莫雷尔（James Morrell）。刚开始，他们对马斯洛感到有些敬畏，因为这位学者的思想眼下正在全国流行，无论是在董事会的会议室，还是在工厂里，管理实践正在按照他的思想发生改变。马斯洛不得不尽量使他们消除拘束感。在萨加总部，周围的风景非常优美。合同条款早已准备就绪，一切都很顺利。马斯洛签好了合同，就与贝莎通了电话。然后，他在莫雷尔夫妇的陪同下，驱车前往艾萨伦。

艾萨伦学院关于工作坊的介绍上写道："马斯洛博士将讨论他最新的关于心理学、宗教信仰、优心态管理、心理健康、教育的思想，尤其是关于自我实现的思想。"虽然马斯洛的名字具有极大的吸引力，但是他的讲授，就像他三年前办的工作坊，与艾萨伦典型的体验性课程很不协调。马斯洛没有带领时髦的"交友小组"，也不讲奇异的觉醒和静修的方法，只是简单地谈了谈使他兴奋的一些思想。对某些听众来说，这些似乎过于理性，也许还过于具有评判性，尤其是对艾萨伦的常客，例如他的疯狂的论敌皮尔斯。马斯洛用一种父辈式的甚至犹太教教士的口吻来质疑尔斯"你做你的事，我做我的事"方法的价值观和社会行为。

星期天，马斯洛决定讲一讲民主与政治、人本心理学以及校园里越来越高涨的反对越南战争、反对种族歧视的抗议活动。在这次讲话中，他首次提到了在许多人中盛行的反文化倾向，并且指出，其中有一些人恰恰就在艾萨伦，这些人嘲笑传统的价值观念和生活方式，嘲笑信守这些价值观念和生活方式的人。接着，他着重指出了尊重个体差异在一个民主国家中的重要性。他认为，在任何政治条件下，甚至在婚姻中，这种尊重，再加上双方为了更高的利益愿意相互妥协，是一种最基本的民主生活方式。他谴责为暴力行为做辩护，特别是那种认为暴力是对社会问题，如对贫穷、种族主义等的合法反应的论调。马斯洛认为，只有在无法可依凭的地方，如在民权运动以前的南方，破坏法律才可以被认为是正当的，否则，一个民主政体将逐渐被破坏。

在驱车返回门洛帕克市的路上，马斯洛向莫雷尔夫妇和迈克尔·墨菲继续阐述他发自肺腑的见解。马斯洛带着激动的语气强调，作为比他们年长的人，经历了第二次世界大战，亲眼目睹了纳粹主义席卷欧亚，在纳粹的大屠杀下，西方文明差点毁于一旦，他不能眼看着这种情况再次发生。对于那些以烧毁房屋或者以大喊大叫来压倒演讲者的所谓政治抗议行为，不论其动机多么真诚，都是他所不能接受的。

在接下来的一年里，马斯洛参加了白宫国家目标工作组，研究国家的有关目标。马斯洛把这种活动看成干预联邦政府制定政策的手段。作为1968年总统候选人休伯特·汉弗莱（Hubert Humphrey）的支持者，他很怀疑理查德·尼克松（Richard Nixon）对于改革的承诺。马斯洛看到有许多需要解决的问题，包括教育和福利方面的问题，他不愿意袖手旁观。

1月7日，马斯洛返回布兰代斯大学，交了一份病假申请报告。他考虑到，如果劳林的研究基金不能落实，他还能保住在心理学系的教授职位。在这以前，如果说他对是否离开布兰代斯大学还有些犹豫的话，那么这段时间校园里发生的事很快消除了这种疑虑，一群黑人激进分子占领了校园里一座建筑物，抗议他们在校园里感到的种族歧视。他们蓄意破坏学校的学术成果，包括存放在图书馆的学生论文。马斯洛讨厌这种行为，因为这些抗议者大多已经得到了布兰代斯大学的助学金。他也讨厌那些面对这类事件胆小怕事的同事。

马斯洛最后和研究生班的会见是很不愉快的，他声称，他之所以离开布兰代斯，部分原因是由于他的年龄太大了，不能忍受年轻学生们的胡闹。在参加了他的班上一个讨论小组的期末短会后，他指出，在整个讨论期间，他只听到了三句关于人本心理学的话，而这三句话都是错误的。此时，一个学生反驳："你是谁？凭什么能告诉我们什么是正确，什么是错误？"马斯洛听后发出一阵哈哈大笑，使这个学生感到迷惑不解。

布兰代斯大学批准了马斯洛的病假，1月下旬，他与贝莎举行了一个由心理学系同事参加的告别宴会。他们的房子在等待出售。离开生活了18年的波士顿地区，他们感到有些沮丧。在到达加州之前，他们拜访了管理学教授瓦伦·班尼斯以及其他一些住在纽约的朋友。接着又在俄亥俄州哥伦布与女儿安的全家一起待了几天。马斯洛花了几个小时照顾他的外孙女，和她在一起玩耍。分别时，大家都很难过。与往常一样，写作是他最好的发泄方式，他在去加州的飞机上所写的日记，深深地表达了他对小珍妮无限慈爱的感情。

接下来的几个星期,马斯洛一直为以后生活的安排而忙碌。他和贝莎希望住在旧金山,但考虑到上下班可能不方便,还是在郊区租了一套公寓。马斯洛正在适应新的工作环境,贝莎则在附近找房子。他们不喜欢匆匆过客般的生活,但他们很高兴这里有温暖的气候,也乐意有机会与一些有趣的人来往。

马斯洛对在萨加看到的一些情况印象很深刻。这个公司由劳林和另外两个人控制,于1948年在纽约霍巴特大学以合作方式开始经营。后来,他们说服了校方他们能够使学校先前赔钱的自助餐厅扭亏为盈。由于他们经营有方,因此又赢得了一份合同,经营附近一所女子学院的三处饭堂。

到了1957年,他们已经在全国19所大学开办了自己的餐厅。到1961年,扩大到了98所大学。经营者显然有着高明的管理方式,从来没有哪一所学校因为他们经营不善而取消合同。劳林向马斯洛介绍,萨加成功的一个关键因素是它的"不限量"政策,它能吸引饥饿的大学生成为它的伙食计划的成员。1965年,萨加完成了在门洛帕克市建立全国总部的工作。20世纪60年代中期,萨加继续发展,将它的食品供应多样化,例如,为医院和退休协会提供服务。1968年,公司向全社会发行股票,成为上市公司。

劳林承认,公司这样发展,肯定要付出很大代价。公司雇员的士气正在逐渐下降。20世纪60年代中期,公司搞了两次调查,调查结果显示,员工对工作普遍感到不满。许多人都认为,公司的决策与他们没有关系。这种情况是集中管理体制常见的毛病。因此,劳林聘请了两位管理顾问,其中一位就是马斯洛的朋友——加州大学洛杉矶分校的罗伯特·坦南鲍姆。

从那以后,萨加的执行官员们按照罗伯特·坦南鲍姆的设计搞了两个活动。一个是调查公司雇员对行政管理的牢骚,对组织进行彻底的会诊。一个是召开全国范围的管理人员的系列讨论会,讨论调查研究的结果。开展这些活动的目的之一是为了提高管理者解决问题的能力,在全国主要的地区成立相应级别的管理小组。此外,最高执行委员会发布指示,公司各级领导要与下级进行更多的公开坦率的意见交流。

在今天,这种开明的管理方式很容易被接受,尽管并非总是起作用。但是,在四十多年前,它却被认为过于激进。马斯洛感到,萨加领导的做法表明,他们真正关心的并不只是金钱,还有公司员工的工作质量和生活质量。这种实用的理想主义与安迪·凯的非线性系统有异曲同工之妙。马斯洛在与这些领导及其夫人进餐时,常常与他们进行热烈的讨论。话题主要是关于有效管理与领导素质的关系,以及如何建立一个公开的、有创造性的组织形式。

第17章 加利福尼亚的拯救——"死后"的生涯

在这期间,贝莎在门洛帕克市的拉达诺生活区找到了一栋正待出售的房子,它非常迷人。2月中旬,马斯洛签了购房合同,劳林借钱给他支付预付款,并和马斯洛一起在抵押契约上签了字,一起买下了这栋房子。劳林还兑现了他的诺言,给了马斯洛一辆新的奔驰轿车,供他私人使用。奔驰在劳林的朋友圈子中已经算是很不错的车了,刚开始,马斯洛感到有一些为难,甚至不好意思使用它。马斯洛早就想在新家中造一个游泳池。造游泳池的确有一些奢侈,但他认为,每天游泳对他的心脏有好处,会使他活得更长些。

3月4日,劳林基金会公布了一份文件——《马斯洛博士接受劳林基金会的研究资助》。文件的内容包括基金会与马斯洛的协议,马斯洛的有关研究项目,以及他当前和今后几年的计划纲要。

马斯洛雄心勃勃地拟定了几个短期计划,其中包括:一本简要的非正式的人本主义政治学;一本关于人本心理学教育的小册子;把他近期的作品收编为一部选集,题名为《人性能达的境界》;一篇有关种族关系及其改善的论文;一篇关于社会组织制度变革的文章;一项心理学调查,内容涉及罪恶的本质以及在人性理论和伦理学中的地位。他说,他最优先考虑的是那本人本主义政治学:"由于当前美国价值观念受到了攻击,人们对它失去了信心……我认为,现在多数的骚乱,特别是青年学生中的骚乱,可以看成是渴望这些价值观的痛苦的呐喊,他们需要信仰某种价值,这种价值无论从知识的角度还是科学的角度来看都是值得尊重的。"

他的长期目标是促进在整个心理学范围内对人性的研究,在他看来,"一个新的人的形象和一个新的社会的形象会使人类在所有方面发生变化,这种新的可能性几乎与达尔文学说、弗洛伊德学说、牛顿学说或者爱因斯坦学说一样,有着相同的革命意义"。

有时,马斯洛感到,似乎是劳林把他从布兰代斯大学的混乱中拯救了出来。他们卖掉在马萨诸塞的房子之后,于4月搬进了新居。又过了几个月,游泳池也建造完工,他们在里面游泳,觉得其乐无穷。

马斯洛在这里的大部分时间是这样度过的:早起后先游泳一次,然后在阳台上与贝莎共进早餐。接着,他驱车去萨加的办公室上班。他口袋中随身装着他惯用的卡片和活页纸。他的秘书将他的信件给他——大多数都是急件。他常常在楼里找同事长时间地聊天,或者向秘书口述各项正在进行中的工作的注意事项。午餐他就在萨加的公共食堂解决。萨加的管理者没有为干部和一般雇员分别设置不同的餐厅,以免造成隔阂。该公司的几乎每一个人,从低级职员到高级经理都为马斯洛就在他们中间感到骄傲。马斯洛对待职员们热情而谦逊。午饭后,他通常开车回家,睡一个较长时间的午觉，然后，读些书或写些什么东西。晚上，在旧金山海滨区，他和贝莎是很受人欢迎的晚餐伙伴。

除了加利福尼亚的那些人本心理学团体的老朋友外，马斯洛格外喜欢与克罗克特和劳林在一起。克罗克特曾当过国务院外事官员，并被肯尼迪委任为负责行政事务的副国务卿助理。在这个位置上，他的一个创新就是邀请平民作为顾问进入国务院，劳林就是其中应邀的一位。1969年，即马斯洛得到资助前不久，劳林邀请克罗克特创建并指导萨加的组织结构的发展规划。马斯洛来后，他们3人经常就许多话题进行热烈的讨论，例如，推进世界和平、政府的官僚主义、公益服务、新闻业状况等。在马斯洛的建议下，他们成立了一种较为固定的交友小组，大家都同意彼此完全开放地表达自己的情感和想法。

通过这种交流，马斯洛对有关领导力的性质问题越来越有兴趣，他把那些强有力的、果断的工商界和政府部门的人物称为"出类拔萃者"或者"优胜者"。在几年前，他在考察关于具有扩张性的（aggrandizing）动物或者说占有高度支配地位的动物的研究时提出了这个概念。他们与他在一生中大部分时间与之相处的学校里那些温文尔雅的学者型的人很不相同。马斯洛想知道，究竟是什么原因使他们能够如此这般。他非常确定地感到，这些"出类拔萃者"仿佛是天生的而不是后天塑造的，他们在管理和指导他人方面有着独特的天赋。他并不知道到底该如何看待这个问题，他决定在发表看法之前，对此再做更仔细的思考。

这段时间，马斯洛新结识了几位斯坦福研究所（Stamford Research Institute）的研究人员，其中，威利斯·哈曼（Willis Harman）和阿诺德·米切尔（Arnold Mitchell）是具有人本主义倾向的社会科学家，他们都对经济和商业管理感兴趣。马斯洛经常同他们谈论自己的需要层次论以及他对指导人们生活的价值准则的兴趣。米切尔及其助手正在继续发展美国最为成功、最具有影响力的价值取向思想库，这一思想库致力于市场研究和消费行为的研究。它现在已经成了知名的国际斯坦福研究所（SRI International）。哈曼则领导着智力科学研究所（Institute of Noetic Sciences），该所致力于研究人的潜能。

同这些人的接触，促使马斯洛记下了许多日记，它们反映了他对自己的心理学概念在社会和政治问题方面应用的思考。他打算把这些思想整理出来，出一本普及读物，但是，这个计划在他生前并没有实现。他的主要观点是：民主政治已经被卖空了很长的时间。他认为，美国人的梦想也许从托马斯·杰斐逊以来就没有被很好地表达过，美国人的成功往往被限定在物质方面。因此，年轻的理想主义者们几乎没有发现美国有什么值得尊敬的东西。在马斯洛看来，这是荒谬可笑的，也是危险

第17章 加利福尼亚的拯救——"死后"的生涯

的,因为,它最终将危及美国的国际形象和地位,从而使苏联和其他国家能够通过强调理想主义,以道德和正义的名义为它们的制度辩护。他认为,尤其是在世界的贫困地区,对于广大群众而言,极其需要有一个明确表达和要求个人自由与解放的振奋人心的宣言,就像《共产党宣言》那样的民主纲领。

他认为,具有广泛影响的大众传媒,如广播、报刊等应为上面谈及的政治歪曲负主要责任,它们片面地将美国等民主国家国内的坏消息传到世界各地。他写道:"似乎只有灾难、意外和恐怖事件才值得用大字标题,而整个社会生活的积极面却正在从报纸上消失。我们用很大版面报道少年犯罪,却缺乏少年理想主义和无私服务的信息。"

他还认为,美国的民主政体最近几年来变得更糟了。他在日记中写道:"我强烈地感到,我们需要切实地努力工作,现实地思考我们的政治制度。它不再像最初设计的那样运行了……这是由于新闻媒体和公众批判精神的下降造成的。我们现在的政治生活在很大程度上只包括竞选、形象设计、公共关系和广告了……"

8月中旬,马斯洛完成了《动机与人格》一书再版序言的修改。他把这本书看成是自从离开布兰代斯大学以来最主要的成果,尽管他没有在书中再加进任何新的思考,但却对1954年该书出版以来一些重要的心理学发展做了注释。这些新的发展包括人本心理学的兴起,超个人心理学进入合法研究领域,并且成为一门应用学科,研究队伍不断壮大,研究机构进一步发展。尽管在过去的15年间他的思想被广泛地接受,但他仍然需要做更多的研究,进一步发展关于人性以及人的潜能的理论,使它们更有希望也更实用。

这时,马斯洛对自己在加利福尼亚的新生活日益感到满意,他不再怀念布兰代斯大学的教书生活。他喜欢这里的自由的学术气氛、志趣相投的朋友圈子以及海滨地区美妙的气候。在萨加,他还享受着最好的秘书服务和装饰精美的办公室。如果他的外孙女珍妮能与他待在一起的话,那他也就没有任何别的要求了。他尽情地享受着这一切,此时,距那次几乎致命的心脏病发作还不到两年。这年夏天,他寄给《当代心理学》杂志编辑乔治·哈里斯(T. George Harris)一盒磁带,讲述了一些他的近况:

> 我对于生活的态度改变了,我指的是对待死亡的态度。两年前我差点死掉,看来死是很容易的事。现在我还活着,所以,生活就带有一种特殊恩赐的意味。因此,我也许可以用"死后"(postmortem)的生涯来形容我现在的状态,我像已经死过了那样活着。

死后生涯的一个重要方面就是一切都变得更加珍贵，你会被鲜花、婴儿和其他美丽的事物深深打动，那些所谓的美丽的事物只不过是生活中最基本最简单的，就像走路、呼吸、聊天等一样。一切看上去都更美丽而绝不是更糟，并且你会有一种更加强烈的奇妙感。

如果你与死亡达成一致，如果你十分确信你的生命将有一个不错的有尊严的归宿，那么，对你来说，每一天都改变了，因为对死亡的恐惧消除了，这种恐惧原来就像潜流一样回荡在心中……我正生活在一个生命的尽头，在那里每一件事情本身就是一个结局，我不应该浪费时间去为自己的将来打算，或者尽自己的力量去延缓死期。[1]

有时候，我感到我的写作是与我的曾孙或重曾孙们交谈，当然，他们现在还没有出生，这是对他们的爱的一种表达。我没有留给他们什么金钱，而只留给他们一些充满深情的话语和忠告，以及我能学到的一些经验教训，这些也许对他们有所帮助。

虽然马斯洛关心人类的后代，但他更有兴趣的是自己的外孙女，他对于她的每个发展阶段都十分关切并感到高兴，在西海岸的朋友和同事的眼中，他是对外孙女过分溺爱的外祖父的化身。他与大女儿安经常互相走访，大约每隔两个月，马斯洛就要和外孙女珍妮一起待上几天。他在日记中热情地记下了珍妮的纯真可爱和聪明伶俐，他甚至把珍妮这种儿童的快乐天赋与那些圣人和神秘体验论者相比较，这与他一向严谨的治学态度有些不相符合。有时，当朋友们要和他讨论教育改革和世界和平等重大问题时，他会重复珍妮取得的进步和她的一些滑稽动作，好像他突然重新发现了儿童美妙的天性，又一次为人类的成长过程感到惊奇。他告诉贝莎和安，他希望在心脏病有所康复之后，对婴儿和儿童作进一步的研究。他尤其感兴趣的是诸如胆怯、自私这样的品质是怎样在孩子们身上发展的。

11月10日到11月11日，10所大学和医院的食堂经理在萨加公司总部开会，公司的执行副总裁谢尔曼·穆尔想要更加直接地了解公司在全国各企业中的管理情况。马斯洛应邀参加了会议，并在会议结束时发表了自己的感想。为了使这些中层管理者们放松，马斯洛言谈十分诙谐和友善，不断地给他们讲笑话。马斯洛还以严肃的神情督促他们，一定要信守实行人本主义管理的承诺。也就是说，马斯洛要他们回到工作岗位上以后，对工人们保持开放和自我表露的态度。他说，在美国，男人害

---

[1] 马斯洛十分赞同安乐死，准备自己以后也采取安乐死。——译者注

怕被看成是弱者，不敢充分表露自己的感情，而一个真正的男人是能够在他人面前表现出温柔的。

马斯洛认为，他们对开明进步管理方式的兴趣是独一无二的美国风格，这也是这个国家最好的传统，它预示着一个有希望的美好未来。他真诚地表达了他对这个给予了自己很多的国家的感情。就在上一代，他的父亲到这里时一文不名，但拥有无价的自由。他说出了自己的心里话：

> 我是一个在路上行走的小男孩，一直在往一个奇异的地方走，找到了属于我的生命的位置……我一直在为一项事业而奋斗，那是最适合我的事业……我不知道你们每个人从什么地方来，但事实上可以是任何地方，你们不需要经过任何提携，不需要亲友，不需要任何特权和优惠，也不需要经过任何一个特殊的学校……只需要你们的能力和天资。我们一定要深切地意识到，作为美国原动力的一部分，我们是多么幸运。认识到这一点，对你们每个人是有帮助的，正如对我一样。建议你们意识到这一点，感觉到作为一个美国人的荣幸。如果美国能够更多地实现她的梦想，我们就能够为世界树立起一个榜样。

1969年冬天，当加利福尼亚的气候开始变冷的时候，马斯洛似乎更频繁地想到了自己的死亡。站在大海边，望着浪涛拍岸，他禁不住流下了感动的泪水。他意识到，这样的时刻对于自己是多么珍贵。

另一次强烈的体验来自于他和贝莎重访普莱森顿。二十多年以前，他和贝莎曾在那里生活，故地重游，唤起了他们许多记忆。我们不知道，这时的马斯洛是否预感到自己不久就将告别人世，如果预感到了，他也许不会把这种感觉告诉他人，以免使他人感到难过。

1970年3月17日，马斯洛应邀参加加利福尼亚州立大学洛杉矶分校的一次研讨会，该研讨会由沃伦·施密特和坦南鲍姆主持。马斯洛用了几个小时谈论他近来感兴趣的课题。他没有讲稿，只是自由发挥。他谈到了对未来的不同态度，希望与绝望的对抗。他谈到了科学的本质、对真理的追求、高峰体验和价值观、领导力的性质等。他还对那些对人性采取玩世不恭态度者表示愤怒。他说："这些人也占据了大众传媒，在我们的文化中老是有他们的声音，这真是不幸。"他向听众们介绍《动机与人格》的新序言，称它为"一种个人的信念"。对于美国的组织机构的发展趋势，他持非常乐观的态度。同时，他也呼吁国民以耐心和献身精神去促使建立公正社会的理想成为现实。这是他离开布兰代斯大学以来感到最满意的讲话之一。该校的学生们的友好、尊重的态度使他比以前更确信自己的选择是正确的。

到了早春时节，马斯洛开始整理他的笔记，他要写一篇文章，对艾萨伦学院及其无数的追随者做一个全面的批评，他希望这篇文章能够在年内晚些时候发表。他知道，文章的发表将无疑会使他得罪自己在加利福尼亚和其他地方的许多信徒，他们会离他而去，但他不能容忍艾萨伦学院的那些经验主义的论调和自我沉迷的风气。他决心要对它们进行无情而真诚的批评。当他的朋友迈克尔·墨菲来访问他时，他把自己的打算告诉了墨菲。他本以为会遭到墨菲的反对。但出乎预料，墨菲表示，关于这篇坦率而深刻的文章，他热切期望能够尽快发表。

遗憾的是，马斯洛在生前没有完成这个计划，他只打印出一个签署日期为3月20日的提要性的文章，标题为《艾萨伦学院批评——备忘录》。在这份备忘录中，他表述了这样一种担心，即寻求神秘的或脱离伦理的新奇体验最终将导致死亡，他指出，"施虐—受虐狂"的文献中有很多这样的案例。他批评艾萨伦对个人转变的"大爆炸"式的处理方法，建议艾萨伦应当更多地强调刻苦工作、终生奋斗、遵守纪律，将此作为内心世界成长的精髓。对于艾萨伦所强调的圣人式的情感健康理论，马斯洛提出了质疑。他指出，当我们文化中的许多人明显感到非常困扰的时候，首先应当针对他们的病症进行治疗。他写道："艾萨伦不应该排斥弗洛伊德和精神分析。"最后，他指出了艾萨伦理论中隐含的反理性态度："经验主义只是用来追求目的的一种手段，它是不全面的，我们必须继续超越它去寻求知识、智慧和价值。为什么在艾萨伦学院没有图书馆？……另外，所有这些都必须用成果来检验，也就是说：它在实际上是造就了好人还是坏人？它使社会变得更好还是更坏？"

在那个月里，马斯洛完成了可以说是发表的最后一篇有关人本心理学教育的文章，这个课题是他一直计划在一本小册子里阐述的。有时候，他对自己和同事们，包括赫胥黎、罗杰斯的思想被广泛滥用感到非常烦恼，他觉得很有必要将他的一些想法发表出来。他还记得1968年秋天与布兰代斯大学学生的不愉快的经历，为此，他坚持认为，要在从化学到心理学的任何一个领域中成为一个富有创造力和想象力的人，都必须接受纪律的束缚，并且了解处理世俗事务的方法。从我们现在的出发点来看，也许很难理解这些烦琐的东西。马斯洛认为，无论是交友小组还是其他鼓励自我表达的办法，都不是为了取代传统形式的教育，它们在专业训练中也是次要的。

> 我认为，在进行历史、数学、生物学、天文学以及其他学科的教学时，能够采取这样一种方法，就是要强调个人发现、高峰体验以及敬畏感和神秘感。

第17章 加利福尼亚的拯救——"死后"的生涯

> 这肯定是专业教育者最迫切的任务之一……当教育者的胜任问题被忽视的时候，我感到担忧。

4月中旬，马斯洛出席了在艾奥瓦州举行的超个人心理学大会。他与心理学家詹姆斯·法迪曼（James Fadiman）一起乘机到达堪萨斯城，再乘公共汽车到达会场。马斯洛非常喜欢和法迪曼在一起，他们有许多共同的兴趣，包括宗教心理学。这次会议邀请了许多学者，与会者中，有许多正在从事独特的研究，包括冥想、心理学与灵性的新的整合。艾尔莫·格林（Elmer Green）来自著名的门宁格精神病医院（Menninger Clinic），他最早研究反馈技术，并将其用于心理治疗。海伦·班纳（Helen Bonner）正在探索音乐的心理治疗作用，斯坦利·克利普纳（Stanley Krippner）正在研究致幻药物对于想象力以及艺术创造的作用，迈克尔·墨菲关心的则是艾萨伦的进一步发展。在这次大会上，尤其吸引马斯洛注意的是乔·卡米亚（Joe Kamiya）对于脑波的控制实验，这一实验的目的是提高放松程度和思考水平。精神病学者格洛夫（Stanislav Grof）提出如何谨慎地使用致幻剂进行心理治疗，这也吸引了马斯洛的注意。

马斯洛在大会上做了演说。在演说中，他首先提到《宗教信仰、价值观和高峰体验》修改序言中的一些内容。他指出，对于神秘体验论和宗教的纯粹经验方面的过分兴趣会导致某些危险。他承认，当他在60年代初写这本书的时候，对此还认识不足。现在，他非常担忧，甚至是警惕那种以精神的名义去寻求异常感觉的普遍倾向。马斯洛认为，这种神秘体验论的习俗如占星术、纸牌算命等都是没有科学根据的迷信。他呼吁所有有识之士抛弃这些胡说八道。

出乎马斯洛的预料，一些听众立即表示抗议。他们认为，马斯洛对于神秘体验论的历史和世界上的神秘体验论几乎一无所知。法迪曼和一些人坚持认为，虽然神秘体验论不符合西方现代科学精神，但是，仍然可以找到这种体系的合理性的根据。为了尽快切入正题，避开不愉快的争论，马斯洛同意重新写这篇序言，批评的锋芒只涉及"古怪念头和宗教崇拜"，而不具体指明神秘体验论的活动。

然后，马斯洛在演讲中突出介绍了他新提出的概念"高原体验"（plateau experience）。他认为，自我实现的人或者贤人的真正标志并不是经常显示出强烈的愉快或者狂喜，而是具有持续的宁静和全神贯注。这种状态与高峰体验有很大差别。高峰体验往往是不期而至的，高原体验则可以通过有意识的勤奋的努力来达到。他力图发展一套实践方法，帮助人们获得这种状态。为了使他的观点更引人注目，他摘了一朵鲜花，放在自己的膝盖上，然后请听众集中注意力凝视它……他还介绍了另外一种方法：看着你常常能够见到的一个人，如自己的配偶、亲人或者朋友。然后，让你自己相信，你（或者他或者她）马上就要死了。他指出，这种方法能够有助于打破我们与他人交往的麻木与迟钝，帮助我们用一种新鲜愉快的态度来重新认识这个世界。

在这次演讲中，马斯洛还谈到了自己的一些超越性体验（transcendent experience）。在马斯洛以往的公开演讲中，很少见到这样的情况。他提到了几个星期以前，在海边看着海浪拍岸时的情形。在那个时刻，他产生了一种个体短暂的生命在永恒之前微不足道的强烈意识。当说到这里时，他发现自己在颤抖。他还讲到了自己对外孙女的感情。当时，他变得非常激动，几乎不能再继续讲下去。他还谈到了在布兰代斯大学的一次毕业典礼上，他产生了一种幻觉。当时，在他思维的视觉里，出现了一个长长的学者和思想家的行进队伍，从过去的苏格拉底、柏拉图和亚里士多德一直延伸到尚未出世的几代人。他说，他看到自己也在这个连续不断的队伍中，由此感到一种欣慰与愉悦。也许，与马斯洛那天讲的其他事情相比，这种少有的、来自心灵深处的感受更使听众们感动。

马斯洛为这次大会感到很振奋，返回门洛帕克后，他以焕然一新的精力完成了《宗教信仰、价值观和高峰体验》的新序言。这次写作的进展相当顺利，根据他对法迪曼等人的承诺，他克制自己，不去批评任何神秘体验论的思想流派。但是，他明确地警告那种沉溺于神秘体验论和为了自己的某种目的刻意寻求高峰体验的危险。他写道："这种自我沉迷不仅仅是自私，而且是一种潜在的邪恶。"在间接提到吸毒和嬉皮士的反文化倾向时，他写道：

> 刻意寻求特异的感觉，有时会使人陷入一种卑劣、龌龊、丧失同情心甚至是一种疯狂的施虐状态中……
>
> 从真正的神秘体验论者那里得到的教诲是：神圣寓于平凡，你可以在日常生活中，在自己的邻居、朋友、家庭那里，甚至是在家的后院发现神圣。而刻意寻求的游历也许是对神圣的一种逃避……想到别的什么地方去寻找奇迹是一种无知，因为，任何一件事都是一种奇迹。

自从一年前搬到加利福尼亚以来，马斯洛对他的写作成果是满意的，按计划，他已完成了两篇主要文章，他的新选集《人性能达的境界》也进展顺利。在涉及将来的写作计划时，马斯洛感到为难，不知是应该为广大读者写通俗易懂的文章，还是继续主要写学术性质的论文。但是，他决定无论写哪种类型的东西，他都将继续

第17章 加利福尼亚的拯救——"死后"的生涯

保持那种备忘录式的、自由发挥式的风格,而不去刻意追求文章的严整。

在4月至5月的大部分时间里,马斯洛在大学和专业性协会多次做演讲,为其著作和实证研究口授了一些自己的观点,他希望有一天能有一个助手,在他的指导下去证实和扩展他关于人格、人的潜能和人性发展高度等的一些新观点。此时,他对那些圣人般采取顺其自然态度的父母、夫妇和教育者产生了很大的兴趣,他把他们称为"道家"。他观察珍妮在安慈祥的母爱下的成长,他更加强烈地意识到先天力量在每个孩子身上所产生的作用。对外孙女的细致观察引起了他对"身体智能"(wisdom of the body)的更大兴趣。"身体智能"是指我们先天的健康发展和自我恢复的过程。

在接待了几位来自以色列的犹太社会科学家的访问后,马斯洛决定一旦身体好转就开始研究集约性共同体(intentional communities)。他尤其感兴趣的是那种使大多数公社式的生活最终失败的人类自身的原因。他确信这个问题是一个被严重忽视然而又具有潜在突破意义的研究课题。他期待自己第一次出国访问是去一个以色列的聚居区,去观察民主的公社生活方式的成功之处。

首先,马斯洛打算将自己的注意力转向人性与邪恶问题的研究。他认为,这个世界虽然充满罪恶,但是,其中只有很少的一部分是蓄意的伤害。他在日记中推测,也许绝大多数的罪恶都不是有意的,而仅仅源于无知。因此,改变传统的对罪恶的看法是必要的。传统的罪恶观认为,罪恶来源于"一个冷酷残忍的拿着长柄大叉的杀手",而我们应当把它转变为"缺乏能力的好人好心地做了坏事,或者一不小心从楼梯上摔下,摔坏了东西"。

但是,马斯洛并不是一个以一厢情愿的主观善良愿望看待事物的人,在他生命的最后几个月里,他更加意识到,任何关于人性的理论都应该承认我们自身的不完善性,但也不要陷于绝望。马斯洛看到,即使最优秀的人,包括他怀着崇敬心情研究了很长时候的自我实现的人,也同样是不完善的。对于人与人之间的关系的任何完美的期望都是错误的,甚至是危险的。他在日记中坦率地写道:"一个美满的婚姻是不可能的,除非你愿意接纳对方的丑陋与缺陷。"他还坚信,传统家庭纽带以及亲密关系的破裂,部分是由许多人没有能力同人类的不完美性共处造成的。如果人们不能接受这种现实,那么,为了更大的利益而互利互让也是不可能的。无论在抽象的意义上还是在日常生活中,期待人的完美而不是改善都是一种极大的错误,从这点上讲,像"现在就是天堂"这样的反主流文化的口号,是马斯洛深为厌恶的。对于完美的工作、完美的朋友或完美的配偶的寻觅,恰恰是失望和幻灭的前奏。

6月6日至6月7日这个周末,马斯洛和贝莎在门洛帕克的家里享受着少有的宁静。星期日早晨，贝莎打电话给莫雷尔夫妇，邀请他们到家中做客。马琳·莫雷尔同意和贝莎一道参加一个关于雕塑的活动。这时，马斯洛正忙于写作，他向他们表示歉意，不能和他们在一起。他说，自己正在紧紧捕捉脑子里出现的有关人的邪恶问题的思想。但他似乎很难起笔，不时走出来与大家说几句话。过了一会，他干脆放下了手中的工作，同贝莎、莫雷尔夫妇一起坐在院子里看照片。这一天天气很好，在莫雷尔夫妇起身准备告别后，马斯洛陪着他们走向前门，邻居家的一只猫正四仰八叉地躺在那里，他们欣赏了一会儿它的漂亮乖巧，然后就道别离去。

1970年6月8日，星期一，马斯洛像往常一样从房间出来，到游泳池边缓慢散步，贝莎跟随在离他几英尺远的后面。后来，他小心翼翼地按照心脏病大夫对他的嘱咐，看着秒表开始跑步。突然，在加利福尼亚的阳光下，他倒下去了，没有一点儿声音。当贝莎急冲到他身边时，马斯洛已死于心力衰竭，享年62岁。

听到这一出乎意料的消息后，马斯洛的许多朋友和同事都以各种方式来悼念他。罗伯特·坦南鲍姆于6月10日向自己研讨班的学生们宣布了这一消息，这些学生几个星期前还同马斯洛一同度过了令人兴奋的、愉快的几小时。坦南鲍姆和施密特在讣告上写道："他的伟大的心脏突然停止了跳动，据我们所知，从各种迹象来看，他没有任何痛苦……"他们还说，这段时间，他们正在协助出版一本献给马斯洛的文集，以纪念他那非凡的精神和独特的启示。他邀请学生们一起参加回忆马斯洛的活动，希望通过这种方式，使其他人对马斯洛有进一步的了解。

也许，正是美国这个理想主义的时代催发了人们发自内心的动人的评论，当然，马斯洛本人所拥有的魅力也深深吸引了大家。一位学生说："我从没有遇到一个像他这样早逝但却永生的人。"有几个学生提到和马斯洛在一起的日子，在那些日子里，他们体验到了一种对他的难以言喻的敬重。还有一位学生则用诗一般的语言准确地描绘道："在马斯洛身上，有一种另一个世界的超然的东西。他与柏拉图在一起时，能够和他轻松地讨论；在与一个看门人闲谈孙儿的可爱时，他同样也会兴高采烈。"

也许最令人感动的评价出自这样一个人，他与马斯洛素不相识，但却道出了马斯洛在他热情的一生中接触过的很多人的心声。他说："正是由于有马斯洛的存在，做人才被看成是一件有希望的好事情。在这个纷乱动荡的世界里，他看到了光明与前途，他把这一切与我们一起分享。"

附录　马斯洛心理学词汇表

亚伯拉罕·马斯洛在发展自己富有影响力的心理学的过程中创造了许多术语。在其后的几十年中，这些术语传播到社会科学的许多领域，甚至整个美国文化。但是，马斯洛的一些重要的术语不断地被误解和误用。在马斯洛去世之时，他已经对这种情况越来越感到不满。以下关键术语是依照马斯洛在自己著作中使用的含义来定义的。

Aggridant　优势成员
在生物学上指人类或其他物种中占优势的成员，较好的观察者与选择者，在所属种类的社会中倾向于处于主导或者领导者的地位。也称为 Alpha。

Alpha　阿尔法
见 Aggridant。源于阿尔道斯·赫胥黎在《勇敢的新世界》中的用法。

Apollonian mystic　日神式的神秘人物
指通过深思冥想而体验到超越和神圣的人。

Authoritarian personality　权力主义人格
指这样一种人，他具有"丛林观"，认为善意、仁慈等都是能被人利用的软弱的表现。

Basic needs　基本需求、基本需要
指与生俱来的人类本能的低级心理需要，自下而上的层次顺序为获得安全和保护需要、归属和爱的需要、受尊敬和自尊的需要。

Being cognition（B-cognition）　存在性认知
通过沉思得到的清晰的认知，尤其指关于人或者事物的超越性、神性以及永恒方面的认知，自我实现的人在高峰体验的状态中经常产生这种认知。但并不是只有自我实现的人才产生这种认知。

Being humor（B-humor）　存在性幽默

富有哲理的或者是启发性的幽默，它反映了高度的成熟与高层次的动机。例如，亚伯拉罕·林肯所具有的幽默。

Being knowledge（B-knowledge）　存在性知识

关于人或事物本身超越的、独一无二的或神圣性的认知，是通过存在性认知获得的，而不是通过逻辑或推理。

Being love（B-love）　存在性爱情

对于所爱者的本质和潜能怀有无私的、无条件的尊敬心理，而不是利用自己所爱的对象来满足自身的基本需求。爱事物的本来面目和它的独特之处。

Being motivation（B-motivation）　存在性动机

见"超越性动机"。

Being needs（B-needs）　存在性需要

见"超越性需要"。

Being psychology（B-psychology）　存在心理学

关于人类最高意识状态的心理学。例如，在高峰体验时的认识、体验和动机等。

Being values（B-values）　存在性价值

人类内在的终极价值。例如，真理、美、公正等，它们都是我们超越性需要的对象，也是我们超越性动机的目的之所在。

Belongingness needs　归属需要

与生俱来的一种在心理上希望从属于某个团体、家庭、部落或者社会的感情需要。

Bodhisattva　菩萨

这是一个佛教用语，用于指那些在开悟之后，自愿回返到世俗世界，通过当师傅来无私帮助他人的人。与佛教中的"缘觉"相对。

Cognitive pathologies　认知病态

人在认识和理解周围世界时在需要上的病态或者焦虑，包括无法容忍模糊不清，对于精确性的难以抑制的需要，过度理智化、程式化，以及"伪愚"等。

Counter values　逆反性价值

对存在价值，如真、善、美，以及人的优秀品性的恐惧、害怕或者厌恶。

Counter-valuing 逆反性评价

直接体验或者表达对存在价值以及能够体现存在价值的一切事物的敌意。包括带着敌视态度对存在价值进行贬低或者丑化。这是我们面对存在价值时，由于感受到了敬畏、惊讶，对比自身的渺小与匮乏，内心产生了仇恨感，进而采取的一种防卫机制。

Deficiency-cognition（D-cognition） 匮乏性认知

常见的认知方式。如通过逻辑或者理性分析，孤立片面地看待人或者事物的某些细节。

Deficiency-humor（D-humor） 匮乏性幽默

带有敌意、幸灾乐祸或者贬低等意味的幽默。例如，嘲讽他人的不幸等。它反映了当事人的不成熟以及低层次的动机。

Deficiency-love（D-love） 匮乏性爱

在爱情中，把对方看成满足自己基本需要的手段。

Deficiency-motivation（D-motivation） 匮乏性动机

与满足基本需要相关的动机。

Deficiency-needs（D-needs） 匮乏性需要

见"基本需要"。

Deficiency-psychology（D-psychology） 匮乏心理学

心理学的一个分支，主要研究在基本需要和普通意识领域内的认知、体验以及动机。

De-sacrilization 非神圣化

在我们文化中常见的一种心理防卫机制。它表现为对积极的情绪，例如，温和、友好、崇高感、出神入迷，以及人类行为中任何神秘体验和美好感受加以否认或者压抑。

Dionysian mystic 酒神式神秘人物

指通过达到如痴如狂的状态来体验超越与神圣的人。

Eupsychia 优心态群体

正式的定义为1 000个自我实现的人在一个孤岛上所形成的文化。在广义上是指在人性许可的范围内，人类所能达到的最完满的社会，这种社会能够满足人类的基本需要，而且还能够为每个成员提供自我实现的机会。

Eupsychian 优心态

朝着优心态文化发展的状态，也即可达到的健康心理发展。它指的是一种切实可行的改良，而不仅仅是乌托邦。也指能够使人更加健康的社会或者组织条件。还可以指教师、治疗师或管理者为推动、鼓励这种运动而采取的行动。

Eupsychian management　优心态管理

正式的定义为由 100 个自我实现的人合作所建立的企业管理制度。这 100 个人把积蓄集中起来，投资到这个企业，所以每个人都有同等的发言权。广义上是指一种开明的管理。在一个组织内，每个人的成长和创造力的发挥与这个组织的产品或者服务质量以至整个组织的健康发展都密切相关。

Existential gratitude　存在主义感激

当人与人之间有了爱和同情之时所产生的适当的、健康的感激之情。它包括与此相应的话语和心理上的感动。

Existential guilt　存在主义内疚

当我们在生活中违背我们的高层次的本性或者存在价值（例如，正义、真理等）时所产生的适当的健康的内疚感。也可以称为天生负罪感。

Existential psychology　存在主义心理学

这种心理学强调个性和经验，致力于研究解决人类存在的现实问题以及人类自身面对的一些困境。例如，对于生活意义的探索。

Existential therapy　存在主义治疗

指专门针对那些价值观紊乱或者处于超越性病态的人的心理治疗。

Fourth Force　第四种力量（思潮）

见"超个人心理学"。

Growth-needs　成长需要

见"超越性需要"。

Hierarchy of needs　需要层次

指与生俱来的包括基本需要与超越性需要的各种生理、心理需要的层次排列。每当较低级的需要得到满足，较高级的新需要就会出现。

Holistic　整体论的

指从事物之间的相互联系而不是从零碎的分离的细节入手进行研究的方法。与原子式的和还原论的研究方法刚好相反。

Humanistic psychology　人本心理学

20 世纪 60 年代兴起的一种心理学流派。它是由马斯洛、罗洛·梅、卡尔·罗杰斯等人建立起来的具有广泛基础的心理学。它超越了弗洛伊德心理学和行为主义心理学，成为心理学的第三种力量。

Instinctoid needs　类本能需要

天生的心理需要，包括"基本需要"和"超越性需要"，尽管这些需要本质上较弱，但是使我们渴望并追求生活中的某些价值，如"真"或"美"。只有满足类本能需要才能获得身心的完全健康。

Intrinsic guilt　内在性内疚

见"存在主义内疚"。

Intrinsic values　内在性价值

那些出于本能的人类价值，我们需要满足它们，才能促进全面发展并且防止疾病。剥夺内在性价值会导致超越性精神疾病。内在性价值也是超越性需要的对象。

Jonah complex　约拿情结

从《圣经》人物约拿引申出的一种情绪状况，它反映了一种"对自身伟大之处的恐惧"，它导致我们不敢去做自己能做得很好的事，甚至逃避发掘自己的潜力。在日常生活中，约拿情结可能表现为缺少上进心，或称"伪愚"。

Jungle outlook　丛林观

具有权力主义倾向的人所持的人生观，认为人不是"羊"就是"狼"，即不是受害者，便是潜在的掠夺者。持有丛林观的人常常无法对直系血亲以外的任何人产生感情。

Love-needs　爱的需要

感觉到被他人如朋友或家人爱的基本需要。

Metamotivation　超越性动机状态

指一种渴求存在价值，如真理、正义、完满的动机状态。这是自我实现者的主要动机状态。

Metagrumble　超越性牢骚

当我们感到被剥夺了存在性价值或超越性需要时所产生的抱怨，如在工作中没能发挥创造性时所产生的抱怨。

Metamotives　超越性动机

人类在获得基本需要的满足后受到存在性价值的激发而产生的动机。

Metaneeds　超越性需要

我们天生的除基本需要外的另一种心理需要，这是对存在价值的需要，虽然不强烈，但如果失去，就会导致超越性精神疾病（metapathologies）或"灵魂病态"（sickness of the soul）。

Metapathologies　超越性精神疾病

长期丧失超越性需要，即超越性动机不能满足而引起的存在于精神上的疾病，包括价值混乱、玩世不恭、冷漠、厌烦、缺乏热情、失望、无助感、虚弱和虚无感。

Metapay　超越性报酬

满足高层次需要的报酬，例如，能够实现创造性和自主性的工作机会。

Nadir experience　失落体验

指一种孤独的体验，来自精神上的退步、失落或悲剧感，还可能因面临死亡或现实中的绝境而产生，这种体验可能使我们的价值观和生活状态彻底崩溃或改变。

Non-peaker　反高峰体验者

指因惧怕进而抑制、拒绝其高峰体验的人。他们通常通过否定、压抑或是"忘记"的方式而使这种体验从意识和记忆中消失。这些人往往过于理性、实际、唯物，或执迷不悟，有强迫心理。

Normative psychology　规范心理学

关于人们怎样从认知和感情两方面发挥效能的心理学。

Peak-experience　高峰体验

通常指一种短暂的狂喜、入迷、出神、极大的幸福感和愉快。在这种短暂的时刻里，我们能感受到敬畏、崇拜和奇妙的心情，体验到"此时此地"以及真实而统一地存在的感觉，同时也体会到超越与神圣。这种体验多发生在自我实现者身上。

Plateau-experience　高原体验

指对于感受到的敬畏与神奇做出平静的、稳重的反应，与高峰体验相比，它的感情色彩没有那么强烈，相反，它更多含有理性与认知的成分，也更是出于意志的行为。例如，一个母亲静静地坐着，看着她的小宝宝在地上玩耍。

Pratyeka Buddha　缘觉

佛教用语，指只为自身的开悟而不关心众生的修行者。与"菩萨"相对（参见"菩萨"）。

Proctological view　直肠病世界观

指那些玩世不恭的人或处于绝望中的人的世界观，他们总是轻视别人，贬低别人，或是寻求别人行为中的最恶劣的动机。这是患有超越性精神疾病的表现。

Pseudo-stupidity　伪愚

一种认知方面的病态，它是"约拿情结"的一种表现，其特征是对自身智力的一种抵制或否定。

Reality freshening　重现现实

有意识地重新唤起我们对存在价值的体验，如对美、真理、公正的体验，是对于"想当然"态度的一种必要的有效防止法。参见"重现神圣"。

Re-sacrilization 重现神圣

试图从"永恒的角度"来衡量人或物,在日常生活中重现奇异和神圣之感。参见"重现现实"。

Rhapsodic communication 狂想式传达

传达时使用诗意的语言,如使用隐喻或神话式的象征。这种传达方式常出现于高峰体验时期,并超越了纯粹理性的逻辑的表达的限制。

Rubricize 标签化

将某人或某物定型化或者归入某一类,而不是将其视为一个独特的个体。例如,将某人归类为侍者或警察而非独特的个体。周期性的"重现现实"有助于我们克服标签化的倾向。

Safety needs 安全需要

先天的一种对身体安全感的心理需求,它是一种基本需求。

Self 自我 [或译"人格核心"]

人格的生物基础核心。

Self-actualization 自我实现

个人成长的顶峰期,这时,我们已摆脱由基本需求和匮乏性动机带来的忧患。对大多数人来说,它不是终点,而是完成充分发展的一种动力和渴望。同时,也是我们在任何时候、任何程度上发掘自身潜在的天赋、能力和趋势的过程。虽然我们都有这个动力,但我们也有对于成长的恐惧。

Self-actualized person 自我实现者

一个精神上健康、成熟,正在实现自我完善的个体,其基本需求已得到满足,因而为超越性需要所驱动,成为存在价值的积极追求者。这种类型的人有一些特征,包括创造力、睿智、情感的自发性、对某种职业的热忱等。

Self-esteem needs 自尊需要

先天的对自尊和自我价值的精神需求。它是一种基本需求。

Synergic 协同性的

具有协同作用的特质。也是个体和组织、社会的需要、目标互相促进的一种程度。比如,一个具有协同性的社会是美德能得到回报的社会。一个美满的婚姻也是协同性的。

Synergy 协同作用

由人类学家露丝·本尼迪克特在 1941 年提出并由马斯洛详细阐述的概念。可以用来概括不同的文化。在高协同的文化中,对某个人有益的,同时也对大家有益,反之亦然。比如，一种广泛推崇利他主义的文化就是如此。在一种低协同的文化中，对某个人有益，而对其他人则有害，反之亦然。比如，个人的成功必须要他人付出代价的组织。

Taoist 道家精神

具有接受和顺其自然的品质，不侵犯也不干涉别人。

Taoist science 道家科学

具有道家特点的科学。能够通过"存在性认知"而不仅仅是"匮乏性认知"来追求知识。

Theory Z Z理论

马斯洛提出的管理理论，旨在综合并超越道格拉斯·麦格雷戈于20世纪60年代提出的颇具影响力的X理论和Y理论。

Third Force 第三种力量（思潮）

见"人本心理学"。

Transpersonal psychology 超个人心理学

马斯洛于20世纪60年代在人本心理学基础之上建立的一种研究方法，旨在把人的精神放在一个广泛的人类本性与潜能的框架中来研究。它被称为心理学的"第四种力量"。

Unitive perception 统一性知觉

指通过世俗的生活来领会神圣的能力，是存在领域知觉与匮乏领域的知觉的综合。

Value disturbance 价值混乱

见"超越性精神疾病"。

Valuelessness 价值贫乏感

指一种失去价值体系的生存状态，它能够导致多种超越性精神疾病，也能引起身体上的疾病。

马斯洛著作

1932 "Delayed Reaction Tests on Primates from the Lemur to the Orangoutan." (With Harry Harlow and Harold Uehling.) *Jour. Comparative Psychol.* 13: 313–343. "Delayed Reaction Tests on Primates at Bronx Park Zoo." (With Harry Harlow.) *Jour. Comparative Psychol.* 14: 97–101. "The 'Emotion of Disgust in Dogs.'" *Jour. Comparative Psychol.* 14: 401–407.

1933 "Food Preferences of Primates." *Jour. Comparative Psychol.* 16: 187–197.

1934 "Influence of Differential Motivation on Delayed Reactions in Monkeys." (With Elizabeth Groshong.) *Jour. Comparative Psychol.* 18: 75–83. "The Effect of Varying External Conditions on Learning, Retention, and Reproduction." *Jour. Experimental Psychol.* 17: 36–47. "The Effect of Varying Time Intervals between Acts of Learning with a Note on Proactive Inhibition." *Jour. Experimental Psychol.* 17: 141–144.

1935 "Appetites and Hungers in Animal Motivation." *Jour. Comparative Psychol.* 20: 75–83. "Individual Psychology and the Social Behavior of Monkeys and Apes." *Intern. Jour. Individ. Psychol.* 1: 47–59.

1936 "The Role of Dominance in the Social and Sexual Behavior of Infrahuman Primates: I. Observations at Vilas Park Zoo." *Jour. Genetic Psychol.* 48: 261–277. "II. An Experimental Determination of the Dominance Behavior Syndrome." (With Sydney Flanzbaum.) *Jour. Genetic Psychol.* 48: 278–309. "III. A Theory of Sexual Behavior of Infra-human Primates." *Jour. Genetic*

Psychol. 48: 310–338. "IV. The Determination of Hierarchy in Pairs and in Groups." *Jour. Genetic Psychol.* 49: 161–198.

1937 "The Comparative Approach to Social Behavior." *Social Forces* 15: 487–490. "The Influence of Familiarization on Preferences." *Jour. Experimental Psychol.* 21: 162–180. "Dominance-feeling, Behavior, and Status." *Psychological Review* 44: 404–429. "Personality and Patterns of Culture." In Stagner, Ross, *Psychology of Personality,* McGraw-Hill. "An Experimental Study of Insight in Monkeys." (With Walter Grether.) *Jour. Comparative Psychol.* 24: 127–134.

1939 "Dominance-feeling, Personality, and Social Behavior in Women." *Jour. Social Psychol.* 10: 3–39.

1940 "Dominance-quality and Social Behavior in Infra-human Primates." *Jour. Social Psychol.* 11: 313–324. "A Test for Dominance-feeling (Self-esteem) in College Women." *Jour. Social Psychol.* 12: 255–270.

1941 *Principles of Abnormal Psychology: The Dynamics of Psychic Illness.* (With Bela Mittelmann.) New York: Harper and Bros. "Deprivation, Threat, and Frustration." *Psychological Review* 48: 364–366.

1942 "Liberal Leadership and Personality." *Freedom* 2: 27–30. *The Social Personality Inventory: A Test for Self-esteem in Women* (with manual). Palo Alto, Calif.: Consulting Psychologists Press. "The Dynamics of Psychological Security-Insecurity." *Character and Personality* 10: 331–344. "A Comparative Approach to the Problem of Destructiveness." *Psychiatry* 5: 517–522. "Self-esteem (Dominance-feeling) and Sexuality in Women." *Jour. Social Psychol.* 16: 259–294.

1943 "A Preface to Motivation Theory." *Psychosomatic Medicine* 5: 85–92. "A Theory of Human Motivation." *Psychological Review* 50: 370–396. "Conflict, Frustration, and the Theory of Threat." *Jour. Abnormal and Social Psychol.* 38: 81–86. "The Dynamics of Personality Organization I & II." *Psychological Review* 50: 514–539, 541–558. "The Authoritarian Character Structure." *Jour. Social Psychol.* 18: 401–411.

1944 "What Intelligence Tests Mean." *Jour. General Psychol.* 31: 85–93.

1945 "A Clinically Derived Test for Measuring Psychological Security-Insecurity." (With E. Birsh, M. Stein, and I. Honigman.) *Jour. General Psychol.* 33: 21–41. "A Suggested Improvement in Semantic Usage." *Psychological Review* 52: 239–240. "Experimentalizing the Clinical Method." *Jour. Clinical Psychol.* 1: 241–243.

1946 "Security and Breast Feeding." (With I. Szilagyi-Kessler.) *Jour. Abnormal and Social Psychol.* 41: 83–85. "Problem-centering vs. Means-centering in Science." *Philosophy of Science* 13: 326–331.

1947 "A Symbol for Holistic Thinking." *Persona* 1: 24–25.

1948 " 'Higher' and 'Lower' Needs." *Jour. of Psychol.* 25: 433–436. "Cognition of the Particular and of the Generic." *Psychological Review* 55: 22–40. "Some Theoretical Consequences of Basic-need Gratification." *Jour. Personality* 16: 402–416.

1949 "Our Maligned Animal Nature." *Jour. Psychology* 28: 273–278. "The Expressive Component of Behavior." *Psychological Review* 56: 261–272.

1950 "Self-actualizing People: A Study of Psychological Health." *Personality Symposia: Symposium # 1 on Values*, Grune & Stratton, New York, 11–34.

1951 "Social Theory of Motivation." In Shore, M. (Ed.), *Twentieth Century Mental Hygiene*, New York: Social Science Publishers. "Personality." (With D. MacKinnon.) In Helson, H. (Ed.), *Theoretical Foundations of Psychology*, New York: Van Nostrand. "Higher Needs and Personality." *Dialectica* (Univ. of Liege) 5: 257–265. "Resistance to Acculturation." *Jour. Social Issues* 7: 26–29. *Principles of Abnormal Psychology* (Rev. Ed.) (With Bela Mittelmann.) New York: Harper & Bros. "Volunteer-error in the Kinsey Study." (With J. Sakoda.) *Jour. Abnormal and Social Psychol.* 47: 259–262. *The S-I Test (A Measure of Psychological Security-Insecurity)*. Palo Alto, Calif.: Consulting Psychologists Press.

1953 "Love in Healthy People." In Montagu, A. (Ed.), *The Meaning of Love*, New York: Julian Press. "College Teaching Ability, Scholarly Activity, and Personality." (With W. Zimmerman.) *Jour. Educ. Psychol.* 47: 185–189.

1954 "The Instinctoid Nature of Basic Needs." *Jour. Personality* 22: 326–347. *Motivation and Personality.* New York: Harper & Bros. "Abnormal Psychology." "Normality, Health, and Values." *Main Currents* 10: 75–81.

1955 "Deficiency Motivation and Growth Motivation." In Jones, M. R. (Ed.), *Nebraska Symposium on Motivation: 1955*, Univ. of Nebraska Press. Comments on Prof. McClelland's paper. In Jones, M. R. (Ed.), *Nebraska Symposium on Motivation, 1955*. Univ. of Nebraska Press, 65–69. Comments on Prof. Old's paper. In Jones, M. R. (Ed.), *Nebraska Symposium on Motivation, 1955*. Univ. of Nebraska Press, 143–147.

1956 "Effects of Esthetic Surroundings: I. Initial Effects of Three Esthetic Conditions upon Perceiving 'Energy' and 'Well-being' in Faces." (With N. Mintz.) *Jour. Psychol.* 41: 247–254. "Personality Problems and Personality Growth." In Moustakas, C. (Ed.), *The Self*, Harper and Brothers. "Defense and Growth." *Merrill-Palmer Quarterly* 3: 36–47. "A Philosophy of Psychology." *Main Currents* 13: 27–32.

1957 "Power Relationships and Patterns of Personal Development." In Kornhauser, A. (Ed.), *Problems of Power in American Democracy.* Wayne University Press. "Security of Judges as a Factor in Impressions of Warmth in Others." (With J. Bossom.) *Jour. Abnormal and Social Psychol.* 55: 147–148. "Two Kinds of Cognition and Their Integration." *General Semantics Bulletin* 20 & 21: 17–22.

1958 "Emotional Blocks to Creativity." *Jour. Individual Psychol.* 14: 51–56.

1959 "Psychological Data and Human Values." In Maslow, A. H. (Ed.), *New Knowledge in Human Values*, Harper and Brothers. (Editor). *New Knowledge in Human Values*, Harper and Brothers. "Creativity in Self-actualizing People." In Anderson, H. H. (Ed.), *Creativity & Its Cultivation*, Harper and Brothers. "Cognition of Being in the Peak Experiences." *Jour. Genetic Psychol* 94: 43–66. "Mental Health and Religion." In *Religion, Science, and Mental Health*, Academy of Religion and Mental Health, New York University Press. "Critique of Self-actualization. I. Some Dangers of Being-cognition." *Jour. Individual Psychol.* 15: 24–32.

1960 "Juvenile Delinquency as a Value Disturbance." (With R. Diaz-Guerrero). In Peatman, J., and E. Hartley (Eds.), *Festschrift for Gardner Murphy*, Harper. "Remarks on Existentialism and Psychology." *Existentialist Inquiries* 1: 1–5. "Resistance to Being Rubricized." In Kaplan, B., and S. Wapner (Eds.), *Perspectives in Psychological Theory, Essays in Honor of Heinz Werner*, International Universities Press. "Some Parallels between the Dominance and Sexual Behavior of Monkeys and the Fantasies of Patients in Psychotherapy." (With H. Rand and S. Newman.) *Jour. of Nervous and Mental Disease* 131: 202–212.

1961 "Health as Transcendence of the Environment." *Jour. Humanistic Psychol.* 1: 1–7. "Peak-experiences as Acute Identity Experiences." *Amer. Jour. Psychoanalysis* 21: 254–260. "Eupsychia—The Good Society." *Jour. Humanistic Psychol.* 1: 1–11. "Are Our Publications and Conventions Suitable for the Personal Sciences?" *Amer. Psychologist* 16: 318–319. "Comments on Skinner's Attitude to Science." *Daedalus* 90: 572–573. "Some Frontier Problems in Mental Health." In Combs, A. (Ed.), *Personality Theory and Counseling Practice*, University of Florida Press.

1962 "Some Basic Propositions of a Growth and Self-actualization Psychology." In Combs, A. (Ed.), *Perceiving, Behaving, Becoming: A New Focus for Education. 1962 Yearbook of Association for Supervision and Curriculum Development*, Washington, D.C. *Toward a Psychology of Being*, 2d ed., Van Nostrand, 1968. "Book Review: John Schaar, Escape from Authority." *Humanist* 22: 34–35. "Lessons from the Peak-experiences." *Jour. Humanistic Psychol.* 2: 9–18. "Notes on Being-psychology." *Jour. Humanistic Psychol.* 2: 47–71. "Was Adler a Disciple of Freud? A Note." *Jour. Individual Psychol.* 18: 125. "Summary Comments: Symposium on Human Values." Solomon,

L. (Ed.), *WBSI Report* No. 17, 41–44. *Summer Notes on Social Psychology of Industry and Management*, Non-Linear Systems, Inc., Del Mar, Calif.

1963 "The Need to Know and the Fear of Knowing." *Jour. General Psychol.* 68: 111–125. "The Creative Attitude." *The Structurist* 3: 4–10. "Fusions of Facts and Values." *Amer. Jour. Psychoanalysis* 23: 117–131. "Criteria for Judging Needs to be Instinctoid." *Proceedings of 1963 International Congress of Psychology*, Amsterdam: North-Holland Publishers, 86–87. "Further Notes on Being-psychology." *Jour. Humanistic Psychol.* 3: 120–135. "Notes on Innocent Cognition." In Schenk-Danzinger, L., and H. Thomas (Eds.), *Gegenwartsprobleme der Entwicklungspsychologie: Festschrift für Charlotte Bühler*, Verlag für Psychologie, Göttingen, Germany. "The Scientific Study of Values." *Proceedings 7th Congress of Interamerican Society of Psychology*, Mexico, D.F. "Notes on Unstructured Groups." *Human Relations Training News* 7: 1–4.

1964 "The Superior Person." *Trans-action* 1: 10–13. *Religions, Values, and Peak-experiences*. Ohio State Univ. Press. "Synergy in the Society and in the Individual." *Jour. Individual Psychol.* 20: 153–164. (With L. Gross.) "Further Notes on the Psychology of Being." *Jour. Humanistic Psychol.* 4: 45–58. Preface to Japanese translation of *Toward a Psychology of Being*, Seishin-Shobo: Tokyo.

1965 "Observing and Reporting Education Experiments." *Humanist* 25: 13. Foreword to Andras Angyal, *Neurosis & Treatment: A Holistic Theory*, Wiley, v–vii. "The Need for Creative People." *Personnel Administration* 28: 3–5, 21–22. "Critique and Discussion." In Money, J. (Ed.), *Sex Research: New Developments*. Holt, Rinehart & Winston, 135–143, 144–146. "Humanistic Science and Transcendent Experiences." *Jour. Humanistic Psychol.* 5: 219–227. "Criteria for Judging Needs to be Instinctoid." In Jones, M. R. (Ed.), *Human Motivation: A Symposium*, Univ. Nebraska Press, 33–47. *Eupsychian Management: A Journal*. Irwin-Dorsey. "Art Judgment and the Judgment of Others: A Preliminary Study." (With R. Morant.) *Jour. Clinical Psychol.* 21: 389–391.

1966 "Isomorphic Interrelationships between Knower and Known." In Kepes, G. (Ed.), *Sign, Image, Symbol*, Braziller. Reprinted in Matson, F. W., and A. Montagu (Eds.), *The Human Dialogue: Perspectives on Communication*. Free Press, 1966. *The Psychology of Science: A Reconnaissance*. New York: Harper & Row. "Toward a Psychology of Religious Awareness." *Explorations* 9: 23–41. "Comments on Dr. Frankl's Paper." *Jour. Humanistic Psychol.* 6: 107–112.

1967 "Neurosis as a Failure of Personal Growth." *Humanitas* 3: 153–169. "Synanon and Eupsychia," *Jour. Humanistic Psychol.* 7: 28–35. Preface to

Japanese translation of *Eupsychian Management.* "A Theory of Metamotivation: The Biological Rooting of the Value-life." *Jour. Humanistic Psychol.* 7: 93–127. "Dialogue on Communication." (With E. M. Drews.) In Hitchcock, A. (Ed.), *Guidance and the Utilization of New Educational Media: Report of the 1962 Conference,* American Personnel and Guidance Association, Washington, D.C., 1–47, 63–68. Foreword to Japanese translation of *Motivation and Personality.* "Self-actualizing and Beyond." In Bugental, J. F. T. (Ed.), *Challenges of Humanistic Psychology,* McGraw-Hill.

1968 "Music Education and Peak-experiences." *Music Educators Jour.* 54: 72–75, 163–171. "The Farther Reaches of Human Nature." *Jour. Transpersonal Psychol.* 1: 1–9. "Human Potentialities and the Healthy Society." In Otto, Herbert (Ed.), *Human Potentialities,* Warren H. Green, Inc., St. Louis, Mo. "The New Science of Man." In papers on *The Human Potential* for the Twentieth Century Fund, New York. *Toward a Psychology of Being,* 2d ed., Van Nostrand. "Conversation with Abraham H. Maslow." *Psychology Today* 2: 35–37, 54–57. "Toward the Study of Violence." In Ng, Larry (Ed.), *Alternatives to Violence,* Time-Life Books. "Some Educational Implications of the Humanistic Psychologies." *Harvard Educational Review* 38: 4, 685–696. "Goals of Humanistic Education." *Esalen Papers.* "Maslow and Self-actualization" (film). Psychological Films, Santa Ana, Calif. "Some Fundamental Questions That Face the Normative Social Psychologist." *Jour. Humanistic Psychol.* 8. Eupsychian Network. Mimeographed. (Included in No. 128).

1969 "Theory Z." *Jour. Transpersonal Psychol.* 1 (2): 31:47. "Various Meanings of Transcendence." *Jour. Transpersonal Psychol.* 1: 56–66. Reprinted in *Pastoral Psychol.* 19: 188, 45–49; 1968. "A Holistic Approach to Creativity." In Taylor. C. W. (Ed.), *A Climate for Creativity: Reports of the Seventh National Research Conference on Creativity, University of Utah. The Healthy Personality: Readings.* (With Hung-Min Chiang.) New York: Van Nostrand Reinhold. "Notice biographique et bibliographique." *Revue de Psychologie Appliquee* 18: 167–173. "Toward a Humanistic Biology." *American Psychologist* 24: 724–735. "Humanistic Education vs. Professional Education." *New Directions in Teaching* 2: 6–8.

1970 *Motivation and Personality.* Rev. ed. New York: Harper & Row. "Humanistic Education vs. Professional Education. *New Directions in Teaching* 2: 3–10.

1971 *Farther Reaches of Human Nature.* New York: Viking Press (Esalen Series).

参考文献

关于马斯洛的主要著作

Frick, Willard B. *Humanistic Psychology: Interviews with Maslow, Murphy, and Rogers*. Columbus: Charles E. Merrill, 1971.

Goble, Frank. *The Third Force: The Psychology of Abraham Maslow*. New York: Grossman Publishers, 1970.

International Study Project. *Abraham Maslow: A Memorial Volume*. Monterey, Calif.: Brooks/Cole, 1972.

Lowry, Richard. *A. H. Maslow: An Intellectual Portrait*. Monterey, Calif.: Brooks/Cole, 1973.

Lowry, Richard, ed. *Dominance, Self-Esteem, and Self-Actualization: Germinal Papers of A. H. Maslow*. Monterey, Calif.: Brooks/Cole, 1973.

———. *The Journals of A. H. Maslow*. Vols. 1 and 2. Monterey, Calif.: Brooks/Cole, 1979.

Wilson, Colin. *New Pathways in Psychology: Maslow and the Post-Freudian Revolution*. New York: New American Library, 1972.

主要参考文献

Adler, Alfred. *Social Interest*. Translated by John Linton and Richard Vaughn. New York: Capricorn, 1964.

Adorno, T. W.; Frenkel-Brunswik, Else; Levinson, Daniel J.; and Sanford, R. Nevitt. *The Authoritarian Personality*. New York: Harper & Row, 1950.

Agee, James. "Southeast of the Island: Travel Notes." In *The Collected Short Prose of James Agee*, edited by Robert Fitzgerald. New York: Ballantine, 1970.

Alexander, Franz; Eistenstein, Samuel; and Grotjahn, Martin, eds. *Psychoanalytic Pioneers.* New York: Basic Books, 1966.

Anderson, Walter Truett. *The Upstart Spring: Esalen and the American Awakening.* Reading, Mass.: Addison-Wesley, 1983.

Angyal, Andras. *Foundations for a Science of Personality.* New York: Commonwealth Fund, 1941.

———. *Neurosis and Treatment: A Holistic Theory.* New York: Wiley, 1965.

Ansbacher, Heinz L. "Was Adler a Disciple of Freud? A Reply." *Journal of Individual Psychology* 18 (1962): 126–135.

Ansbacher, Heinz L., and Ansbacher, Rowena R. *The Individual Psychology of Alfred Adler.* New York: Basic Books, 1956.

Ardrey, Robert. *The Territorial Imperative.* New York: Atheneum, 1966.

Argyris, Chris. *Integrating the Individual and the Organization.* New York: Wiley, 1966.

———. *Management and Organizational Development.* New York: McGraw-Hill, 1971.

Aron, Adrienne. "Maslow's Other Child." *Journal of Humanistic Psychology* 17, no. 2 (1977): 9–24.

———. "A Response to Hampden-Turner." *Journal of Humanistic Psychology* 18, no. 1 (1978): 87–88.

Aronoff, Joel, and Wilson, John P. *Personality in the Social Process.* Hillsdale, N.J.: Erlbaum, 1985.

Asch, Solomon. *Social Psychology.* New York: Prentice-Hall, 1952.

Auteri, Enrico. "Upward Feedback Leads to Cultural Change." *HR Magazine,* June 1994, 78–84.

Benedict, Ruth. *Patterns of Culture.* Boston: Houghton Mifflin, 1961.

Bennis, Warren. *An Invented Life: Reflections on Leadership and Change.* Reading, Mass.: Addison-Wesley, 1989.

———. *On Becoming a Leader.* Reading, Mass.: Addison-Wesley, 1989.

Bennis, Warren, and Nanus, Burt. *Leaders: The Strategies for Taking Charge.* New York: Harper & Row, 1985.

Bento, Regina F., and White, Lourdes F. "Participants' Values and Incentive Plans." *Human Resource Management* 37, no. 1 (Spring 1998): 47–59.

Berger, Brigette, and Berger, Peter. *The War over the Family: Capturing the Middle Ground.* Garden City, N.Y.: Doubleday, 1983.

"Blossoming Brandeis." *Time,* April 13, 1962, 73–74.

Bodkin, Maud. *Archetypal Patterns in Poetry.* London: Oxford University Press, 1934.

Bolman, Lee G., and Deal, Terrence E. *Modern Approaches to Understanding and Managing Organizations.* San Francisco: Jossey-Bass, 1984.

Boorstein, Seymour, ed. *Transpersonal Psychotherapy.* Palo Alto, Calif.: Science and Behavior Books, 1980.

Bottome, Phyllis. *Alfred Adler: A Biography.* New York: Putnam and Sons, 1939.

Bradford, Leland P.; Gibb, Jack R.; and Benne, Kenneth D., eds. *T-group Theory and Laboratory Method.* New York: Wiley, 1964.

Brooks, Susan Sonnesyn. "Noncash Ways to Compensate Employees." *HR Magazine,* April 1994, 38–43.

Bugental, James F. T., ed. *Challenges of Humanistic Psychology.* New York: McGraw-Hill, 1967.

Burke, Ronald J. "Examining the Career Plateau: Some Preliminary Findings." *Psychological Reports* 65 (1989): 295–306.

Buss, Allan R. "Humanistic Psychology as Liberal Ideology: The Socio-historical Roots of Maslow's Theory of Self-actualization." *Journal of Humanistic Psychology* 19, no. 3 (Summer 1979): 43–55.

Campbell, Donald J.; Campbell, Kathleen M.; and Ho-Beng Chia. "Merit Pay, Performance Appraisal, and Individual Motivation: An Analysis and Alternative." *Human Resource Management* 37, no. 1 (1998): 45–59.

Caudron, Shari. "Integrate Workplace Paradox." *Personnel Journal,* August 1996, 68–71.

———. "Keeping Spirits Up When Times Are Down." *Personnel Journal,* August 1996, 26–31.

———. "Staffing Drought: Here's Your Survival Kit." *Personnel Journal,* November 1996, 58–67.

———. "Be Cool! Cultivating a Cool Culture Gives HR a Staffing Boost." *Workforce,* April 1998, 50–61.

Cheney, Sheldon. *Men Who Have Walked with God.* New York: Knopf, 1956.

Christenson, Cornelia. *Kinsey: A Biography.* Bloomington, Ind.: Indiana University Press, 1971.

Christman, Henry M., ed. *One Hundred Years of the Nation.* New York: Macmillan, 1965.

Collins, James C., and Porras, Jerry I. *Built to Last: Successful Habits of Visionary Companies.* New York: HarperCollins, 1994.

———. "Building Your Company's Vision." *Harvard Business Review,* September-October 1996, 65–77.

Coser, Lewis A. *Refugee Scholars in America, Their Impact and Their Experiences.* New Haven, Conn.: Yale University Press, 1984.

Coulton, Thomas Evans. *A City College in Action.* New York: Harper & Brothers, 1955.

Curti, Merle, and Carstensen, Vernon. "The University of Wisconsin: To 1925." In *University of Wisconsin,* edited by Allen G. Bogue and Robert Taylor. Madison, Wis.: University of Wisconsin Press, 1975.

Dalton, Melville. *Men Who Manage.* New York: Wiley, 1959.

Davis, John William, ed. *Value and Valuation, Axiological Studies in Honor* of Robert S. Hartman. Knoxville, Tenn.: University of Tennessee Press, 1972.

Davis, Keith, ed. *Organizational Behavior: A Book of Readings*. New York: McGraw-Hill, 1977.

Dennis, Lawrence J. "Maslow and Education." *Education Digest*, March 1976, 32–36.

Deutsch, Felix, ed. *On the Mysterious Leap from the Mind to the Body*. New York: International Universities Press, 1959.

Dreikurs, Rudolf. *Fundamentals of Adlerian Psychology*. Chicago: Alfred Adler Institute, 1953.

Drucker, Peter F. *The Practice of Management*. New York: Harper, 1954.

———. *The Frontiers of Management*. New York: Truman Talley Books, 1986.

———. *The Effective Executive*. New York: HarperBusiness, 1993.

———. *Innovation and Entrepreneurship*. San Francisco: HarperBusiness, 1993.

DuBois, Cora. *The People of Alor*. With analyses by Abram Kardiner and Emil Oberholzer. Cambridge, Mass.: Harvard University Press, 1960.

Easley, Edgar M., and Wigglesworth, David C. "Jonestown in the Shadow of Maslow's Pyramid." *Humanist*, July 1979, 41–43.

Edvinsson, Leif, and Malone, Michael. *Intellectual Capital*. New York: HarperBusiness, 1997.

Elass, Priscilla M., and Ralston, David A. "Individual Responses to the Stress of Career Plateauing." *Journal of Management* 15, no. 1 (1989): 35–47.

Eliade, Mircea. *The Sacred and the Profane*. New York: Harcourt, Brace & World, 1959.

Elkind, David. "Erich Fromm (1900–1980)." *American Psychologist* 36, no. 5 (May 1981): 521–522.

Ellis, Willis D., ed. *A Source Book of Gestalt Psychology*. New York: Humanities Press, 1950.

Emde, Ed. "Employee Values Are Changing Course." *Workforce*, March 1998, 83–84.

Erikson, Erik. *Childhood and Society*. New York: W. W. Norton, 1950.

Esalen Institute Programs. Big Sur, Calif.: Esalen Institute, 1966–1970.

Ettington, Deborah R. "How Human Resource Practices Can Help Plateaued Managers Succeed." *Human Resource Management* 36, no. 2 (Summer 1997): 221–234.

Etzioni, Amitai. "A Creative Adaptation to a World of Rising Shortages." *Annals of the American Academy* 420 (July 1975): 98–110.

Ewers, John C. *The Blackfeet: Raiders on the Northern Plains*. Norman, Okla.: University of Oklahoma Press, 1958.

Fernandez-Marina, Ramon; Maldonado-Sierra, Eduardo; and Trent, Richard C. "Three Basic Themes in Mexican and Puerto Rican Family Values." *Journal of Social Psychology* 48 (1958): 167–181.

Fernberger, Samuel W. "The American Psychological Association: A Historical Summary, 1892–1930." *Psychological Bulletin* 29, no. 1 (January 1932): 1–89.

Fine, Reuben. *A History of Psychoanalysis.* New York: Columbia University Press, 1979.

Fisher, A. D. "Indian Land Policy and the Settler-State in Colonial Western Canada." In *Essays on the Political Economy of Alberta,* edited by David Leadbeater. Toronto: New Hugtown Press, 1984.

Flynn, Gillian. "Remedy Cures Work Doldrums." *Workforce,* February 1998, 38–42.

Fong-Torres, Ben. "Kaypro Fights Back." *Microtimes,* February 1986, 28, 29, 32.

Frankl, Viktor. *From Death Camp to Existentialism.* (Later retitled: *Man's Search for Meaning.*) Boston: Beacon, 1963.

———. *Psychotherapy and Existentialism.* New York: Washington Square Press, 1967.

Friedan, Betty. *The Feminine Mystique.* New York: W. W. Norton, 1974.

Fromm, Erich. *Escape from Freedom.* New York: Farrar, 1941.

———. *Man for Himself.* New York: Rinehart, 1947.

———. *The Sane Society.* New York: Rinehart, 1955.

———. *Current Biography,* 1967, p. 129.

Gard, Robert E. *University Madison U.S.A.* Madison, Wis.: Wisconsin House, 1970.

Gardner, Howard. *Leading Minds: An Anatomy of Leadership.* New York: Basic Books, 1995.

Gillenson, Lewis G. "Brandeis, A Young University in a Hurry." *Saturday Review,* March 17, 1962, 82–83, 100–103.

Golden, Harry. *Travels through Jewish America.* Garden City, N.Y.: Doubleday, 1973.

Goldfarb, William. *Changing Configurations in the Social Organization of a Blackfoot Tribe During the Reserve Period.* Monographs of the American Ethnological Society. Seattle, Wa.: University of Washington Press, 1945.

———. "David M. Levy 1892–1977." *American Journal of Psychiatry* 134, no. 8 (August 1977): 934.

Goldstein, Kurt. *The Organism.* New York: American Book Company, 1939.

———. *Language and Language Disturbance.* New York: Grune and Stratton, 1948.

———. *Human Nature.* Cambridge, Mass.: Harvard University Press, 1951.

———. *The Human Organism.* Cambridge, Mass.: Harvard University Press, 1951.

———. "The So-Called Drives." In Clark Moustakas, *The Self.* New York: Harper & Row, 1956.

Goldstein, Kurt, and Scheerer, Martin. *Abstract and Concrete Behavior: An Experimental Study with Special Tests.* Evanston, Ill.: Northwestern University and the American Psychological Association, 1964.

Golemiewski, Robert T., and Blumberg, Arthur, eds. *Sensitivity Training and the Laboratory Approach,* 2d edition. Itasca, Ill.: Peacock Publishers, 1973.

Goodheart, Eugene. "The New York Review: A Close Look." *Dissent* (March 1970): 135–143.

Goodman, R. A. *On the Operationality of the Maslow Need Hierarchy.* Los Angeles: University of California at Los Angeles, Graduate School of Business, Division of Research, 1985.

Goold, Michael, and Campbell, Andrew. "Desperately Seeking Synergy." *Harvard Business Review,* September-October 1998, 31–143.

Grinnell, George Bird. *Blackfoot Lodge Tales.* Lincoln, Neb.: University of Nebraska Press, 1962.

Grof, Stanislav. *Beyond the Brain.* Albany, N.Y.: State University of New York Press, 1985.

Gross, Lawrence. "Abraham H. Maslow: The Mystery of Health." Unpublished ms. Philadelphia: University of Pennsylvania, Department of Communications, 1964.

Grossman, Richard. *The Other Medicines.* Garden City, N.Y.: Doubleday, 1985.

———. "Some Reflections on Abraham Maslow." Paper read at the twenty-fifth anniversary conference, Association of Humanistic Psychology, and Division 32, American Psychological Association, San Francisco, March 8, 1985.

Hahn, Emily. *On the Side of the Apes.* New York: Crowell, 1971.

Hampden-Turner, Charles. "Comment on 'Maslow's Other Child.'" *Journal of Humanistic Psychology* 17, no. 2 (Spring 1977): 25–31.

Hanfmann, Eugenia; Jones, Richard M.; Baker, Elliot; and Kovler, Leo. *Psychological Counseling in a Small College.* Cambridge, Mass.: Schenkman Publishing, 1963.

Hanks, Lucien M., and Hanks-Richardson, Jane. *Tribe under Trust: A Study of the Blackfoot Reserve of Alberta.* Toronto: University of Toronto Press, 1950.

Harlow, Harry. *Learning to Love.* New York: Aronson, 1974.

Hartley, Eugene L. "Gardner Murphy (1895–1979)." *American Psychologist* 35, no. 4 (April 1980): 383–385.

Hartman, Robert S. *The Structure of Value: Foundations of Scientific Axiology.* Carbondale, Ill.: Southern Illinois University Press, 1967.

Hartmann, George W. *Gestalt Psychology: A Survey of Facts and Principles.* New York: Ronald Press, 1935.

Hausdorff, Don. *Erich Fromm.* New York: Twayne, 1972.

Hayakawa, S. I. *Language in Thought and Action.* New York: Harcourt Brace Jovanovich, 1972.

Heilbut, Anthony. *Exiled in Paradise*. New York: Viking, 1983.

Heiman, Nanette, and Grant, Joan, eds. *Psychological Issues*. New York: International Universities Press, 1974.

Henle, Mary, ed. *Documents of Gestalt Psychology*. Berkeley, Calif.: University of California Press, 1961.

Herzberg, Frederick; Mausner, Bernard; and Synderman, Barbara. *The Motivation to Work*. New York: Wiley, 1959.

Hoffman, Abbie. *Soon to Be a Major Motion Picture*. New York: Berkley, 1982.

Hoffman, Edward. *The Way of Splendor: Jewish Mysticism and Modern Psychology*. Boulder, Colo.: Shambhala, 1981.

———. "Abraham Maslow: Father of Enlightened Management." *Training*, September 1988, 79–82.

———, ed. *Future Visions: The Unpublished Papers of Abraham Maslow*. Thousand Oaks, Calif.: Sage, 1996.

Horney, Karen. *The Neurotic Personality of Our Time*. New York: W. W. Norton, 1937.

———. *New Ways in Psychoanalysis*. New York: W. W. Norton, 1939.

———. *Self-analysis*. New York: W. W. Norton, 1942.

———. *Neurosis and Human Growth*. New York: W. W. Norton, 1950.

Hornstein, Harvey A. *Brutal Bosses and Their Prey*. New York: Riverhead, 1996.

Horowitz, Murray M. *Brooklyn College: The First Half-Century*. Brooklyn, N.Y.: Brooklyn College Press, 1981.

Hothersall, David. *History of Psychology*. New York: Random House, 1984.

Howard, Jane. *Margaret Mead: A Life*. New York: Simon & Schuster, 1984.

Howe, Irving. *The World of Our Fathers*. New York: Harcourt Brace Jovanovich, 1976.

———. *A Margin of Hope*. New York: Harcourt Brace Jovanovich, 1982.

Hull, Clark L. "Psychology of the Scientist: IV. Passages from the 'Idea Books' of Clark L. Hull." *Perceptual and Motor Skills* 15 (1962): 807–882.

Huxley, Aldous. *Brave New World*. New York: Harper & Row, 1946.

———. *Moksha*. Edited by Michael Horowitz and Cynthia Palmer. Los Angeles: Tarcher, 1982.

Ingraham, Mark H. "The University of Wisconsin, 1925–1950." In *University of Wisconsin*, edited by Allen G. Bogue and Robert Taylor. Madison, Wis.: University of Wisconsin Press, 1975.

James, William. *The Varieties of Religious Experience*. New York: Modern Library, 1936.

———. *Pragmatism and Other Essays*. New York: Washington Square Press, 1963.

Jaworski, Joseph. *Synchronicity: The Inner Path of Leadership*. New York: Berrett-Koehler, 1998.

Jay, Phyllis. "Field Studies." In *Behavior of Nonhuman Primates*, edited by Allan

M. Schrier, Harry F. Harlow, and Fred Stollnitz. New York: Academic Press, 1965.

Joncich, Geraldine. *The Sane Positivist: A Biography of Edward L. Thorndike.* Middletown, Conn.: Wesleyan University Press, 1968.

Jones, Ernest. *The Life and Work of Sigmund Freud.* Edited and abridged in one volume by Lionel Trilling and Steven Marcus. New York: Basic Books, 1961.

Joseph, Samuel. *Jewish Immigration to the United States from 1881 to 1910.* New York: Arno, 1969.

Journal of Transpersonal Psychology 1, no. 1 (1969): statement of purpose.

Kanigel, Robert. *The One Best Way: Frederick Winslow Taylor and the Enigma of Efficiency.* New York: Viking, 1997.

Kardiner, Abram. *The Individual and His Society.* New York: Columbia University Press, 1939.

———. *Sex and Morality.* London: Routledge & Kegan Paul, 1955.

———. *My Analysis with Freud.* New York: W. W. Norton, 1977.

Kardiner, Abram, and Preble, Edward. *They Studied Man.* London: Secker and Warburg, 1962.

Kelman, Harold. *Advances in Psychoanalysis: Contributions to Karen Horney's Holistic Approach.* New York: W. W. Norton, 1964.

Kirschenbaum, Howard. *On Becoming Carl Rogers.* New York: Delacorte Press, 1979.

Knecht, G. Bruce. "Andrew Kay and Sons and Daughters and Father and Wife Are #4 in Computers." *Financial Enterprise,* Winter 1984/85, 3–5.

Koffka, Kurt. *Principles of Gestalt Psychology.* New York: Harcourt Brace, 1935.

Köhler, Wolfgang. *The Place of Value in a World of Facts.* New York: Liveright, 1966.

———. *The Task of Gestalt Psychology.* Princeton, N.J.: Princeton University Press, 1969.

———. "Max Wertheimer 1880–1943." *Psychological Review* 51 (1944): 143–146.

Kristol, Irving. *Reflections of a Neo-conservative.* New York: Basic Books, 1983.

Kuriloff, Arthur H. "An Experiment in Management—Putting Theory Y to the Test." *Personnel,* November/December 1963, 8–17.

Laabs, Jennifer J. "Downshifters. Workers Are Scaling Back. Are You Ready?" *Personnel Journal,* March 1996, 62–76.

———. "Embrace Today's New Deal." *Personnel Journal,* August 1996, 60–66.

———. "Edison Takes a Time-Out for Self-Esteem and Renewal." *Workforce,* March 1998, 85–86.

Landesman, Alter F. *Brownsville.* New York: Bloch, 1971.

Landis, Bernard, and Tauber, Edward S. *In the Name of Life: Essays in Honor of Erich Fromm.* New York: Holt, Rinehart and Winston, 1971.

LaSale, Angela J. C. "Another Look at Maslow's Motivational Hierarchy." *Psychological Reports* 48 (1981): 938.

Laski, Margharita. *Ecstasy.* Bloomington, Ind.: Indiana University Press, 1962.

Leary, Timothy. *Flashbacks.* Los Angeles: Tarcher, 1983.

Leavitt, Harold. *Managerial Psychology,* 4th ed. Chicago: University of Chicago Press, 1978.

Leonard, George. "Abraham Maslow and the New Self." *Esquire,* December 1983, 326–335.

Levering, Robert. *A Great Place to Work: What Makes Some Employers So Good (and Most So Bad).* New York: Random House, 1988.

Levy, David M. *Maternal Overprotection.* New York: Columbia University Press, 1943.

Levy, David, and Munroe, Ruth. *The Happy Family.* New York: Knopf, 1947.

Likert, Rensis. *New Patterns of Management.* New York: McGraw-Hill, 1961.

McCullough, David W. *Brooklyn: A City of Neighborhoods and People.* New York: Dial, 1983.

McGregor, Douglas. *The Human Side of Enterprise.* New York: McGraw-Hill, 1960.

Mann, W. Edward, and Hoffman, Edward. *The Man Who Dreamed of Tomorrow: A Conceptual Biography of Wilhelm Reich.* Los Angeles: Tarcher, 1980.

Manuel, Frank. *Shapes of Philosophical History.* Stanford, Calif.: Stanford University Press, 1965.

Manuel, Frank, and Manuel, Fritzie. *Utopian Thought in the Western World.* Cambridge, Mass.: Belknap Press, 1979.

Marrow, Alfred J., ed. *The Failure of Success.* New York: American Management Association, 1972.

Matson, Floyd. *The Broken Image.* Garden City, N.Y.: George Braziller, 1964.

May, Rollo. *The Meaning of Anxiety.* New York: Ronald Press, 1950.

May, Rollo, ed. *Existential Psychology.* New York: Random House, 1969.

May, Rollo, ed. *Politics and Innocence: A Humanistic Debate.* Dallas: Saybrook, 1986.

Mead, Margaret. *Ruth Benedict.* New York: Columbia University Press, 1974.

———. "Ruth Fulton Benedict 1887–1948." *American Anthropologist* 51 (1949): 457–468.

Metzner, Ralph. *Opening to Inner Light.* Los Angeles: Tarcher, 1986.

Micklethwait, John, and Woolridge, Adrian. *The Witch Doctors: Making Sense of the Management Gurus.* New York: Times Books, 1996.

Miller, Douglas T., and Nowak, Marion. *The Fifties.* Garden City, N.Y.: Doubleday, 1977.

Mintz, Alan L. "Encounter Groups and Other Panaceas." *Commentary,* July 1973, 42–49.

Mitchell, Arnold. *The Nine American Lifestyles.* New York: Macmillan, 1983.

Modell, Judith Schacter. *Ruth Benedict: Patterns of a Life.* Philadelphia: University of Pennsylvania Press, 1983.

Morant, Ricardo. "Eugenia Hanfmann: Memorial Minute." Unpublished paper. Waltham, Mass.: Brandeis University, Department of Psychology, September 16, 1983.

———. "In Memoriam to Harry Rand." Unpublished paper. Waltham, Mass.: Brandeis University, Department of Psychology, undated.

Munroe, Ruth L. *Schools of Psychoanalytic Thought.* New York: Holt, Rinehart and Winston, 1955.

Murchison, Carl, ed. *Psychologies of 1925.* Worcester, Mass.: Clark University Press, 1927.

"No-Assembly-Line Plan Gets Nothing But Results." *Steel,* May 25, 1964, 90–91.

Oates, Joyce Carol. "The Potential of Normality." *Saturday Review,* August 26, 1972, 53–55.

Obendorf, Clarence P. *A History of Psychoanalysis in America.* New York: Harper & Row, 1953.

Peters, Tom, and Austin, Nancy. *A Passion for Excellence.* New York: Random House, 1985.

Polanyi, Michael. *Science, Faith, and Society.* Chicago: University of Chicago Press, 1964.

Pomeroy, Wardell B. *Dr. Kinsey and the Institute for Sex Research.* New York: Harper & Row, 1972.

Quinn, James Brian. *Intelligent Enterprise.* New York: Macmillan, 1992.

Quinn, James Brian; Anderson, Philip; and Finkelstein, Sydney. "Managing Professional Intellect: Making the Most of the Best." *Harvard Business Review,* March-April 1996, 72–80.

Rabinbach, Anson. *The Human Motor: Energy, Fatigue, and the Origins of Modernity.* New York: Basic Books, 1990.

Rand, Ayn. *The Fountainhead.* New York: New American Library, 1943.

Riesman, David. *Individualism Reconsidered.* Glencoe, Ill.: Free Press, 1954.

Roazen, Paul. *Freud and His Followers.* New York: Meridian, 1976.

Roback, A. A. *History of American Psychology.* New York: Library Publishers, 1952.

Roberts, Thomas B. "Maslow's Human Motivation Needs Hierarchy: A Bibliography." *Research in Education,* 1973, ERIC document ED 069–591.

Rogers, Carl R. *Counseling and Psychotherapy.* Boston: Houghton Mifflin, 1942.

Rogers, Judy. "Baby Boomers and their Career Expectations." *Canadian Business Review* 20, no. 1 (1993): 13–16.

Royce, Earl. *Corporate Responsibility Planning Service: Personnel Management and Development, Program Profile.* Menlo Park, Calif.: Saga Corporation, June 11, 1976.

Rubins, Jack L. *Karen Horney: Gentle Rebel of Psychoanalysis.* New York: Dial Press, 1978.

Rudy, S. Willis. *The College of the City of New York: A History.* New York: City College Press, 1949.

Rutkoff, Peter M., and Scott, William B. *New School: A History of the New School for Social Research.* New York: Free Press, 1986.

Sachar, Abram L. *A Host at Last.* Boston: Little, Brown, 1976.

Saga Fact Book. Menlo Park, Calif.: Saga Corporation, September 1983.

Sanders, Ronald. *The Downtown Jews.* New York: Harper & Row, 1969.

Schein, Edgar H., and Bennis, Warren G. *Personal and Organizational Change through Group Methods.* New York: Wiley, 1965.

Schulberg, Budd. *What Makes Sammy Run?* New York: Random House, 1941.

Schwartz, Howard S. "Maslow and the Hierarchical Enactment of Organizational Reality." *Human Relations* 36, no. 10 (1983): 933–956.

Scroth, Raymond A. *The Eagle and Brooklyn.* Westport, Conn.: Greenwood, 1973.

Sears, Robert R. "Harry Frederick Harlow." *American Psychologist* 37, no. 11 (November 1982): 1280–1281.

Seidler, Murray B. *Norman Thomas.* Syracuse, N.Y.: Syracuse University Press, 1967.

Senge, Peter M. *The Fifth Discipline.* Garden City, N.Y.: Doubleday, 1994.

Sheldon, William H. *The Varieties of Temperament.* New York: Harper & Row, 1942.

Simmel, Marianne L., ed. *The Reach of Mind: Essays in Memory of Kurt Goldstein.* New York: Springer, 1968.

Skinner, B. F. *Walden Two.* New York: Macmillan, 1948.

Smith, Brewster. "On Self-actualization: A Transambivalent Examination of a Focal Theme in Maslow's Psychology." *Journal of Humanistic Psychology* 13, no. 2 (Spring 1973): 17–33.

Sorokin, Pitirim A. *A Long Journey.* New Haven, Conn.: College and University Press, 1963.

Stagner, Ross. "Reminiscences about the Founding of SPSSI." *Journal of Social Issues* 42, no. 1 (Spring 1986): 35–42.

Stewart, Thomas A. "Brainpower: How Intellectual Capital Is Becoming America's Most Valuable Asset." *Fortune,* June 3, 1991, 44–60.

———. "Your Company's Most Valuable Asset: Intellectual Capital." *Fortune,* November 27, 1994, 68–74.

———. "Getting Real about Brainpower." *Fortune,* November 27, 1995, 201–203.

Storr, Anthony. "Book Review." *Encounter* 41 (November 1973): 85–92.

Sullivan, Patrick. *Profiting from Intellectual Capital.* New York: Wiley, 1998.

Sumner, William Graham. *Folkways.* New York: Ginn and Company, 1940.

Sutich, Anthony. "The Growth-experience and the Growth-centered Attitude." *Journal of Psychology* 28 (1949): 293–301.

Sykes, Gerald. *The Hidden Remnant.* New York: Harper & Brothers, 1962.

Tannenbaum, Robert; Wechler, Irving R.; and Massarik, Fred. *Leadership and Organization.* New York: McGraw-Hill, 1961.

Tannenbaum, Robert; Margulies, Newton; and Massarik, Fred. *Human Systems Development.* San Francisco: Jossey-Bass, 1985.

Tanzer, Deborah. *Why Natural Childbirth?* New York: Schocken, 1976.

Teal, Thomas. "The Human Side of Management." *Harvard Business Review,* November-December 1996, 35–44.

Thornburg, Linda. "HFC Declares Employees the Key to Success." *HR Magazine,* August 1994, 60–61.

Tolman, Edward C. *Drives Toward War.* New York: D. Appleton-Century, 1942.

Toman, Walter. *Family Constellation.* New York: Springer, 1976.

Vivas, Eliseo. *Two Roads to Ignorance.* Carbondale, Ill.: Southern Illinois University Press, 1979.

Walsh, Roger, and Shapiro, Deane H. *Beyond Health and Normality.* New York: Van Nostrand, Reinhold, 1983.

Watson, David Lindsay. *Scientists Are Human.* New York: Arno Press, 1975.

Watson, John B. "Experimental Studies on the Growth of the Emotions." In *Psychologies of 1925,* edited by Carl Murchison. Worcester, Mass.: Clark University Press, 1927.

———. "Recent Changes on How We Lose and Change Our Emotional Equipment." In *Psychologies of 1925,* edited by Carl Murchison. Worcester, Mass.: Clark University Press, 1927.

———. "What the Nursery Has to Say About Instincts." In *Psychologies of 1925,* edited by Carl Murchison. Worcester, Mass.: Clark University Press, 1927.

Watson, Robert I. *The Great Psychologists.* Philadelphia: Lippincott, 1978.

Way, Lewis. *Adler's Place in Psychology.* New York: Collier, 1962.

Weisskopf, Walter. *The Psychology of Economics.* Chicago: University of Chicago Press, 1955.

Wendland, Leonard V. "Book Review: Motivation and Personality." *Personalist* 37 (1956): 185.

Wertheimer, Max. *Productive Thinking.* Chicago: University of Chicago Press, 1982.

"Where Being Nice to Workers Didn't Work." *Business Week,* January 20, 1973, 99–100.

Wilson, Colin. *The Stature of Man.* Boston: Houghton Mifflin, 1959.

———. *The Outsider.* London: Arthur Barker, 1964.

———. *Introduction to the New Existentialism.* Boston: Houghton Mifflin, 1967.

Wilson, James Q., and Herrnstein, Richard J. *Crime and Human Nature.* New York: Simon & Schuster, 1985.

Wilson, Sloan. *The Man in the Grey Flannel Suit.* New York: Simon & Schuster, 1955.

Wolff, Michael F. "Riding the Biggest Wave." *Spectrum,* December 1984, 66–71.

Wolff, Werner. *The Expression of Personality.* New York: Harper & Brothers, 1943.

———. *Diagrams of the Unconscious: Handwriting and Personality in Measurement, Experiment, and Analysis.* New York: Grune and Stratton, 1948.

Yankelovich, Daniel. *New Rules.* New York: Random House, 1981.

Zuckerman, Solly. *From Apes to Warlords.* New York: Harper & Row, 1978.

———. *The Social Life of Monkeys and Apes,* 2d ed. London: Routledge & Kegan Paul, 1981.

译后记　学习马斯洛

我曾经在1987年根据马斯洛的几本主要著作,编译出版了《自我实现的人》一书。

此书在当时很受欢迎。时间过了将近10年,1996年,我接到一位陌生青年辗转打来的电话。他说他对马斯洛心理学很感兴趣,而他的哥哥正是看了《自我实现的人》考上了研究生。他还告诉我,北京大学有的书店正在卖这本书,书还是原版,但是定价上面贴了一个纸条,由一块多钱变成了九块多。当时,我正在大病中,连接电话说话都感到吃力,没和他有更多的沟通。但他的话却使我感到欣慰。关于这本书,我不时会收到一些好评,这使我更加相信马斯洛对于国民的意义。在20世纪80年代,我国掀起了一场思想解放运动,这次思想解放运动的特点之一,就是西方的各种新思想涌入中国,形成了弗洛伊德热、尼采热、萨特热、弗洛姆热、波普热等热潮,马斯洛热也是其中之一。仅据版权页提供的印数统计,在这次热潮中,马斯洛以及有关马斯洛的书至少售出了55万册。

如果要列举有史以来最著名的心理学家,马斯洛无疑应名列前茅。与弗洛伊德类似,马斯洛是一位已经对人类产生了重要影响而且还将产生长久影响的天才心理学家。在今天,他的一些思想,有不少人们已经耳熟能详。例如,"需要层次"、"自我实现"、"高峰体验"、"潜能发挥"等。国内外一些评论甚至认为,他的一些思想已经成了当今世界公众意识的一部分。

中国人民大学出版社这次出版《马斯洛传》,我感觉很有意义。马斯洛的思想很值得学习,其价值已经超越了心理学界,进入大众领域。马斯洛心理学具有很强的生命力,还远远没有过时。

如果说1987年开始的"马斯洛热"表达了人们在封闭的社会环境和僵化的意识

形态中渴望心灵解放，发挥自身潜能的意向，那么，今天人们对于马斯洛心理学的兴趣则是出于在新的社会条件下，深入认识自我、准确找到自我定位、更好发挥自己潜能的需要。

马斯洛心理学的意义毋庸置疑，认识马斯洛这个人也成为一种需要。

正如马斯洛所说："任何人类需要都可以成为涉足科学、从事或深入研究科学的原始动机。科学研究可以是一种谋生手段，一种取得威望的途径，一种自我实现的方式，或者是任何神经症需要的满足。"[①] 人们对于不同类型的科学家有不同的要求。对于一些"纯"科学家，他们的研究与社会伦理、价值观念没有直接关系，人们对他们自身的伦理道德、人格修养、个性特征等不会有特别的兴趣，也没有理由对他们在这方面有所苛求。但是，对于其研究涉及社会伦理、价值观念的科学家，就另当别论了。我们对于其人的认识越深刻，对于其思想的把握与借鉴也就越准确、有效。

对于以自我实现理论著称的马斯洛，人们自然要追问："马斯洛自己是自我实现的人吗？""马斯洛自己是怎样发挥潜能的？"

在我国，尽管人们对马斯洛心理学的热情长盛不衰，但对马斯洛本人的情况却知之甚少。爱德华·霍夫曼的这本《马斯洛传——人的权利的沉思》是迄今为止关于马斯洛的最详细的传记。作者本人就是一位心理学家，由于热爱马斯洛心理学，为写作此书，付出了极大的精力和心血，历时五年多，采访了二百多人。这不仅是在我国出版的第一本马斯洛传记，也是世界范围内最具权威性的一本马斯洛传记。为方便读者阅读这本书，我在此抛砖引玉，谈一谈自己对于各章的体会。

在第1章"布鲁克林的童年"中，霍夫曼写出了马斯洛童年的特点。难能可贵的是，尽管霍夫曼非常热爱马斯洛心理学，却没有对马斯洛采取一味盲从的态度。在此书中我们可以看到，他毫不回避地记录了马斯洛的一些问题，包括马斯洛与他的母亲的关系问题。也许在对待母亲的问题上，马斯洛可能会受到这样或者那样的质疑甚至责难，但是，正是这样的问题，使我们能够逐渐走近一个活生生的真实的马斯洛。也就是从这一章，我们已经可以了解，马斯洛日后何以会与弗洛伊德分道扬镳。弗洛伊德的"恋母情结"在马斯洛那里的确难以解释。

在第2章"追求心智成长的奋斗"中，我们可以看到马斯洛如何开始学习心理学，最早打动他的，竟是华生的行为主义心理学。我们还可以看到当初马斯洛是如何认识贝莎的。贝莎是马斯洛约会的第一个女性，也是他白头到老的伴侣。我曾经就马斯洛的恋爱观和婚姻生活向作者霍夫曼提出疑问，他回答说，据他了解，马斯

---

① ［美］亚伯拉罕·马斯洛：《动机与人格》，3页，北京，华夏出版社，1987。

洛的确在这方面比较严谨，不像好些著名心理学家那样追逐女性。

在第3章"一位心理学家的诞生"和以下多个章节中，我们可以读到不少关于美国大学的情况。如果是对美国大学的单纯的介绍，也许不会引起人们这样大的兴趣，但是，围绕马斯洛的经历来介绍，读起来就使人有身临其境之感。在二战前后的美国，马斯洛在极大的生存压力下，在事业上迅速地成长起来。

马斯洛心理学自身的特点很难使人想到他早年的学术背景。他原来受过严格的行为主义心理学的训练。在第4章"喜欢与猴子打交道的男人"中，我们可以看到他如何对猴子进行实验研究。马斯洛设计的对猴子的研究十分有趣。在这一章中，我们还可以看到，为了取得双博士学位，他如何进医学院学习，他学医时的一些感受独特而有趣。

经著名心理学家桑代克测试，当年马斯洛的智商竟然高达195！他当时为此颇有些得意。马斯洛对于性行为的研究，也许会同样出乎人们的意料。在第5章"性行为和支配行为的探索者"中，我们还可以看到马斯洛与著名性学家金西的一段交往。马斯洛原来在性学方面也有着开拓性的建树。马斯洛在性行为研究中乐意以女性作研究对象。他的动机并非完全出自科学研究，多年之后，他曾坦率承认，当时他还很年轻，会见女性能给他一种新鲜而刺激的感觉。

第6章为"在心理学世界的中心"。如果你是一位心理学或者哲学爱好者，你将在这一章中发现众多熟悉的名字，包括霍妮、弗洛姆、阿德勒等。二战前后的美国纽约，群星灿烂，欧洲的许多著名学者，为逃避纳粹的迫害，集聚在那里，这对于求知欲极强的马斯洛来说，无疑是天赐良机。可以说，马斯洛之所以来日能够硕果累累，与他有机会与这些出类拔萃的智者交流不无关系。

在第7章"与黑脚印第安人共度田园时光"中，你将随着马斯洛走进加拿大土著印第安人的家园，聆听他们悠长的牧歌，体会他们善良而淳朴的心灵。这是马斯洛的职业生涯中极为重要的一次实地调查。看了这一章，你或许会对马斯洛心理学所具有的某些微妙而明朗的气质有所感悟。

在第8章"布鲁克林大学的革新"中，我们可以看到马斯洛如何既教书，又教人，既搞研究，又搞咨询。马斯洛受到大学生们的欢迎，不光是思想，他的行为也能够给人以许多启迪。现在，中国的大学几乎都有了心理咨询机构，马斯洛看来是大学里最早搞这种活动的老师之一。

在第9章"自我实现之光"中，我们可以看到，马斯洛如何提出了他的需要层次理论，如何萌发了研究自我实现者的灵感，马斯洛的两位老师露丝·本尼迪克特和马克斯·韦特海默如何影响了他。

译后记　学习马斯洛

在我国，"文人下海"曾经是热闹一时的话题。也许出乎读者意料的是，由于身体欠佳，马斯洛也曾经进入商界一年时间。在第 10 章"加利福尼亚的插曲"中，我们可以读到马斯洛在普莱森顿制桶公司时的一些独特感受。面对商界的尔虞我诈，一位思想家似乎也可以做到大事清楚，小事不糊涂。这一段"插曲"出人意料，但又使人感到新颖而贴近。

第 11 章"重返布鲁克林"中，我们可以看到，马斯洛是如何发表他关于自我实现的研究的。本章关于自我实现理论发表前后的介绍，有助于我们理解这一理论。与关于自我实现的研究相应，马斯洛还深刻地批判了权力主义。

在第 12 章"布兰代斯大学的开拓"中，我们可以看到马斯洛如何当上了心理系系主任，我们还可以看到他与马尔库塞、科塞等著名学者的交往。根据他的理论，如果能够使自尊需要得到充分的满足，将有利于自我实现，因此，他常常有意夸奖他的朋友们。

马斯洛受指责最多的地方之一，就是他具有所谓"精英意识"。在第 13 章"失望与新梦想"中，我们可以看到他与自己研究生之间的微妙关系。马斯洛错了吗？是他功成名就之后发生了变化？或者，这里体现了人类的两难境地？其实，马斯洛体验到的矛盾，我们好多人都有所体验。

在第 14 章"墨西哥的慢节奏"中，我们可以看到马斯洛唯一的一次出国生活。我们看到，马斯洛是何等乐意与人交流。与墨西哥学者迪亚兹-格雷罗等的深入探讨，使他思考在不同文化下自我实现的不同途径问题。在墨西哥的生活节奏虽慢，但他那天才的头脑仍然在不停地运转。

在第 15 章"开明的管理者、神秘体验论者和企业家"中，我们可以看到马斯洛是如何关心心理学的实际应用的。从马斯洛与美国实业界的关系中，我们可以体会到抽象的学术理论如何也能够转化为实实在在的应用价值。另外，在我国，气功热、特异功能热等曾经历久不衰，在美国，也有类似情况，那么，马斯洛对此又持什么态度呢？

在第 16 章"艰难前行的反传统文化勇士"中，马斯洛与格式塔心理治疗大师皮尔斯短兵相接，面对面地发生了戏剧性的冲突。这种冲突似乎是不可避免的。这是一种什么性质的冲突？谁是谁非？

由于对传统科学的激烈批评，马斯洛多次梦见自己被美国心理学会开除，然而，后来他却被选举为美国心理学会主席。

在第 17 章"加利福尼亚的拯救：'死后'的生涯"中，我们可以看到马斯洛对于死亡的独特思考，其中仍然不断有闪光的东西。他赞同安乐死，而他刚好是因心脏病猝发而突然倒下。

这本书是一本传记。如何才是读传记的最好状态？如何读传记，包括读这本书才会有最大的收获？

马斯洛有一段话，可以认为揭示了这个秘密。他在《人性能达的境界》中论述超越的含义时写道："我能够非常亲近、充满感情地与斯宾诺莎、林肯、杰斐逊、詹姆斯、怀特海等在一起，似乎他们仍然活着。这种情况等于说，他们确实以某种特殊的方式依然活着。"

读一位伟人的传记，其深远的价值正在于此。进入他的时代，进入他的环境，深入他的思想，深入他的情感。他的力量、智慧和灵性因此变成我们自己的。

马斯洛是这样一个人：他来到这个世界，感受到了生命的奇妙，感受到了人的丰富的价值，并且非常乐意把它们与大家分享。

我研究马斯洛心理学多年，从他的著作中获益匪浅。我在大概 10 年前开始形成了自己的关于"全人心理学"的思想，其中马斯洛的影响是重要来源之一，当然还有"后人本心理学"等的影响，以及社会学、哲学、文学、宗教等其他学科的积累。"通心"是全人心理学的核心的理论、方法和技术。用"全人心理学"的"通心"理论看，学习马斯洛，也就是与马斯洛通心。感谢美国《人本心理学杂志》主编格瑞宁博士，他在 1988 年就送给我了《马斯洛传》英文版。读这本传记，多少如同伴随马斯洛一起在美国生活、思考，对他感觉更加熟悉、亲近，对他的思想也更加了解。——传记的意义也正在于可以提供这样的资料。

关于马斯洛，如果要写点什么总结性文字的话，我想起了他在 1970 年 5 月 7 日写的一篇日记，这也许是他生前的最后一篇日记，不久之后，1970 年 6 月 8 日，他就与世长辞了。他写道：

> 我从我的自我实现的研究对象那里，从他们的生活方式和超越性动机中所获甚多，他们的优点现在我也具有。

马斯洛这段话，几乎可以用来概括他的一生。这段话也给人以乐观精神与信心。的确，自我实现是每个人都有的"做人的权利"，是马斯洛的权利，也是我们大家的权利。我毫不怀疑地认为，任何愿意了解马斯洛的人，都会从这本传记中得到宝贵的启示。

许金声
2013 年 7 月 3 日

Edward Hoffman, Ph. D.

The Right to Be Human: A Biography of Abraham Maslow (Revised and Updated Edition)

0-07-134267-2

Copyright © 1999 by McGraw-Hill Education.

All Rights reserved. No part of this publication may be reproduced or transmitted in any form or by any means, electronic or mechanical, including without limitation photocopying, recording, taping, or any database, information or retrieval system, without the prior written permission of the publisher.

This authorized Chinese translation edition is jointly published by McGraw-Hill Education and China Renmin University Press. This edition is authorized for sale in the People's Republic of China only, excluding Hong Kong, Macao SAR and Taiwan.

Copyright © 2018 by McGraw-Hill Education and China Renmin University Press.

版权所有。未经出版人事先书面许可，对本出版物的任何部分不得以任何方式或途径复制或传播，包括但不限于复印、录制、录音，或通过任何数据库、信息或可检索的系统。

本授权中文简体翻译版由麦格劳-希尔教育出版公司和中国人民大学出版社合作出版。此版本经授权仅限在中华人民共和国境内（不包括香港特别行政区、澳门特别行政区和台湾）销售。

版权© 2018 由麦格劳-希尔教育出版公司与中国人民大学出版社所有。

本书封面贴有 McGraw-Hill Education 公司防伪标签，无标签者不得销售。

北京市版权局著作权合同登记号：01-2013-8282

图书在版编目（CIP）数据

马斯洛传/（美）霍夫曼著；许金声译 .—北京：中国人民大学出版社，2013.12
（明德书系·大师传记馆）
书名原文：The right to be human：a biography of Abraham Maslow
ISBN 978-7-300-18460-9

Ⅰ.①马… Ⅱ.①霍… ②许… Ⅲ.①马斯洛，A. H.（1908～1970）-传记 Ⅳ.①K837.125.1

中国版本图书馆 CIP 数据核字（2013）第 296466 号

明德书系·大师传记馆
马斯洛传
人的权利的沉思
［美］爱德华·霍夫曼　著
许金声　译
Masiluo Zhuan

出版发行	中国人民大学出版社	
社　　址	北京中关村大街 31 号	邮政编码　100080
电　　话	010-62511242（总编室）	010-62511770（质管部）
	010-82501766（邮购部）	010-62514148（门市部）
	010-62515195（发行公司）	010-62515275（盗版举报）
网　　址	http://www.crup.com.cn	
	http://www.ttrnet.com（人大教研网）	
经　　销	新华书店	
印　　刷	涿州市星河印刷有限公司	
规　　格	170 mm×240 mm　16 开本	版　　次　2014 年 1 月第 1 版
印　　张	19.75　插页 2	印　　次　2017 年 12 月第 2 次印刷
字　　数	357 000	定　　价　48.00 元

版权所有　侵权必究　　印装差错　负责调换